Berlin-Brandenburger Beiträge zur Bildungsforschung 2022

Jurik Stiller / Christin Laschke /
Lennart Goecke (Hrsg.)

Berlin-Brandenburger Beiträge zur Bildungsforschung 2022

Herausforderungen, Befunde und Perspektiven interdisziplinärer Bildungsforschung

PETER LANG

Bibliografische Information der Deutschen Nationalbibliothek
Die Deutsche Nationalbibliothek verzeichnet diese Publikation
in der Deutschen Nationalbibliografie; detaillierte bibliografische
Daten sind im Internet über http://dnb.d-nb.de abrufbar.

Die Veröffentlichung wurde gefördert durch das
Interdisziplinäre Zentrum für Bildungsforschung (IZBF) sowie aus dem
Open-Access-Publikationsfonds der Humboldt-Universität zu Berlin.

Umschlagabbildung: © Jurik Stiller

ISBN 978-3-631-86169-1 (Print)
E-ISBN 978-3-631-86187-5 (E-PDF)
E-ISBN 978-3-631-86188-2 (EPUB)
DOI 10.3726/b18687

Peter Lang – Berlin · Bern · Bruxelles · New York ·
Oxford · Warszawa · Wien

Diese Publikation wurde begutachtet.

www.peterlang.com

Vorwort zur Reihe

Interdisziplinarität ist ein häufig und zunehmend für die Bearbeitung komplexer Problemstellungen gewählter Zugang. Anhand der durch verschiedene Fächer, Disziplinen, Paradigmen, Wissensformen und Akteure möglichen Einsichten und Einblicke kann man – so die Annahme – anders akzentuierte, weitreichende Erkenntnisse generieren. Für komplexe gesellschaftliche Fragestellungen tendieren Forscher*innen gar zur Annahme, dass trans- bzw. interdisziplinäre Zugänge besonders erfolgversprechend seien (Bergmann, Jahn, Lux, Nagy & Schäfer, 2016).

Diese Entwicklungen kristallisieren sich auch und gerade in der Erziehungswissenschaft heraus. Die Disziplin, die Forschung über Sozialisation, Erziehung und Bildung verkörpert, ist durch Orientierung an zahlreichen benachbarten Disziplinen geprägt. Mit Wurzeln in der Philosophie, wurde die Pädagogik universitär schon früh gelehrt, jedoch zunächst durch Theolog*innen und Philosoph*innen. An der Berliner Universität folgte 1920 durch die Berufung Eduard Sprangers ein Pädagogisches Seminar (Blömeke, Stiller, Salaschek, Reh & Caruso, 2016).

Die Humboldt-Universität zu Berlin, das „moderne Original", verkörpert wie keine andere Universität neben der Einheit von Lehre und Forschung und der Freiheit der Wissenschaft auch das Leitbild der allseitigen Bildung der Studierenden. Damit waren Wilhelm von Humboldts Ideen nicht nur Leitbild für Preußens neue Alma Mater, sondern weltweit. Eine neue Ära von Universität und Wissenschaft begann.

Folgerichtig haben die Erziehungswissenschaft und zunehmend die Bildungsforschung eine große Tradition an der Humboldt-Universität zu Berlin. In der Anfangszeit der Universität lehrten Friedrich Schleiermacher und Wilhelm Dilthey, später hat – wie erläutert – Eduard Spranger von der Humboldt-Universität aus die theoretische Gestalt und öffentliche Wahrnehmung der Pädagogik geprägt.

Seither arbeiten hier diverse Fächer und Disziplinen in interdisziplinärer erziehungswissenschaftlicher Forschung zusammen, u.a. die Sozialwissenschaften, Kulturwissenschaften, Politikwissenschaften oder auch die Pädagogische Psychologie. Hier ist mithin eine Abkehr von Interdisziplinarität kaum noch vorstellbar.

Seit 2007 trägt die Humboldt-Universität der Bedeutung der interdisziplinären Bildungsforschung institutionell Rechnung. 26 Professor*innen zeichneten als Gründungsmitglieder des „Interdisziplinären Zentrums für Bildungsforschung“ (IZBF) der Humboldt-Universität zu Berlin verantwortlich – allesamt ausgewiesene Expert*innen für Bildungsforschung. Neben Dietrich Benner, Sigrid Blömeke, Hans-Peter Füssel, Olaf Köller, Rainer Lehmann, Jürgen Schriewer, Heinz-Elmar Tenorth und Oliver Wilhelm aus den Erziehungswissenschaften waren Forschende aus den Rehabilitationswissenschaften, Sportwissenschaften, Sozialwissenschaften (z.B. Hans Bertram), aus der Theologie und aus Fachdidaktiken verschiedener Institute beteiligt.

Aufgabe des IZBF ist es, Fragestellungen der Bildungsforschung im interdisziplinären Zusammenhang theoretisch und empirisch zu bearbeiten und die Ergebnisse der Forschung anschlussfähig für die Bemühungen um eine Verbesserung von Bildungssystemen, -prozessen und -angeboten sowohl in Deutschland als auch im Rahmen internationaler Kooperationsprogramme oder Organisationen zu präsentieren.

Unter dieser Zielsetzung entwickeln und verbessern Wissenschaftler*innen geistes-, sozial- und naturwissenschaftlicher Disziplinen in sich ergänzender theoretischer und methodischer Orientierung neue, methodisch anspruchsvolle interdisziplinäre Formen der Kooperation.

Das Zentrum fördert die Qualifizierung des wissenschaftlichen Nachwuchses im Bereich der Bildungsforschung, z.B. durch die Organisation von Summer Schools, Schreibwochen, Workshops und Stammtisch-Abenden sowie durch Beratung und Vernetzung. Das IZBF betreibt, neben der Förderung interdisziplinärer Projekte innerhalb der Humboldt-Universität, seit jeher intensive die Vernetzung und Qualifikation des wissenschaftlichen Nachwuchses.

Eines der zentralen Formate hierfür ist die Nachwuchstagung, die – organisiert durch Nachwuchsvertretende – seit 2013 unter dem Namen „Berlin-Brandenburger Beiträge zur Bildungsforschung“ an der Humboldt-Universität zu Berlin durchgeführt wird.

Die Veranstaltungsreihe ermöglicht Promovierenden aus allen Bereichen der Bildungswissenschaften in Berlin und Brandenburg (z.T. darüber hinaus), das eigene (Dissertations)Projekt einem interdisziplinären Publikum vorzustellen und zu diskutieren sowie anschließend in der gleichnamigen Reihe[1] mit Review zu publizieren.

---

1 Bisher erschienen:
Stiller, J. & Laschke, C. (2015). Berlin-Brandenburger Beiträge zur Bildungsforschung 2015. Frankfurt am Main: Peter Lang. http://dx.doi.org/10.3726/978-3-653-04961-9
Stiller, J. & Laschke, C. (2017). Berlin-Brandenburger Beiträge zur Bildungsforschung 2017. Frankfurt am Main: Peter Lang. http://dx.doi.org/10.3726/b10878

In Impulsvorträgen referieren ausgewiesene Expert*innen der Erziehungswissenschaft, Lehr-/Lernforschung, Fachdidaktik bzw. Bildungsforschung zu aktuellen Themen und künftigen Herausforderungen der Bildungswissenschaften.

Berlin-Brandenburger Beiträge zur Bildungsforschung 2013

Prof. Dr. Ursula Kessels (Freie Universität Berlin): „Geschlechtsunterschiede in der Schule: Wie Identitätsentwicklung und schulisches Engagement interagieren"
Prof. Dr. Ewald Terhart (Westfälische Wilhelms-Universität Münster): „Wirkungsannahmen in Konzepten der Qualitätsverbesserung des Bildungssystems: Hoffen, Bangen, Trauern."

Berlin-Brandenburger Beiträge zur Bildungsforschung 2015

Prof. Dr. Heinz-Elmar Tenorth[2] (Humboldt-Universität zu Berlin): „Forschung in der Praxis der Erziehungswissenschaft – Disziplinäre und forschungspraktische Erwartungen und Probleme."
Prof. Dr. Michael Eid (Freie Universität Berlin): „G-Faktor-Modelle in der empirischen Bildungsforschung: Probleme und Alternativen"

Berlin-Brandenburger Beiträge zur Bildungsforschung 2017

Prof. Dr. Olaf Köller[2] (Leibniz-Institut für die Pädagogik der Naturwissenschaften und Mathematik, IPN; Christian-Albrechts-Universität zu Kiel): „Auf der Suche nach gelingendem Unterricht: Befunde der Lehr- und Lernforschung"
Prof. Dr. Joachim Wirth (Ruhr-Universität Bochum): „Selbstreguliertes Lernen: Von der Modellierung zur Implementation"

Berlin-Brandenburger Beiträge zur Bildungsforschung 2019

Prof. Dr. Susanne Prediger (Technische Universität Dortmund): „Design Research als fachdidaktisches Forschungsformat – Grundideen und Umsetzung"

Stiller, J., Laschke, C., Nesyba, T. & Salaschek, U. (2020). Berlin-Brandenburger Beiträge zur Bildungsforschung 2020. Frankfurt am Main: Peter Lang. https://doi.org/10.3726/b10876

2 Gründungsmitglied des Interdisziplinären Zentrums für Bildungsforschung der Humboldt-Universität zu Berlin

Prof. Dr. Rita Nikolai (Humboldt-Universität zu Berlin): „Potenziale bei Auswertungen mit Daten der amtlichen Statistik"

Prof. Dr. Andrä Wolter (Humboldt-Universität zu Berlin): „Hochschulbildung in Deutschland: Expansion, Differenzierung, Durchlässigkeit"

Vorwort

Mit dem vorliegenden Tagungsband „Berlin-Brandenburger Beiträge zur Bildungsforschung 2022"[1] erhalten Forscher*innen, die einen Beitrag im Rahmen der IZBF-Nachwuchstagung „Berlin-Brandenburger Beiträge für Bildungsforschung 2019" leisteten, sowie ausgewählte Forscher*innen des IZBF Gelegenheit, das eigene Forschungsinteresse einem breiten Publikum zu präsentieren.

Der Tagungsband liefert als voraussichtlich letzte Ausgabe der Reihe Berlin-Brandenburger Beiträge zur Bildungsforschung auch diesmal verschiedenste Einblicke in mit der Bildungsforschung assoziierte Disziplinen.

Den Vortragenden und Teilnehmenden der Tagung danken wir für Beiträge und wissenschaftliche Debatten, das ausgesprochen hohes Niveau war erneut ein Erfolg.

Die Impulsvorträge von Prof. Dr. Susanne Prediger (Technische Universität Dortmund), Prof. Dr. Rita Nikolai (Humboldt-Universität zu Berlin) und Prof. Dr. Andrä Wolter (Humboldt-Universität zu Berlin) bildeten wie gewohnt das Fundament der Veranstaltung und regten zur Reflexion an.

Die 6 Beiträge im ersten Abschnitt dieses Bands sind alle von Gutachter*innen unabhängig (doppelt-blind) begutachtet worden.

Ein besonderer Dank gilt daher den dort engagierten Gutachter*innen.
Die Beiträge im zweiten Abschnitt haben ein redaktionelles Prüfverfahren durchlaufen.

Wir danken allen Autor*innen für die Mitwirkung am vorliegenden Tagungsband und die sehr produktive Zusammenarbeit.

Ein großer Dank geht erneut an alle, die in die Vorbereitung und Durchführung der Tagung, sowie alle, die in die Vorbereitung des vorliegenden Tagungsbandes involviert waren, für ihr Engagement und die tatkräftigte Unterstützung. Besonders hervorheben wollen wir dabei Franziska Röhr.

Schließlich danken wir dem im Jahr 2022 amtierenden Direktorium des Interdisziplinären Zentrums für Bildungsforschung der Humboldt-Universität (Prof. Dr. Malte Brinkmann, Prof.[in] Dr.[in] Cornelie Dietrich, Prof. Dr. Stefan Kipf) für die Unterstützung bei der Vor- und unmittelbaren Nachbereitung und bei der Herausgabe dieses Sammelbandes und dem uns entgegengebrachten

---

1 Vorgeschlagene Zitation
Stiller, J., Laschke, C. & Goecke, L. (2022). Berlin-Brandenburger Beiträge zur Bildungsforschung 2022. Berlin: Peter Lang.

Vertrauen. Dem bei erstmaliger Durchführung 2013 amtierenden Direktorium (Prof. Dr. Sigrid Blömeke[2], Prof. Dr. Annette Upmeier zu Belzen[2] und Prof. Dr. Ernst von Kardorff[2]) wollen wir hiermit abschließend erneut danken, dass sie uns dabei unterstützt haben, die Idee einer Nachwuchstagung tatsächlich in die Tat umzusetzen.

Berlin, im Jahr 2021
Jurik Stiller, Christin Laschke & Lennart Goecke

Aus dem Inhalt

Die Beiträge des vorliegenden Bandes, die überwiegend auf den im Rahmen der Tagung gehaltenen Vorträgen basieren, stehen beispielhaft für die große Breite der Arbeits- und Themengebiete, die im IZBF repräsentiert sind.

Lars Jenßen, Katja Eilerts und Bettina Rösken-Winter beschreiben eingangs *Differentielle Effekte sozialer Unterstützung auf das Erleben von Angst und Freude in Mathematik von Studierenden des Grundschullehramts.* René Krempkow beantwortet im Anschluss die Frage *Wovon hängt die Studiendauer ab – individuelle oder institutionelle Faktoren? Eine Sekundärdatenanalyse von Absolvent(inn)enbefragungen.* Stephanie Freide erörtert *Das Digitale in der kulturellen Erwachsenenbildung – Entwurf einer post-strukturalistisch-praxeologischen Diskursanalyse von Volkshochschulprogrammen.* Stefanie Hoffmann analysiert *Wider der antizipierten Klassenlaufbahn – Eine bildungstheoretisch fundierte Studie zur Rekonstruktion des Habitus von Wissenschaftlerinnen der ersten Generation.* Jurik Stiller und Lennart Goecke beschreiben *Informatische Grundbildung in der Primarstufe – Didaktische Berücksichtigung von Künstlicher Intelligenz (KI) im Leitfach Sachunterricht.* Stephanie Iffert nimmt *Kreativität als Praktik der beruflichen Erwachsen-/Weiterbildung – Eine Programmanalyse* in den Blick. Arne Koevel bietet *Ein sozialkonstruktivistisch-praxeologisches Konzept zur Rekonstruktion von Deutungsmustern über Armut in der Schule* an. Denise Löwe schließt den ersten Abschnitt mit einem Blick auf *Bildungshistorische Perspektiven auf Debatten und Deutungen über Abitur und Abiturient*innen im Deutschen Kaiserreich und der Weimarer Republik* ab.

Im ersten Beitrag des zweiten Abschnitts wird *Virtueller Schulgartenaustausch – Multiperspektivische Beobachtungen* von Jani Makowski, Nataliya Nikolska und Johanna Lochner thematisiert. Anschließend stellen Anke Renger, Norma Martins und Julia Schwanewedel *Die Bund-Länder-Initiative „Leistung macht Schule" (LemaS)* vor und Norma Martins und Anke Renger das Teilprojekt *Leistung macht Schule (LemaS) – Der Übergang von der Grundschule zur weiterführenden Schule im Bereich Sachunterricht / Naturwissenschaften.*

Literatur

Bergmann, M., Jahn, T., Lux, A., Nagy, E. & Schäfer, M. (2016). Wirkungsvolle transdisziplinäre Forschung. *GAIA 25* (1): 59–60.

Blömeke, S., Stiller, J., Salaschek, U., Reh, S. & Caruso, M. (2016). Traditionen und Zukünfte – 50 Jahre Deutsche Gesellschaft für Erziehungswissenschaft. In S. Blömeke, M. Caruso, S. Reh, U. Salaschek & Stiller, J. (Hrsg.), Traditionen und Zukünfte. Beiträge zum 24. Kongress der Deutschen Gesellschaft für Erziehungswissenschaft, S. 13–16. Opladen, Berlin & Toronto: Budrich.

Inhaltsverzeichnis

Vorwort zur Reihe 5

Vorwort 9

Aus dem Inhalt 11

Beiträge mit peer review

Lars Jenßen, Katja Eilerts, Bettina Rösken-Winter
Differentielle Effekte sozialer Unterstützung auf das Erleben von Angst und Freude in Mathematik von Studierenden des Grundschullehramts 17

René Krempkow
Wovon hängt die Studiendauer ab – individuelle oder institutionelle Faktoren? Eine Sekundärdatenanalyse von Absolvent(inn)enbefragungen ... 41

Stephanie Freide
Das Digitale in der kulturellen Erwachsenenbildung – Entwurf einer poststrukturalistisch-praxeologischen Diskursanalyse von Volkshochschulprogrammen 77

Stefanie Hoffmann
Wider der antizipierten Klassenlaufbahn – Eine bildungstheoretisch fundierte Studie zur Rekonstruktion des Habitus von Wissenschaftlerinnen der ersten Generation 97

Jurik Stiller & Lennart Goecke
Informatische Grundbildung in der Primarstufe – Didaktische Berücksichtigung von Künstlicher Intelligenz (KI) im Leitfach Sachunterricht 121

Stephanie Iffert
Kreativität als Praktik der beruflichen Erwachsen-/Weiterbildung – Eine Programmanalyse 137

Arne Koevel
Ein sozialkonstruktivistisch-praxeologisches Konzept zur Rekonstruktion von Deutungsmustern über Armut in der Schule 157

Denise Löwe
Reife auf dem Prüfstand – Debatten und Deutungen über das Abitur und Abiturient*innen im Deutschen Kaiserreich und der Weimarer Republik 183

Weitere Beiträge

Jani Makowski, Nataliya Nikolska, Johanna Lochner
Virtueller Schulgartenaustausch – Multiperspektivische Beobachtungen ... 219

Anke Renger, Norma Martins, Julia Schwanewedel
Die Bund-Länder-Initiative „Leistung macht Schule“ (LemaS) 243

Norma Martins, Anke Renger
Leistung macht Schule (LemaS) – Der Übergang von der Grundschule zur weiterführenden Schule im Bereich Sachunterricht / Naturwissenschaften 255

Beiträge mit peer review

Lars Jenßen, Katja Eilerts, Bettina Rösken-Winter

Differentielle Effekte sozialer Unterstützung auf das Erleben von Angst und Freude in Mathematik von Studierenden des Grundschullehramts

Zusammenfassung: Der vorliegende Beitrag untersucht die Bedeutsamkeit sozialer Unterstützung für das Erleben von Angst und Freude in Mathematik von angehenden Grundschullehrkräften unter Kontrolle ihrer fachmathematischen Leistung. Hierfür wurden n=397 angehende Grundschullehrkräfte hinsichtlich ihrer subjektiv wahrgenommenen sozialen Unterstützung durch Dozierende im Fach Mathematik des Grundschullehramts sowie bezüglich ihres Erlebens von Freude in Mathematik und ihrer Mathematikangst schriftlich befragt. Entsprechend theoretischer Annahmen wird soziale Unterstützung differenziert nach emotionaler und instrumenteller Unterstützung betrachtet. Die Ergebnisse stellen sich bezüglich der untersuchten Zusammenhänge größtenteils als theoriekonform dar. Überraschenderweise zeigte emotionale Unterstützung keinerlei bedeutsame direkte oder indirekte Effekte weder auf das emotionale Erleben noch auf die subjektive Leistung in Mathematik. Die konkrete Unterstützung auf der Basis von aktiven Hilfestellungen hingegen zeigte kleine bis mittlere Effekte auf das Erleben von Angst und Freude in Mathematik. Indirekte Effekte auf die subjektive Leistung in Mathematik, vermittelt über Angst und Freude, betonen die Bedeutung von Emotionen in mathematischen Bildungsprozessen von Studierenden. Vor dem Hintergrund einiger Limitationen schließt der Beitrag mit einer Diskussion ab und verweist darin auf die praktische Bedeutung domänenspezifischer instrumenteller Unterstützung im Studium des Grundschullehramts und für die spätere Tätigkeit als Lehrkraft.

Schlüsselbegriffe: Emotionale Unterstützung, Instrumentelle Unterstützung, Mathematikangst, Freude, Lehramtsstudierende

Abstract: The present paper investigates the importance of emotional and instrumental support for pre-service primary school teachers' experiences of anxiety and enjoyment in mathematics under control of their mathematical achievement. For this purpose, n=397 prospective primary school teachers were asked on the basis of questionnaires for their subjectively perceived social support by lecturers in university courses in mathematics and regarding their general experience of enjoyment in mathematics and their mathematics anxiety. The results are largely in line with theory regarding the examined relationships. Surprisingly, emotional support showed no significant direct or indirect effects on either emotions or subjective achievement in mathematics. However, the tangible support on the basis of active assistance showed small to medium effects on the experience of anxiety and enjoyment in mathematics. Indirect effects on self-reported achievement in mathematics, mediated through anxiety and enjoyment, stress the importance of emotions in pre-service teachers' mathematical educational processes. The article concludes with a discussion against the background of some limitations and refers to the practical importance of domain-specific instrumental support during teacher education and for later work as a teacher.

Keywords: emotional support, instrumental support, mathematics anxiety, enjoyment, pre-service teachers

Es ist unumstritten, dass Bildung nicht nur ein kognitiver Prozess ist, sondern auch emotionale und soziale Aspekte in Bildungsprozessen enorme Bedeutung haben (OECD, 2015). Dies betrifft nicht nur Lernende, sondern auch Lehrende. Emotionen begleiten und beeinflussen das alltägliche und instruktionale Verhalten von Lehrenden (Frenzel, 2014; Martínez-Sierra, Arellano-García, Hernández-Moreno, & Nava-Guzmán, 2019; Sutton & Wheatley, 2003) und können so auch Einfluss auf die (spätere) Leistung der Lernenden haben (Ramirez, Hooper, Kersting, Ferguson, & Yeager, 2018). Sie können daher auch als konstituierende Variable der pädagogischen Beziehung verstanden werden (Sann & Preiser, 2008). Emotionen sind sowohl Bestandteil der professionellen Identität von Lehrkräften als auch Teil des Prozesses der Identitätsbildung als Lehrkraft in spezifischen Fächern (Hodgen & Askew, 2007; Zembylas, 2003). Emotionen haben darüber hinaus Effekte auf das berufliche Wohlbefinden (Hagenauer & Hascher, 2018). Dabei ist das wesentliche Anliegen, dass insbesondere unangenehme Emotionen, wie beispielsweise Angst, reguliert werden müssen, damit diese keine negativen Effekte auf das Wohlbefinden haben können (Brackett, Palomera, Mojsa-Kaja, Reyes, & Salovey, 2010; John & Gross, 2004). Hierfür stehen jedem Individuum eine Vielzahl von Emotionsregulationsstrategien zur Verfügung (John & Gross, 2004), wobei soziale Unterstützung eine mögliche funktionale Strategie darstellt (Schwarzer, Knoll, & Rieckmann, 2004). Im Kontext von Lehr-Lern-Prozessen kann diese Unterstützungsleistung für Lernende auch von Lehrenden übernommen werden (Nielsen, Newman, Smyth, Hirst, & Heilemann, 2017). Zudem ist im Bildungskontext zu beachten, dass Emotionen als domänenspezifisch angenommen werden können (Goetz, Frenzel, Pekrun, & Hall, 2006) und dementsprechende Unterstützungsleistungen ebenfalls fachspezifisch konzeptualisiert werden können. In der pädagogisch-psychologischen Forschung stellen angehende Grundschullehrkräfte und ihr spezifisches emotionales Erleben in Mathematik ein wesentliches Forschungsinteresse dar. Studien zeigen, dass das spezifische emotionale Erleben in Mathematik von angehenden Grundschullehrkräften Einfluss auf den Erwerb ihres mathematischen Wissens während des Studiums nimmt (Cooke, 2015). Ausgehend von der Control-Value-Theory (Pekrun & Perry, 2014) ist davon auszugehen, dass der Sozialumwelt eine grundlegende Funktion für die Entstehung von Emotionen und ihre Wirkung auf Leistung (z. B. mathematisches Wissen) im Bildungskontext zukommt. Die während des Studiums steigende Schwierigkeit der Anforderungen, die Instruktionsqualität der Dozierenden, der Grad an Autonomiegewährung oder die Konsequenzen der Leistung können das spezifische emotionale Erleben mitbestimmen. Generalisierte Überzeugungen über die eigene Leistungsfähigkeit oder über das Fach, die z. B. während der Vorgeschichte im Bildungsverlauf entstehen (z. B. „Ich bin ein langsamer Lerner in Mathematik"), können als weitere Faktoren zur Entstehung von Emotionen im Bildungskontext angesehen werden (Pekrun & Perry, 2014). Im Zentrum der Control-Value-Theory stehen zwei Arten von Bewertungen (Appraisals), die das emotionale Erleben bedingen, und von den vorgelagerten Faktoren (z. B. Sozialumwelt, Grundüberzeugungen) beeinflusst werden: Das Control-Appraisal bewertet die Verfügbarkeit von Ressourcen zur Bewältigung einer spezifischen Leistungssituation (z. B. mathematisches Wissen oder verfügbare Emotionsregulationsstrategien in einer Prüfungssituation). Das Value-Appraisal beschreibt die Bewertung des Wertes der Situation. Im Fall angehender Grundschullehrkräfte kann angenommen werden, dass sie Mathematik grundsätzlich einen hohen Wert beimessen, da sie das Fach sehr wahrscheinlich später unterrichten werden. Somit hat Mathematik mindestens einen beruflichen Wert für die Studierenden (Porsch, 2017). Die auf Basis der Appraisals entstandene Emotion zeigt indirekt über mediierende Faktoren (z. B. eingesetzte Lernstrategien, Selbstregulation) Effekte auf die Leistung in der Situation. Die Control-Value-Theory nimmt verschiedene Rückkopplungsprozesse in der Entstehung und Wirkung dieser sogenannten Leistungsemotionen an (Pekrun & Perry, 2014). Die Theorie betont zwar die Bedeutung der Sozialumwelt, inwieweit aber soziale Unterstützungsmaßnahmen Einfluss auf das emotionale Erleben von angehenden Grundschullehrkräften nehmen, ist empirisch bisher unklar.

Freude und Angst von (angehenden) Grundschullehrkräften bezüglich Mathematik

Studien zeigen, dass das emotionale Erleben von Lehrkräften personen- und fachspezifisch ist (Frenzel & Goetz, 2007) und davon ausgegangen werden kann, dass das Lehramtsstudium als wesentliche Phase der Professionalisierung zur Entstehung grundsätzlicher emotionaler Tendenzen gegenüber Mathematik beiträgt. Freude und Angst sind typische Leistungsemotionen, die im Bildungsprozess erlebt werden können (Pekrun, Muis, Frenzel, & Goetz, 2018). Freude wird dabei als aktivierend und angenehm erlebt, Angst dagegen als aktivierendes unangenehmes Gefühl (ebd.).

Freude stellt die am häufigsten erlebte Emotion von Lehrkräften dar (Frenzel, 2014). Das Erleben von Freude kann insofern als domänenspezifisch angesehen werden, als dass Mathematik im besonderen Maße Freude hervorrufen kann (Raccanello, Brondino, Moè, Stupnisky, & Lichtenfeld, 2018). Mathematik zeichnet sich meist durch eine hohe Richtig-Falsch-Orientierung aus, wodurch die Konzeptualisierung des Faches oft im Sinne einer Erfolgs-/Misserfolgsorientierung erfolgt (Goldin, 2014). Erfolg kann daher unmittelbar zu Freude führen (Tulis & Ainley, 2011). Ausgehend von der Control-Value-Theory wird Freude in Lernkontexten erlebt, wenn die Kontrolle in einer Situation mit mathematischen Anforderungen als hoch eingeschätzt wird und der Wert der Situation bzw. der Domäne als positiv erachtet wird (Putwain et al., 2018). Freude stellt dabei nicht nur ein angenehmes Gefühl dar, sondern entfaltet ihre positive Wirkung im Bildungskontext vor allem hinsichtlich der Aufrechterhaltung von Lernprozessen und der tiefergehende Elaboration des spezifischen Lerngegenstandes (Liu et al., 2018; Schukajlow & Rakoczy, 2016; Villavicencio & Bernardo, 2016). Daher zeigt sich auch empirisch die positive Vorhersagekraft von Freude bezüglich mathematischer Leistung (García, Rodríguez, Betts, Areces, & González-Castro, 2016). Aus emotionspsychologischer Sicht stellen die Induktion und Aufrechterhaltung von Freude daher primäre Ziele in Lehr-Lern-Prozessen dar.

Angst ist die am häufigsten untersuchte Leistungsemotion bei angehenden Grundschullehrkräften in Mathematik (Porsch, 2019). Sie wird erlebt, wenn der Wert einer mathematischen Situation als hoch erachtet wird (was bei angehenden Grundschullehrkräften als prospektiv zu unterrichtendem Fach angenommen werden kann) und die Kontrolle der Situation gleichzeitig als niedrig (z. B. aufgrund fehlenden mathematischen Wissens). Tatsächlich deuten Studien darauf hin, dass das mathematische Wissen von angehenden Grundschullehrkräften oft geringer ausgeprägt ist als z. B. bei angehenden Sekundarstufenlehrkräften, da jene als Generalisten ausgebildet werden und tiefgehendes spezialisiertes Wissen oft fehlt (Bibby, 2002; Reid, Reid, & Hewitt, 2018). Mathematikangst stellt daher ein weit verbreitetes Phänomen bei angehenden Grundschullehrkräften dar (Porsch, 2019). In einer Befragung an der Universität Hamburg gaben ca. 36 % der angehenden Grundschullehrkräften an, mathematikängstlich zu sein (Iwers-Stelljes et al., 2014). Diese Studierenden lernen mathematische Inhalte oft nur oberflächlich (Sloan, Daane, & Giesen, 2002) und haben weniger Vertrauen in ihre Fertigkeiten, später Mathematik zu unterrichten (Bursal & Paznokas, 2006). Die Angst vor Mathematik hängt meist von Erfahrungen in der Schulzeit aber auch von Erfahrungen während des Studiums im Fach Mathematik ab (Bekdemir, 2010; Jackson, 2008). Aus emotionspsychologischer Perspektive stellt die Bewältigung von Mathematikangst das primäre Ziel während des Studiums dar. Studien thematisieren als Interventionsstrategien meist die aktive Auseinandersetzung mit mathematischen Inhalten (Harper & Daane, 1998), aber auch soziale Unterstützung kann als eine funktionale Regulationsstrategie von Angst angesehen werden (Stöber & Schwarzer, 2000). Bisher existieren jedoch keine Studien, die Effekte sozialer Unterstützung auf die Mathematikangst von angehenden Grundschullehrkräften untersucht haben.

Soziale Unterstützung in mathematischen Lernprozessen

Soziale Unterstützung ist ein psychologisches Grundbedürfnis, eine kraftvolle Regulationsstrategie von Emotionen (Kassis, Graf, Keller, Ding, & Rohlfs, 2019; Schwarzer et al., 2004) und kann als relevant für das Lernen von Mathematik angenommen werden. Aufgaben in Mathematik bieten das Potenzial für negative Bewertungen aufgrund mangelnden Wissens oder mangelnder Problemlösefähigkeiten, sodass dies zum Abbruch von Lernprozessen führen kann (Goldin, 2014). Soziale Unterstützung für Studierende durch Dozierende kann daher als ein Kernanliegen während des Lehramtsstudiums angesehen werden (Hobson, 2002; Väisänen, Pietarinen, Pyhältö, Toom, & Soini, 2017). Soziale Unterstützung kann das Kompetenzerleben von Studierenden des Lehramts oder der MINT-Fächer positiv beeinflussen (Kassis et al., 2019; Pogodzinski, 2014) und auch auf die Rate von Studierenden, die ihr Studium erfolgreich beenden können und wollen, positiv einwirken (Fellenberg & Hannover, 2006; Rothland, 2011).

Soziale Unterstützung kann nach Schwarzer et al. (2004) in emotionale und instrumentelle Unterstützung unterteilt werden. *Emotionale Unterstützung* beschreibt Empathie und Ermutigung einer Person gegenüber einer anderen. Die gebende Person drückt dabei eine angenehme Emotion gegenüber der empfangenden Person aus. Diese wiederum bewertet die Interaktion als wohltuend und erlebt eine Steigerung des emotionalen Wohlbefindens. *Instrumentelle Unterstützung* zeigt sich durch vertrauensvolle Hilfestellungen, wenn die empfangende Person nicht weiterweiß oder wenn sie in einer konkreten Situation darauf angewiesen ist. Die gebende Person leistet konkrete Unterstützungsmaßnahmen, z. B. inhaltliche Hinweise zur Förderung von Handlungen oder zusätzliche Materialien zur Bearbeitung von Aufgaben. Emotionale und instrumentelle Unterstützung hängen miteinander zusammen (Federici & Skaalvik, 2014b; Semmer et al., 2008). Ein wichtiger Hinweis zu einer Lösung bei einer schwierigen mathematischen Aufgabe kann beispielsweise zum Erleben von Freude führen. Beide Konstrukte erwiesen sich in Studien als empirisch trennbar (Federici & Skaalvik, 2014b, 2014a). Je nach Situation erwarten angehende Lehrkräfte von unterschiedlichen Akteuren verschiedene Unterstützungsleistungen (Richter, Kunter, Lüdtke, Klusmann, & Baumert, 2011). Väisänen et al. (2017) zeigten, dass finnische Studierende von ihren Dozierenden zwar eher instrumentelle Unterstützung erwarten, aber in Selbstberichten häufiger von emotionaler Unterstützung sprechen.

Im Sinne der Control-Value-Theory könnte soziale Unterstützung bei gesteigerten Anforderungen (z. B. kritische Ereignisse im Bildungsprozess (Bokhorst, Sumter, & Westenberg, 2010)) protektiv sein und somit Angst reduzieren. Insbesondere am Anfang des Studiums ist soziale Unterstützung wichtig, da mathematische Inhalte des Studiums und das zukünftige Unterrichten als besonders herausfordernd erlebt werden (Väisänen et al., 2017). Zudem zeigt soziale Unterstützung Effekte auf Lernprozesse. Vermittelt über den Grad an Autonomie (Ruzek et al., 2016) kann dabei Lernfreude gesteigert werden.

Soziale Unterstützung kann aber auch direkt auf die Appraisals wirken. Aus emotionspsychologischer Perspektive stellt sie eine Strategie zur Steigerung der Kontrolle in bedrohlichen Situationen dar (Stöber & Schwarzer, 2000). Ein supportiver Unterrichtsstil kann das Control-Appraisal steigern und damit die Freude fördern (Goetz, Keller, Lüdtke, Nett, & Lipnevich, 2019). Die Wahrnehmung von Unterstützung hat Einfluss auf motivationale Prozesse beim Lernen von Mathematik (Rakoczy, Klieme, & Pauli, 2008). Studien zeigen, dass vor allem instrumentelle Unterstützung bewirkt, dass Mathematik ein hoher Wert (Value-Appraisal) beigemessen wird (Ahmed, Minnaert, van der Werf, & Kuyper, 2010; Federici & Skaalvik, 2014a). Es wird vermutet, dass konkrete Hilfe z. B. dazu beiträgt, dass Schüler*innen mathematische Probleme besser verstehen und somit auch den Wert von Mathematik im Alltag besser greifen können (Federici & Skaalvik, 2014a).

Einige Studien haben auch direkte Effekte sozialer Unterstützung auf Leistungsemotionen untersucht. So zeigt sich, dass die Fähigkeit von Lehrkräften, die emotionalen Bedürfnisse von Lernenden festzustellen und darauf einzugehen, deren Mathematikangst reduzieren kann (Aldrup, Klusmann, & Lüdtke, 2019). Soziale Unterstützung durch Lehrende in Mathematik kann die Freude bei Studierenden des Grundschullehramts steigern (Aldridge, Afari, & Fraser, 2013). Allerdings untersuchte die Studie von Aldridge et al. (2013) diesen Effekt für generelle soziale Unterstützung durch Lehrende und nicht differenziert nach emotionaler und instrumenteller Unterstützung. Für Schüler*innen zeigen sich differentielle Effekte: Instrumentelle Unterstützung sagte Mathematikangst negativ vorher, emotionale Unterstützung hingegen zeigte keinerlei signifikante Effekte (Federici & Skaalvik, 2014b).

Indirekt sind sowohl instrumentelle als auch emotionale Unterstützung mit Leistung in Mathematik über verschiedene motivationale Tendenzen assoziiert, wobei instrumentelle Unterstützung immer eine stärkere Vorhersagekraft zeigt als emotionale (Federici & Skaalvik, 2014b). Direkte Effekte sozialer Unterstützung auf die mathematische Leistung sind zumindest für Schüler*innen mehrfach empirisch belegt worden (Curby, Brock, & Hamre, 2013; Hamre & Pianta, 2005; Tennant et al., 2015; Wong, Tao, & Konishi, 2018; Yu & Singh, 2018). Dabei wird angenommen, dass unterschiedliche Unterstützungsarten differentielle Effekte auf mathematische Leistung haben können (Wong et al., 2018). Ahmed et al. (2010) haben die komplexen Zusammenhänge von sozialer Unterstützung, Freude, Angst und Leistung in Mathematik bei Schüler*innen der 7. Klasse zusammenfassend untersucht. Es zeigte sich, dass soziale Unterstützung direkte positive Effekte auf Freude, jedoch direkte negative Effekte auf Angst zeigt und sowohl direkte als auch indirekte positive Effekte (über Angst und Freude) auf die mathematische Leistung hat. Eine Differenzierung nach emotionaler und instrumenteller Unterstützung wurde nicht vorgenommen.

Forschungsfragen und Hypothesen

Der vorliegende Beitrag geht unter anderem der Frage nach, welche direkten Effekte emotionale und instrumentelle Unterstützung durch Dozierende auf das Erleben von Angst und Freude von Studierenden des Grundschullehramts in Mathematik zeigen. Ausgehend von der Studienlage für Schüler*innen vermuten wir zunächst direkte negative Effekte für Angst und direkte positive Effekte für Freude in Mathematik (Ahmed et al., 2010). Dabei gehen wir davon aus, dass differentielle Effekte existieren (Federici & Skaalvik, 2014b), wobei instrumentelle Unterstützung entsprechend der Domänenspezifität von Mathematik (Goldin, 2014) und das damit einhergehende Bedürfnis nach konkreter Hilfestellung stärkere Effekte zeigt. Zudem beschäftigt sich der Beitrag mit der Frage, wie sich die direkten und indirekten Effekte emotionaler und instrumenteller Unterstützung (vermittelt über Angst und Freude) auf die mathematischen Leistungen der Studierenden auswirken. Wir gehen davon aus, dass beide Unterstützungsarten gleichermaßen direkte Effekte haben und über beide Leistungsemotionen indirekte Effekte auf die mathematische Leistung zeigen. Sowohl die Induktion von Freude als auch die Reduktion von Angst können zu einer Steigerung mathematischer Leistung führen. Allerdings gehen wir davon aus, dass auch hier differentielle Effekte der Unterstützungsarten bestehen (Wong et al., 2018). Da instrumentelle Unterstützung der konkreten Problembewältigung dient, trägt sie eher zu einer kognitiven Kompetenzerweiterung bei und somit zu einer besseren Leistung in Mathematik im Vergleich zur emotionalen Unterstützung.

Methode

Stichprobe und Design

An der Untersuchung nahmen n=397 Studierende des Grundschullehramts einer Universität im urbanen Raum teil. Für alle Teilnehmenden war Mathematik Teil des Lehramtsstudiums für die Grundschule. Die Mehrheit der Teilnehmenden war erwartungsgemäß weiblich (75,2 % weiblich, 24,8 % männlich, keine teilnehmende Person gab divers als Geschlecht an). Die meisten Studierenden befanden sich in der ersten Hälfte des Bachelor-Studiums (69,7 %), 13,7 % befanden sich in der zweiten Hälfte und 16,6 % gaben an, im Master-Studium zu sein. Der Großteil (70 %) hatte Mathematik auf Grundkursniveau und 30 % belegten Mathematik auf Leistungskursniveau während der Schulzeit. Die Teilnehmenden haben keine Teilnahmeanreize für die vorliegende Studie erhalten. Die Studierenden wurden in einem querschnittlichen Design während der regulären Lehrveranstaltungen zu der emotionalen und sozialen Unterstützung sowie zu ihrer Leistung und ihrem Erleben von Angst und Freude in Mathematik befragt.

Erhebungsinstrumente

Freude und Angst in Mathematik

Um das Erleben von Freude der Studierenden des Grundschullehramts zu erheben, wurde eine adaptierte Version eines Fragebogens zur Erfassung von Freude von angehenden Mathematiklehrkräften der *Teacher Education Development Study – Mathematics* (TEDS-M) eingesetzt (Tatto et al., 2012). Der Fragebogen kann als valide bezüglich der Struktur und der Beziehungen zu anderen Variablen angesehen werden. Die adaptierte Version enthält vier Aussagen (z. B. „Die Bearbeitung mathematischer Aufgaben macht mir Spaß."), die auf einer vierstufigen Skala von 0 (=trifft überhaupt nicht zu) bis 3 (=trifft voll und ganz zu) von den Teilnehmenden eingeschätzt wurden. Höhere Werte indizieren eine höhere Ausprägung des generellen Erlebens von Freude in Mathematik.

Die Mathematikangst wurde ebenfalls mithilfe einer entsprechend der Zielpopulation adaptierten Version erfasst. Der Fragebogen wurde im Rahmen der PISA Studie 2003 bei Schüler*innen in Mathematik eingesetzt (Lee, 2009). Der Fragebogen erfasst ökonomisch und valide Mathematikangst mithilfe von vier Aussagen (z. B. „Ich bin sehr angespannt, wenn ich eine mathematische Aufgabe lösen muss.“), die ebenfalls auf einer vierstufigen Skala eingeschätzt werden müssen (0=trifft überhaupt nicht zu, 3=trifft voll und ganz zu). Auch hier indizieren höhere Werte eine höhere Ausprägung der Mathematikangst.

Emotionale und instrumentelle Unterstützung

Die emotionale und instrumentelle Unterstützung wurde mithilfe zweier Skalen erfasst, die für die Zielpopulation eigens entwickelt wurden (Jenßen, 2020). Beide Fragebögen bestehen jeweils aus fünf Aussagen zur Unterstützung, die auf einer fünfstufigen Skala bezüglich aller Dozierenden in allen fachbezogenen Veranstaltungen eingeschätzt werden sollen (0=stimme nicht zu, 4= stimme zu). Beispielitems für die Skala zur Erfassung der emotionalen Unterstützung sind „*Wenn ich einen mathematischen Sachverhalt korrekt löse, freuen sich die Dozierenden mit mir*“ oder „*Wenn ich Aufgaben in Mathematik richtig gelöst habe, loben mich die Dozierenden*“. Instrumentelle Unterstützung wurde z. B. anhand von „*Wenn ich beim Rechnen nicht weiterkomme, geben mir die Dozierenden einen hilfreichen Hinweis*“ oder „*Wenn ich eine Aufgabe in Mathematik nicht verstehe, erklären es die Dozierenden noch einmal in Ruhe*“ erfasst. Hohe Werte indizieren für beide Skalen ein höher subjektiv wahrgenommenes Maß beider Unterstützungsarten durch Dozierende im Fach Mathematik des Grundschullehramts.

Leistung in Mathematik

Um die mathematische Leistung der Teilnehmenden während des Studiums zu erfassen, wurden sie gebeten, ihre Leistung im Fach Mathematik auf einer fünfstufigen Skala (0=weit unterdurchschnittlich, 1=unterdurchschnittlich, 2=durchschnittlich, 3=überdurchschnittlich, 4=weit überdurchschnittlich) im Vergleich zu den Mitstudierenden einzuschätzen. Die mathematische Leistung wurde somit als Maß der Selbstbeurteilung erfasst.

Datenanalyse und Modellierung

Um die Hypothesen zu testen, wurden Methoden des *structural equation modeling* (SEM) basierend auf Klassischer Testtheorie angewandt. Zunächst wurde für jedes latent zu erfassende Konstrukt ein SEM spezifiziert und hinsichtlich seiner Güte analysiert. Für Freude, Angst, emotionale und soziale Unterstützung wurde jedes Item als Indikator für den latenten Faktor gewählt. Die selbstberichtete mathematische Leistung wurde als manifeste Variable behandelt. Die Messmodelle sowie die manifeste Variable wurden in einem zweiten Schritt in ein komplexes Modell integriert. Da kategoriale Variablen analysiert wurden und die Stichprobengröße kleiner als 400 war, wurde der MLR-Schätzer für kontinuierliche Variablen verwendet (Rhemtulla, Brosseau-Liard, & Savalei, 2012). Grundlage für die Entscheidung war, dass die Items moderat bis annähernd eine symmetrische Verteilung aufwiesen und die Parameter des Strukturmodells von größtem Interesse waren. Alle Analysen wurden mithilfe von *Mplus 8* (Muthén & Muthén, 2017) durchgeführt. Fehlende Werte wurden mithilfe der *Full Information Maximum Likelihood* Prozedur behandelt.

Ergebnisse

Deskriptive Ergebnisse

In Tabelle 1 sind die Rohwerte für die fünf Konstrukte dargestellt. Die Werte der jeweiligen Items wurden aufsummiert. Tabelle 1 gibt die deskriptiven Informationen hinsichtlich dieser Summenwerte wieder. Der theoretisch mögliche Bereich zeigte sich auch empirisch für alle untersuchten Variablen. Instrumentelle Unterstützung wurde augenscheinlich stärker von den Studierenden wahrgenommen als emotionale Unterstützung. Freude wurde von den Studierenden augenscheinlich stärker erlebt als Angst. Die Stichprobe hat sich selbst im Schnitt als *durchschnittlich* hinsichtlich der eigenen Leistung in Mathematik eingeschätzt.

Tab. 1: Rohwerte für die untersuchten Konstrukte

	Emotionale Unterstützung	**Instrumentelle Unterstützung**	**Freude**	**Angst**	**Selbstberichtete Leistung**
M (SD)	8.53 (4.28)	14.27 (3.62)	7.02 (2.65)	5.29 (2.65)	2.18 (0.79)
Median	8.00	15.00	7.00	5.00	2.00
Min; Max	0; 20	0; 20	0; 12	0; 12	0; 4

Anmerkung: M = Mittelwert, SD = Standardabweichung, Min = Minimum, Max = Maximum

Ergebnisse des Strukturgleichungsmodells

Das Gesamtmodell zeigte einen guten Modell Fit ($\chi^2(143)=224.458$, $p<.001$, RMSEA=.04[.03;.05], CFI=.97, SRMR=.04). Die Berechnungen der Reliabilitäten der eingesetzten Skalen ergaben ebenfalls gut bis sehr gute Werte (für Freude: McDonald's ω=.91, für Angst: McDonald's ω=.83, für emotionale Unterstützung: McDonald's ω=.87, für instrumentelle Unterstützung: McDonald's ω=.88).

Im Folgenden werden die standardisierten Parameter des Strukturmodells berichtet (siehe Abb. 1). Die Residuen von Mathematikangst und Freude in Mathematik korrelierten theoriekonform negativ miteinander ($r_{A,F}=-.53$, $p<.001$). Zwischen der subjektiv wahrgenommenen emotionalen Unterstützung und der subjektiv wahrgenommenen instrumentellen Unterstützung durch die Dozierenden aus Studierendenperspektive ergab sich eine theoriekonforme positive Korrelation von mittlerer Stärke ($r_{E,I}=.43$, $p<.001$). Es zeigte sich kein signifikanter Effekt der emotionalen Unterstützung durch die Dozierenden, weder auf das Erleben von Freude, noch auf das Erleben von Angst in Mathematik durch die Studierenden. Allerdings ergaben sich signifikante Effekte kleiner bis mittlerer Stärke der wahrgenommenen instrumentellen Unterstützung durch die Dozierenden auf das Erleben von Freude ($\beta_F=.20$, $p=.006$) und Angst in Mathematik ($\beta_A=-.21$, $p=.006$). Die Effekte waren hypothesenkonform positiv bzw. negativ und von der Effektstärke etwa gleich hoch. Weder für die emotionale Unterstützung noch für die instrumentelle Unterstützung ergaben sich signifikante direkte Effekte auf die selbstberichtete Leistung in Mathematik. Für die instrumentelle Unterstützung ergaben sich jedoch sehr kleine indirekte Effekte ($\beta_{i1}=.07$, $p=.03$, vermittelt über Angst und $\beta_{i2}=.05$, $p=.04$, vermittelt über Freude). Der totale Effekt der wahrgenommenen instrumentellen Unterstützung auf die selbstberichtete Leistung in Mathematik

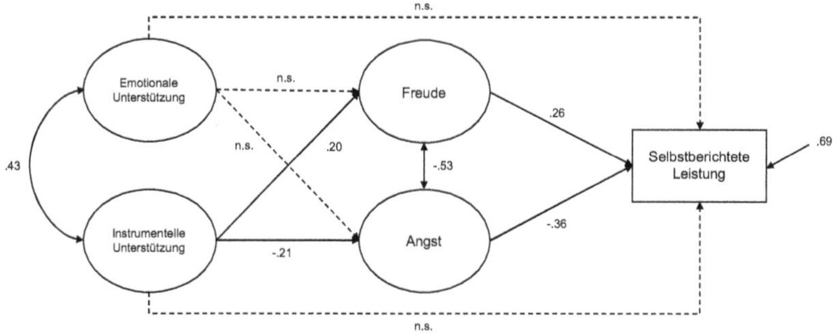

Abb. 1: Empirisches Modell mit standardisierten Parametern

betrug β_T=.16 mit p=.02 (der direkte Effekt betrug β_d=.04, war jedoch mit p=.60 nicht signifikant).
Anmerkung: Zur leichteren Lesbarkeit wurde auf die Darstellung von Indikatoren mit entsprechenden Ladungen und Residuen verzichtet

Diskussion

Zusammenfassung

Unsere Hypothesen konnten größtenteils empirisch bestätigt werden. In der vorliegenden Untersuchung erleben Studierende des Grundschullehramts Freude und Angst in Mathematik theoriekonform eher als gegensätzlich. Emotionale und instrumentelle Unterstützung zeigen sich als trennbare Konstrukte, die positiv miteinander zusammenhängen (Semmer et al., 2008). Allerdings fällt dieser Zusammenhang niedriger aus als für Schüler*innen (Federici & Skaalvik, 2014b, 2014a). Dies könnte mit der Unterschiedlichkeit der Populationen zu tun haben. Erwachsene Personen haben möglicherweise eine differenziertere mentale Repräsentation emotionaler Unterstützung sowie konkreter Hilfestellungen bei mathematischen Herausforderungen. Der geringere Zusammenhang könnte jedoch auch auf die Messinstrumente zurückzuführen sein. Emotionale Unterstützung wird vor allem retrospektiv bezogen auf die Bewältigung mathematischer Anforderungen beschrieben. Hingegen wird instrumentelle Unterstützung theoriekonform stärker auf den Prozess konzeptualisiert (Schwarzer et al., 2004). Die emotionale Unterstützung durch Dozierende bei Studierenden des Grundschullehramts wird beispielsweise nicht unmittelbar als instrumentell unterstützend bzw. konkret hilfreich erlebt. Für die Prädiktion ergaben sich für die emotionale Unterstützung keinerlei signifikante Effekte und für die instrumentelle Unterstützung nur kleine bis mittlere Effekte bezogen auf die Leistungsemotionen. Auch in unserer Studie stellt sich damit die instrumentelle Unterstützung als bedeutsamer dar als die emotionale. Dies mag an der Domäne der Mathematik liegen. Bei der Bearbeitung mathematischer Aufgaben müssen kognitive Hürden genommen werden, um im Lernprozess weiter voranschreiten zu können (Goldin, 2014). Hierfür reichen emotionsorientierte Strategien, wie z. B. Loben, nicht aus. Es bedarf konkreter Hilfestellungen bei der Exploration des Lerngegenstands. Dies wiederum erfordert von Dozierenden, die in fachspezifischen Lehrveranstaltungen tätig sind, mathematisches und mathematikdidaktisches Wissen in Tiefe und Breite, um diese Form der Unterstützung leisten zu können. Emotionale Unterstützung scheint somit für Erwachsene im Lernprozess der Fachmathematik weniger bedeutsam sein. Dagegen mag sie aber im Sinne des Modelllernens wichtig sein, dass Dozierende den Studierenden eine Haltung vorleben, die für die spätere Tätigkeit als Grundschullehrkraft essentiell wichtig ist (Hayes, 2003). Dies wurde im vorliegenden Beitrag jedoch nicht untersucht.

Die Ergebnisse unserer Studie betonen im Sinne der Control-Value-Theory (Pekrun & Perry, 2014) vor allem die Bedeutung von Leistungsemotionen in Mathematik bei Studierenden des Grundschullehramts als Mediatoren zwischen sozialen Prozessen und kognitivem Outcome. Die Effekte instrumenteller Unterstützung zeigen sich nur indirekt vermittelt über Freude und Angst. Möglicherweise erfordern angenehme und unangenehme Emotionen unterschiedliche Formen der instrumentellen Unterstützung (z. B. Maßnahmen zur Aufrechterhaltung von Aktivitäten vs. Maßnahmen zur Reduktion von Vermeidungstendenzen). In jedem Fall müssen diese aber konkrete Hilfestellungen widerspiegeln. Studien zeigen, dass Studierende von den Dozierenden instrumentelle Unterstützung erwarten (Väisänen et al., 2017). Unsere Ergebnisse deuten darauf hin, dass dieses psychologische Grundbedürfnis bei der vorliegenden Stichprobe befriedigt wird. Möglicherweise erwarten die Studierenden Formen der emotionalen Unterstützung eher von ihren Mitstudierenden. Unsere Ergebnisse deuten zudem darauf hin, dass instrumentelle Unterstützung zur Kompetenzerweiterung der Studierenden beitragen kann. Dieser Effekt besteht, wenn auch nur klein, und vermittelt sowohl über das geringere Erleben von Angst als auch über das gesteigerte Erleben von Freude in Mathematik.

Limitationen

Unsere Ergebnisse sind vor dem Hintergrund einiger Limitationen zu verstehen, auf die wir im Folgenden eingehen möchten. In der vorliegenden Studie wurde lediglich nur eine Gelegenheitsstichprobe einer Universität untersucht, was zu einer Einschränkung der Repräsentativität führt. Die Mehrheit der Teilnehmenden befand sich noch zu Beginn des Studiums. Dies ist eine Phase, in der angenommen wird, dass soziale Unterstützung besonders bedeutsam ist (Väisänen et al., 2017). Es könnten daher Verzerrungen in unseren Ergebnissen vorliegen. Dennoch stellt unsere Studie nach unserem Kenntnisstand bisher die Einzige dar, welche ihren Fokus auf die soziale Unterstützung in Beziehung zu Leistungsemotionen von Studierenden des Grundschullehramts sowohl national als auch international legt. Entsprechend der Studienlage haben wir die mathematische Leistung der Teilnehmenden kontrolliert; allerdings wurde dafür auf das selbstberichtete Leistungsvermögen in Mathematik im Vergleich zu anderen zurückgegriffen. Eine Konfundierung der Variable mit dem Selbstkonzept kann nicht ausgeschlossen werden. Der Einbezug des mathematischen Selbstkonzepts könnte zukünftig lohnenswert sein (Van der Beek, Van der Ven, Kroesbergen, & Leseman, 2017). Objektive Messungen der mathematischen Leistung, z. B. basierend auf Leistungstests, wären wünschenswert, sind jedoch nach wie vor im deutschen Kontext kaum verfügbar. Zudem haben wir in unserer Untersuchung lediglich die wahrgenommene soziale Unterstützung erfasst und nicht die tatsächlich erhaltene subjektive Unterstützung (Uchino, 2009). Die wahrgenommene soziale Unterstützung beschreibt lediglich das Potenzial an sozialer Unterstützung, kann aber als stabiles Merkmal verstanden werden (Schwarzer et al., 2004). Die Konstrukte in der vorliegenden Untersuchung wurden als Trait erfasst und nicht situationsspezifisch anhand von Experience Sampling Methoden erhoben, was insbesondere bei Emotionen hinsichtlich der Interpretation relevant sein kann (Martínez-Sierra et al., 2019).

Schlussfolgerung und praktische Implikationen

Unsere Ergebnisse sind als erste Hinweise bezüglich der Bedeutung differentieller Effekte sozialer Unterstützung durch Dozierende für das emotionale Empfinden und Leistungserleben von Studierenden des Grundschullehramts zu verstehen und bieten Ansatzpunkte für anschließende Forschung.

In der Forschungsliteratur wird darauf hingewiesen, dass emotionale Erfahrungen von Studierenden des Grundschullehramts im Fach Mathematik aufgegriffen und professionell begleitet werden sollten (Bekdemir, 2010; Bibby, 2002). Ein rein emotionales Aufgreifen ist jedoch nicht ausreichend, sondern eher konkrete Hilfestellungen bei spezifischen mathematischen Problemen entscheidend zu sein scheinen.

Ausgehend von der Control-Value-Theory besteht das wesentliche Anliegen in der Lehramtsausbildung in der Steigerung der Kontrollierbarkeit mathematischer Anforderungen. Instrumentelle Unterstützung in Form konkreter Hilfestellungen kann dazu beitragen, dass das Control-Appraisal der Studierenden zunimmt. Studien der Schul- und Unterrichtsforschung bieten Hinweise, die auch in der universitären Lehre im Studium des Grundschullerhamts berücksichtigt werden können. Qualitätsvolle Lehre ist wichtig, um die Freude in Mathematik von Lernenden zu fördern und Mathematikangst zu hemmen (Holzberger, Praetorius, Seidel, & Kunter, 2019). Ein supportiver Stil der Dozierenden hinsichtlich einer anschaulichen Darstellung des mathematischen Lerngegenstands und einer Vermeidung unnötiger überzogener Leistungsanforderungen erscheint wünschenswert (Goetz, Lüdtke, Nett, Keller, &

Lipnevich, 2013). Ebenso kann eine höhere Kontrollierbarkeit erreicht werden, indem das Lerntempo und die Aufgabenschwierigkeit passend gewählt werden (Westphal, Kretschmann, Gronostaj, & Vock, 2018). Strukturierungen von Lerneinheiten können ebenso die Kontrollierbarkeit erhöhen und damit die Lernfreude steigern (Buff, Reusser, & Dinkelmann, 2017). Studien deuten zudem darauf hin, dass interaktive Lernformate vor allem die Freude in Mathematik erhöhen können (Kiwanuka et al., 2017; Parr, Amemiya, & Wang, 2019) und unseren Ergebnissen entsprechend auch die subjektive Leistungseinschätzung. Studierende haben in interaktiven Lernformaten die Möglichkeit spezifische Fragen zu stellen, im Sinne instrumenteller Unterstützung unmittelbare Rückmeldung zu erhalten und dadurch den Lerngegenstand besser zu verstehen. Des weiteren erscheint es wichtig zu sein, die Selbstsicherheit angehender Grundschullehrkräfte im Umgang mit mathematischen Anforderungen zu fördern (Stipek, Givvin, Salmon, & MacGyvers, 2001), um so die Kontrollierbarkeit subjektiv erlebbar zu machen.

Wir bekräftigen auch die Forderung danach, dass angehende Lehrkräfte dafür ausgebildet werden müssen, wie konkrete soziale Unterstützung in der Schule geleistet werden kann (Pavri, 2004). Spezifische Interventionen, die diese Bausteine aufgreifen oder zusätzlich integrieren, könnten dafür lohnenswert sein (Curby, Rimm-Kaufman, & Abry, 2013; Uhde & Thies, 2019). Wichtig erscheint, dass die Förderung sozial-emotionaler Kompetenzen dabei nicht nur generell erfolgen (Carstensen, Klusmann, & Köller, 2019), sondern fachspezifische Charakteristika zusätzlich einbeziehen sollte. Zudem verweist unser Beitrag auf die Bedeutung der pädagogischen Beziehung, auch im Lehramtsstudium. Soziale Unterstützung ist als Facette eines Verhaltenssystems zwischen zwei Menschen zu verstehen (Schwarzer et al., 2004) und damit auch Kernmerkmal der pädagogischen Beziehung. Emotionale Unterstützung mag für das fachspezifische emotionale Erleben und die Leistung zunächst nicht bedeutsam sein, ein Entzug emotionaler Unterstützung kann aber lerntheoretisch als Bestrafung empfunden werden, eventuell sogar als Beziehungsabbruch zwischen lehrender Person und lernender Person.

Inwieweit die Bedingungen in der Lehramtsausbildung ausreichen, um genügend emotionale und instrumentelle Unterstützung seitens der Dozierenden sicherzustellen, bleibt bisher unbeantwortet. Dabei ist es gerade für angehende Lehrkräfte wichtig für ihre spätere Tätigkeit zu lernen, wie ein System sozialer Unterstützung aufgebaut werden kann (Väisänen et al., 2017). Das Studium, als grundlegende Phase der Professionalisierung, sollte diesen Aspekt auch in spezifischen Fachveranstaltungen aufgreifen. Eine Frage, die ebenfalls offen ist, betrifft die Kompetenzen von Dozierenden vor diesem Hintergrund.

Inwieweit sind Dozierende dafür ausgebildet, instrumentelle Unterstützung zu leisten? Es besteht bis auf wenige Ausnahmen (Hsieh et al., 2011) nach wie vor ein Mangel an Studien zu Kompetenzen von Dozierenden in der Lehramtsausbildung. Dies ist auch aus emotionspsychologischer Perspektive unter Berücksichtigung sozialer Prozesse als ein wesentliches Forschungsdesiderat zu bemängeln. Abschließend soll auch betont werden, dass untersucht und spezifiziert werden muss, was unter fachbezogener instrumenteller Unterstützung im Detail zu verstehen ist.

Literatur

Ahmed, W., Minnaert, A., van der Werf, G., & Kuyper, H. (2010). Perceived social support and early adolescents' achievement: The mediational roles of motivational beliefs and emotions. Journal of Youth and Adolescence, 39(1), 36–46. https://doi.org/10.1007/s10964-008-9367-7

Aldrup, K., Klusmann, U., & Lüdtke, O. (2020). Reciprocal associations between students' mathematics anxiety and achievement: Can teacher sensitivity make a difference? Journal of Educational Psychology, 112(4), 735–750. https://doi.org/10.1037/edu0000398

Bekdemir, M. (2010). The pre-service teachers' mathematics anxiety related to depth of negative experiences in mathematics classroom while they were students. Educational Studies in Mathematics, 75(3), 311–328. https://doi.org/10.1007/s10649-010-9260-7

Bibby, T. (2002). Shame: An emotional response to doing mathematics as an adult and a teacher. British Educational Research Journal, 28(5), 705–721. https://doi.org/10.1080/0141192022000015543

Bokhorst, C. L., Sumter, S. R., & Westenberg, P. M. (2010). Social support from parents, friends, classmates, and teachers in children and adolescents aged 9 to 18 years: Who is perceived as most supportive? Social Development, 19(2), 417–426. https://doi.org/10.1111/j.1467-9507.2009.00540.x

Brackett, M. A., Palomera, R., Mojsa-Kaja, J., Reyes, M. R., & Salovey, P. (2010). Emotion-regulation ability, burnout, and job satisfaction among British secondary-school teachers. Psychology in the Schools, 47(4), 406–417.

Buff, A., Reusser, K., & Dinkelmann, I. (2017). Parental support and enjoyment of learning in mathematics: Does change in parental support predict change in enjoyment of learning? ZDM – Mathematics Education, 49(3), 423–434. https://doi.org/10.1007/s11858-016-0823-7

Bursal, M., & Paznokas, L. (2006). Mathematics anxiety and preservice elementary teachers' confidence to teach mathematics and science. School Science and Mathematics, 106(4), 173–180. https://doi.org/10.1111/j.1949-8594.2006.tb18073.x

Carstensen, B., Klusmann, U., & Köller, M. (2019). Förderung sozial-emotionaler Kompetenz von angehenden Lehrkräften. Konzeption und Evaluation eines Trainingsprogramms, Zeitschrift für Entwicklungspsychologie und Pädagogische Psychologie, 51(1), 1–15.

Cooke, A. (2015). Considering pre-service teacher disposition towards mathematics. Mathematics Teacher Education and Development, 171, 1–11.

Curby, T. W., Brock, L. L., & Hamre, B. K. (2013). Teachers' emotional support consistency predicts children's achievement gains and social skills. Early Education and Development, 24(3), 292–309. https://doi.org/10.1080/10409289.2012.665760

Curby, T. W., Rimm-Kaufman, S. E., & Abry, T. (2013). Do emotional support and classroom organization earlier in the year set the stage for higher quality instruction? Journal of School Psychology, 51(5), 557–569. https://doi.org/10.1016/j.jsp.2013.06.001

Federici, R. A., & Skaalvik, E. M. (2014a). Students' perception of instrumental support and effort in mathematics: the mediating role of subjective task values. Social Psychology of Education, 17(3), 527–540. https://doi.org/10.1007/s11218-014-9264-8

Federici, R. A., & Skaalvik, E. M. (2014b). Students' perceptions of emotional and instrumental teacher support: Relations with motivational and emotional responses. International Education Studies, 7(1), 21–36. https://doi.org/10.5539/ies.v7n1p21

Fellenberg, F., & Hannover, B. (2006). Kaum begonnen, schon zerronnen? Psychologische Ursachenfaktoren für die Neigung von Studienanfängern, das Studium abzubrechen oder das Fach zu wechseln. Empirische Pädagogik, 20(4), 381–399.

Frenzel, A. C. (2014). Teacher emotions. In R. Pekrun & L. Linnenbrink-Garcia (Eds.), International Handbook of Emotions in Education (pp. 494–519). New York: Routledge. https://doi.org/10.1080/02667363.2014.994350

Frenzel, A. C., & Goetz, T. (2007). Emotionales Erleben von Lehrkräften beim Unterrichten. Zeitschrift Für Pädagogische Psychologie, 21(3–4), 283–295. https://doi.org/10.1024/1010-0652.21.3.283

García, T., Rodríguez, C., Betts, L., Areces, D., & González-Castro, P. (2016). How affective-motivational variables and approaches to learning predict mathematics achievement in upper elementary levels. Learning and Individual Differences, 49, 25–31. https://doi.org/10.1016/j.lindif.2016.05.021

Goetz, T., Frenzel, A. C., Pekrun, R., & Hall, N. C. (2006). The domain specificity of academic emotional experiences. Journal of Experimental Education, 75(1), 5–29. https://doi.org/10.3200/JEXE.75.1.5-29

Goetz, T., Keller, M. M., Lüdtke, O., Nett, U. E., & Lipnevich, A. A. (2019). The dynamics of real-time classroom emotions: Appraisals mediate the relation between students' perceptions of teaching and their emotions. Journal of Educational Psychology, 1(999). https://doi.org/10.1037/edu0000415

Goetz, T., Lüdtke, O., Nett, U. E., Keller, M. M., & Lipnevich, A. A. (2013). Characteristics of teaching and students' emotions in the classroom: Investigating differences across domains. Contemporary Educational Psychology, 38(4), 383–394. https://doi.org/10.1016/j.cedpsych.2013.08.001

Goldin, G. A. (2014). Perspectives on emotion in mathematical enagegment, learning, and problem solving. In R. Pekrun & L. Linnenbrink-Garcia (Eds.), International Handbook of Emotions in Education (pp. 391–414). New York: Routledge. https://doi.org/10.1080/02667363.2014.994350

Hagenauer, G., & Hascher, T. (2018). Bedingungsfaktoren und Funktionen von Emotionen von Lehrpersonen im Unterricht. Unterrichtswissenschaft. https://doi.org/10.1007/s42010-017-0010-8

Hamre, B. K., & Pianta, R. C. (2005). Can instructional and emotional support in the first-grade classroom make a difference for children at risk of school failure? Child Development, 76(5), 949–967. https://doi.org/10.1111/j.1467-8624.2005.00889.x

Harper, N. W., & Daane, C. J. (1998). Causes and reduction of math anxiety in preservice elementary teachers. Action in Teacher Education, 19(4), 29–38. https://doi.org/10.1080/01626620.1998.10462889

Hayes, D. (2003). Emotional preparation for teaching: A case study about trainee teachers in England. Teacher Development, 7(2), 153–171. https://doi.org/10.1080/13664530300200196

Hobson, A. J. (2002). Student teachers' perceptions of school-based mentoring in initial teacher training (ITT). Mentoring and Tutoring: Partnership in Learning, 10(1), 5–20. https://doi.org/10.1080/13611260220133117

Hodgen, J., & Askew, M. (2007). Emotion, identity and teacher learning: Becoming a primary mathematics teacher. Oxford Review of Education, 33(4), 469–487. https://doi.org/10.1080/03054980701451090

Holzberger, D., Praetorius, A. K., Seidel, T., & Kunter, M. (2019). Identifying effective teachers: The relation between teaching profiles and students' development in achievement and enjoyment. European Journal of Psychology of Education, 34(4), 801–823. https://doi.org/10.1007/s10212-018-00410-8

Hsieh, F. J., Law, C. K., Shy, H. Y., Wang, T. Y., Hsieh, C. J., & Tang, S. J. (2011). Mathematics teacher education quality in TEDS-M: Globalizing the views of future teachers and teacher educators. Journal of Teacher Education, 62(2), 172–187. https://doi.org/10.1177/0022487110390819

Iwers-Stelljes, T., Koch, K.-C., Krauthausen, G., Löser, S., Nolte, M., & Wagner, A. C. (2014). Introvision zur Reduktion von Mathematikangst bei Lehramtsstudierenden. Lernen Und Lernstörungen, 3(1), 7–21. https://doi.org/10.1024/2235-0977/a000050

Jackson, E. (2008). Mathematics anxiety in student teachers. Practitioner Research in Higher Education, 2(1), 36–42. Retrieved from http://insight.cumbria.ac.uk/91/

Jenßen, L. (2020). Skalen zur Erfassung der instrumentellen und emotionalen Unterstützung durch Lehrende. Berlin: Humboldt-Universität zu Berlin.

John, O. P., & Gross, J. J. (2004). Healthy and unhealthy emotion regulation: Personality processes, individual differences, and life span development. Journal of Personality, 72(6), 1301–1333. https://doi.org/10.1111/j.1467-6494.2004.00298.x

Kassis, W., Graf, U., Keller, R., Ding, K., & Rohlfs, C. (2019). The role of received social support and self-efficacy for the satisfaction of basic psychological needs in teacher education. European Journal of Teacher Education, 42(3), 391–409. https://doi.org/10.1080/02619768.2019.1576624

Kiwanuka, H. N., Van Damme, J., Van Den Noortgate, W., Anumendem, D. N., Vanlaar, G., Reynolds, C., & Namusisi, S. (2017). How do student and classroom characteristics affect attitude toward mathematics? A multivariate multilevel analysis. School Effectiveness and School Improvement, 28(1), 1–21. https://doi.org/10.1080/09243453.2016.1201123

Lee, J. (2009). Universals and specifics of math self-concept, math self-efficacy, and math anxiety across 41 PISA 2003 participating countries. Learning and Individual Differences, 19(3), 355–365. https://doi.org/10.1016/j.lindif.2008.10.009

Liu, R. De, Zhen, R., Ding, Y., Liu, Y., Wang, J., Jiang, R., & Xu, L. (2018). Teacher support and math engagement: roles of academic self-efficacy and positive emotions. Educational Psychology, 38(1), 3–16. https://doi.org/10.1080/01443410.2017.1359238

Martínez-Sierra, G., Arellano-García, Y., Hernández-Moreno, A., & Nava-Guzmán, C. (2019). Daily emotional experiences of a high school mathematics teacher in the classroom: a qualitative experience-sampling method. International Journal of Science and Mathematics Education, 17(3), 591–611. https://doi.org/10.1007/s10763-018-9879-x

Muthén, L.K., & Muthén, B.O. (2017). Mplus user's guide (8th Ed.). Los Angeles: Muthén & Muthén.

Nielsen, I., Newman, A., Smyth, R., Hirst, G., & Heilemann, B. (2017). The influence of instructor support, family support and psychological capital on the well-being of postgraduate students: a moderated mediation model. Studies in Higher Education, 42(11), 2099–2115. https://doi.org/10.1080/03075079.2015.1135116

OECD. (2015). Skills for social progress. The power of social and emotional skills. OECD Publishing. https://doi.org/10.1787/9789264226159-en

Parr, A., Amemiya, J., & Wang, M. Te. (2019). Student learning emotions in middle school mathematics classrooms: investigating associations with dialogic instructional practices. Educational Psychology, 39(5), 636–658. https://doi.org/10.1080/01443410.2018.1560395

Pavri, S. (2004). General and special education teachers' preparation needs in providing social support: A needs assessment. Teacher Education and Special Education, 27(4), 433–443. https://doi.org/10.1177/088840640402700410

Pekrun, R., Muis, K.R., Frenzel, A.C., & Goetz, T. (2018). Emotions at school. New York: Routledge.

Pekrun, R., & Perry, R. P. (2014). Control-value theory of achievement emotions. In R. Pekrun & L. Linnenbrink-Garcia (Eds.), International Handbook of Emotions in Education (pp. 120–141). New York: Routledge. https://doi.org/10.1080/02667363.2014.994350

Pogodzinski, B. (2014). Collegial support and novice teachers' perceptions of working conditions. Journal of Educational Change, 15(4), 467–489. https://doi.org/10.1007/s10833-013-9221-x

Porsch, R. (2017). Mathematik als Pflichtfach in der Primarstufenlehrerausbildung – Mathematikangst, Enthusiasmus und Gründe der Schwerpunktwahl angehender Grundschullehrkräfte. Lehrerbildung Auf Dem Prüfstand, 10(1), 107–128.

Porsch, R. (2019). Mathematikangst bei angehenden Lehrkräften – Ein systematisches Review internationaler Forschungsarbeiten. Mathematica Didatica, 42, 1–24.

Putwain, D. W., Pekrun, R., Nicholson, L. J., Symes, W., Becker, S., & Marsh, H. W. (2018). Control-value appraisals, enjoyment, and boredom in mathematics: A longitudinal latent interaction analysis. American Educational Research Journal, XX(X), 1–30. https://doi.org/10.3102/0002831218786689

Raccanello, D., Brondino, M., Moè, A., Stupnisky, R., & Lichtenfeld, S. (2018). Enjoyment, boredom, anxiety in elementary schools in two domains: relations with achievement. Journal of Experimental Education, 0(0), 1–21. https://doi.org/10.1080/00220973.2018.1448747

Rakoczy, K., Klieme, E., & Pauli, C. (2008). Die Bedeutung der wahrgenommenen Unterstützung motivationsrelevanter Bedürfnisse und des Alltagsbezugs im Mathematikunterricht für die selbstbestimmte Motivation. Zeitschrift Fur Pädagogische Psychologie, 22(1), 25–35. https://doi.org/10.1024/1010-0652.22.1.25

Ramirez, G., Hooper, S. Y., Kersting, N. B., Ferguson, R., & Yeager, D. (2018). Teacher math anxiety relates to adolescent students' math achievement. AERA Open, 4(1), 1–13. https://doi.org/10.1177/2332858418756052

Reid, M., Reid, S., & Hewitt, J. (2018). Nervous about numbers: Math content knowledge and math anxiety of teacher candidates. Master of Teaching Research Journal, (Inaugural Issue), 1–18.

Rhemtulla, M., Brosseau-Liard, P. É., & Savalei, V. (2012). When can categorical variables be treated as continuous? A comparison of robust continuous and categorical SEM estimation methods under suboptimal conditions. Psychological Methods, 17(3), 354–373. https://doi.org/10.1037/a0029315

Richter, D., Kunter, M., Lüdtke, O., Klusmann, U., & Baumert, J. (2011). Soziale Unterstützung beim Berufseinstieg ins Lehramt: Eine empirische Untersuchung zur Bedeutung von Mentoren und Mitreferendaren. Zeitschrift Fur Erziehungswissenschaft, 14(1), 35–59. https://doi.org/10.1007/s11618-011-0173-8

Rothland, M. (2011). Risikomerkmale von Lehramtsstudierenden. Zeitschrift Für Bildungsforschung, 1(3), 179–197. https://doi.org/10.1007/s35834-011-0016-y

Ruzek, E. A., Hafen, C. A., Allen, J. P., Gregory, A., Mikami, A. Y., & Pianta, R. C. (2016). How teacher emotional support motivates students: The mediating roles of perceived peer relatedness, autonomy support, and competence. Learning and Instruction, 42, 95–103. https://doi.org/10.1016/j.learninstruc.2016.01.004

Sann, U., & Preiser, S. (2008). Emotionale und motivationale Aspekte in der Lehrer-Schüler-Interaktion. In M. K. W. Schweer (Ed.), Lehrer-Schüler-Interaktion (pp. 209–226). Wiesbaden: VS Verlag für Sozialwissenschaften. https://doi.org/10.1007/978-3-531-91104-5_8

Schukajlow, S., & Rakoczy, K. (2016). The power of emotions: Can enjoyment and boredom explain the impact of individual preconditions and teaching methods on interest and performance in mathematics? Learning and Instruction, 44, 117–127. https://doi.org/10.1016/j.learninstruc.2016.05.001

Schwarzer, R., Knoll, N., & Rieckmann, N. (2004). Social support. In A. Kaptein & J. Weinman (Eds.), Introduction to health psychology (pp. 158–181). Oxford: Blackwell. https://doi.org/10.1002/9780470755976.ch51

Semmer, N. K., Elfering, A., Jacobshagen, N., Perrot, T., Beehr, T. A., & Boos, N. (2008). The emotional meaning of instrumental social support. International Journal of Stress Management, 15(3), 235–251. https://doi.org/10.1037/1072-5245.15.3.235

Sloan, T., Daane, C. J., & Giesen, J. (2002). Mathematics anxiety and learning styles: What is the relationship in elementary preservice teachers? School Science and Mathematics, 102(2), 84–87. https://doi.org/10.1111/j.1949-8594.2002.tb17897.x

Stipek, D. J., Givvin, K. B., Salmon, J. M., & MacGyvers, V. L. (2001). Teachers' beliefs and practices related to mathematics instruction. Teaching and Teacher Education, 17(2), 213–226. https://doi.org/10.1016/S0742-051X(00)00052-4

Stöber, J., & Schwarzer, R. (2000). Angst. In J. H. Otto, H. A. Euler, & H. Mandl (Eds.), Emotionspsychologie: Ein Handbuch (pp. 189–198). Weinheim: Beltz/PVU. https://doi.org/10.4324/9780429446894-25

Sutton, R. E., & Wheatley, K. F. (2003). Teachers' emotions and teaching: A review of the literature and directions for future research. Educational Psychology Review, 15(4), 327–358. https://doi.org/10.1023/A:1026131715856

Tatto, M. T., Schwille, J., Senk, S. L., Ingvarson, L., Rowley, G., Peck, R., ... Reckase, M. (2012). Policy, practice, and readiness to teach primary and secondary mathematics in 17 countries: Findings from the IEA teacher education and development study in mathematics (TEDS-M). Amsterdam: IEA.

Tennant, J. E., Demaray, M. K., Malecki, C. K., Terry, M. N., Clary, M., & Elzinga, N. (2015). Students' ratings of teacher support and academic and social-emotional well-being. School Psychology Quarterly, 30(4), 494–512. https://doi.org/10.1037/spq0000106

Tulis, M., & Ainley, M. (2011). Interest, enjoyment and pride after failure experiences? predictors of students' state-emotions after success and failure during learning in mathematics. Educational Psychology, 31(7), 779–807. https://doi.org/10.1080/01443410.2011.608524

Uchino, B. N. (2009). Understanding the links between social support and physical health: A life-span perspective with emphasis on the separability of perceived and received support. Perspectives on Psychological Science, 4(3), 236–255. https://doi.org/10.1111/j.1745-6924.2009.01122.x

Uhde, G., & Thies, B. (2019). Kompetenzentwicklung im Lehramtsstudium durch professionelles Training. Braunschweig: Technische Universität Braunschweig.

Väisänen, S., Pietarinen, J., Pyhältö, K., Toom, A., & Soini, T. (2017). Social support as a contributor to student teachers' experienced well-being. Research Papers in Education, 32(1), 41–55. https://doi.org/10.1080/02671522.2015.1129643

Van der Beek, J. P. J., Van der Ven, S. H. G., Kroesbergen, E. H., & Leseman, P. P. M. (2017). Self-concept mediates the relation between achievement and emotions in mathematics. British Journal of Educational Psychology, 87(3), 478–495. https://doi.org/10.1111/bjep.12160

Villavicencio, F. T., & Bernardo, A. B. I. (2016). Beyond math anxiety: Positive emotions predict mathematics achievement, self-regulation, and self-efficacy. Asia-Pacific Education Researcher, 25(3), 415–422. https://doi.org/10.1007/s40299-015-0251-4

Westphal, A., Kretschmann, J., Gronostaj, A., & Vock, M. (2018). More enjoyment, less anxiety and boredom: How achievement emotions relate to academic self-concept and teachers' diagnostic skills. Learning and Individual Differences, 62(January), 108–117. https://doi.org/10.1016/j.lindif.2018.01.016

Wong, T. K. Y., Tao, X., & Konishi, C. (2018). Teacher support in learning: Instrumental and appraisal support in relation to math achievement. Issues in Educational Research, 28(1), 202–219.

Yu, R., & Singh, K. (2018). Teacher support, instructional practices, student motivation, and mathematics achievement in high school. Journal of Educational Research, 111(1), 81–94. https://doi.org/10.1080/00220671.2016.1204260

Zembylas, M. (2003). Emotions and teacher identity: a poststructural perspective. Teachers and Teaching: Theory and Practice, 9(3), 213–238. https://doi.org/10.1080/13540600320001166611

René Krempkow[1]

Wovon hängt die Studiendauer ab – individuelle oder institutionelle Faktoren? Eine Sekundärdatenanalyse von Absolvent(inn)enbefragungen

Zusammenfassung: Der Beitrag behandelt die Frage: Inwieweit haben Hochschulen Einfluss auf die Studiendauer? Die Modellierung der empirischen Analyse greift auf frühere Modelle des Studienerfolgs zurück und überprüft diese anhand eines erweiterten Modells. Die Auswertung der Absolvent(inn)enbefragungsdaten mittels OLS-Regressionen fokussiert insbesondere die Rolle individueller und institutioneller Faktoren, diskutiert aber auch die generelle Nützlichkeit des Verfahrens zur Analyse der Einflussfaktoren.

Schlüsselbegriffe: Studiendauer, Studienergebnis, Studienerfolg, Studienqualität, Absolventenstudie

Der Wissenschaftsrat forderte bereits vor gut einer Dekade, Studienqualität umfassend und systematisch abzubilden – einschließlich ihrer Ergebnisse und jeweiligen Ausgangsbedingungen (WR 2008: 78 f.). Ein wesentlicher Teilaspekt von Studienqualität betrifft die Möglichkeit zur Einhaltung der Regelstudienzeit bzw. die Studierbarkeit, die sich am Studienende in der durchschnittlichen Studiendauer zeigt (vgl. WR 2017, Akkreditierungsrat 2009, KMK 2008). Die an den deutschen Hochschulen bislang überwiegend zur Erfassung und Analyse der Studierbarkeit eingesetzten Studierendenbefragungen erfassen vor allem die Prozessperspektive. In diesem Beitrag soll Studierbarkeit aber aus Ergebnisperspektive diskutiert werden. Dies geschieht anhand von Analysen

1 Für Hinweise und Anregungen zu früheren Fassungen dieses Beitrags sowie zu den Auswertungen für die Humboldt-Universität (s. Krempkow 2020) möchte ich mich bedanken bei Sandra von Sydow und Johanna Storck (Humboldt Universität zu Berlin), Irmela Blüthmann und Annabell Daniel (Freie Universität Berlin), sowie den Diskutanten zur Präsentation dieses Beitrages zur 4. Tagung der Berlin-Brandenburger Beiträge zur Bildungsforschung 2019, und auf der Jahrestagung der Gesellschaft für Hochschulforschung 2019.

der bereits seit längerer Zeit als Indikator für Studienergebnisse[2] verwendeten Studiendauer[3] mit bundesweiten Daten des Kooperationsprojektes Absolventenstudien (KOAB). Die Ergebnisse werden hierbei in die früherer ähnlicher Analysen eines bundesweiten Datensatzes (HIS-Absolventenpanel) und der Datensätze dreier großer Universitäten eingeordnet (vgl. Krempkow 2011).

Für die Modellierung der empirischen Analyse wird sowohl auf ältere Modelle des Studienerfolgs zurückgegriffen (vgl. Krempkow/Bischof 2010, Blüthmann et al. 2011), als auch eine Überprüfung anhand eines neueren erweiterten Modells (nach Penthin et al. 2017) erfolgen. Die Auswertung mittels OLS-Regressionen soll insbesondere die Rolle individueller vs. institutioneller Faktoren fokussieren. Dies ist wichtig für die zu diskutierende Frage: Inwieweit haben Hochschulen bzw. Studiengangsverantwortliche Einfluss auf die Studiendauer? Denn sowohl individuelle Studienvoraussetzungen und studentische Erwerbstätigkeit, als auch institutionelle Faktoren, die Lehrqualität und Studienbedingungen betreffen, können wesentlichen Einfluss haben. Während die Hochschulen auf die individuellen Gegebenheiten kaum Einfluss nehmen können, sind institutionelle Faktoren grundsätzlich steuerbar. Aktuelle wissenschaftspolitische Relevanz erhält diese Frage dadurch, dass die Anzahl Studierender in der Regelstudienzeit vom Wissenschaftsrat als ein geeigneter Indikator künftiger Hochschulpakt-Finanzierung von Bund und Ländern angesehen wird. Darüber hinaus können mit hochschulübergreifenden Daten unterschiedliche Einflussfaktoren nach Fächern aufgedeckt werden, sodass den Ergebnissen Informationen über den möglichen Nutzen von universitätsweiten oder fachspezifischen Maßnahmen entnommen werden können.

1. Warum Studiendauer als Bestandteil der Studienergebnisse?

Viele Untersuchungen zum Thema Studierbarkeit erfolgen prozessbezogen und zeitnah zum jeweiligen Semester auf der Basis von Studierendenbefragungen.

---

2 Vgl. zur Einschätzung, dass Studierende in der Regelstudienzeit + 2 Semester ein geeigneter(er) Parameter der Hochschulfinanzierung sei, Wissenschaftsrat (2018: 49 f.). Die Einteilung in Indikatoren geht auch auf Qualitätsmodelle im Bildungswesen zurück (vgl. Krempkow 2007).

3 Aus der Studiendauer lässt sich grundsätzlich der Anteil der Absolventen in der Regelstudienzeit berechnen, indem die Regelstudienzeit (an Universitäten zumeist 6 Semester – vgl. Ländergemeinsame Strukturvorgaben/KMK-Beschluss vom 10.10.2003 i. d. F. vom 22.09.2005) von der tatsächlichen Studiendauer subtrahiert und dann der Anteil in der Regelstudienzeit angegeben wird.

Dies hat für Versuche eines möglichst frühzeitigen (Gegen-)Steuerns bei (evtl. unbeabsichtigten) Entwicklungen von Studiengängen einerseits unbestreitbar Vorteile. Andererseits können bestimmte Probleme durch Studierendenbefragungen kaum erfasst werden, z.B. Probleme der Organisation des Studiums am Studienende (Daniel 1996) bzw. die Studiendauer insgesamt (Krempkow 2007: 123 f.). Zudem wird seit langem kritisiert, erst Absolventen könnten das komplette Studium (mit größerem zeitlichen Abstand) rückblickend angemessen bewerten (vgl. z.B. Altrichter/Schratz 1993). Darüber hinaus erscheint es aber zugleich aus Gründen der Konzeption von Studienqualität geboten, diese auch aus der Perspektive der Ergebnisqualität zu betrachten (vgl. WR 2008), weil die Studiendauer seit längerem selbst als (Ergebnis-) Indikator von Bemühungen um Studienqualität und -erfolg sowie die Weiterentwicklung von Studienstrukturen genannt wird (vgl. z.B. BMBF 2010: 127).[4]

Und schließlich ist diese Betrachtungsweise für Analysen von Steuerungsversuchen im Rahmen der mit dem Neuen Steuerungsmodell verfolgten Ergebnisorientierung über die Leistungsorientierte Mittelvergabe (LoM) wichtig. Denn in LoM-Modellen werden neben Absolventenquoten bzw. Studienerfolgsquoten auch die Studiendauer bzw. der Anteil der Absolventen in der Regelstudienzeit (z.T. plus 2 Semester) verwendet (vgl. z.B. Senatsverwaltung für Bildung, Jugend und Wissenschaft 2017). Eine Steuerungswirkung kann mit diesen Indikatoren aber grundsätzlich nur erzielt werden, wenn eine Veränderung dieser Aspekte auch im Einflussbereich der Verantwortlichen für den

4 Allerdings ist anzumerken, dass mehrere Autoren die Aussagekraft der Studiendauer als isoliertes Ziel bzw. isoliert betrachteten Indikator kritisch sehen (z.B. Hornbostel/Daniel 1996, Krempkow 2007). Von methodischen Problemen einmal abgesehen, erscheint eine kurze Studiendauer unter der gegebenen sozialen Situation andererseits für alle diejenigen Studierenden angeraten, die nicht auf großzügige familiäre Unterstützung zählen können (da bei Überschreitung der Regelstudienzeit in einigen Bundesländern Sanktionen drohen und BAföG-Empfänger verzinste Darlehen aufnehmen bzw. bei weiterer Überschreitung komplett selbst ihren Lebensunterhalt finanzieren müssen). Zudem wurde argumentiert, dass durch die geringere zur Verfügung stehende Lebensarbeitszeit tendenziell weniger Beiträge in das Steuer- und Sozialsystem fließen und der Volkswirtschaft mögliches Innovationspotential entzogen wird (vgl. z.B. HIS 2003: 24). Andere argumentieren, dass das Studium ein Recht auf Bildung darstelle und die Dauer des Studiums als persönliche Entwicklungsmöglichkeit jedem Individuum freistehen sollte. Bei allen politischen Kontroversen um die Verkürzung der Studiendauer besteht jedoch Konsens, dass denen, die es möchten, ein Abschluss des Studiums möglichst innerhalb der Regelstudienzeit offen stehen soll (Krempkow 2007: 124).

Studiengang bzw. die Studiengänge liegen. Sollte sich die Vermutung belegen lassen, dass die Studiendauer in demselben oder stärkerem Ausmaß auch von nicht beeinflussbaren Faktoren abhängt, so würde dies eine Weiterentwicklung von Steuerungsinstrumenten wie der LoM nahe legen, wenn diese wirksame Anreize zur Verbesserung der Studierbarkeit setzen sollen.[5]

In diesem Beitrag werden im ersten Schritt zentrale Ergebnisse ähnlicher früherer Analysen zu Einflussfaktoren auf die Studiendauer mithilfe von verschiedenen Absolventenstudien-Datensätzen dargestellt: Dies ist ein bundesweiter Datensatz sowie die Datensätze der Universität Freiburg, der TU Dresden und einer weiteren großen Universität. Dabei werden jeweils sowohl individuelle Faktoren analysiert, die z.B. in den persönlichen Eigenschaften der Studierenden als Einzelpersonen liegen, als auch institutionelle Faktoren, die (Einschätzungen der) Eigenschaften von Studiengängen markieren. In einem nächsten Schritt werden (ab Gliederungspunkt 4.) neue Analysen vorgestellt, die eine Überprüfung der Ergebnisse mit einem erweiterten Modell vornehmen, was aufgrund der verfügbaren deutlich größeren Fallzahlen nun möglich geworden ist. Hierbei erfolgt auch eine separate Analyse für Fächergruppen und ausgewählte Fächer. Diese separaten Analysen können zeigen, inwieweit in den fachlichen Einheiten Einflussfaktoren in unterschiedlichem Ausmaß existieren.

Insgesamt ist Ziel dieses Beitrages, mit einer Analyse der Einflussfaktoren auf die Studiendauer Informationen zu generieren, die Hinweise auf Potentiale und mögliche Maßnahmen zur weiteren Verbesserung der Studierbarkeit an deutschen Hochschulen erlauben und das gesamte Studium bis zum erfolgreichen Abschluss einbeziehen.

2. Ergebnisse bisheriger Studiendaueranalysen

Ausgehend von bisher vorliegenden ähnlichen Analysen soll nun ein Überblick über Analysen potentieller Einflussfaktoren der Studiendauer gegeben werden, welche explizit sowohl individuelle als auch institutionelle Faktoren einbeziehen. Als individuelle Faktoren werden hier solche eingeordnet, die im Zusammenhang mit dem individuellen Hintergrund von Studierenden/

5 Auch hierzu ist von vornherein anzumerken, dass die Studiendauer (wie der Anteil von Absolventen in der Regelstudienzeit) als Indikator zur Erfassung von Studienqualität nur bedingt geeignet ist (vgl. Krempkow 2007). Daher sollte sie nicht als alleiniger/zentraler Indikator, sondern nur in einem Bündel von Indikatoren verwendet werden.

Absolventen und deren Studienvoraussetzungen stehen (z.B. Abiturnote, Bildungs¬herkunft). Zu institutionellen Faktoren werden solche zugeordnet, die auf der Ebene des Studienganges, der Fakultät oder der Hochschule als Ganzes angesiedelt sind. Diese sind in solche zu unterscheiden, die im Einflussbereich von Studiengangsverantwortlichen liegen und in solche, bei denen dies nicht der Fall ist. Für die Darstellung der Ergebnisse bisheriger Studiendaueranalysen erfolgte eine Auswahl von Studien aus dem deutschsprachigen Raum,[6] die entweder solche Analysen mit großen Fallzahlen durchführten, oder die hochschul- und fächerübergreifend angelegt waren.[7]

Als ein frühes Beispiel sollen hier zunächst die Ergebnisse einer Studie von Daniel (1996) erwähnt werden, in der über 1000 Betriebswirtschaft-Absolventen an der Universität Mannheim befragt wurden. Sie bietet bereits viele der auch in späteren Studien einbezogenen Faktoren, welche die durchschnittliche Fachstudiendauer maßgeblich beeinflussen können. Die Ergebnisse zeigten, dass vor allem der Bildungsweg, die Abiturnote und die Form der Studienfinanzierung einen statistisch und praktisch bedeutsamen Einfluss auf die Fachstudiendauer hatten. Als zentraler Faktor, der im Bereich der Verantwortung der Hochschulen liegt und dem mit besserer Studienorganisation abzuhelfen wäre, stellte sich laut Daniel die Anzahl der Wiederholungsprüfungen heraus. Durch eine zeitlich enger gestaffelte Folge von Wiederholungsprüfungen (am Ende der Vorlesungszeit und kurz vor Beginn eines neuen Semesters) könnte das Studium in diesem Fall um jeweils ein Semester verkürzt werden, denn bis dahin fanden Prüfungen immer nur jeweils einmal im Semester statt. Weitere wichtige Ansatzpunkte sah Daniel bei der Berufs- und Studienberatung, beim Hochschulzugang und der Studienfinanzierung. Allerdings ist bei den drei letztgenannten Aspekten bereits nicht mehr eindeutig zu sagen, inwieweit sie tatsächlich im Einflussbereich der Studiengangsverantwortlichen liegen. Auch von einer Generalisierbarkeit der Ergebnisse kann nicht gesprochen werden,

---

6 Studien aus anderen Sprachräumen erschienen nur bedingt vergleichbar, da schon innerhalb eines Landes mit der Sprache zusammenhängende kulturelle Unterschiede zu deutlich anderen Einflussfaktoren führen können, wie z.B. für die Schweiz gezeigt wurde (vgl. Krempkow 2011).

7 Dieser Beitrag beansprucht nicht, einen vollständigen Überblick über alle existierenden Untersuchungen zu diesem Themenbereich vorzulegen (zum aktuellen Forschungsstand vgl. auch Penthin u.a. 2017). Dies setzt einen anderen Ansatz, wie z.B. eine Konzeption wie bei Metaanalysen voraus (vgl. z.B. Schneider/Preckel 2017). Hier soll vielmehr wie eingangs bereits erwähnt die Bedeutung individueller und institutioneller Faktoren herausgearbeitet werden.

da in der Studie nur Betriebswirtschaftler untersucht wurden und das Studierverhalten in verschiedenen Fächern vermutlich auch von Fächerkulturen geprägt ist. Mit der Untersuchung von Schaeper/Minks (1997) sollen daher zusammenfassend auch Ergebnisse einer frühen Studie genannt werden, die auf der Basis einer bundesweiten fächerübergreifenden Absolventenstudie der Frage nachging, inwieweit die Studiendauer deutscher Hochschulabsolventen von individuellen Einflussgrößen (z. B. Fähigkeiten, Einstellungen, soziale und materielle Lage) sowie von institutionellen Gegebenheiten (Charakteristika des Studiengangs, der Hochschule und des Studienortes) abhängt. Empirische Basis bildete eine von der damaligen HIS GmbH durchgeführte Befragung einer bundesweiten Stichprobe von mehreren tausend Hochschulabsolventen des Prüfungsjahres 1993. Die Ergebnisse zeigten, dass sich die Notwendigkeit einer Erwerbstätigkeit neben dem Studium, eine geringe individuelle Leistungsfähigkeit und das Vorhandensein von Kindern deutlich studienzeitverlängernd auswirkten. Von einer vor Studienbeginn abgeschlossenen Berufsausbildung ging dagegen ein studienzeitverkürzender Effekt aus. Von den institutionellen Faktoren erwiesen sich insbesondere die Regelstudienzeit und der Strukturiertheitsgrad des Studiums als wesentliche Determinanten der Studiendauer (vgl. Schaeper/Minks 1997).

Eine jüngere fächerübergreifenden Analyse ist die von Alesi et al. (2015) für das Bundesland Nordrhein-Westfalen (NRW) innerhalb des Kooperationsprojektes Absolventenstudie (KOAB) mit den Absolventen des Prüfungsjahres 2011. Hierbei zeigte die Fächergruppenzugehörigkeit die stärksten signifikanten Effekte auf die Studiendauer, gefolgt von Erwerbstätigkeit neben dem Studium, der Note der Hochschulzugangsberechtigung bzw. Abiturnote, Migrationshintergrund, Studienorganisation, Auslandssemester, Wichtigkeit des Studiums, Geschlecht und Kontakte zu Studierenden. Hier haben also ähnlich wie bei Schaeper/Minks (1997) ebenfalls institutionelle *und* individuelle Faktoren signifikante Effekte. Hierzu stellte sich die Frage, ob es bundesweit ähnliche Ergebnisse gibt, und darüber hinaus, inwieweit sich die Ergebnisse zwischen einzelnen Hochschulen unterscheiden. Daher sollen hier zusammenfassend noch die Ergebnisse in identischer Weise durchgeführter Analysen mit Datensätzen für deutsche Hochschulen vorgestellt werden (vgl. auch Krempkow/Bischof 2010).[8] Es handelt sich hierbei um eine Sekundärdatenanalyse mit Daten eines Scientific Use Files zu den HIS-Absolventenstudien

---

8 Anders als z.B. in Schomburg (2013: 10 f.) wird hier keine direkte Abfrage bei den Absolventen zugrundgelegt, was aus deren Sicht Gründe für eine Verlängerung der Studienzeit waren. Vielmehr erfolgt eine statistische Zusammenhangsanalyse,

sowie mit Daten der Dresdner und der Freiburger Absolventenstudien.[9] Mit Hilfe dieser Daten wurde dasselbe Grundmodell der Analysen (vgl. Krempkow/Bischof 2010: 129) mit den verschiedenen Datensätzen empirisch geprüft. Die Ergebnisse der Untersuchungen zeigen, dass eine Reihe von Merkmalen einen empirisch belegbaren Effekt bezüglich der Studiendauer hat. Dies sind zum einen – als institutionelle Faktoren – solche Charakteristika des Studienganges wie die Häufigkeit und Intensität der persönlichen Kontakte von Studierenden und Lehrenden, der Umfang der fachlichen Beratung und Betreuung sowie die zeitliche Koordination des Lehrangebotes. Einen signifikanten Effekt haben zudem – als individuelle Faktoren – persönliche Merkmale der Studierenden sowie Studienvoraussetzungen. Auch der Umfang der Erwerbstätigkeit von Studierenden während des Studiums kann einen großen Effekt auf die Studiendauer haben. In der Grundaussage, dass individuelle und institutionelle Faktoren relevant sind, stimmen die Ergebnisse dieser Analysen daher mit den zuvor genannten überein.[10] Unterschiede zeigen sich allerdings (trotz der hier gewählten Verwendung weitestgehend identischer Regressionsmodelle für alle Datenanalysen) in der Stärke der Effekte der einzelnen Merkmale: So ergibt sich für den Umfang der Erwerbstätigkeit in der Analyse der bundesweiten HIS-Hannover-Daten der stärkste Zusammenhang mit der Studiendauer (ähnlich Schaeper/Minks 1997). Dagegen hat der Umfang der Erwerbstätigkeit in den Dresdner Daten einen schwächeren Effekt und in den Freiburger Daten keinen signifikanten Effekt. Gleiches gilt auch für die Abiturnote. An anderen großen Universitäten hat die Abiturnote den stärksten Effekt, direkt an zweiter Stelle gefolgt von der Erwerbstätigkeit, und an dritter Stelle von Fach- oder Schwerpunktwechsel (wie an der TU Dresden). Kurz zusammengefasst verdeutlichen die Ergebnisse bisher vorliegender vergleichbarer Analysen, dass zwar für alle

---

welche weniger abhängig ist von subjektiven Wahrnehmungen ist und auch noch weitere, den Absolventen nicht unbedingt bewusste Zusammenhänge aufzeigen kann.

9 Vergleichbar analysiert wurden die Datensätze der Freiburger Absolventenstudien (Krempkow/Bischof 2010) mit ca. 1000 Fällen, der Dresdner Absolventenstudien (Krempkow/Pastohr 2006) mit ca. 2.000 Fällen, und des bundesweiten HIS-Absolventenpanels (Krempkow, 2011, Datenbasis Fabian/Minks 2006) mit ca. 6.000 Fällen. In den als SUF verfügbaren bundesweiten Datensätzen ist die Hochschulzugehörigkeit nicht verfügbar, da die Möglichkeit einer Zuordnung auf Wunsch mehrerer Hochschulen ausgeschlossen wurde.

10 Hier konnten vorwiegend auf Studiengangsebene verortete institutionelle Faktoren analysiert werden. Auf die Ebene von Hochschulen wird aber nachfolgend bei der Analyse aggregierter Daten genauer eingegangen.

Datensätze individuelle Faktoren (wie Abiturnote, Karriereorientierung oder Erwerbstätigkeit), ebenso wie institutionelle Faktoren (Fächerkultur, Beratung und Betreuung, Aufbau und Struktur oder Koordination des Lehrangebotes) relevant sind. Es gibt aber keine für alle Hochschulen in gleichem Ausmaß geltenden Einflussfaktoren (vgl. Krempkow 2011).

Nach dem Überblick zu bisher vorliegenden vergleichbaren Analysen werden nun Analysen mit den Daten des KOAB zunächst mit demselben, nachfolgend als Basismodell bezeichneten, und anschließend mit einem erweiterten Modell unter Einbeziehung zusätzlicher Variablen in Anlehnung an neuere Modellüberlegungen vorgestellt. Dies soll Antworten auf die Frage bringen, ob sich die von Schaeper/Minks (1997) gefundenen früheren Zusammenhänge in ähnlicher Weise auch mit neueren Absolventenbefragungsdaten und erweiterter Modellierung zeigen.

3. Datenbasis der eigenen bundesweiten Analysen mittels KOAB

Die Nutzung des bundesweiten KOAB-Datensatzes mit insgesamt rund 31.000 auswertbaren Fällen (wovon hier die ca. 23.000 von Bachelor-Absolventen einbezogen werden) ermöglicht, die Berechnungen umfassend mit einer relativ großen Anzahl von potentiellen Einflussfaktoren durchführen zu können – und damit auch erweiterte Modelle.[11] Als Datenbasis wird hier das im August 2018 zur Verfügung gestellte Scientific Use File (SUF) zur Befragung des Prüfungsjahres 2014 (ca. 1,5 Jahre nach Studienabschluss), in der Version 6 genutzt.[12] Eine Prüfung der Verteilung zentraler Merkmale der sozialen Zusammensetzung der Befragten mit der amtlichen Prüfungsstatistik (StBA 2016) zeigte nur geringe Differenzen hinsichtlich Geschlecht, Staatsangehörigkeit und Alter, so dass diesbezüglich von einer weitgehenden

11 Dies entspricht einer Antwortquote von 39 Prozent (vgl. KOAB 2016). Es ist damit der Datensatz mit derzeit größter Fallzahl in Deutschland, der höchsten Rücklaufquote und basiert mit auf internationalen Absolventenstudien (vgl. auch Wolter 2016).

12 Zwar gibt es inzwischen neuere Erhebungen, allerdings noch kein Scientific Use File dazu, welches so wie das hier genutzte auch bereits umfassend geprüft wurde und alle nötigen Variablen enthält. Zudem war für die hiermit vorgelegten Analysen das Zuspielen und Prüfen zusätzlicher Variablen notwendig, damit auch das hier zugrunde gelegte erweiterte Modell geprüft werden kann. Dies hat einige zusätzliche Zeit in Anspruch genommen, weshalb auf eine entsprechende Prüfung neuerer Datensätze von vornherein verzichtet werden musste.

„Repräsentativität" der Ergebnisse ausgegangen werden kann.[13] Allerdings sind nicht alle Bundesländer, sondern nur 12 von 16 im Datensatz enthalten. Da sich die Verteilung zentraler Merkmale der sozialen Zusammensetzung zwischen den einbezogenen und nicht einbezogenen Bundesländern jedoch kaum unterschied, kamen in einer Prüfung der Generalisierbarkeit der Daten bereits in einer anderen Veröffentlichung zu KOAB-Daten die Autoren zum Schluss, diese sei gegeben (vgl. Neugebauer et al. 2016: 55), weshalb hier auf eine erneute Prüfung verzichtet wurde.[14] Eine ausführlichere Beschreibung der Datenbasis und Darstellung der Ergebnisse für alle Abschlussarten finden sich in den Tabellenbänden (vgl. KOAB 2016). Ein weiterer bei der Verwendung der Datenbasis zu beachtender Aspekt war, dass die Anzahl der fehlenden Fälle sich nach den ersten durchgeführten Analysen nicht bei allen Variablen als zufriedenstellend herausstellte. Dies hängt z.T. damit zusammen, dass nicht alle Hochschulen alle hier interessierenden Fragebogenteile einsetzten, da einige Fragen als „optional" gekennzeichnet waren, ein anderer Teil sind Nichtantworter (Nonresponse). Dies ist für die hier durchgeführten Analysen von größerer Bedeutung als bei rein deskriptiven Analysen. Denn dadurch, dass bei Regressionsanalysen bereits ein einziger fehlender Fall in einer Variable zum Ausschluss des betreffenden Falles aus der gesamten Analyse führt

---

13 So nahmen zwei Prozentpunkte mehr Frauen und drei Prozentpunkte mehr deutsche Staatsangehörige an der Befragung teil, als laut amtlicher Hochschulstatistik in der Grundgesamtheit waren; der Altersschnitt stimmte überein. In drei Fächergruppen gab es nennenswerte Abweichungen: So sind die Mathematik/Naturwissenschaften mit sechs Prozentpunkten Differenz und die Sprach-/Kulturwissenschaften mit vier Prozentpunkten etwas unterrepräsentiert und die Rechts-/Wirtschafts- und Sozialwissenschaften im Gegenzug mit zehn Prozentpunkten überrepräsentiert. Dies ist jedoch bei ähnlichen Erhebungen häufiger der Fall und wird auf die geringere bzw. höhere Befragungsaffinität der betr. Fächergruppen zurückgeführt. Frühere Analysen zeigten, dass dies meist ohne Auswirkungen auf die Ergebnisse blieb und sich keine Anhaltpunkte dafür fanden, dass im Studium oder Beruf erfolgreichere oder weniger erfolgreiche überrepräsentiert sind, da innerhalb der Fächergruppen neben o.g. auch weitere zentrale Merkmale wie Studiendauer und Abschlussnote weitgehend mit denen der Grundgesamtheit übereinstimmten (vgl. Krempkow 2017, Krempkow u.a. 2010, Krempkow/Pastohr 2006). Werden zudem die Analysen separat für die einzelnen Fächergruppen durchgeführt, wie es hier im Folgenden auch geschieht, so spielt deren z.T. abweichende Antwortbereitschaft keine Rolle mehr für die Ergebnisse.

14 Aufgrund ähnlicher Verteilungen in Datensatz und Grundgesamtheit wurde von einer Datengewichtung abgesehen.

(jedenfalls beim hier anzuwendenden listenweisen Fallausschluss; und die fehlenden Fälle sich nicht auf wenige Variablen beschränkten, sondern relativ breit über verschiedene Variablen und Fälle gestreut sind), verblieben bei den ersten durchgeführten Analyseversuchen nur relativ wenige Fälle (mit rund 11.000 Fällen weniger als die Hälfte der ursprünglichen Fälle). Die relativ breite Streuung der fehlenden Fälle (ohne spezifische Ausfall-Muster – vgl. Lüdtke et al. 2007) wird aber auch als günstig für Imputationen (Ersetzen) fehlender Fälle eingeschätzt. Hier wurde daher mit der entspr. Funktion in SPSS (Version 24) eine multiple Imputation der fehlenden Fälle für Variablen mit relativ vielen fehlenden Fällen vorgenommen. Die Imputation wurde überprüft und für tauglich befunden.[15] Sie führt damit im Endergebnis dazu, dass zuverlässigere Werte und zudem auch für fast alle Fächergruppen und für ausgewählte Fächer separate Analysen vorgelegt werden können, was sonst schon aufgrund der Fallzahlen nicht möglich wäre.

4. Operationalisierung der Studiendauer

Studierbarkeit wird zwar seit einiger Zeit in Hochschulpolitik und Akkreditierung gefordert (vgl. z.B. Akkreditierungsrat 2009, KMK 2008), sie wird aber durchaus unterschiedlich operationalisiert (vgl. dazu ausführlicher Steinhardt 2011). Die hier gewählte Operationalisierung erfolgt in Anlehnung an bereits länger zurückreichende konzeptionelle Vorarbeiten von Richter (2000: 161 f.), der sich wiederum an Arbeiten der Wijnen-Kommission in den Niederlanden orientierte (vgl. ausführlicher Krempkow/Bischof 2010). Mögliche Indikatoren zur Studierbarkeit können demnach unterschieden werden in Indikatoren aus *Zeit*-Perspektive (d.h.: Kann das Studium in der vorgesehenen Zeit studiert werden?) und aus *Leistungs*-Perspektive (d.h.: Kann das Studium bezüglich der Leistungsanforderungen erfolgreich studiert werden?). Für die hier vorzustellenden Analysen soll die zeitliche Perspektive des Studiums anhand der

15 Die Verteilungen der in die Analyse einbezogenen imputierten Variablen des Datensatzes (die letztlich zu rund 18.000 in die Analyse einbezogenen gültigen Fällen führten, bzw. 16.000 in den erweiterten Regressionsanalysen), entsprachen denen des Originaldatensatzes. Zur Überprüfung der Ergebnisse wurden dennoch die fächerübergreifenden Regressionsanalysen parallel auch mit dem Originaldatensatz durchgeführt, so dass evtl. Effekte der Imputation auf die Ergebnisse kontrolliert werden konnten (vgl. hierzu auch Lüdtke u.a. 2007: 105 f.). Hierbei zeigten sich alle in den Analysen mit Imputation gefundenen signifikanten bedeutsamen Zusammenhänge auch in den Analysen ohne Imputation.

durchschnittlichen Fachstudiendauer als ein zentrales Element von Studierbarkeit im Vordergrund stehen (vgl. auch Wissenschaftsrat 2017, 2008; KMK 2005).[16]

Die Entscheidung für die *Fach*studiendauer (im Gegensatz zur Gesamtstudiendauer inkl. evtl. Studienzeiten in einem anderen Fach) und damit die Erfassung in *Fachsemestern* erfolgte aus konzeptionellen Gründen, weil es um potentielle Einflussmöglichkeiten der Hochschulen geht; aber auch aus methodischen Gründen, weil diese Variable weniger fehlende Fälle aufweist als die der *Hochschulsemester.* Für zuverlässige Ergebnisse der Analysen insgesamt ist eine hohe Datenqualität der (hier als abhängige Variable verwendeten) Fachstudiendauer notwendig, was daher hier ebenfalls thematisiert werden soll: Die Fachstudiendauer wurde direkt erfragt, da diese den Absolventen erfahrungsgemäß recht gut bekannt und erinnerlich ist (sie ist an vielen Hochschulen auch auf den Studiendokumenten angegeben). In dieser Variablen gab es dann auch nur sehr wenige fehlende Fälle (2,2 %).[17] Damit kann die Datenqualität der Fachstudiendauer für die geplanten Analysen als gut eingestuft werden. Insgesamt stehen 22.673 Fälle für die Analyse der Studiendauer zur Verfügung, wobei der Median von 7 Fachsemestern etwa dem Bundesschnitt[18] (vgl. Autorengruppe Bildungsberichterstattung 2018: 164), und die Häufigkeitsverteilung – von einigen Ausreißern in höheren Semestern abgesehen – annähernd der Normalverteilung entsprechen.

---

16 Hierbei ist anzumerken, dass die Studienzeitverkürzung nicht als alleiniges Ziel von Studiengangsentwicklung betrachtet werden sollte (vgl. zu notwendigen und hinreichenden Bedingungen erfolgreicher Studiengänge ausführl. Krempkow 2007, ′08).

17 Zur Datenüberprüfung wurde zusätzlich exemplarisch für eine Hochschule die Möglichkeit der Berechnung der Gesamtstudiendauer aus dem Beginn- und Endzeitpunkt des Studiums genutzt, wobei es allerdings einzelne unplausible Werte beim Endzeitpunkt des Studiums gab (16 Fälle „278304", statt z.B. „201412" für Dez. 2014, dies entspricht mit (zusätzlichen) 0,4 % etwa dem Anteil unplausibler Fälle im bundesweiten Datensatz. Als Abhilfe-Maßnahme wurden diese Endzeitpunkte neu als fehlend codiert. Anschließend erfolgte ein Vergleich der Mittelwerte und Verteilungen der von Absolventen berichteten Fachstudiendauer und der Gesamtstudiendauer. Die Differenz zwischen End- und Anfangszeitpunkt des Referenzstudiums, in Hochschulsemestern) zeigt: Die Gesamtstudiendauer fällt (u.a. aufgrund von Auslandssemestern, Praktika) wie erwartet (mit im Schnitt 8,1 Semestern) etwas höher aus als die Fachstudiendauer (7,7 Fachsemester). Die Verteilung ist dadurch bis zum 8. Semester etwas verschoben, stimmt aber ab 9. Semester fast überein. Die Verschiebung der Anteile bis zum 8. Semester erscheint plausibel, denn 22 % der BA-Absolventen absolvierten ein Auslandssemester und 14 % ein Auslandspraktikum.

18 Ohne Ausreißer entspricht der Mittelwert von 7,2 Fachsemestern genau dem Bundesschnitt.

5. Basismodell

Die allgemeine konzeptionelle Grundlage dieser wie auch ähnlicher Analysen ist ein Prozessmodell der Hochschulbildung (vgl. z.B. Schmidt 2016, Krempkow 2007, Teichler 2003). Das Modell gliedert sich in die drei Grundbestandteile Ausgangs-/Kontextbedingungen (Input), Hochschulbildung (Prozess) und Ergebnisse (Output), wobei für letztere hier nur die Studiendauer betrachtet wird (s. Abb. 1). Weitere Ergebnisse, die auch als Outcome aufgefasst werden können, sind nicht Gegenstand dieses Beitrages (vgl. hierzu aber ausführlich z.B. Krempkow et al. 2010).

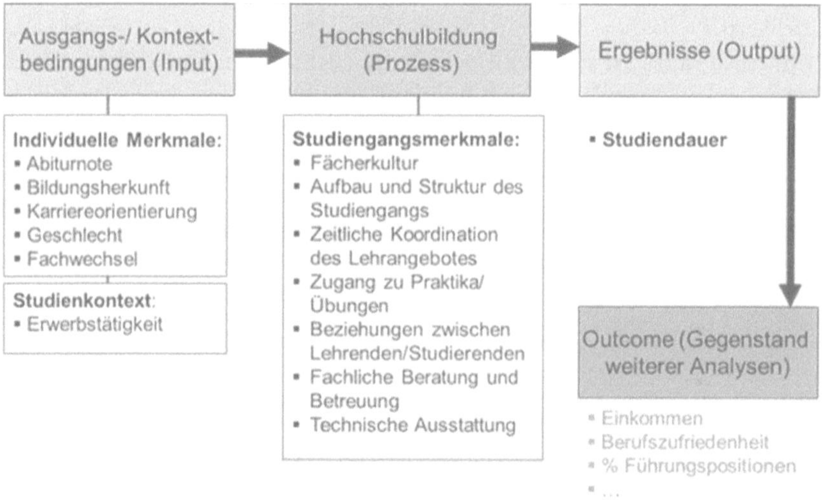

Abb. 1: Basismodell (nach Krempkow/Bischof 2010)[19].

19 Abweichend vom ursprünglichen Modell in Krempkow/Bischof (2010) zählen zu den individuellen Faktoren (die durch die Hochschule kaum beeinflussbar sind) nach den neueren Überlegungen, die im aktuell für die Analysen verwendeten Basismodel zugrunde gelegt wurden, lediglich noch Geschlecht, Abiturnote, Bildungsherkunft und Karriereorientierung. Teilweise durch die Hochschule beeinflussbar (z.B. durch eine entsprechende flexiblere Gestaltung der Angebote – vgl. Wissenschaftsrat 2017, 2018: 25) sind die im erweiterten Modell als Kontextfaktoren bezeichneten Aspekte Fach- bzw. Schwerpunktwechsel und Erwerbstätigkeit bzw. (De-Facto-)Teilzeitstudium. In der Verantwortung der Hochschule liegen demnach Aufbau und Struktur des Studiums, zeitliche Koordination des Lehrangebotes, Zugang zu Praktika/Übungen usw.

6. Erweitertes Analysemodell

INDIVIDUELLE FAKTOREN (s. individuelle Merkmale in Krempkow/Bischof 2010):[20]
- *Geschlecht,*
- *Abiturnote,*
- *Bildungsherkunft: Akademikerkinder,*
- *Karriereorientierung: 'hohes Einkommen',*

Variablen, die sich in Analysen zu Übergängen nach dem BA als relevant erwiesen (Alesi et al. 2015; Ebert/Stammen 2014; Neugebauer et al. 2016; Krempkow 2017):
- *Studienberechtigung im Ausland erworben (Migrationshintergrund),*
- *Berufsausbildung vor dem Studium,*
- *Alter* (vgl. Neugebauer et al. 2016; Krempkow et al. 2006, 2010; Krempkow 2017)

KONTEXTFAKTOREN (= Persönliche Lebensbedingungen und Kontextfaktoren in Penthin et al. 2017; vgl. ähnlich Krempkow/Bischof 2010):
- Fach- bzw. Schwerpunktwechsel,
- Teilzeitstudium (vgl. auch Middendorff et al. 2017, S. 15),
- Elternschaft/Kinder im Haushalt (vgl. Krempkow et al. 2006, 2010, 2017)
- Auslandssemester (vgl. Neugebauer et al. 2016; Penthin et al. 2017)

INSTITUTIONELLE FAKTOREN (vgl. ähnlich Krempkow 2011, Krempkow/Bischof 2010; s. hochschulinterne Faktoren in Penthin et al. 2017):

aus einfachem Modell übernommen:
- Fächerkultur bzw. Fächergruppenzugehörigkeit,
- Aufbau und Struktur,
- Zeitliche Koordination der LV,
- Zugang zu erforderlichen LV (z. B. Seminare, Übungen),
- Zugang zu Praktika,
- Kontakte zu Lehrenden,
- Fachliche Beratung und Betreuung
- Technische Ausstattung/Zugang zu EDV,
- Ausstattung der Lehr- und Lernräume (Technik, Arbeitsmittel etc.)

im erweiterten Modell zusätzlich dazu (aus Rottach/Blüthmann/Watermann 2016):
- Wahlmöglichkeiten: Fachliche Vertiefungsmöglichkeiten,

Abb. 2: Übersicht potentieller Einflussfaktoren (unabh. Variablen)

20 Fachwechsel wird nach neuen theoretischen Modellüberlegungen anders als früher nun KONTEXTFAKTOREN zugeordnet.

- Inhaltliche Kohärenz: Fachliche Qualität der Lehre, - Möglichkeit, die Studienanforderungen in der dafür vorgesehenen Zeit zu erfüllen, - Passung der Prüfungsformen: System und Organisation von Prüfungen, - Lehrqualität: Didaktische Qualität der Lehre **sowie weitere Variablen, die nach eigenen Überlegungen bzw. früheren Analysen mit KOAB-Daten potentiell relevant sind** (vgl. auch Krempkow 2017): - Studienzufriedenheit (1=positiv, bis 5=negativ), - Forschungsbezug von Lehre und Lernen, - Verfassen von wissenschaftlichen Texten, - Vorbereitung auf den Beruf, - Training von mündlicher Präsentation, - Angebote zum Erwerb von Schlüsselkompetenzen.

Abb. 2: Fortsetzung

Das erweiterte Analysemodell greift neben der bereits erwähnten allgemeinen Basis des Prozessmodells der Hochschulbildung für die Auswahl potentieller Einflussfaktoren bis hin zu deren konkreter Operationalisierung nun nicht nur auf die Ergebnisse früherer Studien zu potentiellen Einflussfaktoren auf die Studiendauer, sondern auch auf neuere Studien zu potentiellen Einflussfaktoren zum Studienerfolg allgemein zurück (insbes. Rottach et al. 2016, Alesi et al. 2015). Speziell zur Studiendauer wird auf eine jüngst veröffentlichte qualitative Studie von Penthin et al. (2017) rekurriert, welche wiederum ein an die Systematisierungen von Krempkow/Bischof (2010) und Blüthmann et al. (2011) angelehntes Kategoriensystem verwendet. Auf diese Weise soll sichergestellt werden, einerseits möglichst alle potentiell relevanten Einflussfaktoren einzubeziehen. Andererseits erfolgt eine theoretisch fundierte Systematisierung bzgl. der Zurechnung individueller und institutioneller Faktoren und diese wird anhand eines großen Datensatzes quantitativ empirisch überprüft. Dies entspricht damit zugleich einem Desiderat von Penthin et al. (2017, S. 22). Daher werden die einbezogenen potentiellen Einflussfaktoren (die die unabhängigen Variablen bilden) daher gemäß der Systematik von Penthin et al. (2017) geordnet (s. Abb. 2).

Zunächst sollen hier die Durchführung der fächerübergreifenden Analysen nach dem erweiterten Modell vorgestellt werden, bevor dies nachfolgend für die separaten Analysen auch nach Fächergruppen erfolgt. Bevor die eigentlichen Regressionsanalysen beginnen konnten, mussten hierfür zunächst wie bei Regressionsanalysen üblich Zusammenhänge der (als unabhängig angenommenen) potentiellen Einfluss-Variablen untereinander geprüft werden. Hierbei stellte sich heraus, dass in diesem Datensatz das Alter der Absolventen stärkere Zusammenhänge mit anderen potentiellen Einflussfaktoren aufweist (z.B. Korrelationskoeffizient von .50 mit einem Berufsabschluss vor dem Studium, wie ähnlich bereits in früheren Analysen von Absolventenstudiendaten zu Übergängen nach dem Bachelor festgestellt – vgl. Krempkow 2017). Daher musste auch hier die Variable Alter zur Vermeidung von Multikollinearität ausgeschlossen werden. Ein zweiter aus methodischer Sicht potentiell problematischer Aspekt bei Regressionsanalysen können sogenannte „Ausreißer" sein, d.h. Fälle, die deutlich außerhalb der erwarteten Werte liegen und daher die Zuverlässigkeit der Ergebnisse beeinträchtigen können. In diesem Fall waren es einzelne Absolventen mit bis zu 44 Fachsemestern Studiendauer (als Bachelor). Da es aber insgesamt (mit genau 31) nur einige wenige Absolventen waren, die mehr als 19 Fachsemester bis zum Abschluss benötigten, wurden diese aus der weiteren Analyse ausgeschlossen. Für die Studiendauer verblieben danach immer noch 23202 (99,9 %) von zuvor 23233 Fällen, dies hat also kaum Auswirkungen auf die Fälle in der Regressionsanalyse insgesamt.

7. Ergebnisse

Zusammenfassend kann als ein zentrales Ergebnis der zunächst durchgeführten fächerübergreifenden Analysen mit erweitertem Analysemodell formuliert werden, dass die Effekte bezüglich der stärksten potentiellen Einflussfaktoren bei nun höherer Erklärungskraft in ihren Grundaussagen ähnlich dem einfachen Modell ausfallen (Abb. 3):[21] So ist auch im erweiterten Modell die Abiturnote einer der stärksten Einflussfaktoren auf die Studiendauer (dies entspricht auch internationalen Meta-Analysen – vgl. Schneider/Preckel 2017: 31). Deren Effekt wird aber nun übertroffen von der neu ins erweiterte Modell einbezogenen „Möglichkeit, die Studienanforderungen in der dafür vorgesehenen Zeit zu erfüllen". Es folgen das (De-Facto-)Teilzeitstudium (ebenfalls neu ins erweiterte Modell einbezogen), und das Geschlecht der Befragten (hier wiederum wie im einfachen Modell). Ein Fach- oder Schwerpunktwechsel sowie die Fächerkultur (erfasst durch die Fächergruppenzugehörigkeit) hatten ebenfalls ähnliche Effekte wie im einfachen Modell. Lediglich die neu einbezogene Zufriedenheit mit dem Studium hat noch einen ähnlich starken Effekt wie die letztgenannten

21 Hier werden nur die standardisierten Regressionskoeffizienten interpretiert, die signifikante und zugleich praktisch bedeutsam eingeschätzte Effekte mit Beta>,05 aufweisen (sehr große Fallzahlen machen signifikante Ergebnisse wahrscheinlicher). Nur diese werden daher in Abb. 3 durch Fettdruck hervorgehoben·

Aspekte. Die übrigen Variablen haben entweder keine oder nur sehr kleine Effekte.[22] Insgesamt deutet die relativ hohe Übereinstimmung der Regressionskoeffizienten bei den in beide Modelle einbezogen Aspekten trotz sehr unterschiedlicher Art und Anzahl der Variablen in den jeweiligen Modellen auf gute Stabilität der Ergebnisse hin. Damit haben auch nach neueren Daten sowohl individuelle als auch institutionelle sowie Kontext-Faktoren deutliche Effekte.

22 Für Humanmedizin/Gesundheitswiss. und Sport war die Erklärungskraft ebenfalls moderat (vgl. Persike 2017: 22; Döring/Bortz 2016), aber die Fallzahl mit ca. 200 Fällen zu klein für bundesweit aussagekräftige Ergebnisse.

	Regressionsmodelle	einfaches Modell (korr. R^2=,06***, n=17542)		erweitertes Modell (korr. R^2=,12***, n=15813)	
		Nicht standardis. Koeffizienten: Regressionskoeffizient B	**Standardis. Koeffizienten Beta**	**Nicht standardis. Koeffizienten Regressionskoeffizient B**	**Standardis. Koeffizienten Beta**
Institutionelle Faktoren	***Geschlecht (1=weiblich, 0=männlich)***	**-,379****	**-,085****	**-,410****	**-,092****
	Abiturnote *(Notenskala)*	**,502****	**,143****	**,487****	**,139****
	Bildungsherkunft: mind. ein Elternteil mit Hochschulausbildung (1=ja, 0=nein)	,122**	,027**	,079*	,018*
	Studienberechtigung im Ausland erworben (1=ja, 0=nein)	-	-	,572**	,039**
	Erwerb eines beruflichen Abschlusses vor dem Studium *(1=ja)*	-	-	**-,284****	**-,055****
	Karriereorientierung: Hohes Einkommen (Skala: 1=sehr wichtig – 5=gar nicht)	-	-	,070**	,028**
Kontext	**Fach- bzw. Schwerpunktwechsel** (1=ja)	**1,064****	**,087****	**,908****	**,073****
	Teilzeitstudium (1=ja)	-	-	**1,415****	**,137****
	Elternschaft (1=ja)	-	-	,464**	,049**
	Auslandsaufenthalt im Studium (1=ja)	-	-	,240**	,044**

Abb. 3: Übersicht Ergebnisse der Regressionsanalyse (einfaches u. erweit. Modell)[23]

23 (Signifikanzniveaus: p<0,01**, p<0,05*, p<0,1⁺; fettgedruckt bei bedeutsam eingeschätzten standardisierten sign. Koeff. Beta>,05; Referenzkategorie für Fächergruppen sind die Ingenieurwissenschaften)

	Regressionsmodelle	einfaches Modell (korr. R^2=,06***, n=17542)		erweitertes Modell (korr. R^2=,12***, n=15813)	
	Aufbau und Struktur des Studiums (dieses und folgende Items: Notenskala)	,050*	,021*	,004	,002
	Zeitliche Koordination der Lehrveranstaltungen	,076**	,031**	-,044⁺	-,018⁺
Institutionelle Faktoren	Zugang zu erforderlichen Lehrveranstaltungen (z.B. Seminare, Übungen)	-,018	-,008	-,069**	-,030**
	Kontakte zu Lehrenden	,071**	,035**	,002	,001
	Fachliche Beratung und Betreuung durch Lehrende	,030	,013	-,024	-,010
	Zugang zu EDV-Diensten (Arbeitsplätze, WLAN etc.)	,029*	,014*	,020	,009
	Ausstattung der Lehr- und Lernräume (Technik, Arbeitsmittel etc.)	-	-	-,005	-,003
	Fachliche Vertiefungsmöglichkeiten	-	-	-,055**	-,026**
	Fachliche Qualität der Lehre	-	-	-,042	-,014
	System und Organisation von Prüfungen	-	-	-,028	-,013
	Möglichkeit, die Studienanforderungen in der dafür vorgesehenen Zeit zu erfüllen	-	-	**,363****	**,183****
	Didaktische Qualität der Lehre	-	-	-,050*	-,020*
	Zufriedenheit mit dem Studium insgesamt	-	-	**,188****	**,073****
	Forschungsbezug von Lehre und Lernen	-	-	-,010	-,004
	Training von mündlicher Präsentation	-	-	,014	,008
	Verfassen von wissenschaftl. Texten	-	-	-,012	-,007
	Vorbereitung auf den Beruf	-	-	,023	,011

	Angebote zum Erwerb von Schlüsselkompetenzen	-	-	-,001	,000
Institut. Faktoren	**Sprach- u. Kulturwissenschaft** (=1)	**-,553****	**-,099****	**-,427****	**-,077****
	Sportwissenschaften (=1)	-,438**	-,024**	-,230	-,013
	Rechts-, Wirtschafts- und Sozialwissenschaften (=1)	**-,678****	**-,134****	**-,526****	**-,104****
	Mathematik, Naturwissensch. (=1)	**-,503****	**-,091****	**-,413****	**-,075****
	Humanmedizin/Gesundheitswiss. (=1)	**-1,287****	**-,075****	**-,975****	**-,058****
	Agrar-, Forst- und Ernährungswissenschaften (=1)	-,474**	-,036**	-,267**	-,021**
	Kunst, Kunstwissenschaft (=1)	-,221**	-,017**	-,065	-,005
	Hochschulart (FH=0, Universität=1)	-	-	,020	,004

Abb. 3: Fortsetzung

Mit den größeren verfügbaren Fallzahlen aufgrund der Imputation fehlender Daten ist aber nicht nur die obenstehende Überprüfung weiterer potentieller Einflussfaktoren im erweiterten Modell möglich, sondern auch eine separate Analyse für Fächergruppen. Diese durchzuführen, legen nicht nur die obenstehenden signifikanten Effekte der Fächergruppen nahe, sondern auch die nach Fächergruppen z.T. durchaus unterschiedlichen Ergebnisse ähnlicher Analysen. Die Ergebnisse der separaten Analysen nach Fächergruppen mit den bundesweiten Daten werden nachfolgend dargestellt (Abb. 4). Hierbei wurde – abgesehen von den Fächergruppenvariablen – dieselbe Verfahrensweise verwendet wie bei der fächerübergreifenden Analyse.

Die Ergebnisse sind bei den stärksten potentiellen Einflussfaktoren über alle Fächergruppen bezüglich der in mehreren Fächergruppen relevanten Aspekte relativ ähnlich. Auch die moderate Erklärungskraft der Regressionsmodelle ähnelt sich: Das korr. R^2 liegt in allen Fächergruppen zwischen .10 und .12.[24] Gleichwohl gibt es in einzelnen Fächergruppen durchaus Unterschiede, da nicht alle Variablen in allen Fächergruppen relevant sind und bestimmte Variablen nur in einzelnen Fächergruppen. Betrachtet man im Einzelnen die (standardisierten) Regressionskoeffizienten für die Fächergruppen, so zeigt sich (vgl. Abb. 4):

- In allen Fächergruppen resultieren signifikante und praktisch bedeutsame Effekte für Abiturnote, Teilzeitstudium und die Möglichkeit, die Studienanforderungen in der dafür vorgesehenen Zeit zu erfüllen, die zudem auch fast durchgehend die drei höchsten Werte in der jeweiligen Fächergruppe aufweisen. In fast allen Fächergruppen gilt dies auch für Geschlecht, Fach-/Schwerpunktwechsel, das Vorhandensein eigener Kinder bzw. Elternschaft und Studienzufriedenheit. Für diese kann von einem weitgehend Fächerkulturunabhängigen Einfluss ausgegangen werden.
- Jeweils in zwei bis drei Fächergruppen und damit immerhin noch für mehrere Fächerkulturen relevant sind eine abgeschlossene Berufsausbildung vor dem Studium und Auslandsaufenthalte im Studium.
- Je nur in einer Fächergruppe signifikante und bedeutsame Effekte haben Bildungsherkunft, die Ausstattung der Lehr- und Lernräume und die Angebote zum Erwerb von Schlüsselkompetenzen (Kunst/Kunstwissenschaft), sowie der Zugang zu EDV-Diensten und die Vorbereitung auf den Beruf (Agrar-/

24 Für Humanmedizin/Gesundheitswiss. und Sport war die Erklärungskraft ebenfalls moderat (vgl. Persike 2017: 22, Döring/Bortz 2016), aber die Fallzahl mit ca. 200 Fällen zu klein für bundesweit aussagekräftige Ergebnisse.

Forst-/Ernährg.). Diese beiden Fächergruppen unterscheiden sich also relativ gesehen am stärksten.

Insgesamt bestätigen die separaten Fächergruppenanalysen die zentralen Einflussfaktoren aus der fächerübergreifenden Analyse – lediglich die Elternschaft zeigte sich nun in der Mehrzahl der Fächergruppen bedeutsamer als in der fächerübergreifenden Analyse.

Erweitertes Modell Standardisierte Regressionskoeffizienten Beta	**Sprach-/ Kulturwiss. Korr. R^2=.12** n=3114**	**Rechts-/ Wirtschafts-/ Sozialwiss. Korr. R^2=.12** n=4137**	**Mathematik/ Naturwiss. Korr. R^2=.10** n=3188**	**Agrar-/Forst-/ Ernähr.-wiss. Korr. R^2=.10** n=459**	**Ingenieur-wiss. Korr. R^2=.11** n=3805**	**Kunst/ Kunstwiss. Korr. R^2=.10** n=458**
Geschlecht	**-,101****	**-,115****	**-,069****	**-,041**	**-,068****	**-,116***
Abiturnote	**,149****	**,114****	**,149****	**,102***	**,145****	**,081**$^{+}$
Bildungsherkunft: mindestens ein Elternteil mit Hochschulausbildung	,005	,016	,027	,039	,004	,080^{+}
Studienberechtigung im Ausland erworben	,026	,048**	,024	,002	,046**	,046
beruflicher Abschluss vor dem Studium	**-,067****	**-,080****	-,030	-,067	-,038*	-,013
Karriereorientierung: Hohes Einkommen	,027	,040**	,027	,047	,015	,046
Fach- bzw. Schwerpunktwechsel	**,116****	**,066****	**,077****	,039	,012	**,080**$^{+}$
Teilzeitstudium	**,145****	**,148****	**,110****	**,155****	**,152****	**,137****
Elternschaft	**,091****	**,027**$^{+}$	**,061****	**,137****	**,017**	**,074**$^{+}$
Auslandsaufenthalt im Studium	**,023**	**,005**	**,058****	**,080**$^{+}$	**,074****	,063
Aufbau und Struktur des Studiums	-,015	-,012	,007	,046	,000	-,027
Zeitliche Koordination der Lehrveranstaltungen	,000	-,037^{+}	-,037^{+}	-,049	-,008	,083

Zugang zu erforderlichen Lehrveranstaltungen (z. B. Seminare, Übungen)	-,027	-,029	-,025	,038	-,027	-,054
Kontakte zu Lehrenden	,003	-,023	-,021	,016	,020	-,062
Fachliche Beratung und Betreuung durch Lehrende	-,012	,014	-,016	,055	-,018	-,007
Zugang zu EDV-Diensten (Arbeitsplätze, WLAN etc.)	,014	,005	,003	-,102^{+}	,038*	-,066
Ausstattung der Lehr- und Lernräume (Technik, Arbeitsmittel etc.)	-,018	-,019	-,013	,031	,021	,133*
Fachliche Vertiefungsmöglichkeiten	-,022	-,008	-,020	-,050	-,046*	-,044
Fachliche Qualität der Lehre	-,035	-,020	-,028	,051	,006	,017
System und Organisation von Prüfungen	,034	-,020	-,022	,029	-,035^{+}	-,006
Möglichkeit, die Studienanforderungen in der dafür vorgesehenen Zeit zu erfüllen	**,124****	**,223****	**,192****	**,176****	**,182****	**,147****
Didaktische Qualität der Lehre	-,019	-,028	-,022	-,003	-,028	-,018
Zufriedenheit mit dem Studium insgesamt	**,043***	**,083****	**,093****	**,036**	**,086****	**,021**

Abb. 4: Übersicht Ergebnisse Fächergruppen-Regressionsanalysen (erweit. Modell)[25]

25 (Signifikanzniveaus: p<0,01**, p<0,05*, p<0,1+; fettgedruckt bei bedeutsam eingeschätzten signif. Standardis. Koeffizienten Beta>,05)

Erweitertes Modell Standardisierte Regressionskoeffizienten Beta	**Sprach-/ Kulturwiss. Korr. R^2=.12** n=3114**	**Rechts-/ Wirtschafts-/ Sozialwiss. Korr. R^2=.12** n=4137**	**Mathematik/ Naturwiss. Korr. R^2=.10** n=3188**	**Agrar-/Forst-/ Ernähr.-wiss. Korr. R^2=.10** n=459**	**Ingenieur-wiss. Korr. R^2=.11** n=3805**	**Kunst/ Kunstwiss. Korr. R^2=.10** n=458**
Forschungsbezug von Lehre und Lernen	,008	,007	,012	-,013	-,026	-,029
Training von mündlicher Präsentation	,018	-,037*	,007	,057	,027	-,021
Verfassen von wissenschaftl. Texten	,013	-,007	,009	-,029	-,039*	,086
Vorbereitung auf den Beruf	,025	,028	-,017	**-,134***	,034$^+$	,002
Angebote zum Erwerb von Schlüsselkompetenzen	,022	-,002	,034$^+$	-,036	-,018	**-,111***
Hochschulart	,024	,007	-,029	-,072	,025	,070

Abb. 4: Fortsetzung

Wenngleich mit der obenstehenden Analyse bereits gezeigt werden konnte, welche Unterschiede nach Fächerkulturen[26] in den Einflussfaktoren auf die Studiendauer bestehen und welche Ähnlichkeiten, so ließe sich gegen eine solche Betrachtung noch einwenden: Die bis hierhin aufgrund der ursprünglichen Datenlage im SUF zum KOAB verwendeten Fächergruppen sind möglicherweise noch zu hoch aggregiert, um evtl. vorhandene Unterschiede in fächerspezifischen Studienkulturen zu erfassen.

Daher wurde auf Bitten des Verfassers vom KOAB-Team zusätzlich eine feinere Fächergliederung zur Verfügung gestellt.[27] Anhand dieser wurden zusätzlich separate Regressionsanalysen für die Studienfächer mit den höchsten Absolventenzahlen durchgeführt. Nachfolgend werden die Ergebnisse für sechs Studienfächer mit für bundesweite Aussagen genügend hoch eingeschätzten Fallzahlen (mind. ca. 500) zusammenfassend vorgestellt (Tabelle siehe Anhang):

- In allen bzw. fast allen Fächern resultieren signifikante und praktisch bedeutsame Effekte wiederum für Abiturnote, Teilzeitstudium und die Möglichkeit, die Studienanforderungen in der dafür vorgesehenen Zeit zu erfüllen, die zudem auch hier fast durchgehend die drei höchsten Werte in der jeweiligen Fächergruppe aufweisen. In der Mehrheit der betrachteten Fächer gilt dies auch für Geschlechtszugehörigkeit, Elternschaft und Studienzufriedenheit.
- Jeweils wieder in zumindest zwei bis drei Fächern relevant sind eine abgeschlossene Berufsausbildung vor dem Studium und Auslandsaufenthalte im Studium, sowie Fach-/Schwerpunktwechsel und nun neu die Hochschulart.
- Je nur in einem der Fächer signifikante und bedeutsame Effekte haben eine im Ausland erworbene Studienberechtigung, die Karriereorientierung, die didaktische Qualität der Lehre, das Verfassen von wiss. Texten und die Vorbereitung auf den Beruf, der Zugang zu erforderlichen Lehrveranstaltungen, die fachliche Qualität der Lehre, sowie die Ausstattung der Lehr- und Lernräume.

---

26 Vgl. zu einer ausführlicheren Diskussion der Unterschiede nach Fächerkulturen in Studienverhalten und der Wahrnehmung der Situation von Studium und Lehre auch Multrus (2004) sowie Krempkow u.a. (2006).

27 Diese entspricht i.W. der Studienbereichsgliederung des Statistischen Bundesamtes. Dabei wurde selbstverständlich drauf geachtet, dass – entsprechend dem Wunsch einiger Hochschulen – nicht etwa einzelne Hochschulen identifizierbar wären, was hier ohnehin nicht das Ziel war. Für die Aufbereitung der Daten und Bereitstellung eines gesonderten SUF möchte ich Tim Plasa (ISTAT/INCHER Kassel) herzlich danken.

Insgesamt betrachtet bestätigen damit auch die separaten Fächeranalysen die zentralen Einflussfaktoren aus der fächerübergreifenden und der Fächergruppen-Analyse. Hinzu kommt hier wie bei den Fächergruppen die Elternschaft, aber nun auch die Hochschulart. Letztere hat sich in der Hälfte der Fächeranalysen erst auf dieser Ebene bedeutsamer herausgestellt als in den fächerübergreifenden und Fächergruppen-Analysen. Dies deutet darauf hin, dass Unterschiede bezüglich Einflussfaktoren auf die Studiendauer differenziert nach Hochschulart nicht allgemein oder in Fächerkulturen bzw. -gruppen, sondern nur in einzelnen Fächern bestehen.[28]

8. Diskussion und mögliche Schlussfolgerungen

Inwieweit können Analysen mittels Absolventenstudien ein nützliches Instrument zur Identifikation der (Einfluss-)Faktoren auf die Studiendauer sein? Die hiermit vorgelegten Ergebnisse der Analysen anhand der KOAB-Daten zeigen, dass sie sowohl über bedeutsame individuelle als auch institutionelle Faktoren Aufschluss geben und damit für die Qualitätssicherung nützlich sein können.

So weisen die Analysen darauf hin, dass eine Verbesserung der Möglichkeiten, die Studienanforderungen in der dafür vorgesehenen Zeit zu erfüllen, und des Teilzeitstudiums (wenngleich letzteres hier als Kontextfaktor eingeordnet wurde) die stärksten fächerübergreifend wirksamen, von den Hochschulen mindestens teilweise beeinflussbaren, Faktoren sind. Damit könnten diese zu einer Verkürzung der mittleren Fachstudiendauer beitragen (vgl. hierzu auch WR 2017, Hahm et al. 2017, Bargel/Bargel 2014). Die Ergebnisse zeigen, dass allein die eine Note bessere mittlere Einschätzung des erstgenannten Aspektes die Studiendauer (unter statistischer Kontrolle aller anderen potentiellen Einflussfaktoren) bereits um etwa 2 Monate verkürzen könnte.[29] Dass die auch vom

28 Außerdem erfolgten separate Regressionsanalysen für Unis und FH: Die Erklärungskraft ist in beiden Subgruppen fast gleich (die Fallzahl natürlich unterschiedlich, aber in beiden HS-Arten sehr gut ausreichend). Hierbei zeigten sich alle in den Hochschulart-übergreifenden Analysen gefundenen signifikanten und mit Beta>,05 auch praktisch bedeutsamen Zusammenhänge auch in den Ergebnissen der separaten Regressionsanalysen für Unis und FH (außer für die Fächergruppen, aber das war aufgrund der unterschiedlichen fachlichen Zusammensetzung zu erwarten). Interessant ist dabei, dass an den FHs die Abi-Note wesentlich kleinere Effekte auf die Studiendauer hat als an Unis, während an den Unis die Elternschaft größere und hier auch fächerübergreifend bedeutsame studienzeitverlängernde Effekte hat (im Gegensatz zu FHs).

29 Siehe in Abb. 3 nichtstandardisierte Regressionskoeffizienten (diese sind aber nicht miteinander vergleichbar). Die Einschätzung dieses Aspektes ist zwar teilweise auch

Wissenschaftsrat (2017) empfohlene Verbesserung der Möglichkeiten flexiblen Studierens insbesondere für Studierende mit (De-Facto-)Teilzeitstudium ebenfalls großes Potential hat, zeigt sich daran, dass es die Studiendauer in der bislang von den Absolventen erfahrenen Studiensituation im Schnitt um etwa 1,5 Fachsemester erhöht.[30] Würde man für diese Studierenden die Regelstudienzeit z.B. prozentual um den geringeren in das Studium investierten Zeitaufwand verlängern, resultierte daraus ein deutlich höherer Anteil Studierender in der Regelstudienzeit (vgl. auch Bargel/Bargel 2014).

Darüber hinaus geht ein Fach- bzw. Schwerpunktwechsel mit Verzögerungen im Studienverlauf einher. Dies ist zwar erwartbar und sicherlich nicht komplett vermeidbar, eventuell gibt es aber auch hier – insbesondere bei einem fachnahen Wechsel – noch Möglichkeiten z.B. einer besseren Anrechenbarkeit (vgl. auch Steinhardt 2011: 19). Für die untersuchten Absolventen bedeutet ein Fach- bzw. Schwerpunktwechsel im Schnitt eine um rund 1 Fachsemester erhöhte Studiendauer, obwohl sie bereits Vorerfahrungen mit einem anderen Studium haben (und häufig an derselben Hochschule). Auch die Zufriedenheit mit dem Studium insgesamt hat einen deutlichen Effekt: Fällt diese um einen Skalenpunkt besser aus, ist zugleich die Studiendauer ca. 1 Monat kürzer. Und schließlich hat erwartungsgemäß die Fächerkultur Einfluss, wie die deutlichen Effekte der Fächergruppen in der fächerübergreifenden Analyse zeigen.

Der Einfluss der Fächerkultur ist jedoch keineswegs dominierend, wie auch die zusätzlich durchgeführten separaten Regressionsanalysen für die Fächergruppen und ausgewählte Fächer zeigen. Vielmehr resultieren relativ ähnliche Ergebnisse für die Möglichkeit, die Studienanforderungen in der dafür vorgesehenen Zeit zu erfüllen, Teilzeitstudium, Fach-/Schwerpunktwechsel und Studienzufriedenheit. Für diese Faktoren kann also von einem weitgehend Fächerkultur-unabhängigen Einfluss auf die Studiendauer ausgegangen werden, womit weitere mögliche Maßnahmen und Programme fächerübergreifend

auf die unterschiedliche Leistungsfähigkeit von Studierenden zurückzuführen, aber nicht allein darauf. Zwar gibt es einen schwachen statistischen Zusammenhang zwischen diesem Item und der Abiturnote, die in vielen Studien als Proxy für die Leistungsfähigkeit von Studierenden herangezogen wird. Gleichwohl ist zu beachten, dass Bachelorstudierende in nationalen Studien durchgängig angaben, dass sie ihr Studium schnell und in der Regelstudienzeit absolvieren wollen (vgl. auch Steinhardt 2011: 27). Zudem erfolgte die Regressionsanalyse unter Kontrolle der Abiturnote.

30 Siehe für diese und weitere Interpretationen der Werte von nichtstandardisierte Regressionskoeffizienten ebd.

auch bundesweit bzw. hochschulweit ansetzen könnten und nicht unbedingt fächerspezifisch angelegt sein müssten.

Dennoch hat die Überprüfung der Ergebnisse mit separaten Analysen für Fächergruppen und Fächer zusätzliche Erkenntnisse erbracht, denn erst hier zeigte sich der Effekt der Elternschaft (die erwartungsgemäß die Studiendauer verlängert) und der Hochschulart (für einzelne Fächer, in unterschiedlicher Richtung).[31]

Zwar liegt solch ein Effekt wie der einer Elternschaft nur teilweise im Einflussbereich der Hochschule. Gleichwohl dürften hier eine weitere Verbesserung der Möglichkeiten des Teilzeitstudiums sowie der Angebote zur Familienfreundlichkeit positive Effekte auch auf die Studiendauer haben. In einzelnen Fächergruppen haben zudem weitere, noch stärker in der Verantwortung der Hochschule liegende Aspekte wie der Zugang zu EDV-Diensten und die Vorbereitung auf den Beruf (Agrar-/Forst-/Ernährungswiss.), die technische Ausstattung sowie die Angebote zum Erwerb von Schlüsselkompetenzen (Kunst) deutliche Effekte.

Ähnlich gilt dies auch für einzelne Fächer, wenn man diese separat untersucht, wobei hier neben der technischen Ausstattung und fachlichen Vertiefungsmöglichkeiten (Maschinenbau) auch der Zugang zu erforderlichen Lehrveranstaltungen (Sozialwesen, Informatik) und die Qualität der Lehre (Wirtschaft, Informatik) relevant sind. Sie bieten damit mögliche Ansatzpunkte für diese fachlichen Einheiten, mit der Verbesserung dieser Aspekte der Lehr- und Studienqualität zugleich auch zur Verkürzung der Studiendauer beizutragen.

Auf der anderen Seite zeigen die Analyseergebnisse aber auch, dass bestimmte individuelle Faktoren für die Studiendauer relevant sind, die durch die Hochschule kaum beeinflussbar sind. Dies betrifft insbesondere die Abiturnote (bzw. Note der Hochschulzugangsberechtigung): Ein um eine Note besseres Abitur geht (wieder unter Kontrolle aller anderen potentiellen Einflussfaktoren) im Schnitt mit einer etwa drei Monate kürzeren Studiendauer einher. Ähnlich gilt dies für die Geschlechtszugehörigkeit: Frauen beenden ihr Studium im Mittel knapp drei Monate früher.

Neben den generell relevanten individuellen Faktoren Abiturnote und Geschlecht hat in einzelnen Fächergruppen zusätzlich auch eine Berufsausbildung vor dem Studium studienzeitverkürzende Effekte (Sprach-/Kulturwiss.,

31 Für Biologie und Maschinenbau ist die Studiendauer an Universitäten unter Kontrolle aller anderen potentiellen Einflussfaktoren länger, für Informatik kürzer.

Rechts-/Wirtschafts-/Sozialwiss.), und in einzelnen Fächern auch ein Migrationshintergrund (Germanistik) bzw. die Karriereorientierung (Wirtschaft). Hier könnten die Hochschulen lediglich indirekt über eine stärkere Berücksichtigung der Heterogenität der Studierenden bei der Weiterentwicklung von Studien- und ggf. Unterstützungsangeboten die Möglichkeiten und Strategien von Studierenden beeinflussen, das Studium in einer kürzeren bzw. angemessenen Zeit abzuschließen (vgl. auch Schneider/Preckel 2017: 31, Pohlenz 2018).[32] Damit zeigt sich, dass bei der Bewertung der Studierbarkeit aus Ergebnisperspektive immer auch Faktoren zu berücksichtigen sind, die durch Verantwortliche innerhalb einer Hochschule kaum zu beeinflussen sind. Wenn in Modellen der Leistungsorientierten Mittelvergabe neben Absolventenquoten auch die Studiendauer bzw. der Anteil der Absolventen in der Regelstudienzeit verwendet werden, diese aber gleichzeitig durch die Hochschulverantwortlichen kaum zu beeinflussen sind, so kann letztlich nicht die intendierte Anreizwirkung erreicht werden (vgl. auch Penthin et al. 2017: 26). Dies würde eine Überprüfung und Weiterentwicklung von Modellen und Indikatoren der Leistungsorientierten Mittelvergabe nahelegen, zumal die entspr. Daten z.T. bereits auf Bundesländerebene vorliegen, so z.B. für NRW (vgl. Alesi et al. 2015) oder Berlin (vgl. Krempkow 2018),[33] ähnlich wie es der Wissenschaftsrat (2018) mit der Einbeziehung von Absolventenstudienergebnissen bei der Bewertung der Performanz von Hochschulen vorschlug.

9. Fazit und Ausblick

Als Fazit ist festzuhalten: Die vorgelegten Analysen zeigen, dass mittels Absolventenstudien eine Identifikation von (Einfluss-)Faktoren auf die Studiendauer gut möglich ist. Bedeutsam sind sowohl individuelle als auch institutionelle Faktoren. Die zentralen Ergebnisse werden auch bei Verwendung erweiterter Modelle und in verschiedenen Fächerkulturen weitgehend bestätigt, und können daher auf verschiedenen Organisationsebenen für die Qualitätsentwicklung nützlich sein. Mit diesen Ergebnissen wird ein zentrales Desiderat von

32 Pohlenz weist darauf hin, dass solche Analysen (ähnlich der hier vorliegenden) benötigt werden, um Fehlsteuerungen zu vermeiden. Diese würden eintreten, wenn Strategien bzgl. Studienerfolg (bzw. Vermeidung von -misserfolg) sich ohne Kenntnis der empirisch auffindbaren Zusammenhänge ausschließlich auf (fehlende) Studierfähigkeit konzentrieren (Pohlenz 2018: 42).

33 Vgl. für eine Berücksichtigung der Heterogenität von Studierenden/Absolventen bei der Leistungsbewertung von Hochschulen z.B. Krempkow (2015).

Penthin et al. (2017: 22) erfüllt. Zugleich bleiben für die Weiterentwicklung solcher Analysen auch noch einige Desiderata offen: Erstens sollten ähnliche Analysen auch noch für die Master- und Lehramtsabschlüsse durchgeführt werden. Zweitens wäre es nützlich, diese Analysen mit solchen von Hochschulstatistiken auf Individualdatenebene zu kombinieren (vgl. z.B. Hahm/Stock 2018). Drittens wäre auch eine Kombination mit Lehrenden- und Studierendenbefragungen hilfreich (vgl. Schomburg 2013: 31; Krempkow 2007).

Literatur

Akkreditierungsrat (2009): Beschluss des Akkreditierungsrates Nr. 93/2009.

Alesi, Bettina/Neumeyer, Sebastian/Flöther, Choni (2015): Studium und Beruf in Nordrhein-Westfalen. Analysen der Befragung von Hochschulabsolventinnen und -absolventen des Abschlussjahrgangs 2011. Kassel: INCHER Kassel.

Autorengruppe Bildungsberichterstattung (2018): Bildung in Deutschland 2018. Ein indikatorengestützter Bericht mit einer Analyse zu Wirkungen und Erträgen von Bildung. Bielefeld: WBV.

Bargel, Tino/Bargel, Holger (2014): Studieren in Teilzeit und Teilzeitstudium – Definitionen, Daten, Erfahrungen, Positionen und Prognosen. Bielefeld: Universitätsverlag Webler.

Blüthmann, Irmela/Thiel, Felicitas/Wolfgramm, Christine (2011): Abbruchtendenzen in den Bachelorstudiengängen. In: Die Hochschule 20 (1), 110–126.

Döring, Nicola/Bortz, Jürgen (2016): Forschungsmethoden und Evaluation. Heidelberg: Springer.

Ebert, Anna/Stammen, Karl-Heinz (2014): Der Übergang vom Bachelor zum Master. Eine neue Schwelle der Bildungsbenachteiligung? In: Die Hochschule 22 (2), 172–189.

Altrichter, Herbert/Schratz, Werner (Hg.) (1993): Qualität von Universitäten, Studien Verlag, Innsbruck.

BMBF (Hg.) (2010): Bildung in Deutschland 2010. Ein indikatorgestützter Bericht mit einer Analyse zu Perspektiven des Bildungswesens im demografischen Wandel. Bielefeld: Bertelsmann.

Daniel, Hans-Dieter (1996): Korrelate der Fachstudiendauer von Betriebswirten – Ergebnisse einer Absolventenbefragung der Universität Mannheim. Zeitschrift für Betriebswirtschaft 1/1996, 95–115.

Fabian, Gregor/Minks, Karl-Heinz (2006): Absolventenpanel 1997. Hannover: HIS.

Grotheer, Michael (2009): Studienqualität, berufliche Einstiege und Berufserfolg von Hochschulabsolventinnen und Hochschulabsolventen. In: HIS (Hrsg.): Perspektive Studienqualität. Hannover: HIS, 244–262.

Hahm, Sabrina/Leerhoff, Holger/Hundert, Janina (2017): Das Teilzeitstudium als Schlüssel zum Umgang mit studentischer Heterogenität? In: Hericks, Nicola (Hrsg.): Hochschulen im Spannungsfeld der Bologna Reform. Berlin: Springer, 49–71.

Hahm, Sabrina; Stock, Johanna (2018): Das Potenzial administrativer Daten für das Qualitätsmanagement an Hochschulen. In: Zeitschrift für Hochschulentwicklung 1/2018, 193–207.

HIS (2003): Indikatoren zur Ausbildung im Hochschulbereich. Bericht im Rahmen des Berichtssystems zur Technologischen Leistungsfähigkeit Deutschlands. HIS-Kurzinfo A3/2003.

Hornbostel, Stefan/Daniel, Hans-Dieter (1996): Die Studienbedingungen in der Soziologie und die Bewertung der soziologischen Lehre durch die Studenten. In: Artus, Helmut M. und Herfurth, Matthias (Hg.): Soziologielehre in Deutschland. Opladen: Leske + Budrich 1996, 11–57.

KMK (2005): Qualitätssicherung in der Lehre. (Beschluss der Kultusministerkonferenz vom 22.09.2005)

KMK (2008): Ländergemeinsame Strukturvorgaben gemäß § 9 Abs. 2 HRG für die Akkreditierung.

Kamm, Ruth/Krempkow, René (2013): Wie „gerecht" ist leistungsorientierte Mittelvergabe für Hochschulen gestaltbar? In: Knoll, Christina (Hrsg.): Gerechtigkeit. Multidisziplinäre Annäherungen an einen vieldeutigen Begriff. Kassel: Athena, 129–144.

Kooperationsprojekt Absolventenstudien (KOAB) (2016): Absolventenbefragung 2016. Ergebnisse der Erstbefragung des Abschlussjahrgangs 2014; Tabellenband Grundauswertung nach Abschlussart.

Krempkow, René (2020): Was beeinflusst die Studiendauer? Die Rolle individueller und institutioneller Faktoren. In: Mitterauer, Lukas/Harris-Huemmert, Susan/Pohlenz, Philipp (Hrsg.): Qualitätssicherung im Student Life Cycle. Münster: Waxmann, S. 27–42.

Krempkow, René, 2020: Determinanten der Studiendauer – individuelle oder institutionelle Faktoren? Sekundärdatenanalyse einer bundesweiten Absolvent(inn)enbefragung. In: Zeitschrift für Evaluation – ZfEv 1/2020, S. 37–63.

Krempkow, René (2018): Der Vergleich Berliner Universitäten mit bundesweiten Referenzwerten: Beispiel für ein Benchmark mit Absolventenstudienergebnissen. Beitrag zur 16. Jahrestagung des Arbeitskreises Evaluation und Qualitätssicherung der Berliner und Brandenburger Hochschulen. Potsdam: Universität Potsdam.

Krempkow, René (2017): Welche Faktoren bestimmen die Übergänge nach dem Bachelor? Eine empirische Analyse anhand von Absolvent/innenstudien. In: Qualität in der Wissenschaft (QiW) 3+4/2017, 86–97.

Krempkow, René (2015): Can Performance-based Funding enhance Diversity of Higher Education Institutions? In: Pritchard, Rosalind/Klumpp, Matthias/ Teichler, Ulrich (eds.): Diversity and Excellence in Higher Education: Can the Challenges be Reconciled? Amsterdam: Sense, 231–244.

Krempkow, René, 2011: Studierbarkeit aus Ergebnisperspektive: Die Rolle individueller und institutioneller Faktoren. In: Steinhardt, Isabel (Hrsg.): Studierbarkeit nach Bologna. Mainzer Beiträge zur Hochschulentwicklung, Bd. 17. Mainz: Zentrum für Qualitätssicherung und -entwicklung, 35–48.

Krempkow, René (2008): Studienerfolg, Studienqualität und Studierfähigkeit. Eine Analyse zu Determinanten des Studienerfolgs in 150 sächsischen Studiengängen. die hochschule 1/2008, 91–107.

Krempkow, René (2007): Leistungsbewertung, Leistungsanreize und die Qualität der Hochschullehre. Konzepte, Kriterien und ihre Akzeptanz. Bielefeld: UniversitätsVerlagWebler.

Krempkow, René/Vissering, Annika/Wilke, Ulrich & Bischof, Lukas (2010): Absolventenstudien als outcome evaluation. In: Sozialwissenschaften und Berufspraxis – SuB 1/2010, 43–63.

Krempkow, René/Bischof, Lukas (2010): Studierbarkeit: Der Beitrag von Absolventenstudien zur Analyse der Studienorganisation und Studienbedingungen. In: Pohlenz, Philipp/Oppermann, Antje (Hrsg.): Lehre und Studium professionell evaluieren: Wieviel Wissenschaft braucht die Evaluation? Bielefeld: UniversitätsVerlagWebler, 123–137.

Lenz, Karl/Krempkow, René/Popp, Jaqueline (2006): Sächsischer Hochschulbericht 2006. Dauerbeobachtung der Studienbedingungen und Studienqualität im Freistaat Sachsen. Erstellt im Auftrag des Sächsischen Staatsministeriums für Wissenschaft und Kunst (SMWK). Dresden: Sächs. Kompetenzzentrum für Bildungs- und Hochschulplanung.

Krempkow, René/Pastohr, Mandy (2006): Was macht Hochschulabsolventen erfolgreich? In: Zeitschrift für Evaluation 1/2006, 7–38.

Lüdtke, Oliver/Robitzsch, Alexander/Trautwein, Ulrich/Köller, Olaf (2007): Umgang mit fehlenden Werten in der psychologischen Forschung. Psychologische Rundschau, 58(2), 103–117.

Middendorff, Elke/Apolinarski, Beate/Becker, Klaus et al. (2017): Die wirtschaftliche und soziale Lage der Studierenden in Deutschland 2016. 21. Sozialerhebung des Deutschen Studentenwerks, durchgeführt vom Deutschen Zentrum für Hochschul- und Wissenschaftsforschung.

Multrus, Frank (2005): Identifizierung von Fachkulturen über Studierende deutscher Hochschulen. Hefte zur Bildungs- und Hochschulforschung 45.

Neugebauer, Martin/Neumeyer, Sebastian/Alesi, Bettina (2016): More diversion than inclusion? Social stratification in the Bologna Process. In: Research in Social Stratification and Mobility 45, 51–62.

Penthin, Marcus/Fritzsche, Eva S./Kröner, Stephan (2017): Gründe für die Überschreitung der Regelstudienzeit aus Studierendensicht. In: Beiträge zur Hochschulforschung 2/2017, 8–31.

Persike, Malte (2017): Statistische Kennwerte: Auf diese Zahlen kommt es an. In: Spektrum der Wissenschaft Kompakt: Statistik, S. 20–23.

Pohlenz, Philipp (2018): Qualitätssicherung der Hochschullehre und studentische Heterogenität – zwei Seiten derselben Medaille. In: Fuhrmann et al. (2018): Handbuch Qualität in Studium, Lehre und Forschung, Nr. 65, 31–50.

Pohlenz, Philipp/Seyfried, Markus (2010): Integrierte Analyse von Studierendenurteilen und hochschulstatistischen Daten für eine evidenzbasierte Hochschulsteuerung. In: QiW 3/2010, 79–83.

Richter, Roland (2000): Studierbarkeit des Studiums herstellen. Hochschulwesen 5/2000, 158–162.

Rottach, Andreas/Blüthmann, Irmela/Watermann, Rainer (2016): Studienqualität und Verbleibsquote im Masterstudium. Analyse auf Studiengangsebene zum Zusammenhang von Qualitätsmerkmalen von Masterstudiengängen mit der Verbleibsquote. Empirische Pädagogik, 30(3/4), 531–556.

Schaeper, Hildegard/Minks, Karl-Heinz (1997): Studiendauer. Eine empirische Analyse ihrer Determinanten und Auswirkungen auf den Berufseintritt HIS-Kurzinfo A1/1997.

Schmidt, Uwe (2016): Absolventenstudien: Aussagekraft und Handlungsrelevanz retrospektiver Bewertungen des Studiums. Beitrag zur Tagung: Absolventenstudien und Qualitätsmanagement: Best Practice an deutschen Hochschulen, IHF München.

Schneider, Michael/Preckel, Franzi (2017): Variables Associates with Achievement in Higher Education: A Systematic Review of Meta-Analyses. In: Psychological Bulletin 143(6), 565–600.

Schomburg, Harald (2013): Studierbarkeit zwischen Anspruch und Wirklichkeit. In: Benz, Winfried/Kohler, Jürgen/Landfried, Klaus (Hrsg.): Handbuch Qualität in Studium und Lehre: Evaluation nutzen, Akkreditierung sichern, Profil schärfen. Stuttgart: Raabe, D 1.7, 1–42.

Senatsverwaltung für Bildung, Jugend und Wissenschaft Berlin (2017): Hochschulverträge 2018–2022.

Statistisches Bundesamt (2016): Prüfungen an Hochschulen. Fachserie 11, Reihe 4.2.

Steinhardt, Isabel (Hrsg.) (2011): Studierbarkeit nach Bologna. Mainzer Beiträge zur Hochschulentwicklung, Bd. 17, Mainz: Zentrum für Qualitätssicherung und -entwicklung (ZQ).

Teichler, Ulrich (2003): Die Entstehung eines superkomplexen Systems der Qualitätsbewertung. Ein Beitrag aus Sicht der Hochschulforschung. In: hochschule innovativ 9, 5–6.

Wissenschaftsrat (2018): Hochschulbildung im Anschluss an den Hochschulpakt 2020. Positionspapier.

Wissenschaftsrat (2017): Strategien für die Hochschullehre. Positionspapier.

Wissenschaftsrat (2008): Empfehlungen zur Qualitätsverbesserung von Lehre und Studium.

Wolter, Andrä (2016): Absolventenstudien in Deutschland – eine Erfolgsgeschichte der empirischen Bildungsforschung. In: Beiträge zur Hochschulforschung, 38 (4), 4–11.

Anhang: Übersicht Ergebnisse Regressionsanalysen für Fächer mit n>500 (erweit. Modell)

Erweitertes Modell Standardis. Regressionskoeffizienten Beta	**Germanistik Korr. R^2=.09** n=543**	**Sozialwesen Korr. R^2=.14** n=793**	**Wirtschaftswiss. Korr. R^2=.10** n=2103**	**Informatik Korr. R^2=.11** n=677**	**Biologie Korr. R^2=.10** n=639**	**Maschinenbau Korr. R^2=.12** n=1412**
Geschlecht	-,056	**-,154****	**-,037**$^{+}$	,013	**-,069**$^{+}$	-,036
Abiturnote	**,201****	,003	**,150****	**,126****	**,153****	**,160****
Bildungsherkunft: mindestens ein Elternteil mit Hochschulausbildung	-,005	,029	,037^{+}	,054	-,010	,000
Studienberechtigung im Ausland erworben	,070^{+}	,001	,018	,051	,052	,018
beruflicher Abschluss vor dem Studium	**-,106***	**-,089***	**-,097****	-,045	**-,084***	**-,031**
Karriereorientierung: Hohes Einkommen	,008	-,004	,061**	,057	-,017	,023
Fach- bzw. Schwerpunktwechsel	,060	**,185****	,030	,005	**,103****	-,002
Teilzeitstudium	**,127****	**,115****	**,125****	**,179****	-,002	**,152****
Elternschaft	**,115****	**,060**$^{+}$	**,066****	,040	**,076***	,036
Auslandsaufenthalt im Studium	,061	-,005	-,012	,016	**,085***	**,050***
Aufbau und Struktur des Studiums	-,018	-,038	-,010	-,041	,055	-,015
Zeitliche Koordination der Lehrveranstaltungen	-,004	-,024	-,037	,046	-,018	-,039
Zugang zu erforderlichen Lehrveranstaltungen (z. B. Seminare, Übungen)	-,021	-,077^{+}	-,014	-,104*	-,041	-,009
Kontakte zu Lehrenden	-,016	-,008	-,029	,004	-,021	-,032
Fachliche Beratung und Betreuung durch Lehrende	-,046	,035	,015	-,006	,021	-,007
Zugang zu EDV-Diensten (Arbeitsplätze, WLAN etc.)	,035	,021	,004	-,001	-,033	,044

Erweitertes Modell Standardis. Regressionskoeffizienten Beta	**Germanistik Korr. R^2=.09** n=543**	**Sozialwesen Korr. R^2=.14** n=793**	**Wirtschaftswiss. Korr. R^2=.10** n=2103**	**Informatik Korr. R^2=.11** n=677**	**Biologie Korr. R^2=.10** n=639**	**Maschinenbau Korr. R^2=.12** n=1412**
Ausstattung der Lehr- und Lernräume (Technik, Arbeitsmittel etc.)	-,071	-,022	-,014	,008	-,018	,071*
Fachliche Vertiefungsmöglichkeiten	-,030	-,018	-,001	-,039	,025	-,070*
Fachliche Qualität der Lehre	-,027	-,050	,011	-,094⁺	-,035	-,022
System und Organisation von Prüfungen	,026	-,027	-,010	-,055	-,019	-,015
Möglichkeit, die Studienanforderungen in der dafür vorgesehenen Zeit zu erfüllen	**,137****	**,287****	**,192****	**,205****	**,197****	**,167****
Didaktische Qualität der Lehre	,010	,039	-,066*	,039	,004	-,028
Zufriedenheit mit dem Studium insgesamt	,062	,049	**,096****	**,126***	**,124***	**,132****
Forschungsbezug von Lehre und Lernen	,052	-,044	,000	,052	,071	,023
Training von mündlicher Präsentation	-,053	-,061⁺	-,012	,051	-,049	-,046
Verfassen von wissenschaftl. Texten	-,017	,055	-,049⁺	-,029	-,032	-,026
Vorbereitung auf den Beruf	,069	-,057	,054*	,073	-,082	,036
Angebote zum Erwerb von Schlüsselkompetenzen	,047	,035	-,023	-,027	-,023	-,035
Hochschulart	-,056	,013	-,032	**-,130***	**,087***	**,101****

Stephanie Freide

Das Digitale in der kulturellen Erwachsenenbildung – Entwurf einer poststrukturalistisch-praxeologischen Diskursanalyse von Volkshochschulprogrammen

Zusammenfassung: Im Beitrag wird ein poststrukturalistisch-praxeologischer Zugriff auf Programme der Erwachsenenbildung/Weiterbildung im Hinblick auf allgemeine Erkenntnisinteressen der Programmforschung behandelt und an einer Promotionsstudie zur pädagogischen Konstitution des Digitalen in der kulturellen Erwachsenenbildung exemplifiziert. Demnach werden Programme in ihrer diskursiven Praxis als performative Hervorbringung von Bedeutung, Gegenständlichkeiten und Subjektivitäten untersucht und als machtdurchzogen und gleichzeitig selbst wirkmächtig konstelliert.

Schlüsselbegriffe: Digitalisierung, diskursive Praktiken, kulturelle Erwachsenenbildung, Programmforschung, Volkshochschule

1 Wie beginnen mit ... Von der Planungshandlungsforschung zu einer phraseologischen Programmforschung

Die Erwachsenenbildung/Weiterbildung ist geprägt von weitestgehend offenen Planungsbedingungen: es gibt keine curricularen oder gesetzlichen Vorgaben für Bildungsangebote, keine „staatlich vorstrukturierten Institutionalkonzepte" (Gieseke 2008, S. 108), keine überverbandlichen Programmprofile. Bildungsinhalte und -themen sind nicht vorgegeben – weder auf der mikrodidaktischen Lehr- und Lernebene, noch auf der meso- bzw. makrodidaktischen[1] Programm- und Angebotsebene (Schrader & Ioannidou 2011). Für

1 „Auf der *Makroebene* erwachsenenpädagogischen Handelns wird der Begriff „Programm" eher als programmatische Konzeption, als bildungspolitische Orientierung eingeordnet. Auf der *Mesoebene*, d.h. der Ebene der Organisationen bei verschiedenen Trägern, meint das „Programm" bildungswissenschaftlich betrachtet die umgesetzten thematischen Schwerpunkte unter den spezifischen Lernkulturen der Organisation." (Fleige et al. 2018, S. 23, Hervorhebung im Original) Im Folgenden verwende ich den Begriff Programm dementsprechend mit Bezug auf die Mesoebene.

die Entwicklung von Bildungsangeboten und ihrer konzeptionellen Bündelung zu einem Programm offenbart sich damit eine Vielzahl an möglichen Bezügen und Referenzpunkten. Die Entscheidungen, was wie wann für wen an Bildung angeboten wird, sind offen und kontingent. Sie vollziehen sich im „Spannungsfeld heterogener Erwartungen" (Hippel 2011) und vor dem Hintergrund der jeweiligen institutionellen und regionalen, politischen wie ökonomischen Rahmungen (Fleige et al. 2018, S. 19 f.).

Bisherige Forschungen zum Programmplanungshandeln konnten diesbezüglich zeigen, dass Planende Programme mit einer seismographischen Aufmerksamkeit „für Bildungsentwicklungen in einer Gesellschaft" konzipieren (Gieseke 2008, S. 40; siehe auch Gieseke & Gorecki 2000, S. 94): Sie beobachten Gegenwartsphänomene, deuten sie im Hinblick auf Anforderungen an die Gesellschaft und legen diese wiederum als Bildungsbedarfe, -bedürfnisse und -interessen aus. Die damit zusammenhängenden Suchbewegungen (Tietgens 1986, 1992), Aushandlungen (Gieseke 2000, 2003a) und Balancierungen (Hippel 2011) materialisieren sich als Bildungsgegenstände im Programmheft der jeweiligen Einrichtung. Hier kündigt sich Bildung an, hier wird die Planungspraxis öffentlich.

Der vorliegende Beitrag bzw. die ihm zugrundeliegende Promotion schließt daran an, legt die Weitläufigkeit und Dynamik des „pädagogische[n] Möglichkeitsraum[s]" (Klingovsky & Pawlewicz 2014, S. 94) jedoch poststrukturalistisch-praxeologisch aus. Sachverhalte werden demnach nicht einfach aus einem gesellschaftlichen, kulturellen oder (bildungs-)politischen Kontext in den Bildungskontext hereingeholt und zu pädagogischen Gegenständen transformiert. Vielmehr wird davon ausgegangen, dass in Programmheften bzw. den dortigen diskursiven Praktiken des Anbietens selbst Sinn und Bedeutung konstituiert wird. Programme bringen die Gegenstände demnach erst hervor, von denen sie sprechen (Foucault [1969]2018, S. 74) – und zwar gleichzeitig ereignishaft und regelgeleitet.

Aus dieser poststrukturalistisch-praxeologischen Perspektive wird in der Promotion konkret danach gefragt, wie sich das Digitale in der kulturellen Erwachsenenbildung konstituiert.[2] Das Interesse ist ein archäologisches (Foucault 1969), das Ziel eine kritische Genealogie (Foucault 1970). Im Fokus

2 Den thematischen Ausgang der Promotion bildet das BMBF-geförderte Projekt „Funktionen und Bildungsziele der Digitalisierung in der Kulturellen Bildung" (FuBi_DiKuBi). Dieses fragt danach, wie die Digitalisierung die Auslegung und Konzeption von Kultureller Bildung an Volkshochschulen verändert, und rekonstruiert dazu, neben den Handlungsweisen der Planenden und den Partizipations- und Nutzungsprozessen von adressierten Teilnehmenden über Interviews, die offerierten Zugänge zur Digitalisierung in der Kulturellen Bildung durch eine qualitativ-quantitative Programmanalyse im Querschnitt (Robak et al. 2020, 2019).

der Untersuchung steht dementsprechend weniger, *als was* das Digitale in der kulturellen Erwachsenenbildung erscheint. Vielmehr interessiert, *wie* das Digitale unter welchen Bedingungen und Regeln in der kulturellen Erwachsenenbildung diskursiv hervorgebracht wird. Um darüber eine entsprechende Bildungsgeschichte des Digitalen jenseits von linearen Entwicklungsmodellen, normativen Setzungen oder funktionaler Indienstnahmen zu schreiben, wird die diskursive Praxis und darauf bezogene Ordnungsbildung in Volkshochschulprogrammheften im historischen Wandel analysiert und das darin verortete Zusammenspiel von Wissen, Macht und Subjektpositionierungen reflexiv gemacht. Aus einem solchen kritischen erwachsenenpädagogischen Blick[3] lassen sich die institutionen- und disziplinspezifischen Konstitutionsweisen des Digitalen in der kulturellen Erwachsenenbildung offen legen und schließlich auch gegenwärtige Positionen und Positionierungen problematisieren.

Der vorliegende Beitrag setzt diesem Unterfangen einen methodologischen Rahmen und bereitet die empirische Arbeit am Material durch grundlagen- und gegenstandstheoretische Überlegungen über die einzelnen Erkenntniselemente vor.[4] Über die analytische Fokussierung hinaus wird dabei der Stellenwert eines poststrukturalistisch-praxeologischen Zugriffs auf Programme nicht nur für das eigene Erkenntnisinteresse, sondern auch als Beitrag für die Programmforschung hervorgehoben.

2 Zwischen Ereignishaftigkeit und Regelgeleitetheit – Programme der Erwachsenenbildung/Weiterbildung in ihrer diskursiven Praxis

Programme der Erwachsenenbildung/Weiterbildung entstehen zwischen einrichtungs-, institutionen- und trägerspezifischen Vorgaben, bildungs-, kultur- und verbandspolitischen Anforderungen und damit zusammenhängenden

3 Dieses grob umrissene Vorgehen schließt an das an, was Ulla Klingovsky (2019) für die Frage der Bildung in der Erwachsenenbildung als genealogische Skizze in der „Debatte. Zeitschrift für Beiträge zur Erwachsenenbildung" entwirft. Ihre kritische erwachsenenpädagogische und bildungstheoretisch fundierte Spurensuche kann als adäquates Programm der vorliegenden Arbeit zum Digitalen in der kulturellen Erwachsenenbildung verstanden werden und wird die Arbeit übergeordnet leiten.

4 Grundlage der folgenden Überlegungen ist ein von der Autorin am 20.3.2019 gehaltener Vortrag zur geplanten Anlage der Promotion auf der 4. Tagung „Berlin-Brandenburger Beiträge zur Bildungsforschung". Seit dem hat sich das Projekt von seiner Anlage als Genealogie sowie einigen hier entworfenen Aspekten und Begründlungslogiken z.B. zur kulturellen Bildung weiterentwickelt.

Bildungsbedarfen, -bedürfnissen und Interessen. Sie bilden die „Scharnierstelle zwischen Institution und Öffentlichkeit und Individuen" (Gieseke & Opelt 2005, S. 46) bzw. das Bindeglied zwischen Lehren und Lernen, institutionellen und bildungspolitischen wie ökonomischen Rahmenbedingen (Siebert 1982). Als „Amalgam individueller und überindividueller Einflüsse" zeugen Programme „von einem komplexen Aspekt sozialer Praxis" (Hoffmann 2018, S. 34).

Aus poststrukturalistischer Perspektive vollziehen sich in bzw. mit Programmen selbst „machtbestimmte soziale Prozesse" (Ullrich 2008, S. 21): Sie besitzen „die Fähigkeit, etwas Neues durchzusetzen" (Moebius & Reckwitz 2008, S. 15) und greifen zugleich zitierend auf andere Akte des Sprechens zurück (Foucault [1969]2018, S. 81). Sie stiften Sinn und rufen dabei gleichzeitig eine Ordnung auf, in der die jeweiligen Äußerungen[5] als wahr angesehen werden. Sie sind wirkmächtig und dabei selbst von Macht durchzogen (Butler [1997]2018; siehe dazu Kapitel 3). Vor diesem grundlagentheoretischen Hintergrund zielt die Frage, wie sich das Digitale in der kulturellen Erwachsenenbildung konstituiert, übergeordnet auf die Erforschung diskursiver, d.h. ereignishaft-regelgeleiteter Produktionsweisen von Bedeutung, Gegenständlichkeiten und Subjektivitäten in Programmen. Die Frage der Macht wird dann in „Verschränkung des Diskursiven mit dem Institutionellen" (Schäfer & Wrana 2014, S. 309) untersucht, wobei zum einen Diskursivität selbst als Praktik statt von ihr getrennt konstelliert wird, zum anderen deren Ordnung vom Konzept der Iterabilität aus gedacht wird (Wrana 2006, S. 130 i.A.a. Derrida 2001) statt von der Intentionalität Programmplanender.

Ausgehend von Programmplanungsmodellen, die didaktisches Handeln als Bezugnahme zwischen subjektiven Intentionen und sie umgebenden (diskursiven) Kontexten beschreiben, wird im Folgenden die Hervorbringung von Bedeutung in und mit Programmen auf sie selbst gewendet.

2.1 Programmplanung als pädagogische Handlungsform

Mit Bezugnahme auf die didaktischen Handlungsebenen, die Karl-Heinz Flechsig und Hans-Dieter Haller (1975) für die Schule modellierten, steckt Hans Tietgens (1992) die Möglichkeiten didaktischen Handelns in der

---

5 Nach Foucault sind Äußerungen ein diskursives Ereignis, dessen materialisiertes Resultat Aussagen sind. Letztere lassen sich als funktionale Verflechtung von Strukturelementen untersuchen, die „sie mit konkreten Inhalten in der Zeit und im Raum erscheinen läßt [sic!]" (Foucault [1969]2018, S. 127).

Erwachsenenbildung/Weiterbildung vor dem Hintergrund ihres spezifischen Bedingungsrahmens ab. Er umreißt das „Spannungsverhältnis zwischen institutionellen Bedingungen einer Einrichtung, Lernerwartungen der Adressaten und Bildungsanforderungen eines humanistischen Gesellschaftsverständnisses“ (ebd., S. 28) aus einer anthropologischen Perspektive und konstatiert gerade für die hauptamtlich pädagogischen Mitarbeitenden ein „Geflecht aus Verhaltensanforderungen“ (ebd., S. 29). Beim Programmplanungshandeln gehe es vor allem „darum, didaktische Gesichtspunkte in dem Interesse derer, die mit den Angeboten erreicht werden sollen, gegenüber denen zu vertreten, die das Angebot nur politisch ökonomisch (Trägervertreter) oder fachlich (Kursleiter) sehen“ (ebd., S. 14). Die „schwer nachvollziehbare Verquickung von Spielräumen und Einengung“ führe dabei zu Paradoxien, „die provozierend, aber auch lähmend sein können (Nittel 1990)“ (Tietgens 1992, S. 15). In diesem „Spannungsfeld erwachsenendidaktischen Handelns“ (ebd., S. 29) stellten *Suchbewegungen* die grundlegende Anforderung für die Existenz von Erwachsenenbildung/Weiterbildung dar (ebd., S. 32; siehe auch Tietgens 1986). Diese versteht Tietgens als weitläufige Recherchen in Theorie, Praxis und Empirie, deren Ergebnis im Modus der Vermittlung und kommunikativen Abstimmung auf die jeweilige Arbeitssituation ausgelegt werden müssten (Tietgens 1992, S. 28). Hiermit begründet er den Variantenreichtum möglicher Angebote (ebd., S. 37–38), die aus inhaltlichen wie methodischen Gründen sowie aufgrund der jeweiligen Organisationszugehörigkeit zu einem Programm gebündelt werden (ebd., S. 25).

Auch Wiltrud Gieseke geht von kommunikativen Prozessen bei der Planung von Programmen aus. Unter Bezugnahme auf Arbeitsplatzanalysen von pädagogisch Planenden (Gieseke 2000) verlagert sie jedoch den Blick von einer anthropologisch getriebenen Beschreibung hin zu einer handlungstheoretisch motivierten. Innerhalb des von ihr als *„Angleichungshandeln“* bezeichneten Handlungsmusters seien Planende „eingebunden in ein Netz und eine Vielfalt von Erwartungen und Interessen, die in spezifischer Weise interpretiert und für den Programmplanungsprozess ausgewertet werden“ (Gieseke 2003a, S. 206). Um „erwachsenenpädagogisches Wissen in den Austausch einzubringen“ (ebd., S. 202), müssten diese Einflüsse gegeneinander abgewogen und gefiltert werden. Dem Handlungsmuster aus „Übernahmen und Abstimmung, Finden gemeinsamer Lösungen, Ideenaustausch, […] gemeinsame Arbeitsbeschlüsse etc.“ (ebd., S. 206) würden Handlungsstrategien zugrunde liegen, die sich als „Verbindung von Inhalt, Kommunikation und Absicht“ (Gieseke 2008, S. 47) darstellten.

Die begrifflichen Referenzen, die Tietgens zur Beschreibung des „Spannungsfeld[s] erwachsenendidaktischen Handelns" (Tietgens 1992, S. 28) bemüht, tauchen wiederum bei Aiga von Hippels (2011) „Ansatz zur Differenzierung von *Widerspruchskonstellationen und professionellen Antinomien*" auf. Darin geht sie aus professionstheoretischer Sicht davon aus, dass sich das Handeln von Programmplanenden in einem spannungsreichen Gefüge aus widersprüchlichen Anforderungen und Erwartungen diverser Instanzen vollzieht, die es ebenso, wie es Gieseke (2000, 2003a) beschreibt, abzustimmen gelte (Hippel 2011, S. 45–46). Demnach vollzieht sich professionelles pädagogisches Planungshandeln in einem spannungsvollen Konglomerat aus Deutungspraktiken, die von konstitutiven Antinomien auf Akteursebene sowie durch Widerspruchskonstellationen auf Gesellschafts- und Organisationsebene eingefordert werden. Das professionelle pädagogische Planungshandeln erscheint so als dynamischer Prozess, dessen Struktur aus professioneller Eigenlogik und gesellschaftlicher wie organisationaler Rahmung nicht nur Konfliktpotential bereithalte, sondern auch Räume für kreative Gestaltung (ebd., S. 45–46, 54).

Alle drei theoretisch und empirisch gesättigten Modelle mittlerer Reichweite gehen davon aus, dass Angebote bzw. Programme auf einer Handlungsform fußen, die „im Wesentlichen kommunikativ und kooperativ bzw. vernetzt [abläuft]" (Schlutz 2010, S. 248 nach Gieseke 2000; vgl. auch die Modelle von Weinberg 2000; Siebert 1982, 2000; Caffarella & Daffron 2013). Dabei nehmen Planende gesellschaftliche Entwicklungen vor dem Hintergrund erhobener Bedarfe, Bedürfnisse und Interessen Adressierter sowie organisationaler Bedingungen und institutioneller Erwartungen als Bildungsgegenstände auf, handeln also pädagogisch motiviert, und gestalten damit wiederum Gesellschaft mit (Gieseke 2015, S. 165). Das Programm, das von den benannten Autor*innen als Materialisierung dieses spannungsreichen Handlungsprozesses gefasst wird, stellt dann keine vorab festgelegte Tatsache dar. Vielmehr gilt: „jedes Angebot im Programm nimmt einen anderen Weg" (Gieseke 2003a, S. 203).

2.2 Programme als diskursiver Äußerungsakt

Die sich in den vorangestellten Erkenntnissen abzeichnende Produktivität pädagogischen Planungshandelns wird aus der Perspektive einer poststrukturalistischen Praxeologie in die Programme verlegt. Die suchende, angleichende bzw. konfligierende Relationalität entsteht dann nicht aus dem Wechselverhältnis zwischen den Intentionen von pädagogisch Handelnden mit einem sie umgebenden nicht-pädagogischen Kontext (siehe auch Nolda 1998[6]). Vielmehr richtet diese Perspektive den Blick von einer subjektiven und/oder außerdiskursiven Fundierung der Bedeutungskonstitution auf den performativen Charakter der sprachlich verfassten Texte. In den Programmen bildet sich soziale Wirklichkeit demnach nicht einfach ab, sie selbst sind der Ort, „an dem sich Sinnoperationen vollziehen (vgl. Keller 2011; Wrana 2014b)" (Fegter et al. 2015, S. 27). Ihre Inhalte, Themen und didaktisch-methodischen Anlagen sind dann nicht von übergreifenden Ordnungen an-/geleitet.[7] Der Raum, der die Bedingungen dafür schafft, was als Möglichkeit des Sagbaren erscheint, liegt in den Programmen selbst. Hier finden die Auseinandersetzungen statt, hier situieren sich Wissen, Macht und Subjektpositonierungen. Demnach vermitteln sich über Programme nicht nur Konzeptionen und Vorstellungen von Bildung, sie stellen diese diskursiv her (Foucault [1969]2018, S. 74).

Dabei sind Programme bzw. ihre diskursiven Praktiken zeitgeschichtlich rückgebunden. Die damit zusammenhängenden Bezugnahmen auf gesellschaftliche sowie institutionelle Verhältnisse vollziehen sich aber weder direktional, noch eindeutig. Es sind „Kontexte[…] ohne konkretes Verankerungszentrum" (Derrida 2001, S. 89), zu denen sich diskursive Praktiken relational verhalten. Hieraus entsteht ein „iterabile[…][s] Verhältnis zu anderen Praxen" (Wrana 2012a, S. 192), das wiederum in den Programmen selbst sichtbar wird – und zwar nicht als Reproduktion eines ihnen äußerlichen Sinns, sondern als „Zitat voraufgehender [sic!] Akte" (Wrana & Krüger 2014, S. 439 i.A.a. Derrida 2001). Aus diesen kontingenten und iterabilen Beziehungen entsteht Bedeutung und Sinn als erneuernde Wiederholung und andersartige Verschiebung.

---

6 Für die Untersuchung der Art und Weise, „in der sich das Bildungsverständnis ausdrückt und in der potentielle Teilnehmerinnen und Teilnehmer angesprochen werden" (Nolda 1998, S. 142), differenziert Nolda vier Zugänge. Dabei stellt sie heraus, dass, im Gegensatz zum semiotisch-textanalytischen, inhaltsanalytischen oder strukturalhermeneutischen, bei einem diskursanalytischen Zugriff stärker die gesellschaftlichen Rahmenbedingungen von Programmen ins Forschungsinteresse treten (ebd., S. 211) bzw. „die unterschiedlichen Machtinstanzen, die auf Bildungsinhalte einwirken" (ebd., S. 204).

7 Als Beispiel aus dem Bereich der erwachsenenpädagogischen Forschung kann hierfür die Dissertation von Claudia Pohlmann (2018) zur Untersuchung von Bildungsurlaub angeführt werden. Als wissenssoziologische Diskursanalyse rekonstruiert sie das Verhältnis von gesellschaftsbezogenen Akzentverschiebung und ihren Einfluss auf die planerischen Konzeptionen, Strategien und Begründungslogiken von Bildungsurlaub als träger- und fachbereichsspezifische Spezialdiskurse.

> „Allgemeiner bedeutet dies, daß [sic!] die veränderliche Macht solcher Ausdrücke eine Art diskursiver Performativität markiert, die nicht aus diskreten Reihen von Sprechakten, sondern aus einer rituellen Kette von Resignifizierungen besteht, deren Ursprung und Ende nicht feststehen und nicht feststellbar sind" (Butler [1997]2018, S. 30).

Einem so angelegten diskursanalytischen Zugriff auf Programme geht es demnach weder um Fragen von Einflüssen und Entwicklungen, also weder darum, Kausalität noch Linearität zu beschreiben. Es geht nicht um die hermeneutische Untersuchung von Regelmäßigkeiten, sondern um die reflexive Analyse von sich gleichzeitig ereignis- und regelhaft vollziehenden Relationierungen (Foucault [1969]2018, S. 178). So geraten Programme nicht nur als „Ergebnis historischer, sozialer, ökonomischer und bildungspolitischer Entwicklungen in einer bestimmten Zeit" in den Blick (Gieseke & Opelt 2003), sondern auch als ihre Bedingung. Bestimmte inhaltliche Themensetzungen, didaktische Methodisierungen und strukturelle Angebotsschwerpunkte erscheinen in Programmen danach deswegen zu einer bestimmten Zeit, weil sich Äußerungselemente – Bedeutungen, Materialitäten, Gegenstände, Subjektivitäten – auf spezifische Weise figurieren, d.h. relational in Beziehung zueinander treten (Wrana 2006, S. 140).

3 Zwischen Reproduktion und Produktion – Das Digitale in der kulturellen Erwachsenenbildung

Die beschriebene Konstellierung von Programmen im Sinne diskursiver Praktiken, verstanden als gleichzeitige ereignishafte und regelgeleitete performative Äußerungsakte, lenkt den analytischen Blick auf ihre Ermöglichungsbedingungen. Ausgehend von der Annahme, dass sich die wiederholende Andersartigkeit zitierender Äußerungsketten zum Digitalen auf dem Fundament institutionen- und disziplinspezifischer Regeln ergibt (Foucault [1970]2017)[8], wird dessen Konstitution spezifisch für die kulturelle Erwachsenenbildung an der Volkshochschule analysiert. Aus dieser Situierung bestimmt sich, was als wahr angesehen wird – wobei sich zeitgeschichtlich immer wieder „neue[…] Formen des Willens zur

8 In seiner Vorlesung „Die Ordnung des Diskurses" führt Foucault (1970) drei externe und drei interne „Prozeduren der Kontrolle und Einschränkung des Diskurses" (ebd., S. 17) an. Neben dem institutionell rückgebundenen Willen zur Wahrheit und der Disziplin, auf die sich die hiesigen Ausführungen fokussieren, treffen demnach das Verbot und die Ausgrenzung sowie die Kommentar- und Autorenfunktion von innen heraus auf die diskursiven Produktionsweisen.

Wahrheit" (ebd., S. 15) ausbilden. Erkenntnisleitend ist demnach, das, was als das Digitale in der kulturellen Erwachsenenbildung an der Volkshochschule akzeptiert scheint, auf die Verfahrensweisen und Mechanismen seiner Akzeptabilität hin zu befragen (Foucault [1978]1992, S. 34) und damit kritisch seine scheinbare Selbstverständlichkeit im Geworden-Sein zu explorieren (Jergus 2015, S. 160).

> „Die Akzeptabilitätsbedingungen eines Systems herauszuarbeiten und die Bruchlinien seines Auftauchens verfolgen – das sind die beiden korrelativen Operationen." (Foucault [1978]1992, S. 35)

Als institutioneller Diskurs zeigt sich das Digitale in für Bildungsinstitutionen wie der Volkshochschule spezifischen „sprachliche[n] Handlungsmustern" (Reisigl 2015, S. 200). Als disziplinärer Diskurs definiert sich das Digitale wiederum insbesondere in der kulturellen Erwachsenenbildung über einen bestimmten Gegenstandsbereich, spezifische Begriffsverwendungen sowie bestimmte Theoriebezüge (Foucault [1970]2017, S. 22–25). Dabei erfordere ein „neue[r] Gegenstand neue begriffliche Instrumente und neue theoretische Begründungen" (ebd., S. 25). Diese institutionen- und disziplinspezifische Rahmung diskursiver Praktiken erlaubt es, die produktive sowie reproduktive Funktionalität und Wirksamkeit ihrer Ein- und Ausschlussmechanismen in Programmen betrachten zu können und über die Befragung ihrer „historischen Akzeptabilität" (Foucault [1978]1992, S. 34) zu einer Genese des Digitalen in der kulturellen Erwachsenenbildung an der Volkshochschule zusammenzuführen.

Wie sich dies in der dynamischen Konstellation von Wissen, Macht und Subjektpositionierungen figuriert (Wrana 2012b, S. 207), soll mit Bezug auf das empirisch fundierte Theorem der „Portale Kultureller Bildung" (Gieseke et al. 2005) sowie der Volkshochschule als einer ihrer dominanten institutionellen Orte untersucht werden.

3.1 Das disziplinspezifische Spektrum kultureller Erwachsenenbildung

Kulturelle Erwachsenenbildung kann ganz grundsätzlich als „Lernen an und über Kultur" beschrieben werden (Fleige, Gieseke & Robak 2015, S. 14). Sie ist auf eine reflexive Erschließung und Interpretation von Welt, Sinn und Ästhetik ausgerichtet (Ermert 2011, S. 21–22), widmet sich der Auseinandersetzung mit künstlerischen Artefakten ebenso wie kulturellen Lebensformen (Fleige, Gieseke & Robak 2015, S. 14), „will Berührung, Muße, Tiefe und Grenzziehung" (Gieseke & Opelt 2005, S. 324). Auf diese Weise eröffnet sie Zugänge zur Gestaltung von und Partizipation an Gesellschaft (vgl. u.a. Robak & Fleige 2017; Gieseke & Krueger 2017).

Das damit einhergehende breite Spektrum der kulturellen Erwachsenenbildung[9] lässt sich über die „Portale Kultureller Bildung“ theoretisch wie empirisch einfangen (Gieseke et al. 2005; Fleige et al. 2015). In ihnen sind verschiedene Ausrichtungen kultureller Bildung als systematisch-rezeptive, selbsttätig-kreative oder verstehend-kommunikative Partizipationsformen bzw. Zugangsweisen angelegt. Dabei trägt diese Differenzierung dem „theoretisch wichtige[n] Zusammenhang zwischen Empfindungsfähigkeit als emotionales Erleben und intuitives Erfassen, systematischer Techniknutzung und schöpferisch-ästhetischem Akt“ sowie dem Gewinn „neue[r] Regeln des Interaktiven und Kommunikativen, entlang von Bedürfnisstrukturen“ Rechnung (Gieseke 2005, S. 325). Die jeweiligen Zugänge folgen keiner Hierarchie, sie stehen nebeneinander, ergänzen sich und liegen dabei quer zu institutionell verfassten Fachbereichen (Gieseke 2003b, S. 25). Als relationale Typik[10] verweisen sie auf den je spezifischen Zusammenhang zwischen Themen und Inhalten sowie Wissens- und Lern- bzw. Veranstaltungs- und Sozialformen.

Geht man nun davon aus, dass sich das Digitale als zu einer gewissen Zeit neuer Gegenstand der kulturellen Erwachsenenbildung konstituiert, liegt mit Foucault eine Verschiebung des gesamten Gegenstandsbereichs, seiner begrifflichen Instrumentarien und theoretischen Begründungen nahe (Foucault [1970]2017, S. 25). Im Projekt „FuBi_DiKuBi“ hat sich vor diesem theoretischen Hintergrund „bei der ersten Sichtung der VHS-Programme gezeigt, dass sich neben den drei „Portalen Kultureller Bildung“ noch ein weiteres Portal benennen lässt, das die bestehenden erweitert und eine zusätzliche Zugangsweise zu Kultureller (Erwachsenen-)Bildung ermöglicht: das *analytisch-reflexive Portal*.“ (Robak et al. 2019, S. 43–44, Hervorhebung im Original). Es ist ausgerichtet auf den Umgang mit digitalen Medien und intendiert neben der funktionalen Erweiterung kommunikativer Teilhabe eine reflektierende Haltung gegenüber Digitalisierung als gesellschaftlichen und kulturellen Transformationsprozess.

Für die in der Promotion verfolgten Frage nach den diskursiven Konstitutionsbedingungen des Digitalen bedarf es einer spezifischen Auslegung und Nutzung des dargestellten Theorems. Die Regelmäßigkeit muss in ihrer Ereignishaftigkeit erfassbar werden, die Formierung in ihrer Hervorbringung. Nur so kann die

9 Über die hier explizit nominale Kleinschreibung von „kultureller“ und die begriffliche Explizitheit von „Erwachsenenbildung“ soll der institutionen- und disziplinspezifischen Verortung diskursiver Praktiken sowie ihrer relationalen Analyse entsprochen werden.

10 Inwiefern diese, von der Autorin im ersten Zugang vorgenommene Zuschreibung trägt, wird im weiteren Promotionsprozess theoretisch wie empirisch geprüft.

performative Macht diskursiver Praktiken in ihrer Operativität und Produktivität untersucht werden (Wrana 2012a, S. 196). Die Analyse diskursiver Figuren liefert hierfür eine Möglichkeit methodischer Operationalisierung: Sie werden von Daniel Wrana (2012b) als Momente von Äußerungsakten konzeptualisiert, die Wissensordnungen über die Re-/Konstellierung bestimmter Wissensfelder institutionenspezifisch herstellen. Dabei wirken diskursive Figuren gleichzeitig strukturiert und strukturierend auf die Hervorbringung von Äußerungsakten. Ihre konstitutive Wirkung entfalten sie durch die je spezifische Verstrickung inhaltlicher wie formaler Aspekte. In dieser strukturierten Seins- und strukturierenden Wirkweise können diskursive Figuren fruchtbar an die disziplinäre Konzeption der „Portale Kultureller Bildung" angeschlossen werden. Die kulturelle Erwachsenenbildung gilt dann als ein Wissensfeld, das als ein für das Digitale bestimmtes aufgerufen wird.

3.2 Die institutionelle Basis diskursiver Praktiken

Neben der Disziplinarität nimmt die institutionelle Basis diskursiver Praktiken einen wichtigen Stellenwert in Bezug auf ihre Re-/Produktionsweisen Produktionsweisen ein. Indem sie die von Foucault (1970) als extern klassifizierten Ausschließungsmechanismen des Verbots, der Grenzziehung und der Wahrheitslegung mit spezifischen Regeln unterlegt, wirkt sie mit an der Kontrolle der Ausprägung und Wirksamkeit diskursiver Praktiken. Im Zusammenspiel mit den disziplinspezifischen Mechanismen der Einschränkung diskursiver Praktiken im Sinne einer Bändigung ihrer Ereignishaftigkeit[11], organisiert die Institution die figurative Relationierung von Bedeutungen, Gegenständen und Subjektivitäten des Digitalen damit auf spezifische Weise. Durch bestimmte Prinzipien bezwingt sie die Zufälligkeit seines Erscheinens (Foucault [1970]2017, S. 26).

Als dominanter institutioneller Anbieter gilt die Volkshochschule. Nicht nur nimmt sie generell eine traditionsreiche Rolle in der Erwachsenenbildung/Weiterbildung ein (Schrader & Rossmann 2019) und offeriert grundlegend „das gesamte Angebotsspektrum der Erwachsenenbildung" (Tietgens 1992, S. 26). Gerade im Hinblick auf die kultureller Bildung über die Lebensspanne weist sie das größte und ausdifferenzierteste Angebotsspektrum mit hoher Stabilität

11 Neben der Disziplin spielen nach Foucault (1970) die Autoren- und Kommentarfunktion als Prinzipien der internen Kontrolle diskursiver Praktiken eine Rolle sowie der Verknappung als „Selektionen unter den sprechenden Subjekten" (Foucault [1970]2017, S. 26).

über die Zeit auf (vgl. Körber et al. 1995, S. 56; Gieseke 2003a, S. 200; Gieseke 2005, S. 21 ff.). Zudem erscheint sie vor dem Hintergrund der ihr zugeschriebenen „Balance zwischen institutioneller Entschiedenheit und Bildungsoffenheit" (Tietgens 1992, S. 28) für das vorliegende diskursanalytische Erkenntnisinteresse prädestiniert.

Die archäologische Untersuchung der institutionell rückgebundenen reproduktiven und produktiven Konstitutionsregeln des Digitalen in der kulturellen Erwachsenenbildung stützt sich dabei, wie eingangs beschrieben, auf das „spezifische[…] vermittelnde[…] Genre[…]" (Langer & Wrana 2010, S. 336) Programm. Dabei treten Programme nicht als bloß sprachlich verfasstes Trägermedium für Bildungsangebote einer Einrichtung in Erscheinung (Nolda 2018). Vielmehr können sie vor dem Hintergrund ihrer performativen Hervorbringung, Bestimmung und Platzierung von Wissen, Macht und Subjektpositionen als wirkmächtig betrachtet werden.

4 Wie weiter mit … Von archivgestützter Korpusbildung zur diskursiven Ordnung des Archivs

Im vorliegenden Beitrag wurde eine poststrukturalistisch-praxeologische Konzeption von Programmen vorgestellt und für eine Untersuchung des Digitalen in der kulturellen Erwachsenenbildung fruchtbar gemacht. Programme werden aus dieser Perspektive als „machtbestimmte soziale Prozesse" (Ullrich 2008, S. 21) beschreibbar, in und mit denen Wahrheit performativ hergestellt wird. Das Digitale in der kulturellen Erwachsenenbildung erscheint damit als akzeptiertes Produkt diskursiver Praktiken, die institutionen- wie disziplinspezifisch für die kulturelle Erwachsenenbildung an der Volkshochschule untersucht werden. Mit dem archäologischen Blick auf Äußerungsakte bzw. ihre diskursive Relationierung von Materialität, Gegenstand, Bedeutung und Subjektivität (Wrana 2006, S. 126–127) in Volkshochschulprogrammen, werden die Bedingungen der Ermöglichung zur Hervorbringung des Digitalen analysiert. Der Produktionsmodus dieser Äußerungsakte wird wiederum als iterabiler konzeptualisiert: Statt etwas Außerdiskursives zu reproduzieren, „greift jeder Akt des Äußerns auf vorausgegangene Äußerungen und die darin etablierten diskursiven Relationen zurück und „zitiert" diese" (Wrana 2012b, S. 197). Aus der historischen Betrachtung so gefasster diskursiver Praktiken in Programmen entsteht dann eine Genealogie, die die gleichzeitig regelhafte und ereignishafte Erzeugung von Wirklichkeit in einen Zusammenhang stellt.

Eine Möglichkeit, dieses methodologische Gerüst für eine empirische Analyse der Konstitution des Digitalen in der kulturellen Erwachsenenbildung zu operationalisieren, stellen diskursive Figuren dar (Langer & Wrana 2005; Wrana 2012a und b). Eine darauf bezogene Analyse kann die institutionenspezifischen Produktionsweisen von Äußerungen zum Digitalen über die strukturierende wie strukturierte Ordnung von Konstitutionselementen eines Wissensfeldes freilegen und erscheint damit sowohl anschlussfähig an die disziplinäre Konzeption kultureller Erwachsenenbildung im Sinne der „Portale Kultureller Bildung" als auch an den übergeordneten Fokus der Untersuchung auf diskursive Praktiken in Volkshochschulprogrammen. Für den Moment erscheint sowohl die Analyse narrativer, metaphorischer als auch argumentativer Figuren als gangbarer Weg zum genealogischen Erkenntnisinteresse. Eine diesbezügliche Entscheidung wird im Zuge der weiteren Beschäftigung mit der Anrufungsfunktion (Butler [1997]2018) von Programmheften getroffen.

Leitendes Prinzip der Arbeit ist dabei durchgehend die kritische Reflexion der institutionen- und disziplinspezifischen Konstellation von relationalen Verweisungszusammenhängen, die einen bestimmten Geltungs- bzw. Wahrheitsanspruch des Digitalen in der kulturellen Erwachsenenbildung hervorbringen. „[D]ie pädagogische Wirklichkeit gerät aus dieser Perspektive als eine kulturelle Praxis in den Blick" (Klingovsky & Pawlewicz 2014, S. 94), die Sinn und Bedeutung über „lokale[...] und situierte[...] diskursive[...] Praktiken" (Wrana 2015, S. 121) produziert, strukturiert und so Ordnung selbst herstellt, als bloß auf eine solche zu reagieren oder sie feldspezifisch zu aktualisieren. Die Konzeptualisierung des Digitalen als Untersuchungsgegenstand muss dementsprechend aus den Programmen heraus, d.h. materialimmanent erfolgen (u.a. Diaz-Bone 2006). Seine Bedeutung ist nicht an sich gegeben, kann weder von einer Theorie abgeleitet noch auf vorher festgelegte Schlüsselbegriffe runtergebrochen werden. Vielmehr wird das Digitale als Diskursphänomen erst durch die Auswahl des zu untersuchenden Materials konstruiert (Angermuller 2014, S. 611). Damit wird die Korpusbildung selbst zu einem „interpretativen Vorgang" (Gür-Şeker 2014, S. 591), der eine durchgehend kritisch-reflexive Haltung verlangt – gegenüber den erarbeiteten Auswahlkriterien, ihren theoretischen wie empirischen Rückbindungen sowie den institutionellen Grundlegungen ihrer Beschaffung.

Für eine dem genealogischen Erkenntnisinteresse angemessene, der beschriebenen methodologischen Rahmung entsprechende und gleichzeitig forschungspraktische Korpusbildung (Rothe 2011, S. 182) erweist sich im vorliegenden Fall ein archivgestütztes Vorgehen als nützliche Annäherungsmöglichkeit an die Konstellation des Untersuchungsgegenstands. Das Volkshochschulprogrammarchiv des Deutschen Instituts für Erwachsenenbildung

(DIE)[12] bietet hierfür einen spezifischen Ankerpunkt und sichert über seine langfristige Sammlung von Volkshochschulprogrammen überhaupt erst einen Forschungszugang zu einer Programmanalyse wie dieser. Gleichzeitig muss das Archiv vor dem dargelegten methodologischen Hintergrund der Arbeit wiederum als „das Gesetz dessen, was gesagt werden kann, das System, das das Erscheinen der Aussagen als einzelner Ereignisse beherrscht" (Foucault [1969]2018, S. 187), verstanden und damit in seiner spezifischen „Repräsentationspolitik" behandelt werden (Groys 2000, S. 140). Hierfür ist die kritische Reflexion seiner symbolischen und materiellen Ordnung unumgänglich. Denn Archive ermöglichen nicht nur, Geschichte zu schreiben, sie selbst bedingen wesentlich mit, was für eine Geschichte geschrieben werden kann (Freide, Burdukova & Fleide 2020).

Literatur

Angermuller, J. (2014). »Der« oder »das« Korpus? Perspektiven aus der Sozialforschung. In J. Angermuller, M. Nonhoff, E. Herschinger, F. Macgilchrist, M. Reisigl, J. Wedl, D. Wrana & A. Ziem (Hrsg.), *Diskursforschung. Ein interdisziplinäres Handbuch* (S. 604–613). Band 1: Theorien, Methodologien und Kontroversen. Bielefeld: transcript.

Butler, J. ([1997]2018). *Haß spricht. Zur Politik des Performativen.* Frankfurt am Main: Suhrkamp.

Caffarella, R. & Daffron, S. (2013). *Planning Programs for Adult Learners.* San Francisco: Jossey-Bass.

Derrida, J. (2001). *Limited Inc.* Wien: Passagen.

Diaz-Bone, R. (2006). Die interpretative Analytik als methodologische Position. In B. Kerchner & S. Schneider (Hrsg.), *Foucault: Diskursanalyse der Politik* (S. 68–84). Bielefeld: VS Verlag für Sozialwissenschaften.

Ermert, K. (2011) Stärke des Individuums und Bindekraft der Gesellschaft – Überlegungen zu Werten und Zielen Kultureller Bildung. *forum erwachsenenbildung*, 2011 (4), 19–22.

12 Neben diesem Programmarchiv, gibt es im deutschsprachigen Raum zwei weitere, das Weiterbildungsprogrammarchiv der Humboldt-Universität zu Berlin sowie das Österreichische Volkshochschularchiv. „Der Quellenbestand zur Erforschung der Erwachsenenbildungsgeschichte und -gegenwart wird dabei mit unterschiedlichen Schwerpunkten gesichert und bereitgestellt." (Helmig & Freide 2019, S. 92; siehe auch Gieseke et al. 2018)

Fegter, S., Kessl, F., Langer, A., Ott, M., Rothe, D. & Wrana, D. (2015), Erziehungswissenschaftliche Diskursforschung. In Dies. (Hrsg.), *Erziehungswissenschaftliche Diskursforschung – Empirische Analysen zu Bildungs- und Erziehungsverhältnissen* (S. 9–55). Wiesbaden: VS Verlag für Sozialwissenschaften.

Flechsig, K.-H. & Haller, H.-D. (1975). *Einführung in didaktisches Handeln.* Stuttgart: Klett.

Fleige, M., Gieseke, W., Hippel, A. von, Käpplinger, B. & Robak, S. (Hrsg.) (2018). *Programm- und Angebotsentwicklung.* Band 2: Lehrbücher für die Erwachsenenbildung. Bielefeld: wbv.

Fleige, M. Gieseke, W. & Robak, S. (2015). *Kulturelle Erwachsenenbildung. Strukturen – Partizipationsformen – Domänen.* Bielefeld: W. Bertelsmann.

Foucault, M. ([1978]1992). *Was ist Kritik?* Berlin: Merve.

Foucault, M. ([1970]2017). *Die Ordnung des Diskurses.* Frankfurt am Main: Fischer.

Foucault, M. ([1969]2018). *Archäologie des Wissens.* Frankfurt am Main: Suhrkamp.

Freide, S., Burdukova, G. & Fleige, M. (2020). Längsschnittliche archivgestützte Programmanalysen: Rekonstruktionen von Themenstrukturen und Diskursen in Volkshochschulprogrammheften. In B. Käpplinger, G. Molzberger, O. Dörner & J. Dinkelaker (Hrsg.), *Vergangene Zukünfte – Neue Vergangenheiten.* (Schriftenreihe der Sektion Erwachsenenbildung der Deutschen Gesellschaft für Erziehungswissenschaft). (S. 81–91). Leverkusen: Barabara Budrich.

Gieseke, W. & Krueger, A. (2017). Selbstsuche und Platzierung der Kulturellen Bildung. Einführung in aktuelle und historische Fragen. *Hessische Blätter für Volksbildung: Kulturelle Erwachsenenbildung,* 2017 (4), 312–323.

Gieseke, W., Hippel, A. von, Stimm, M., Georgieva, I. & Freide, S. (2018). Programmarchive und -sammlungen der Erwachsenenbildung/Weiterbildung: Grundlage für die Forschung zum Lebenslangen Lernen. In R. Tippelt & A. von Hippel (Hrsg.), *Handbuch Erwachsenenbildung/Weiterbildung* (S. 451–474). 6., überarb. und aktualisierte Aufl. Wiesbaden: VS Verlag für Sozialwissenschaften.

Gieseke, W. (2015). Programme und Angebote. In J. Dinkelaker & A. v. Hippel (Hrsg.), *Erwachsenenbildung in Grundbegriffen* (S. 165–173). Stuttgart: Kohlhammer.

Gieseke, W. (2008). *Bedarfsorientierte Angebotsplanung in der Erwachsenenbildung.* Bielefeld: W. Bertelsmann.

Gieseke, W. (2005). Transformation der Kultur ohne Bildung? Situation der kulturellen Bildung. In W. Gieseke, K. Opelt, H. Stock, & I. Börjesson, *Kulturelle Erwachsenenbildung in Deutschland – Exemplarische Analyse Berlin/Brandenburg* (S. 21–30). Münster: Waxmann.

Gieseke, W. & Opelt, K. (2005). Zusammenfassung: Bildungstheoretische Ansätze für Kulturelle Bildung – Aspekt Programm. In W. Gieseke, K. Opelt, H. Stock, & I. Börjesson, *Kulturelle Erwachsenenbildung in Deutschland – Exemplarische Analyse Berlin/Brandenburg* (S. 317–332). Münster: Waxmann.

Gieseke, W., Opelt, K., Stock, H. & Börjesson, I. (2005). *Kulturelle Erwachsenenbildung in Deutschland – Exemplarische Analyse Berlin/Brandenburg.* Münster: Waxmann.

Gieseke, W. & Opelt, K. (2003). *Erwachsenenbildung in politischen Umbrüchen. Programmforschung Volkshochschule Dresden 1945–1997.* Opladen: Leske + Budrich.

Gieseke, W. (2003a). Programmplanungshandeln als Angleichungshandeln. In W. Gieseke (Hrsg.), *Institutionelle Innensichten der Weiterbildung* (S. 189–211). Bielefeld: W. Bertelsmann.

Gieseke, W. (2003b). Portale zur Kultur. Analysen zur kulturellen Bildung in Europa am Beispiel einer deutschen und einer polnischen Region. In M. Höffer-Mehlmer (Hrsg.), *Bildung. Wege zum Subjekt* (S. 18–33). Baltmannsweiler: Schneider Verlag Hohengehren.

Gieseke, W. (Hrsg.) (2000). *Programmplanung als Bildungsmanagement? Qualitative Studie in Perspektivverschränkung. Begleituntersuchung des Modellversuchs „Entwicklung und Erprobung eines Berufseinführungskonzepts für hauptberufliche Erwachsenenbildner/innen“.* Recklinghausen: Bitter.

Gieseke, W. & Gorecki, C. (2000). Programmplanung als Angleichungshandeln – Arbeitsplatzanalyse. In W. Gieseke (Hrsg.), *Programmplanung als Bildungsmanagement? Qualitative Studie in Perspektivverschränkung. Begleituntersuchung des Modellversuchs „Entwicklung und Erprobung eines Berufseinführungskonzepts für hauptberufliche Erwachsenenbildner/innen“* (S. 59–114). Recklinghausen: Bitter.

Groys, B. (2000). Der submediale Raum des Archivs. In K. Ebeling & S. Günzel (2009) (Hrsg.), *Archivologie. Theorien des Archivs in Philosophie, Medien und Künsten* (S. 139–151). Berlin: Kadmos.

Gür-Şeker, D. (2014). Zur Verwendung von Korpora in der Diskurslinguistik. In J. Angermuller, M. Nonhoff, E. Herschinger, F. Macgilchrist, M. Reisigl, J. Wedl, D. Wrana & A. Ziem (Hrsg.), *Diskursforschung. Ein interdisziplinäres Handbuch* (S. 583–603). Band 1: Theorien, Methodologien und Kontroversen. Bielefeld: transcript.

Helmig, M. & Freide, S. (2019). Volkshochschulprogramme als Archivgut. Zugänge und Nutzungsmöglichkeiten aus Forschungs- und infrastruktureller Perspektive. *SPURENSUCHE*, 28, 90–99.

Hippel, A. v. (2011). Programmplanungshandeln im Spannungsfeld heterogener Erwartungen – Ein Ansatz zur Differenzierung von Widerspruchskonstellationen und professionellen Antinomien. *Report*. 34 (1), 45–57. Verfügbar unter http://www.diebonn.de/doks/report/2011-programmforschung-02.pdf. [17.01.2018]

Hoffmann, N. (2018). *Dokumentenanalyse in der Bildungs- und Sozialforschung. Überblick und Einführung*. Weinheim, Basel: Beltz/Juventa.

Jergus, K. (2015). Produktive Unbestimmtheit(en). Analysen des Sprechens über Liebe und Verliebtheit. In S. Fegter, F. Kessl, A. Langer, M. Ott, D. Rothe & D. Wrana (Hrsg.), *Erziehungswissenschaftliche Diskursforschung. Interdisziplinäre Diskursforschung* (S. 159–174). Wiesbaden: VS Verlag für Sozialwissenschaften.

Klingovsky, U. (2019). Einsätze für eine Genealogie des erwachsenenpädagogischen Blicks. *Debatte. Beiträge zur Erwachsenenbildung*. 2 (1), 6–20.

Klingovsky, U. & Pawlewicz, S. (2014). Untiefen im Diskurs um das Lebenslange Lernen – Zur Transformation erwachsenenpädagogischer Handlungsformen. In I. Erler, D. Holzer, C. Kloyber, W. Schuster & S. Vater (Hrsg.), *Wenn Weiterbildung die Antwort ist, was war die Frage?* (S. 85–97). Innsbruck, Wien, Bozen: Studienverlag.

Körber, K., Kuhlenkamp, D., Peters, R., Schlutz, E., Schrader, J. & Wilckhaus, F. (1995). *Das Weiterbildungsangebot im Lande Bremen. Strukturen und Entwicklungen in einer städtischen Region. Untersuchung im Auftrag der Strukturkommission Weiterbildung des Senats der Freien Hansestadt Bremen. Ergebnisse der Kommissionsarbeit* (Bd. 3). Bremen: Bremer Texte zur Erwachsenenbildungsforschung.

Langer, A. & Wrana, D. (2010). Diskursforschung und Diskusanalyse. In B. Friebertshäuser, A. Langer & A. Prengel (Hrsg.), *Handbuch Qualitative Forschungsmethoden in den Erziehungswissenschaften* (S. 335–349). Weinheim, München: Juventa.

Moebius, S. & Reckwitz, A. (Hrsg.) (2008). *Poststrukturalistische Sozialwissenschaften*. Frankfurt am Main: Suhrkamp.

Nolda, S. (2018). Programmanalyse in der Erwachsenenbildung/Weiterbildung. In R. Tippelt & A. v. Hippel (Hrsg.), *Handbuch Erwachsenenbildung/Weiterbildung* (S. 433–449). 6., überarb. u. erw. Aufl. Wiesbaden: VS Verlag für Sozialwissenschaften.

Nolda, S. (1998). Programme der Erwachsenenbildung als Gegenstand qualitativer Forschung. In S. Nolda, K., Pehl, & H. Tietgens, *Programmanalysen.*

Programme der Erwachsenenbildung als Forschungsobjekte (S. 139–235). Frankfurt am Main: Deutsches Institut für Erwachsenenbildung.

Pohlmann, C. (2018). *Bildungsurlaub – Vom gesellschaftspolitischen Anliegen zum Instrument beruflicher Qualifizierung? Eine Analyse der Bildungsurlaubsdiskurse in der Weiterbildung.* Frankfurt am Main: Peter Lang.

Reisigl, M. (2014). Institutioneller Diskurs. In D. Wrana, A. Ziem, M. Reisigl, M. Nonhoff & J. Angermuller (Hrsg.), *DiskursNetz – Wörterbuch der interdisziplinären Diskursforschung* (S. 200–201). Frankfurt am Main: Suhrkamp.

Robak, S., Fleige, M., Kühn, C., Freide, S., & Preuß, J. (2020). Kulturelle Erwachsenenbildung im Zeichen digitaler Transformation: theoretische Perspektiven und forschungsleitende Zugänge. In O. Dörner, C. Iller, I. Schüßler, H. von Felden & S. Lerch (Hrsg.), *Erwachsenenbildung und Lernen in Zeiten von Globalisierung, Transformation und Entgrenzung* (S. 273–284). Opladen: Barbara Budrich.

Robak, S., Fleige, M., Freide, S., Kühn, C., Preuß, J. (2019). Zur Forschung und theoretischen Grundlegung der Digitalisierung in der Kulturellen Erwachsenenbildung. In B. Jörissen, S. Kröner & L. Unterberg (Hrsg.), *Forschung zur Digitalisierung in der Kulturellen Bildung* (Kulturelle Bildung und Digitalität, Bd. 1, S. 79–92). München: kopaed.

Robak, S. & Fleige, M. (2017). Kulturelle Erwachsenenbildung: (Bildungs-) Interessen, Strukturen, Partizipationsformen und ihre Übersetzung in Wissensstrukturen für Programmentwicklung. *Literatur Kulturelle Bildung online.* Verfügbar unter https://www.kubi-online.de/autorinnen/fleige-marion [Zugriff: 29.04.2019]

Rothe, D. (2011). *Lebenslanges Lernen als Programm. Eine diskursive Formation in der Erwachsenenbildung.* Frankfurt am Main: Campus.

Schäfer, H. & Wrana, D. (2014). Praktiken, diskursive. In D. Wrana, A. Ziem, M. Reisigl, M. Nonhoff & J. Angermuller (Hrsg.), *DiskursNetz – Wörterbuch der interdisziplinären Diskursforschung* (S. 309–310). Frankfurt am Main: Suhrkamp.

Schlutz, E. (2010). Programmplanung. In R. Arnold, S. Nolda & E. Nuissl (Hrsg.), *Wörterbuch Erwachsenenbildung* (S. 247–248). Bad Heilbrunn: Julius Klinkhardt.

Schrader, J. & Rossmann, E. D. (Hrsg.) (2019). *100 Jahre Volkshochschulen. Geschichten ihres Alltags.* Bad Heilbrunn: Julius Klinkhardt.

Schrader, J. & Ioannidou, A. (2011). Ziele, Inhalte und Strukturen der Erwachsenenbildung im Spiegel von Programmanalysen. In T. Fuhr, P. Gonon & C. Hof (Hrsg.), *Handbuch der Erziehungswissenschaft.* 4. Erwachsenenbildung – Weiterbildung (S. 259–269). Paderborn: Schöningh.

Siebert, H. (1982). Programmplanung als didaktisches Handeln. In E. Nuissl (Hrsg.), *Taschenbuch der Erwachsenenbildung* (S. 100–121). Baltmannsweiler: Schneider.

Siebert, H. (2000). *Didaktisches Handeln in der Erwachsenenbildung. Didaktik aus konstruktivistischer Sicht*. Neuwied: Luchterhand.

Tietgens, H. (1992). *Reflexionen zur Erwachsenendidaktik*. Bad Heilbrunn: Julius Klinkhardt.

Tietgens, H. (1986). *Erwachsenenbildung als Suchbewegung. Annäherungen an eine Wissenschaft von der Erwachsenenbildung*. Bad Heilbrunn: Julius Klinkhardt.

Ullrich, P. (2008). Diskursanalyse, Diskursforschung, Diskurstheorie: Ein- und Überblick. In U. Freikamp, M. Leanza, J. Mende, S. Müller, P. Ullrich & H.-J. Voß (Hrsg.), *Kritik mit Methode? Forschungsmethoden und Gesellschaftskritik* (S. 19–31). Berlin: Dietz.

Weinberg, J. (2000). *Einführung in das Studium der Erwachsenenbildung*. Bad Heilbrunn: Klinkhardt.

Wrana, D. (2015). Zur Methodik einer Analyse diskursiver Praktiken. In F. Schäfer, A. Daniel & F. Hillebrandt (Hrsg.), *Methoden einer Soziologie der Praxis* (S. 121–144). Bielefeld: transcript.

Wrana, D. & Krüger, O. (2014). Wiederholung. In D. Wrana, A. Ziem, M. Reisigl, M. Nonhoff & J. Angermuller (Hrsg.), *DiskursNetz – Wörterbuch der interdisziplinären Diskursforschung* (S. 439–440). Frankfurt am Main: Suhrkamp.

Wrana, D. (2012a). Diesseits von Diskursen und Praktiken. Methodologische Bemerkungen zu einem Verhältnis. In B. Friebertshäuser, H. Kelle, H. Boller, S. Bollig, C. Huf, A. Langer, M. Ott, & S. Richter (Hrsg.), *Feld und Theorie. Herausforderungen erziehungswissenschaftlicher Ethnographie* (S. 185–200). Opladen, Berlin, Toronto: Barbara Budrich.

Wrana, D. (2012b). Theoretische und methodologische Grundlagen der Analyse diskursiver Praktiken. In D. Wrana & C. Maier Reinhard (Hrsg.), *Professionalisierung in Lernberatungsgesprächen. Theoretische Grundlegungen und empirische Untersuchungen* (S. 195–214). Opladen, Berlin & Toronto: Barbara Budrich.

Wrana, D. (2006). *Das Subjekt schreiben. Reflexive Praktiken und Subjektivierung in der Weiterbildung. Eine Diskursanalyse*. Baltmannsweiler: Schneider-Verlag Hohengehren.

Stefanie Hoffmann

Wider der antizipierten Klassenlaufbahn – Eine bildungstheoretisch fundierte Studie zur Rekonstruktion des Habitus von Wissenschaftlerinnen der ersten Generation

Zusammenfassung: Gleiche gesellschaftliche Chancen durch und in Bezug auf Bildung – ein längst überholtes oder noch immer diskussionswürdiges Thema? Dieser Beitrag[1] beschäftigt sich unter Rückgriff auf aktuelle Erkenntnisse und Theorien der milieu- und geschlechtsbezogenen Ungleichheitsforschung aus dem Bildungsbereich mit Fragen sozialer Mobilität von Frauen aus nicht-akademischen Herkunftsmilieus, die in ihrer Familie als erste Person studierten und ihren weiteren Berufsweg in der Universität bestreiten. Dabei liegt der Fokus der sich daran anschließenden bildungstheoretisch fundierten Biographieforschung nicht vordergründig auf dem Erkunden von Gründen und Ursachen für eventuelle Benachteiligungen, die sie auf ihrem Bildungs- und Lebensweg im Vergleich zu männlichen Kollegen oder Personen aus akademischen Herkunftsmilieus erfahren, sondern auf der Frage, was diese sogenannten Wissenschaftlerinnen der ersten Generation während ihres Bildungsaufstiegs eigentlich tun, wonach sie dabei ihr Handeln ausrichten und ob anhand dieser identifizierten handlungsleitenden Orientierungen bzw. Orientierungsrahmen Wandlungsprozesse im Sinne eines Bildungsprozesses rekonstruiert werden können. Orientieren sie sich während des Bildungsaufstiegs eher an Peer Groups, an Personen aus ihrem Herkunftsmilieu, an Lehrpersonal oder vielleicht an ganz anderen – im Moment noch nicht mitgedachten – Personen, Vorstellungen oder Ereignissen? Und wovon ist es abhängig, ob während dieser Form sozialer Mobilität subjektive Lern- oder Bildungsprozesse verzeichnet werden können? Bevor am Ende des Beitrages erste vorläufige, vor allem auf die erste Frage abzielende Ergebnisse beschrieben werden, wird im Kernstück der Ausführungen erläutert, in welcher Art und Weise die Theorien sozialer Mobilität, der Bildung sowie der Sozialisation in diesem Dissertationsprojekt zusammenwirken, um darauf aufbauend zu argumentieren, weshalb die gewählten methodisch-methodologischen Zugänge in Form des biographisch-narrativen Interviews und der dokumentarischen Methode durch das Anknüpfen an ebendiese Gegenstands- und Grundlagentheorien plausibel erscheinen, um die Forschungsfrage

1 Beim vorliegenden Beitrag handelt es sich um die verschriftlichte Form eines am 19. März 2019 gehaltenen Vortrags im Rahmen der 4. Berlin-Brandenburger Beiträge zur Bildungsforschung an der Humboldt-Universität zu Berlin.

adäquat zu beantworten. Ein forschungspraktischer Ausblick am Ende des Beitrages greift Überlegungen zur weiteren empirischen Auswertung auf.

Schlüsselbegriffe: Soziale Mobilität, Bildung, Bildungsaufstieg, Habitus, Habitustransformation, Wandlungsprozesse, Biographisch-narratives Interview, Dokumentarische Methode

1 Problemaufriss

Trotz bildungspolitischer Forderungen nach Chancengleichheit und dafür über Jahrzehnte im deutschen Bildungssystem umgesetzter Strategien, ist die Idee gleicher Bildungschancen für alle Menschen nach wie vor eher Postulat als Realität. Zu sehen ist dies unter anderem an der hohen Relevanz von Herkunftseffekten und Milieuzugehörigkeiten für Lernen und Bildung im primären und sekundären sowie tertiären und quartären Bildungsbereich (vgl. z.B. Klemm 2016, Middendorff et al. 2017, Wittpoth 2018), z.B. in Bezug auf die Wahl von Schulformen, dem Anstreben von Schulabschlüssen, der berufsbestimmenden Entscheidung nach Schulabschluss und Weiterbildungen, an denen partizipiert wird – oder eben nicht. Hinsichtlich des Hochschulsystems ist an den Zahlen der 21. Sozialerhebung des Deutschen Studentenwerks u.a. erkennbar, „dass Merkmale der Herkunftsfamilie [...] zahlreiche Voraussetzungen und Rahmenbedingungen des Studiums (u.a. Hochschulzugang, Studienverlauf, Studienfinanzierung, Zeitbudget, Erwerbstätigkeit) [beeinflussen]" (Middendorff et al. 2017, S. 9). Es ist daher lohnenswert, die Zusammensetzung der Studierenden genauer unter dem Aspekt des Herkunftsmilieus zu betrachten. Dabei wird deutlich, dass 53 % der Studierenden aus einem akademischen Milieu stammen, somit mittlerweile aber auch fast die Hälfte aus einem nicht-akademischen Elternhaus (vgl. Autorengruppe Bildungsberichterstattung 2018, S. 156). Kann hier zu Studienbeginn also noch ein annäherndes Gleichgewicht – nicht gesamtgesellschaftlich, jedoch innerhalb der Studierendenschaft – verzeichnet werden, fällt auf, dass die Wahrscheinlichkeit einer Promotion bei Personen aus dem nicht-akademischen Milieu bereits um 14 % geringer ist als bei Personen mit akademischem Hintergrund (vgl. ebd., S. 166). Illustrierend kann für die Gesamtgesellschaft angeführt werden, das von 100 Abiturient*innen aus nicht-akademischen Herkunftsmilieus nur 21 an die Hochschule gehen, 15 von ihnen mit einem Bachelor und acht mit einem Master abschließen – und nur eine Person promoviert (vgl. Stifterverband für die Deutsche Wissenschaft 2017, S. 12). Da es hinsichtlich dieses Merkmals jedoch keine bundesweite, einheitliche Erfassung aller Hochschulen gibt, können keine übergreifenden Aussagen über die Zusammensetzungen nach sozialer Herkunft von Absolvent*innen, Promovierenden, Habilitierenden und Professor*innen gemacht werden. Die Datenlage wird mit zunehmender Qualifikationsstufe geringer, allerdings sei in Einzelstudien deutlich zu verzeichnen, dass die Anzahl der Personen mit nicht-akademischem Hintergrund mit steigender Qualifikation und Hierarchie immer geringer wird (vgl. Möller 2015, S. 48 ff.). Ein ähnlicher Abwärtstrend ist zu beobachten, wenn das Charakteristikum des Geschlechts in den Mittelpunkt rückt (weiblich sind zu Studienbeginn 50,8 %, bei Abschluss 51,2 %, bei Promotion 44,8 %, bei Habilitation 29,3 %), wobei auch dieser Trend in geringen Besetzungen der Professuren mit Frauen (24,1 %) gipfelt (vgl. GWK 2019, S. 12 ff.). Nun liegt angesichts dieser Zahlen die Vermutung nahe, dass es nur sehr wenige Frauen mit einem nicht-akademischen Hintergrund gibt, die diese Qualifikationsetappen durchliefen und nun in Position einer Wissenschaftlerin (Wissenschaftliche Mitarbeiterin, Post-Doc, Junior-Professorin oder Professorin) an einer Hochschule tätig sind. Bundesweite, einheitliche Erhebungen sind nicht verfügbar, jedoch liefert Christina Möller ein Beispiel für eine bundeslandbezogene Erhebung, in der sie für den nordrhein-westfälischen Raum 1321 Professor*innen u.a. hinsichtlich der Merkmale sozialer Herkunft und Geschlecht erfasste und unter Professorinnen durchgängig einen geringeren Anteil jener konstatiert, die aus einem nicht-akademischen Herkunftsmilieu stammen, unter Juniorprofessorinnen bspw. 23 % und unter W3-Professorinnen 35 % (vgl. Möller 2015, S. 251). Es zeichnet sich deutlich ab, dass die Merkmale Geschlechtszugehörigkeit und Herkunftsmilieu auch heute noch mit Ungleichheiten in Wissenschaft und Forschung in Verbindung stehen. Dies ist für den öffentlichen ebenso wie für den wissenschaftlichen Diskurs von hohem Interesse, sodass vermehrt nicht nur strategische Programme (wie z.B. Mentoringprogramme für Juniorprofessorinnen seitens der Hochschulen) etabliert wurden, sondern auch die Forschung in diesem Bereich zunahm, um Ursachen und Gründe dieser Ungleichheit zu beleuchten. Als Hürden für Studierende aus nicht-akademischen Herkunftsmilieus wurden hier z.B. Unsicherheiten in Bezug auf Dozierende, Studienplanung und Auslandsaufenthaltsplanung genannt, aber auch eine Verlängerung der Studiendauer durch nebenberufliche Tätigkeiten, eine durch den Habitus geprägte Selbstselektion (z.B. hinsichtlich der Entscheidung, eher eine Fachhochschule als eine Universität aufzusuchen), erhebliche Versagensängste, eine Abdrängung auf prestigelosere Fächer und fehlende Zeit, um einen geeigneten Umgang mit dem sich wandelnden Habitus zu finden, der durch das nicht-akademische Milieu geprägt wurde und nun in einem akademischen Feld bestehen muss (vgl. Bargel 2006, Lange-Vester 2014). Hürden unter dem Gesichtspunkt der Geschlechtszugehörigkeit werden für Frauen hingegen vor allem in der schwierigen Vereinbarkeit von Familie und Beruf (z.B. aufgrund fehlender Kinderbetreuung oder dem zeitlichen Zusammenfallen eines nächsten Karriereschritts und der Familienphase), in der Überlastung aufgrund tradierter Arbeitsaufteilung im Privatleben, der Diskriminierung seitens wissenschaftlicher Einrichtungen aufgrund potentieller Mutterschaft, einer geringeren Einbindung in die Scientific Community als ihre männlichen Kollegen, unsicherer Beschäftigungsverhältnisse und Einkommensunterschiede gegenüber Kollegen, geringerer materieller und immaterieller Ressourcen (z.B. bei Antreten einer Juniorprofessur) und in der Diskriminierung in Peer-Review-Verfahren gesehen, aber auch in niedrigeren Selbstwirksamkeitszuschreibungen, die zu weniger Erfolg führen (vgl. Tibes & Beuter 2006, Majcher & Zimmer 2010, Kompetenzzentrum Frauen in Wissenschaft und Forschung 2006).

Trotz dieser zahlreichen Hürden, die Wissenschaftlerinnen aus einem nicht-akademischen Herkunftsmilieu begegnen können und die zu einer Verringerung des Anteils von Frauen in der Wissenschaft – und erst recht jener Frauen mit einem nicht-akademischen Herkunftsmilieu – mit zunehmender Hierarchie- und Qualifikationsstufe führen, gibt es jedoch auch jene Wissenschaftlerinnen der ersten Generation[2] die diesen Bildungsweg begehen und sich auch nach oder während der wissenschaftlichen Ausbildung nach Studienabschluss beruflich im wissenschaftlichen Feld der Universität etablieren. Es ist daher zum einen von besonderem Interesse, was den (habituellen) Umgang dieser Personen mit Gegebenheiten dieses Bildungsaufstiegs ausmacht; zum anderen soll sich – bereits in Hinblick auf die grundlagentheoretische Rahmung der Dissertation – die Frage danach anschließen, ob sich der herauszuarbeitende Habitus dieser Gruppe während ihres Bildungsaufstiegs wandelt und wie dies im Sinne eines Bildungsprozesses zu beschreiben ist. Studien zu diesen spezifischen Fragen hinsichtlich dieser Personengruppe bestehen momentan nicht, sodass dieses Forschungsdesiderat aufgegriffen wird.

2 Theoretische Verortung

Nicht nur zur (forschungs-)praktischen Strukturierung während der Dissertationsphase, sondern vor allem zur Sichtbarmachung des „dialektisch[en] Verhältnis[ses] von Theorie und Empirie“ (Dörner & Schäffer 2012, S. 16) wird in

2 Mit diesem Begriff wird keine historische Perspektive eingenommen, sondern die Personengruppe bezeichnet, die sich aus Frauen eines nicht-akademischen Herkunftsmilieus zusammensetzt, die als erste Person in ihrer Familie studierten und wissenschaftlich an einer Universität tätig sind.

die vier Felder der Grundlagen- und Gegenstandstheorie sowie der Methodologie und Methode(n) unterschieden, wie sie die Autoren Dörner und Schäffer in ihrem Handbuch zur qualitativen Erwachsenenbildungs- und Weiterbildungsforschung anlegen. Sie heben auf diese Unterteilung ab, um einerseits auf die Notwendigkeit zu verweisen, gegenstandstheoretische Begrifflichkeiten einer Disziplin zur Formulierung des zu untersuchenden Gegenstandes heranzuziehen, und andererseits um derart konstituierte Gegenstände und Gegenstandstheorien metatheoretisch – mittels einer Grundlagentheorie – zu rahmen. Unter diesen Grundlagentheorien werden dabei jene „disziplin-, fach- und domänenübergreifen[d]e Theorien des Sozialen bzw. zu sozialer Wirklichkeit" (ebd.), verstanden, die „begriffliche Mittel zur Verfügung [stellen], mit deren Hilfe Gegenstandstheorien überhaupt erst konstituiert werden können" (ebd.). So würde es zum Beispiel einen Unterschied machen, ob der Gegenstand Bildungsaufstieg bzw. soziale Mobilität grundlagentheoretisch unter der habitus-, macht- oder systemtheoretischen Perspektive betrachtet wird, da alle drei Zugänge soziale Wirklichkeit verschieden denken und folglich auch Konsequenzen in der gegenstandstheoretischen Konturierung, der Auswahl eines methodisch-methodologischen Vorgehens sowie der Formulierung einer darauf fußenden Fragestellung nach sich ziehen.

Erst diese in eine Forschungsfrage mündende theoretische Auseinandersetzung führt schließlich zur Überlegung, welche Erhebungs- und Auswertungsmethoden einen Zugang zum Feld und die Beantwortung der Frage ermöglichen, wobei der Umstand, dass jegliche methodische Verfahren „eine spezifische, Erkenntnismöglichkeiten und Grenzen enthaltende Selektivität [erzeugen]" (ebd., S. 17), mitgedacht werden muss. Deswegen ist es ratsam, mittels Heranziehen einer methodologischen Fundierung zu prüfen, „ob mit der Methode auch das herausgearbeitet werden kann, was die Ausgangsfragestellung gegenstands- und grundlagentheoretisch impliziert" (ebd., S. 18). Eine Methodologie stellt dabei eine „wissenschaftlich abgesicherte[ ] ‚Logik' der Methode" (ebd.) dar, die für die Bildungs- und Sozialwissenschaft mitnichten einheitlich ist, sondern eigenständige Theorien der Geistes- und Sozialwissenschaften umfasst und „über die Bedingungen der Möglichkeit wissenschaftlicher Erkenntnis [aufklärt]" (Strübing & Schnettler 2004, S. 9).

Folglich wird das Dissertationsvorhaben in den Kapiteln 2 und 4 unter diesen Prämissen aufgefächert, denn:

> „Forschungsvorhaben, die nicht gegenstands- und grundlagentheoretisch fundiert sind, sind leer (denn nur im Zusammenspiel der beiden konstituiert sich ein Thema), und solche, die sich nicht mit dem Verhältnis von Methodologie und Methode beschäftigen, sind blind" (Dörner & Schäffer 2012, S. 18).

Dabei soll keineswegs angenommen werden, dass diese Felder, wenn sie einmal für das Dissertationsvorhaben dekliniert wurden, unabänderlich feststehen, sondern dass die Erarbeitung der Feldinhalte vielmehr ein stets auf Reflexion angewiesener, iterativer Prozess ist, in dem sich Erkenntnisse auf einem der vier Felder auch auf die übrigen beziehen und sich im systemischen Zusammenhang dieser vielmehr Wechselwirkungen ergeben (können), die Anpassungen notwendig machen.

2.1 Gegenstandstheoretische Rahmung

Gegenstandstheoretisch werden das Phänomen des Bildungsaufstiegs und somit insbesondere die theoretischen Konstrukte der sozialen Mobilität und der Bildung fokussiert. Als einer der ersten beschäftigte sich der Soziologe Pitirim Sorokin in den 1920er Jahren mit sozialer Mobilität und folglich mit dem Phänomen der Positionsveränderung von Individuen in einem sozialen Raum. Diesen grenzt er von einem geometrischen Raum ab, um deutlich zu machen, dass sich Positionen von Personen in ähnlichen Lebenssituationen, ähnlichen Berufen etc. gleichen können, ohne dass sie einander geometrisch bzw. physisch nahe oder bekannt sind – und dass soziale Positionen beibehalten werden können, auch wenn Personen sich geometrisch neu positionieren, zum Beispiel indem sie ihren Wohnort wechseln (vgl. Sorokin 1959, S. 3 f.). Dieser soziale Raum wird durch eine horizontale und vertikale Dimension strukturiert: Auf der horizontalen Achse finden sich beispielsweise Personen in gleichen (Berufs-) Feldern, auf der vertikalen Achse würde man die Personen, die sich in einem (Berufs-)Feld befinden, nach Hierarchien und Status verorten (vgl. ebd., S. 7 ff.). Das Phänomen der sozialen Mobilität knüpft nun insofern an, dass es nicht davon ausgeht, dass Personen über die Lebensspanne hinweg eine festgelegte Position in diesem sozialen Raum einnehmen, sondern sie viel mehr in der Lage sind, ihre Position auf vertikaler oder horizontaler Achse zu verändern. Unter horizontaler sozialer Mobilität wird dabei „das Überwechseln von Personen zwischen Positionen in verschiedenen gesellschaftlichen Bereichen [verstanden], die etwa gleiches soziales Prestige besitzen […]" (Kleining 1989, S. 529). Beispielhaft genannt werden kann hier der Wechsel von Glaubensrichtungen, Staatsangehörigkeiten, Familienzugehörigkeiten (z.B. nach Scheidung und Gründen einer weiteren Familie) oder (mit gleichbleibender Position) Wechsel von Arbeitsplätzen in verschiedenen Firmen (vgl. Sorokin 1959, S. 133 ff.). Für diese Arbeit von hohem Interesse ist jedoch vorrangig die vertikale soziale Mobilität, welche als „Auf- bzw. Abstiegsbewegungen von Personen oder sozialen Gruppen im sozioökonomischen Bereich [gefasst werden kann], die gewissermaßen entlang einer vorgestellten vertikalen Achse von den ‚höchsten' bis zu den ‚tiefsten' Positionen in einer Gesellschaft verläuft (üblicherweise durch Berufs-Prestige ausgedrückt) und verbunden ist mit Veränderungen im Belohnungs- bzw. Privilegien-System" (Kleining 1989, S. 529). Vertikale soziale Mobilität wird somit hierarchisch gedacht und folglich in Aufstiegs- und Abstiegsmobilität unterteilt (vgl. Sorokin 1959, S. 133 ff.), die sich individuell und kollektiv (vgl. Kleining 1989, S. 529) sowie inner- als auch intergenerational zeigen kann (vgl. ebd., Konietzka 2012, S. 813). Wissenschaftlerinnen der ersten Generation verzeichnen nun für sich eine Bewegung vertikaler (Bildungs-) Mobilität, indem sie durch das Mittel der Bildung in Schule und Universität, ggf. auch durch Weiterbildungen, Ressourcen mobilisieren, anhäufen und so für sich nutzen, dass sie einen sozioökonomischen Mehrwert daraus ziehen, z.B. in Form von Bildungsabschlüssen oder Positionen in Unternehmen, die sich i.d.R. positiv hinsichtlich Prestige und Entlohnung von den Berufen ihrer Eltern und Großeltern unterscheiden.

Zu diskutieren wäre hier jedoch nicht nur, ob sich jener Bildungsaufstieg in solcher Form vollzieht, dass ein Aufstieg durch institutionalisierte Bildung(sabschlüsse) möglich ist, sondern auch in jener, in der eine solche vertikale Mobilität erst durch subjektbezogene Bildungsprozesse ermöglicht bzw. ein subjektbezogener Bildungsprozess durch/während einer Positionsveränderung im sozialen Raum angestoßen wird. Die letztgenannten Varianten rücken noch einmal das eingangs beschriebene Erkenntnisinteresse in den Mittelpunkt, welches nach Bildungsprozessen fragt, die sich in Form von Habitustransformationen ausdrücken könnten (zum Begriff des Habitus siehe Kapitel 2.2). Dabei wird der Bildungsbegriff weniger institutionell, sondern vielmehr subjektbezogen gefasst, was zur Folge hat, dass Bildung recht allgemein als der „Prozess und das Ziel der Kräftebildung, Selbstentfaltung und Selbstverwirklichung jedes Menschen in Auseinandersetzung mit der Welt" (Schlutz 2010, S. 41) betrachtet werden kann. Dieser Perspektive schließt sich auch die strukturale Bildungstheorie des Pädagogen Winfried Marotzki an, der – in der Tradition einer formalen Bildungstheorie – Bildung zum einen als Transformation des Weltverhältnisses (im Sinne einer Veränderung und Ausdifferenzierung der Weltanschauung und des Verhaltens in der Welt) und zum anderen als Transformation des Selbstverhältnisses (im Sinne eines veränderten Verhaltens/einer veränderten Anschauung sich selbst gegenüber durch ein verändertes Verhalten in der Welt – und andersherum) ansieht (vgl. Marotzki 1990; auch Koller 2018). Dieses transformatorische Bildungsverständnis greifen wiederum Nohl, von Rosenberg und Thomsen auf, die diese theoretische Grundlegung insofern erweitern, als dass sie diese Art von

Bildung in Verknüpfung mit der Theorie Pierre Bourdieus als Transformation der Habitus beschreiben, da diese Einbettung den Blick weg vom Individuellen und hin zum Kollektiven und gesellschaftlich Strukturierten lenkt (2015, S. 223). Davon abzugrenzen ist nach den Autor*innen (und auch nach Marotzki) der Prozess des Lernens, in dem zwar ebenso reflexive Momente möglich sind, die sich jedoch überwiegend auf die Akkumulation von Können und Wissen beziehen. Lernen findet in dieser Weise innerhalb eines Rahmens statt, Bildung transformiert diesen (vgl. Marotzki 1990, S. 52; Nohl 2006, von Rosenberg & Thomsen 2015, S. 10 ff.). Von Interesse für das Dissertationsprojekt ist dabei, ob während des Bildungsaufstiegs der Wissenschaftlerinnen der ersten Generation überwiegend rahmenimmanente Lern- oder auch rahmentransformierende Bildungsprozesse stattfinden, ob ihr Habitus also beständig bleibt, sich in Teilen wandelt oder sich signifikant in seiner Gänze verändert. Relevante Studien, die solche Veränderungen und Wandlungen bildungstheoretisch und/oder habitustheoretisch nachgezeichnet haben, sind u.a. bei El-Mafaalani (2014), Thomsen (2019), Herzberg (2004), von Rosenberg (2011), Koller (2002), Nohl (2006) und von Felden (2003) zu finden.

2.2 Grundlagentheoretische Rahmung

Um einen solchen Bildungsaufstieg nicht isoliert zu sehen, sondern in einen gesamtgesellschaftlichen Kontext einzubetten, wird im Rahmen des Dissertationsprojektes auf die Habitus- und Sozialisationstheorie des Soziologen Pierre Bourdieu zurückgegriffen, weil er darin nicht nur eine empirisch fundierte Vorstellung des sozialen Raumes – in dem ein Auf- oder Abstieg stattfinden kann – inkludiert, sondern auch die Voraussetzungen und Wirkmechanismen erläutert, die zur Positionierung in diesem und zur (Un-)Fähigkeit der Mobilität beitragen. Bourdieu spannt diesen sozialen Raum auf einer vertikalen Achse in Form von Klassen, auf horizontaler Achse in Form von Feldern und einer dritten Achse in Form einer zeitlichen Entwicklung sozialer Laufbahnen auf (vgl. Bourdieu 2016a). An dieser Stelle ist vor allem die vertikale Achse von besonderer Bedeutung, da anhand dieser eine Klassenstruktur der Gesellschaft entworfen wird, die hierarchisch strukturiert ist und durch eine herrschende Klasse, Mittelklasse sowie Unterklasse illustriert wird, welche jeweils noch einmal in Klassenfraktionen unterschieden werden (vgl. Bourdieu 2014). In welcher Klasse(nfraktion) ein Individuum verortet wird, hängt in erster Linie vom Volumen und der Form des Kapitals ab, über das diese Person verfügt. Dabei ist jedoch nicht nur an finanzielle Mittel (ökonomisches Kapital), sondern ebenso an z.B. Schulbildung, Abschlüsse, Kunstwerke oder auch erst den Sinn, eine solche Kunstvase in ihrem Wert schätzen zu können (kulturelles Kapital), als auch an unterstützende Netzwerke und Beziehungen (soziales Kapital) zu denken. Diese Kapitalsorten beeinflussen sich gegenseitig und sind z.T. in andere Kapitalsorten transformierbar. Schließlich kumulieren sie im sogenannten symbolischen Kapital, welches als eine Art Visitenkarte und Renommée einer Person aufgefasst werden kann (vgl. Bourdieu 2014, 1983, 2016a). Dem Kapital wird die entscheidende Allokationsfunktion zugeschrieben, nach der sich Personen in einem gesellschaftlichen Gebilde wiederfinden. Von diesem Startpunkt aus manifestieren sich Lebensumstände, die schließlich – durch das verbindende Konstrukt des Habitus – in Lebensstile münden. Dabei sind Habitus als „Systeme dauerhafter und übertragbarer Dispositionen, als strukturierte Strukturen […], d.h. als […] Ordnungsgrundlagen für Praktiken und Vorstellungen […]" (Bourdieu 2015, S. 98 f.) zu verstehen. Sie sind einerseits das Produkt von Sozialisationsprozessen, da sie – im Sinne eines opus operatum – eine einverleibte Struktur darstellen. Andererseits ist der Habitus – im Sinne eines modus operandi – als Erzeugungsgrundlage alltäglichen Handelns zu verstehen (vgl. ebd.). Dabei ist dieser Habitus nicht individuell – sondern kollektiv – gedacht und bezieht sich auf Gruppen von Menschen, deren Habitus sich im Umfeld gleicher Dispositionen ausformte. Bourdieu vollzieht darüber den Sprung zum Klassenhabitus (Bourdieu 2015, S. 112), der sich u.a. durch Distinktion gegenüber den unteren und mittleren Klassen (im Falle der herrschenden Klasse), einem Aufstiegswillen und einem Habitus der Prätention (im Falle der mittleren Klasse) und der pragmatischen Orientierung am Notwendigen (im Falle der unteren Klassen) auszeichnet (vgl. Bourdieu 2014). Ein solcher Klassenhabitus kann also Hinweise dazu liefern, woran Personen(gruppen) sich in ihrem Sein und Tun orientieren, allerdings ist – selbst bei den mittleren Klassen, die sich durch einen Aufstiegswillen auszeichnen – nicht klar, ob dies auch zum Aufstieg führen wird. Auch wenn dieser Aufstieg (zu merken überwiegend an einer Veränderung von Kapitalvolumen und -art) gelingen würde, so vollzieht sich nach Bourdieu keineswegs zwingend eine begleitende Habitustransformation, da ein Habitus sich gemäß der sogenannten Hysteresis vor allem durch Trägheit, Beständigkeit und – im Falle einer Veränderung – gemäßigte Anpassung auszeichnet (vgl. u.a. Bourdieu 2017, S. 206; 2015, S. 116 f.; 2014, S. 238 f.). So räumt Bourdieu zwar keine Transformation eines Habitus ein, im Laufe des Lebens jedoch ggf. – insofern eine Reflexion der Diskordanz zwischen Habitus, Entstehensbedingungen und Anforderungen des gegenwärtigen Feldes stattfindet – einen sogenannten „gespaltenen Habitus", der mit allerlei Entbehrungen einhergeht, da „widersprüchliche Positionen, die auf ihre Inhaber strukturelle ‚Doppelzwänge' ausüben können, oft zerrissene, in sich widersprüchliche Habitus entsprechen, deren innere Gespaltenheit Leiden verursacht" (Bourdieu 2017, S. 206; in Bezug auf Bourdieu selbst vgl. auch Bourdieu 2016b).

Bourdieu geht nicht nur davon aus, dass Bildungsaufstiege für bestimmte Gruppen/Klassen schwer oder unrealistisch sind (für die mittlere Klasse dabei etwas wahrscheinlicher als für die untere Klasse), sondern bekräftigt auch, dass im Falle eines solchen Bildungsaufstieges keine Habitustransformation vollzogen wird, sondern höchstens Anpassungen. Für das Dissertationsprojekt eröffnen diese Annahmen die Möglichkeit, diesen empirisch nachzugehen und zu bestätigen oder zu widersprechen, wenn Habitustransformationen als Bildungsprozess gefasst und dahingehend analysiert werden können. Zudem bietet die gesamte Theorie Bourdieus die Möglichkeit, vor allem Bildungsaufstiege im Sinne vertikaler sozialer Mobilität zu betrachten, die vermutlich zu einer Veränderung des Kapitals in Volumen und Struktur führen, wodurch neue Positionen im sozialen Raum eingenommen werden, die in differenten Lebensstilen Ausdruck finden. Diese Positionen und mit ihnen verbundene Mobilitätsmomente bleiben mit dieser theoretischen Unterfütterung nicht abstrakt, sondern können gesellschaftlich eingebettet werden.

3 Forschungsfragen und Untersuchungsdesign

Die Forschungsfrage, die sich aus der Gegenstands- und Grundlagentheorie bzw. deren bisherigen Forschungslücken formt, ist jene: Welche sind die handlungsleitenden Orientierungen von Wissenschaftlerinnen der ersten Generation? Als handlungsleitende Orientierungen werden jene inkorporierten, selten reflexiv zugänglichen Orientierungen bezeichnet, nach denen die Wissenschaftlerinnen ihr Handeln über ihr bisheriges Leben hinweg ausrichteten – also auch während des Bildungsaufstiegs im Zuge sozialer Mobilität (weitere Ausführungen zu Orientierungen siehe Kap. 4). Der Fokus liegt auf dem Geworden-Sein der interviewten Personen über die bisherige Lebensspanne hinweg, sodass zudem erfasst werden soll, inwiefern Momente des Lernens oder der Bildung – im Sinne einer Veränderung des Selbst- und Weltverhältnisses und damit hinsichtlich einer Habitusveränderung, einer Ausdifferenzierung des Habitus oder gar einer Transformation – rekonstruiert werden können. Auf diesen Fokus bezieht sich also die zweite Forschungsfrage, die vor allem hinsichtlich der Hysteresis-These Bourdieus entstanden ist.

Dafür wurden Wissenschaftler*innen mit einem akademischen Abschluss (Master, Diplom oder Promotion) interviewt, die an Universitäten tätig sind.

Ihre Eltern haben keinen akademischen Abschluss erworben, sodass die Interviewten im nicht-akademischen Milieu – in Form des Arbeiter*innen- und Angestelltenmilieus – (und damit in Bourdieus Schema den mittleren und unteren Klassen) sozialisiert wurden. Dieses Kriterium, dem sie sich durch Kontaktaufnahme selbst zuordneten, wurde im Zuge der biographisch-narrativen Interviews – die eine Länge von 1,75 bis 4,5 Stunden aufweisen – abgeglichen. Bisher befinden sich im Sample Wissenschaftlerinnen, die diesen Kriterien entsprechen, sowie Wissenschaftler, die kontrastierend entlang des Merkmals Geschlecht interviewt wurden. Weitere Kontrastierungen sind mittels Einbezug verschiedener universitärer Hierarchiestufen angelegt. Die Samplingstrategie dieses Dissertationsprojektes ist die des theoretischen Samplings, welches durch minimale und maximale Kontraste die Varianz des Untersuchungsfeldes einzuholen versucht und bei dem „die zu untersuchenden Fälle nicht gleich zu Beginn der Forschung festgelegt, sondern sukzessive im Wandel von Erhebung, Entwicklung theoretischer Kategorien und weiterer Erhebung ausgesucht [werden]" (Przyborski & Wohlrab-Sahr 2014, S. 182).

Über die methodisch-methodologischen Bezugspunkte der Erhebung mittels narrativ-biographischer Interviews und der Auswertung mittels dokumentarischer Methode gibt das folgende Kapitel Auskunft.

4 Zur methodisch-methodologischen Verortung

Wie zu Beginn des zweiten Kapitels abgebildet, braucht ein konsistentes Forschungsvorhaben eine präzise theoretische sowie methodisch-methodologische Verortung. Nach dem Umreißen der Gegenstands- sowie Grundlagentheorie ist es möglich, methodische Schritte und eine methodologische Rahmung zu beschreiben. Dabei ist es keinesfalls so, dass es in der qualitativen Forschung *die eine* Methodologie gibt, sondern vielmehr richten sich methodologische Anleihen nach der Forschungsfrage und den Methoden, die man für dessen Beantwortung andenkt (vgl. Dörner & Schäffer 2012, S. 18). Was diese qualitativen Methodologien jedoch untereinander verbindet, ist die Annahme eines sinnhaften Aufbaus der sozialen Welt (vgl. Schütz 2016; vgl. auch Dörner & Schäffer 2012, S. 18), der wiederum nach sich zieht, dass alles, was Forscher*innen im empirischen Material sehen und entdecken, als Konstruktionen zweiten Grades betrachtet werden (vgl. Bohnsack 1993, S. 24 f.). Nach ihrem persönlichen Sinn geordnet konstruieren die Interviewteilnehmer*innen Ausschnitte von Welt, die durch die Interviewer*innen wiederum so rezipiert werden, dass Konstruktionen zweiten Grades entstehen. Für eine präzise Rekonstruktionsarbeit, auf welche die qualitative Forschung abzielt, ist es daher wichtig, die eigene Standortgebundenheit zu reflektieren, um Intersubjektivität und methodisch kontrolliertes Fremdverstehen zu ermöglichen (vgl. Przyborski & Wohlrab-Sahr 2014, S. 14 ff.). Im Folgenden werden nun die methodisch-methodologischen Zugänge der Materialerhebung sowie -auswertung dargestellt, die unter dem Aspekt gewählt wurden, dieses Anliegen der sinnhaften Rekonstruktion umzusetzen.

4.1 ... in der Erhebungsphase

Die Erhebung für die bisher interviewten Personen wurden mittels narrativ-biographischer Interviews umgesetzt, die einem methodischen Dreischritt folgen (vgl. Schütze 2016, S. 56 f.; Przyborski & Wohlrab-Sahr 2014, S. 85 ff.): Auf den Erzählstimulus der Interviewenden, in dem zum Erzählen der Lebensgeschichte der Interviewten aufgefordert wird, folgt seitens der Interviewteilnehmer*innen eine autobiographische Stegreiferzählung, die in der Regel einen großen Teil des Interviews einnimmt. In dieser Phase unterbrechen Interviewer*innen nicht für Nachfragen oder Kommentare, sondern hören zu und machen sich ggf. Notizen zum Gesagten, um dieses zu einem späteren Zeitpunkt des Interviews wieder aufzunehmen. Auf diese Weise erhalten die Interviewten einen Raum, in dem sie ihre Erfahrungen nach eigener Relevanzsetzung zum Ausdruck bringen können. Nachdem diese Eingangserzählung in der erzählten Gegenwart mittels Koda der Interviewten endet (z.B. mit „Ok, das war's eigentlich"), schließen sich in einem zweiten Schritt des Interviews – dem des immanenten Nachfrageteils – Fragen der Interviewer*innen an, die sich auf Erzähltes und Angedeutetes aus der Stegreiferzählung beziehen. Die Interviewenden verbleiben dabei in der Perspektive der interviewten Person und schöpfen somit das Erzählpotential an den Stellen aus, die in der Eingangserzählung stark gerafft, ausgelassen, vage oder weniger plausibel erscheinen. Es geht hier nicht um eine Diskussion hinsichtlich der Glaubwürdigkeit des Geschilderten, sondern um die Möglichkeit, detaillierter zu bestimmten Phasen des Lebens, Situationen und Ereignissen erzählen zu lassen und die Schilderungen so weiter zu verdichten. Erst im dritten Teil des Interviews – dem des exmanenten Nachfrageteils – bringen Interviewer*innen eigene inhaltliche Schwerpunktsetzungen ein und evozieren hier Argumentationen, abstrahierende Beschreibungen und Eigentheorien der Interviewten, die in einem direkten Zusammenhang mit der Forschungsfrage der interviewenden Person stehen. Durch diese Art eines narrativen Interviews, das von dem Soziologen Fritz Schütze in den 1970er Jahren im Rahmen von Interaktionsfeldstudien entwickelt wurde (vgl. Schütze 1978, 1987), weil er u.a. mit „der von den betroffenen Informanten so erlebten Fremdheit standardisierter Interviews" (Riemann 2011, S. 120) unzufrieden war, können „Formen der Datenerhebung [fokussiert werden], in denen die unkontrollierbare, irritierende und für die Datenanalyse problematische Mischung verschiedener Kommunikationsschemata (Erzählung, Beschreibung, Argumentation) vermieden [wird] und in denen Informanten ihre alltäglichen kommunikativen Fähigkeiten ungehindert entfalten [können]" (ebd.), es also selbst in Erhebungssituationen Raum für all jenes gibt, was an alltäglichen Verständigungsprozeduren praktiziert wird (vgl. Przyborski & Wohlrab-Sahr 2014, S. 79 f.).

Methodologisch greift dieses Vorgehen vor allem auf erzähltheoretische Elemente zurück: So untergliedert Schütze den Interviewablauf in diese drei Segmente, um dadurch die sogenannten ‚Zugzwänge des Erzählens' zu evozieren, die auf Seiten der Interviewten durch einen Zwang zur Detaillierung, Gestaltschließung und Relevanzfestlegung bzw. Kondensierung (vgl. Kallmeyer & Schütze 1977, S. 188) Selbstläufigkeiten und Verstrickungen in der Narration hervorrufen, wodurch sich im Interview eine Dynamik entwickelt, die darin mündet, dass Selbstdarstellungsabsichten der Interviewten nicht länger verfolgt werden können und stattdessen Kommunikationsregeln wirksam werden, die das Erzählte gegenüber der zuhörenden Person plausibel machen sollen (vgl. von Felden 2012, S. 338). Mittels dieser Selbstläufigkeiten werden – überwiegend im Teil der Stegreiferzählung – „fundamentalere Ebenen bereits abgearbeiteter Erfahrung freigesetzt [...] – und dies gerade in jenen Sequenzen, die nicht theoretisch-reflexiv überformt sind, also in den rein narrativen Sequenzen" (Bohnsack 2014, S. 96). Für das Dissertationsprojekt ist dies deshalb relevant, weil dem narrativen Interview im Sinne der Homologiethese Schützes die Annahme zugrunde liegt, dass die Textform der Erzählungen – gefolgt von der Textsorte der Beschreibung – über erlebte Erfahrungen den Strukturen des real erlebten Handelns und Erleidens am nächsten stehen (vgl. Przyborski & Wohlrab-Sahr 2014, S. 230) und es diese Textform ist, die am meisten zur Rekonstruktion eines ‚modus operandi' geeignet ist (siehe Kapitel 4.2). Die Textsorte der Argumentation (und nach Nohl auch der vierten Sorte – der Bewertung –) ist dabei zwar nicht irrelevant, trägt aber zumeist der Interviewsituation Rechnung und ist daher nachrangig für die Auswertungsanalysen (vgl. Nohl 2012, S. 23 f.). Auf diese Weise stellt das biographisch-narrative Interview eine höchst geeignete Erhebungsmethode für das Dissertationsprojekt dar, da sie vorrangig auf die Hervorbringung von Narrationen abzielt, aber auch, weil sie „Datentexte [erzeugt], welche die Ereignisverstrickungen und die lebensgeschichtliche Erfahrungsaufschichtung des Biographieträgers so lückenlos reproduzieren, wie das im Rahmen systematischer sozialwissenschaftlicher

Forschung überhaupt nur möglich ist" (Schütze 2016, S. 57), wodurch „ein Erzähltext [entsteht], der den sozialen Prozeß der Entwicklung und Wandlung einer biographischen Identität kontinuierlich, d.h. ohne exmanente, aus dem Methodenzugriff oder den theoretischen Voraussetzungen des Forschers motivierte Interventionen und Ausblendungen, darstellt und expliziert" (ebd.). Es stellt daher eine gute Erhebungsmethode dar, um jenes Material zu erzeugen, aus dem sich anschließend Orientierungsrahmen und ggf. Habitustransformationen rekonstruieren lassen.

4.2 … in der Auswertungsphase

Das durch die biographisch-narrativen Interviews gewonnene Material wird mittels dokumentarischer Methode ausgewertet, welche vom Soziologen Ralf Bohnsack für die sozialwissenschaftliche Forschung entwickelt und von dem Erziehungswissenschaftler Arnd-Michael Nohl für die Interpretation narrativer Interviews modifiziert wurde. Sie zielt darauf ab, kollektive handlungsleitende Orientierungen und Handlungsmuster/Habitus, zu denen diese Orientierungen sich verdichten, zu rekonstruieren (vgl. Bohnsack 2014, S. 61; Schäffer 2012, S. 209; Nohl 2012). Bei der dokumentarischen Methode handelt es sich vielmehr um eine Methodologie als um eine Methode, die sich – auch bei Anwendung auf unterschiedliches Material – an gleichbleibenden methodologischen Rahmenpunkten orientiert (vgl. Schäffer 2012, S. 197; Bohnsack 2011, S. 40). Diese Rahmenpunkte werden durch die Bezüge zur (a) Ethnomethodologie nach Harold Garfinkel, (b) Wissenssoziologie nach Karl Mannheim und (c) der Habitustheorie nach Pierre Bourdieu markiert und münden so in der forschungsleitenden Perspektive der praxeologischen Wissenssoziologie (vgl. Bohnsack 2017), die sich dadurch auszeichnet, dass (a) die Konstruktion des Sozialen offengelegt und anerkannt wird, (b) eine Unterscheidung in explizierbares „kommunikatives" und implizites „konjunktives Wissen" (vgl. Mannheim 1980) getroffen wird[3] sowie (c) mittels Habitustheorie nachgezeichnet wird, dass jene impliziten Wissensbestände handlungsleitend in der sozialen Praxis sind, sich also in handlungsleitenden Orientierungen manifestieren und zu einem Habitus verdichten. Diese Habitus sind dabei nicht individuell, sondern werden kollektiv gedacht, da Mannheim aufgrund eines als gemeinsam angenommenen Schicksals von strukturidentischen Erfahrungen ausgeht und dadurch von verbindenden, konjunktiven Erfahrungsräumen, in denen

3 Somit wird die Analyseeinstellung in der Forschung vom ‚Was?' (Was wird gesagt?) zum ‚Wie' (Wie wird etwas sprachlich eingebettet und präsentiert?) verändert.

sich ein kollektiver Habitus ausbildet (vgl. Mannheim 1980, S. 172 ff.). Forschungspraktisch spiegeln sich diese methodologischen Annahmen in einem methodischen Dreischritt (nach Nohl 2012, der die dokumentarische Methode für narrative Interviews fruchtbar gemacht hat) wider: Nach der Transkription der Interviews wird (1) die formulierende Interpretation inklusive einer Erstellung der thematischen Verläufe und der formulierenden Feininterpretation (im Sinne einer Zusammenfassung des Gesagten) dieser Abschnitte durchgeführt und somit dem expliziten, kommunikativen Wissen Rechnung getragen. Dem schließt sich (2) die reflektierende Interpretation an, die mit einer formalen Interpretation mit Textsortenbestimmung beginnt[4] und in einer semantischen Interpretation der Inhalte mündet, wobei dieser Schritt stets komparativ ist und dazu dient, das implizite, konjunktive Wissen herauszuarbeiten[5]. Nachdem im ersten Schritt also der Frage nachgegangen wird, *was* inhaltlich thematisiert wird, wird im zweiten Analyseschritt der Fokus auf das *Wie*, also die Art und Weise der Thematisierung, gerichtet. Nach diesen beiden Schritten und den daraus herausgearbeiteten handlungsleitenden Orientierungen sind die Analyseergebnisse so zu verdichten, dass sich (3) Typen ergeben, die Rückschlüsse auf einen verbindenden Habitus und eine mögliche Transformation dieser ermöglichen. Diese Art der Auswertung macht es möglich, über die Rekonstruktion impliziten, handlungsleitenden Wissens kollektive Habitus und ggf. ihre (individuelle sowie kollektive) Transformation im Verlauf sichtbar zu machen. Optimalerweise entsteht auf diese Weise einerseits eine sinngenetische Typik, die Aussagen über das Überdauernde im Habitus dieser Personengruppe trifft, und andererseits eine Phasentypik, die eine prozesshafte Veränderung der Habitus abbildet.

5 Erste Ergebnisse der Untersuchung

Nachdem für die Hälfte der vorliegenden Interviews vollständige Transkriptionen, thematische Verläufe und formulierende Interpretationen erstellt wurden, konnten interviewübergreifende Themen identifiziert werden, die

4 Gemeint ist hier die o.g. Unterteilung in Erzählung, Beschreibung und Argumentation/Bewertung.

5 Dieser Schritt erfolgt gewöhnlich nicht in chronologischer Reihenfolge für das gesamte Interview, sondern für ausgewählte Passagen, die sich einem interviewübergreifenden Thema zuordnen lassen und somit komparativ betrachtet werden können. Diese Selektion kann auch bereits nach der Erstellung der thematischen Verläufe und vor der formulierenden Feininterpretation stattfinden.

aus dem Material selbst emergieren und sich z.B. auf die Kindheit, Schulzeit, Freundschaften, das Herkunftsmilieu, Studienerfahrungen, berufliche (Neben-)Tätigkeiten etc. beziehen. Sie verweisen durch ihre Thematisierung seitens der Interviewten auf konjunktive Erfahrungsräume ebendieser und verlassen die Ebene von ausschließlich individuellen Bedeutungsrelevanzen. Für die Fragestellung des Dissertationsprojekts von besonderem Interesse war zu Beginn der Themenkomplex des berufsbezogenen Qualifikationskontextes, der Themen wie Entscheidungssituationen in schulischen sowie universitären Übergängen, Entscheidungen für das Studium und Fach, die Dissertationsphase, die Rolle als Frau in der Hochschule usw. umfasst. Zur Annäherung an eine vertiefende Interpretation des Materials im Rahmen der reflektierenden Interpretation wurde zuerst das Thema ‚Studium an einer staatlichen Hochschule' ausgewählt. Dabei ergaben sich durch die formale sowie semantische Analyse Hinweise auf drei unterschiedliche Orientierungen, die Rückschlüsse darauf zulassen, in welcher Art und Weise die interviewten Wissenschaftlerinnen das für sie neue Feld der Wissenschaft betreten. Fall 1 zeichnet sich durch eine ‚Hinwendung zum Neuen mit strikter Abgrenzung zum Alten' aus, wechselt im Rahmen der Studienaufnahme den Wohnort, dem sie nach ihrem Umzug sehr zugewandt ist, lebt in der Rolle der Studentin auf und genießt diesen Lebensstil, den sie mit dieser Rolle verbindet. Gleichzeitig distanziert sie sich von ihrem vorherigen Lebensstil (z.B. durch den Verkauf von Gütern, die auch als Statusgüter interpretiert werden können), von ihrem bis dahin ausgeübten Beruf und dem Lebensstil mehrerer Personen aus der vorherigen Lebensphase. Fall 2 hingegen zeichnet sich durch ein ‚Dazugewinnen neuer Felder und gleichmäßiger Aktivität in diesen ohne Abgrenzung zum Herkunftsmilieu' aus. Schon während ihrer Schulzeit erschloss sich die Interviewte ein weiteres (nebenberufliches) Feld, welches bereits mit einem kontrastierenden Lebensstil verbunden war – genauso wie im späteren Lebensverlauf im akademischen Feld. Alle drei Felder (des Nebenjobs, des Herkunftsmilieus und der Universität) greifen natürlicherweise, jedoch wenig ineinander. Sie werden gleichmäßig gelebt, ohne dass es einen Drang zur Synthese oder Abgrenzung zwischen den Feldern, Milieus und Lebensstilen gibt. Charakteristisch für Fall 3 ist, ‚Zwischen dem Neuen und dem Alten sein, ohne diese Felder miteinander zu verbinden'. Die Interviewte scheint ihrem Herkunftsmilieu stark verhaftet und orientiert sich vordergründig an Familie und Freundeskreis aus dem nicht-akademischen Milieu. Sie ist in beiden ‚Welten' aktiv, allerdings bleibt ihr Studium etwas Segmentiertes und das Herkunftsmilieu ihr Bezugspunkt. Im Vergleich zu Fall 2, in dem Abgrenzung keine Rolle spielt, spielt sie das hier insofern, als dass die Interviewte ihr Handeln danach ausrichtet, Abgrenzungen weitestgehend unsichtbar zu belassen.

Diese ersten Ergebnisse sind in zweifacher Hinsicht vorläufig: Sie sind zum einen stark fallverhaftet und stellen auch hier lediglich eine handlungsleitende Orientierung dar. Erst wenn weitere gemeinsame Themen dieser und der anderen Interviews einbezogen werden, lassen sich weitere Orientierungen herausarbeiten und schließlich zu einem Orientierungsrahmen/Habitus verdichten, die möglicherweise – wenn sie fallübergreifend bestätigt werden – zu einem Typ innerhalb der Typenbildung werden können. Die vorläufigen Ergebnisse können daher als erste Hinweise aufgenommen werden, in welcher Hinsicht weiter empirisch ausgewertet werden sollte. Zum anderen sind die Ergebnisse auch deshalb als vorläufig zu betrachten, da diese Orientierungen an exemplarischen Stellen des Interviewmaterials herausgearbeitet wurden, aber erst in der kommenden Auswertungsphase in ihrem chronologischen Verlauf und mit stärkerem Bezug auf ihre Sequenzialität betrachtet werden, sodass dann auch Ausdifferenzierungen sowie ggf. Veränderungen des Habitus im Sinne von Lern- und Bildungsprozessen sichtbar werden. Dies ist deshalb relevant, weil bereits Hinweise im Material zu finden sind, die darauf schließen lassen, dass eine Orientierung nicht statisch, sondern wandelbar ist. Zu untersuchen ist somit, inwiefern es einen Wandel dieser handlungsleitenden Orientierungen im Laufe der Interviews gibt, sodass entweder die Spezifika der umrissenen Orientierungen präzisiert (und ggf. korrigiert) werden können oder Ausführungen zur Habitustransformation und reflexiven Bildungsprozessen anschlussfähig werden.

6 Forschungspraktischer Ausblick

Bei der Analyse von Orientierungsrahmen bzw. den handlungsleitenden Orientierungen der Wissenschaftlerinnen der ersten Generation werden Aspekte herausgearbeitet, die – umso mehr Material einbezogen wird – nicht immer auf der gleichen Ebene angesiedelt werden können. So beziehen sich einige Aspekte beispielsweise auf Handlungspraxen im Umgang mit spezifischen Themen, auf wiederkehrende Aspekte konjunktiven und kommunikativen Wissens, auf Eigentheorien/Selbstdarstellungen usw. Nicht aus allen können Aspekte für handlungsleitende Orientierungen und Orientierungsrahmen gleichermaßen rekonstruiert werden, sodass im weiteren Forschungsverlauf Vergleichsebenen in die derzeit noch an einzelnen Fällen identifizierten Orientierungen eingezogen werden, die Schritt für Schritt hinsichtlich ihrer fallübergreifenden sowie fallimmanenten Vergleichbarkeit und Aussagekraft betrachtet, teils ausgebaut und teils wieder verworfen werden. Um dies zu realisieren, werden weitere Themen, die in allen Interviews verhandelt werden, hinsichtlich Homologien und Kontrastierungen analysiert sowie weitere Interviews hinzugezogen. Durch diese Verdichtung und Fokussierung wird prozesshaft das sogenannte Tertium Comparationis herausgearbeitet, welches durch den Charakter des verbindenden Dritten im gesamten Material den Dreh- und Angelpunkt der sinngenetischen Typenbildung darstellt (vgl. Nohl 2013) und sich derzeit noch stark an der Forschungsfrage orientiert, am Ende der Arbeit aber durchaus davon abweichen kann. Ziel ist es dabei, sinngenetische sowie phasenbezogene Typen zu bilden, die durch ihre spezifischen Ausprägungen Rückschlüsse hinsichtlich Orientierungsrahmen von Wissenschaftlerinnen der ersten Generation und ihre mögliche Transformation im Sinne eines Lern- und Bildungsprozesses/einer Habitustransformation ziehen zu können, und in einem abschließenden Schritt der soziogenetischen Interpretation bzw. Typenbildung Aussagen über den Einfluss von Strukturkategorien wie Geschlecht und Herkunft auf die Genese der identifizierten Orientierungsrahmen zu treffen und hier spezifischere Annahmen über den konjunktiven Erfahrungsraum der Interviewten zu entwickeln. Diese Ergebnisse sollen dann schließlich in den wissenschaftlichen Diskurs des lebenslangen Lernens, wie er in der Disziplin der Erwachsenenbildung beständig geführt wird, eingebettet werden, um einen empirisch fundierten theoretischen Beitrag zum Lernen und zur Bildung Erwachsener über die Lebensspanne – und hier vor allem hinsichtlich sozialer Mobilität – zu leisten. Im Bereich der bildungstheoretisch fundierten Biographieforschung können darüber hinaus Erkenntnisse hinsichtlich der empirischen Erfassbarkeit von (transformatorischen) Bildungsprozessen getroffen werden. Zudem könnten – bezogen auf den öffentlichen Diskurs – Fragen danach diskutiert werden, unter welchen Bedingungen die am Ende des Dissertationsprojektes herausgearbeiteten Orientierungen problematisch oder förderlich sind, z.B. hinsichtlich des Zugangs zur Universität, aber auch in Bezug auf die Alltags- und Arbeitsbewältigung dieser hier fokussierten Personengruppe.

Literatur

Autorengruppe Bildungsberichterstattung (Hrsg.) (2018). *Bildung in Deutschland 2018. Ein indikatorengestützter Bericht mit einer Analyse zu Wirkungen und Erträgen von Bildung.* Bielefeld: wbv. URL: https://www.bildungsbericht.de/de/bildungsberichte-seit-2006/bildungsbericht-2018/pdf-bildungsbericht-2018/bildungsbericht-2018.pdf [19.04.2019]

Bargel, T. (2006). *Soziale Ungleichheit im Hochschulzugang und Studienverlauf. Vortrag Universität Konstanz, Geisteswissenschaftliche Sektion, Arbeitsgruppe Hochschulforschung.* URL: https://kops.uni-konstanz.de/bitstream/handle/123456789/11688/SozUngMuenstMai2006.pdf?sequence=1 [02.03.2017]

Bohnsack, R. (2017). *Praxeologische Wissenssoziologie*. Opladen & Toronto: Barbara Budrich.

Bohnsack, R. (2014). *Rekonstruktive Sozialforschung. Einführung in qualitative Methoden*. 9., überarbeitete und erweiterte Auflage. Opladen & Toronto: Barbara Budrich/UTB.

Bohnsack, R. (2011). Dokumentarische Methode. In R. Bohnsack, W. Marotzki & M. Meuser (Hrsg.), *Hauptbegriffe qualitativer Sozialforschung* (S. 40–44). 3. Auflage. Opladen & Farmington Hills: Barbara Budrich.

Bohnsack, R. (1993). *Rekonstruktive Sozialforschung. Einführung in Methodologie und Praxis qualitativer Forschung.* 2, überarbeitete Auflage. Opladen: Leske + Budrich.

Bourdieu, P. (2017). *Meditationen. Zur Kritik der scholastischen Vernunft.* 4. Auflage. Frankfurt am Main: Suhrkamp Taschenbuch Wissenschaft.

Bourdieu, P. (2016a). *Sozialer Raum und ‚Klassen'.. Leçon sur la leçon. Zwei Vorlesungen*. 4. Auflage. Frankfurt am Main: Suhrkamp Taschenbuch Wissenschaft.

Bourdieu, P. (2016b). *Ein soziologischer Selbstversuch*. 5. Auflage. Frankfurt am Main: Suhrkamp.

Bourdieu, P. (2015). *Sozialer Sinn. Kritik der theoretischen Vernunft.* 9. Auflage. Frankfurt am Main: Suhrkamp Taschenbuch Wissenschaft.

Bourdieu, P. (2014). *Die feinen Unterschiede. Kritik der gesellschaftlichen Urteilskraft.* 24. Auflage. Frankfurt am Main: Suhrkamp Taschenbuch Wissenschaft.

Bourdieu, P. (1983). Ökonomisches Kapital, kulturelles Kapital, soziales Kapital. In R. Kreckel (Hrsg.), *Soziale Ungleichheiten (Soziale Welt Sonderband 2)* (S. 183–198). Göttingen: Schwartz.

Dörner, O. & Schäffer, B. (2012). Zum Verhältnis von Gegenstands- und Grundlagentheorien zu Methodologien und Methoden der Erwachsenen- und Weiterbildungsforschung. In B. Schäffer & O. Dörner (Hrsg.), *Handbuch Qualitative Erwachsenen- und Weiterbildungsforschung* (S. 11–22). Opladen, Berlin & Toronto: Barbara Budrich.

El-Mafaalani, A. (2014). *Vom Arbeiterkind zum Akademiker. Über die Mühen des Aufstiegs durch Bildung.* Sankt Augustin/Berlin: Konrad-Adenauer-Stiftung e.V. URL: https://www.kas.de/c/document_library/get_file?uuid=a2af0ac0-e96c-3637-7e86-6b2a88dd7105&groupId=252038 [01.10.2015].

Felden, H. v. (2012). Narratives Interview. In B. Schäffer, O. Dörner (Hrsg.), *Handbuch Qualitative Erwachsenen- und Weiterbildungsforschung* (S. 334–346). Opladen, Berlin & Toronto: Barbara Budrich.

Felden, H. v. (2003). *Bildung und Geschlecht zwischen Moderne und Postmoderne. Zur Verknüpfung von Bildungs-, Biographie und Genderforschung.* Opladen: Leske + Budrich.

Gemeinsame Wissenschaftskonferenz GWK (2019). *Chancengleichheit in Wissenschaft und Forschung – 23. Fortschreibung des Datenmaterials (2017/2018) zu Frauen in Hochschulen und außerhochschulischen Forschungseinrichtungen.* Bonn.

Herzberg, H. (2004). *Biographie und Lernhabitus. Eine Studie im Rostocker Werftarbeitermilieu.* Frankfurt & New York: Campus Verlag.

Kallmeyer, W. & Schütze, F. (1977). Zur Konstitution von Kommunikationsschemata der Sachverhaltsdarstellung. Dargestellt am Beispiel von Erzählungen und Beschreibungen. In D. Wegener (Hrsg.), *Gesprächsanalysen* (S. 159–274). Hamburg: Buske.

Kleining, G. (1989). Soziale Mobilität. In Ch. Wulf (Hrsg.), *Wörterbuch der Erziehung* (S. 529–534). München: Piper. URL: https://nbn-resolving.org/urn:nbn:de:0168-ssoar-30943 [15.02.2019]

Klemm, K. (2016). Soziale Herkunft und Bildung im Spiegel neuerer Studien. In B. Jungkamp & M. John-Ohnesorg (Hrsg.), *Soziale Herkunft und Bildungserfolg* (S. 17–22). Friedrich-Ebert-Stiftung. Schriftenreihe des Netzwerk Berlin. URL: https://library.fes.de/pdf-files/studienfoerderung/12727.pdf [19.04.2019]

Koller, H.-Ch. (2018). *Bildung anders denken. Einführung in die Theorie transformatorischer Bildungsprozesse.* 2., aktualisierte Auflage. Stuttgart: Kohlhammer.

Koller, H.-Ch. (2002). Bildung und kulturelle Differenz. Zur Erforschung biographischer Bildungsprozesse von MigrantInnen. In M. Kraul & W. Marotzki (Hrsg.), *Biographische Arbeit. Perspektiven erziehungswissenschaftlicher Biographieforschung* (S. 92–116). Opladen: Leske + Budrich.

Kompetenzzentrum Frauen in Wissenschaft und Forschung (2006). *Kurzexpertise zum Themenfeld Frauen in Wissenschaft und Forschung (im Auftrag der Robert Bosch Stiftung).* Bonn.

Konietzka, D. (2012). Soziale Mobilität und soziale Ungleichheit. In U. Bauer, U. H. Bittlingmayer & A. Scherr (Hrsg.), *Handbuch Bildungs- und Erziehungssoziologie* (S. 813–828). Bildung und Gesellschaft. Wiesbaden: VS Verlag.

Lange-Vester, A. (2014). Ausschluss und Selbstausschluss – Selektion und soziale Ungleichheit in hochschulischen Übergängen. In U. Banscherus,

M. Bülow-Schramm, K. Himpele, S. Staack, S. Winter (Hrsg.), *Übergänge im Spannungsfeld von Expansion und Exklusion: eine Analyse der Schnittstellen im deutschen Hochschulsystem* (S. 193–209). Bielefeld: W. Bertelsmann Verlag. URL: https://www.ssoar.info/ssoar/bitstream/handle/document/41627/ssoar-2014-lange-vester-Ausschluss_und_Selbstausschluss.pdf?sequence=3&isAllowed=y&lnkname=ssoar-2014-lange-vester-Ausschluss_und_Selbstausschluss.pdf [02.03.2019]

Majcher, A. & Zimmer, A. (2010). Hochschule und Wissenschaft: Karrierechancen und -hindernisse für Frauen. In R. Becker & B. Kortendiek (Hrsg.), *Handbuch Frauen- und Geschlechterforschung. Theorie, Methoden, Empirie* (S. 705–712). 3., erweiterte und durchgesehene Auflage. Wiesbaden: VS Verlag.

Mannheim, K. (1980). *Strukturen des Denkens.* Herausgegeben von D. Kettler, V. Meja & N. Stehr. Frankfurt am Main: Suhrkamp.

Marotzki, W. (1990). *Entwurf einer strukturalen Bildungstheorie. Biographietheoretische Auslegung von Bildungsprozessen in hochkomplexen Gesellschaften.* Weinheim: Deutscher Studienverlag. URL: http://www.uni-magdeburg.de/iniew/files/u4/Entwurf%20einer%20strukturalen%20Bildungstheorie.pdf [12.03.2019]

Middendorff, E., Apolinarski, B., Becker, K., Bornkessel, P., Brandt, T., Heißenberg, S. & Poskowsky, J. (2017). *Die wirtschaftliche und soziale Lage der Studierenden in Deutschland 2016. Zusammenfassung zur 21. Sozialerhebung des Deutschen Studentenwerks – durchgeführt vom Deutschen Zentrum für Hochschul- und Wissenschaftsforschung.* Berlin: Bundesministerium für Bildung und Forschung (BMBF).

Möller, Ch. (2015). *Herkunft zählt (fast) immer. Soziale Ungleichheiten unter Universitätsprofessorinnen und -professoren.* Weinheim und Basel: Beltz Juventa.

Nohl, A.-M. (2013). *Relationale Typenbildung und Mehrebenenvergleich. Neue Wege der Dokumentarischen Methode.* Wiesbaden: Springer VS.

Nohl, A.-M. (2012). *Interview und dokumentarische Methode. Anleitungen für die Forschungspraxis.* 4., überarbeitete Auflage. Wiesbaden: Springer VS.

Nohl, A.-M. (2006). *Bildung und Spontaneität. Phasen biographischer Wandlungsprozesse in drei Lebensaltern – Empirische Rekonstruktionen und pragmatische Reflexionen.* Opladen: Barbara Budrich.

Nohl, A.-M., von Rosenberg, F. & Thomsen, S. (2015). *Bildung und Lernen im biographischen Kontext. Empirische Typisierungen und praxeologische Reflexionen.* Wiesbaden: Springer VS.

Przyborski, A. & Wohlrab-Sahr, M. (2014). *Qualitative Sozialforschung. Ein Arbeitsbuch.* München: Oldenbourg Verlag.

Riemann, G. (2011). Narratives Interview. In R. Bohnsack, W. Marotzki & M. Meuser (Hrsg.), *Hauptbegriffe qualitativer Sozialforschung* (S. 120–122). 3. Auflage. Opladen & Farmington Hills: Barbara Budrich.

Rosenberg, F. v. (2011). *Bildung und Habitustransformation. Empirische Rekonstruktionen und bildungstheoretische Reflexionen.* Bielefeld: transcript.

Schäffer, B. (2012). Dokumentarische Methode. Einordnung, Prinzipien und Arbeitsschritte einer praxeologischen Methodologie. In B. Schäffer & O. Dörner (Hrsg.), *Handbuch Qualitative Erwachsenen- und Weiterbildungsforschung* (S. 196–211). Opladen, Berlin & Toronto: Barbara Budrich.

Schlutz, E. (2010). Bildung. In S. Arnold, S. Nolda & E. Nuissl (Hrsg.), *Wörterbuch Erwachsenenbildung* (S. 41–44). 2., überarbeitete Auflage. Bad Heilbrunn: Verlag Julius Klinkhardt.

Schütz, A. (2016). *Der sinnhafte Aufbau der sozialen Welt. Eine Einleitung in die verstehende Soziologie.* 7. Auflage. Frankfurt am Main: Suhrkamp Taschenbuch Wissenschaft.

Schütze, F. (2016). Biographieforschung und narratives Interview. In F. Schütze, *Sozialwissenschaftliche Prozessanalyse. Grundlagen qualitativer Sozialforschung* (S. 55–73). Herausgegeben von W. Fiedler & H.-H. Krüger. Opladen, Berlin & Toronto: Barbara Budrich.

Schütze, F. (1987). *Das narrative Interview in Interaktionsfeldstudien: Erzähltheoretische Grundlagen, Studienbrief der Fernuniversität Hagen, Teil 1, Merkmale von Alltagserzählungen und was wir mit ihrer Hilfe erkennen können.* Hagen.

Schütze, F. (1978). *Die Technik des narrativen Interviews in Interaktionsfeldstudien – dargestellt an einem Projekt zur Erforschung von kommunalen Machtstrukturen.* Universität Bielefeld, Fakultät für Soziologie, Arbeitsberichte und Forschungsmaterialien Nr. 1. Bielefeld.

Sorokin, P. (1959). *Social and Cultural Mobility.* Illinois: The Free Press of Glencoe.

Stifterverband für die Deutsche Wissenschaft e.V. (Hrsg.) (2017). *Hochschul-Bildungs-Report 2020. Höhere Chancen durch höhere Bildung? Halbzeitbilanz 2010 bis 2015. Jahresbericht 2017/18.* URL: https://www.stifterverband.org/medien/hochschul-bildungs-report-2020-bericht-2017 [20.04.2019]

Strübing, J. & Schnettler, B. (2004). Klassische Grundlagentexte zur Methodologie interpretativer Sozialforschung. In dies. (Hrsg.), *Methodologie interpretativer Sozialforschung. Klassische Grundlagentexte* (S. 9–16). Konstanz: UVK.

Thomsen, S. (2019). *Bildung in Protestbewegungen. Empirische Phasentypiken und normativitäts- und bildungstheoretische Reflexionen*. Wiesbaden: Springer VS.

Tibes, A. & Beuter, I. (2006). *Ein europäischer Blick auf die Situation von Frauen in der Wissenschaft. Sozialwissenschaftlicher Fachinformationsdienst soFid, Frauen- und Geschlechterforschung 2006/2*, S. 11–24. URL: http://nbn-resolving.de/urn:nbn:de:0168-ssoar-201952 [02.03.2017]

Wittpoth, J. (2018). Beteiligungsregulation in der Weiterbildung. In R. Tippelt, A. von Hippel (Hrsg.), *Handbuch Erwachsenenbildung/Weiterbildung* (S. 1149–1172). Band 2. 6. Auflage. Wiesbaden: Springer VS.

Jurik Stiller & Lennart Goecke

Informatische Grundbildung in der Primarstufe – Didaktische Berücksichtigung von Künstlicher Intelligenz (KI) im Leitfach Sachunterricht

Zusammenfassung: Die Diskussion um die Berücksichtigung von Aspekten Informatischer Bildung schon in der Primarstufe wird im Kontext einer zunehmend von Digitalisierung geprägten Gesellschaft bereits seit über 40 Jahren geführt (Perlman, 1976). Anpassungen der Rahmenlehrpläne vor allem in den Klassenstufen 1 bis 4 stehen indes noch immer weitestgehend aus, obwohl sie als Umsetzung der in der KMK-Strategie zur Bildung in der digitalen Welt festgehaltenen Zieldimensionen notwendig wären (KMK 2016; Senatsverwaltung für Bildung, Jugend und Familie 2015).

Über die generelle Relevanz von Informatischer Bildung in der Primarstufe scheint indes ein breiter Konsens zu bestehen (Stiller und Goecke 2019; Straube et al. 2018).

In diesem Artikel wird mit einem Schwerpunkt auf formale Bildung einerseits das Konzept diskutiert, Informatische Grundbildung[1] im Sachunterricht (als Leitfach) zu verankern. Weiterhin werden davon abgeleitete bildungsrelevante methodische bzw. inhaltliche Konkretisierungen am Beispiel Künstlicher Intelligenz für die Primarstufe vorgestellt. Im Fazit wird ein Ausblick auf Fachdiskurse und die Verortung im Sachunterricht gegeben.

1 Einleitung

Dieser Beitrag widmet sich dem Konstrukt Informatische Grundbildung in der Primarstufe. Die Diskussion um Zusammenhänge mit Medienbildung bzw. eine allgemeine Bildung in einer von Digitalisierung geprägten Welt werden dafür an dieser Stelle explizit ausgeklammert. Mit der Dagstuhl-Erklärung zur Bildung in der digitalisierten vernetzten Welt sowie dem darauf aufbauenden

1 Für den Diskurs über die bessere Passung der Begrifflichkeiten Informatische Bildung od. Informatische Grundbildung vgl. Abschnitt 3.

Frankfurt Dreieck liegen dazu bereits Arbeiten vor (Gesellschaft für Informatik 2016, 2019a).

Bisher gibt es zwei zentrale Befunde bezüglicher aktueller Debatten rund um Informatische Grundbildung in der Primarstufe:

Einerseits variieren entsprechend der Vielfalt unterschiedlicher Akteur*innen die Operationalisierungen Informatischer Grundbildung teils erheblich. Anderseits besteht auch unabhängig von dieser Klärung bisher wenig Innovationsfreude hinsichtlich der unterrichtspraktischen Umsetzung von im weitesten Sinne mit Informatischer Grundbildung assoziierten Themen bzw. Inhalten.

Vor diesem Hintergrund wird im Projekt DigiLit an der Humboldt-Universität zu Berlin der Versuch unternommen, sich der Möglichkeit unter allen in Frage kommenden Expert*innengruppen konsensualen Operationalisierung wenigstens anzunähern (Goecke et al. 2020, siehe Abschnitt 1.1.1). Zugleich wird parallel dazu mit interaktiven Materialien exploriert, wie ein Einsatz in der universitären Lehre und auch der Unterrichtspraxis gelingen kann (siehe Kapitel 2 ff.).

1.1 Operationalisierung

Bis auf den eher allgemeinen Konsens, dass zeitgemäßer Unterricht sich gegenüber den von Digitalisierung geprägten Lebenswelten zu positionieren hat, gibt es bisher keine fachgesellschaftsübergreifende Klärung: Soweit erkennbar kommen Aspekte des stärkeren Einbezugs von Digitalität/Digitalisierung in den meisten Fachdidaktiken der Fächer der Grundschule, zuvorderst aber unter den intuitiv für die Umsetzung offensichtlich geeigneten Fächern Sachunterricht, Mathematik, Informatik (falls in der Grundschule unterrichtet) vor (vgl. etwa Bischof & Sabitzer 2011, Blaho & Salanci 2011, Breier, 1994, Breier 2014, Mittermeir 2010, Rich, Strickland & Franklin 2017, Schmid, Weitz & Gärtig-Daugs 2018, Schwill 2001).

Informatische Grundbildung in der Primarstufe wird nachfolgend zunächst, ebenso wie im Vorschlag der Gesellschaft für Informatik (GI) für „Kompetenzen für informatische Bildung im Primarbereich" (2019b) problemorientiert verstanden. Somit ist Informatische Grundbildung für die Erschließung (digital geprägter) Lebenswelt Voraussetzung. Dies umfasst unmittelbare Bezüge zu

- Informatiksystemen[2] und deren Funktionsweise ebenso wie

2 Für diesen Beitrag wird auf die Informatische Grundbildung ohne Informatiksysteme nicht weiter eingegangen.

- die gesellschaftliche Bedeutung.[3]

Typisch für die Auseinandersetzung im sachunterrichtsdidaktischen Diskurs ist der vielperspektivische Blick auf Themen, was für diese Arbeit bedeutet, dass Informatische Grundbildung nicht losgelöst von thematischen Verknüpfungen bzw. isoliert verstanden wird, sondern stets in einem Spannungsfeld von Themenzugängen (Albers 2017; Kahlert 2016; für einen Überblick vgl. Stiller & Goecke 2019).

Ein vielperspektivischer Blick auf das Kaufen von Eis kann daher aus ganz unterschiedlichen Perspektiven erfolgen: Der ästhetische Zugang hinsichtlich des Geschmacks, des Aussehens oder der Konsistenz kann ebenso berücksichtigt werden, wie ernährungsphysiologische Aspekte, Fragen der Nachhaltigkeit oder Produktionsverfahren, die chemische Zusammensetzung oder das Schlange Stehen. Mit der spezifischen Brille der Informatischen Grundbildung kann bspw. betrachtet werden, in welcher Reihenfolge die bestellten Kugeln in der Waffel landen – oder auch der Bezahlvorgang mit virtueller Kreditkarte, das Prinzip des Anstellens oder der selbstlernende Algorithmus, der unter anderem wetterabhängig die Nachfrage von Eis für die Herstellung prognostiziert.

2 Sachunterricht als Leitfach für Informatische Grundbildung

Die Adressierung Informatischer Grundbildung in der Primarstufe gemäß den Vorgaben der KMK (2016) lässt sich unseres Erachtens im Kern in vier zentralen Varianten realisieren (Goecke et al. 2020; Stiller und Goecke 2019):

1 Berücksichtigung Informatischer Bildung erst nach der Primarstufe
2a Informatische Grundbildung (und Medienbildung) als querliegende Aufgabe aller Fächer der Primarstufe
2b Informatische Grundbildung als expliziter Teil eines Schulfachs („Leitfach") in Kombination mit fächerübergreifenden Anteilen
2c Informatische Grundbildung als Teil eines eigenen Fachs

Die konkrete fachliche Verortung korrespondiert folgerichtig auch mit der Auswahl der jeweiligen informatischen Inhalte. Für die – von den Autoren vorgeschlagene – Variante der Umsetzung im Sachunterricht basiert die Identifikation bildungsrelevanter Inhalte auf der kritisch-konstruktiven Pädagogik: „Epochaltypische Schlüsselprobleme" wären das Ergebnis (Klafki 1995).

3 Eine differenzierte Operationalisierung des Konstrukts „Informatische Grundbildung" besteht für die Grundschule bisher nicht, eine Orientierung bietet GI, 2019b. Die hier gegebene Gliederung dient allein als Grundlage für den vorliegenden Beitrag.

Eine angemessene didaktische Thematisierung kann dabei jedoch in jedem Fall nicht gänzlich ohne informatische Inhalte stattfinden.

In den einschlägigen Veröffentlichungen werden als Teil der tendenziell erweiter- und veränderbaren Sammlung epochaltypischer Schlüsselprobleme „Gefahren und […] Möglichkeiten der neuen technischen Steuerungs-, Informations- und Kommunikationsmedien" in Hinblick auf zukünftige Arbeitsplätze angeführt sowie zwischenmenschliche Kommunikation als relevante Herausforderung, die sich beide auch im Problem der „Ich-Du-Beziehung" niederschlagen (Klafki 1994, S. 60). Hier werden Aspekte benannt, die auch 2019 hochrelevant sind und nicht nur eine Thematisierung des Verhaltens *in* sozialen Medien erfordert. Dies ist jedoch zweifelsohne Aufgabe aller Fächer.

Darüber hinaus muss die unterrichtliche Berücksichtigung sozialer Medien in jedem Fall Kompetenzerwerb der diesen zugrunde liegenden Funktionsweisen umfassen. Dazu jedoch ist eine vertiefte Thematisierung auch im Lehramtsstudium notwendig, die nicht für alle Fächer der Grundschule realistisch erscheint. Aufgrund der bisherigen im Sachunterricht etablierten Denk-, Arbeits- und Handlungsweisen ist dieser für eine solche vertiefte Erschließung von Informatiksystemen am ehesten geeignet.

Die Autoren schlagen aus diesem Grund vor, Informatische Bildung in der Primarstufe in alle Fächer einfließen zu lassen und zugleich den Sachunterricht zum Leitfach zu erklären (vgl. 2b).

3 Praxisbeispiele formaler Informatischer Bildung im Sachunterricht

Dieser Abschnitt zeigt anhand von Beispielen auf, dass gesellschaftliche Veränderungen den Einbezug Informatischer Grundbildung in die konzeptionellen Grundlagen des Sachunterrichts erfordern. Eine zentrale Aufgabe des Sachunterrichts ist es, „Phänomene und Zusammenhänge der Lebenswelt wahrzunehmen und zu verstehen" (Gesellschaft für Didaktik des Sachunterrichts 2013, S. 9). Zwei Begriffe sind hierbei im Diskurs zentral: *Bildungsrelevanz* sowie die *Orientierung an (kindlichen) Lebenswelten* (vgl. u.a. Kahlert 2016).

Die folgenden Beispiele basieren auf theoretischen Annahmen über Themen, die aufgrund ihrer gesellschaftlichen Dominanz voraussichtlich (zukünftig) auch für Kinder von großer Bedeutung sind.[4]

4 Diese Art der Themenwahl für Unterricht ist selbstverständlich nicht offensichtlich kompatibel mit Komponenten wie Aufgreifen von Vorwissen und Kinderfragen an die Lebenswelt.

Ein Themenfeld, das derzeit enorme mediale Präsenz einnimmt sind *KI-Phänomene*[5] (Wahlmüller-Schiller 2017; Seegerer, Lindner & Romeike 2019). Die Begriffe werden teils auch in Kontexten verwendet, die kaum etwas mit KI-Phänomenen zu tun haben. Ein Hinweis auf den hohen Einfluss sowie die diverse Verwendung ist bspw. der Befund, dass nur etwa 60 % von 2.830 untersuchten Start-Ups ernsthaft mit KI-Phänomenen zu tun haben (MMC Ventures 2019).

Gerade dieser Befund ist ein zentrales Argument für die Relevanz der Thematisierung von KI-Phänomenen in der Schule. Spätestens seitdem sich Sprachassistenten zunehmender Verbreitung erfreuen, kommen auch Grundschulkinder damit in Berührung. So verfügten 2018 bereits 6 % der Haushalte mit Kindern über einen Lautsprecher mit digitaler Sprachassistentin/digitalem Sprachassistenten, wobei die Verbreitung solcher Hardware deutlich zuzunehmen scheint (Medienpädagogischer Forschungsverband Südwest 2018; Statista 2018). Nicht zuletzt verfügen Smartphones sämtlich über einen, teils mehrere Sprachassistent*innen und sind damit für 39 % der 6–13-Jährigen verfügbar (Medienpädagogischer Forschungsverband Südwest 2018).

Darüber hinaus wird KI in Werbebotschaften thematisiert und wird Folgen für zukünftige Berufe haben, die noch schwer abzuschätzen sind. Außerdem kommen Kinder direkt über Dienste von Unternehmen mit *KI-Phänomenen* in Berührung, deren Geschäftsmodellen auf Daten beruhen, indem sie durch deren Nutzung Daten preisgeben (Budzinski und Grusevaja 2017). Etwas überspitzt formuliert kommen Nutzer*innen verbreiteter (Web) Dienste schnell direkt oder indirekt mit den Auswirkungen von KI-Phänomenen in Berührung: Einerseits können KI-Phänomene direkt in Diensten verwendet werden, um bspw. Bildinhalte zu erkennen, Fotos zu optimieren, in Form digitaler Assistent*innen oder um Vorschläge für Kontakte und Inhalte zu unterbreiten. Andererseits werden vielerorts massiv Daten der Nutzer*innen gesammelt, auch um KI-Anwendungen zu trainieren (Daum 2019).

Insbesondere in Hinblick auf Bilderkennung spannen KI-Phänomene ein bildungsrelevantes Inhaltsfeld auf – ob (totales) Tracking von Menschen, Racial Profiling bzw. Predictive Policing, Stimmungsanalyse für Produktempfehlungen, die Erfassung der Aufmerksamkeit von Schüler*innen oder die Bestimmung von Pflanzen; die Potentiale von KI-Phänomenen sind immens. Daher

---

5 In Ermangelung einer eindeutigen Definition umfasst hier als Annäherung im Kontext der Primarstufendidaktik mit dem Begriff künstliche Intelligenz bzw. Artificial Intelligence (AI) sämtliche Erscheinungen, die mit maschinellem Lernen bzw. automatisierten Entscheidungen zu tun haben.

müssen sich auch die Fachdidaktiken der Primarstufe diesen Phänomenen annähern, um mündige Teilhabe an zukünftiger Gesellschaft zu ermöglichen. Das bedeutet einerseits, KI-Phänomene als Erweiterung bzw. Werkzeug (Lernen *mit* Medien) im Unterricht zu nutzen, wie etwa in einer Pflanzenbestimmungsapp[6]. Andererseits können Risiken in Verbindung mit KI-Phänomenen nicht ohne Grundkenntnis der Phänomene abgeschätzt werden. Der folgende Abschnitt widmet sich daher bereits existierenden Möglichkeiten zur Thematisierung von *KI-Phänomenen.*

3.1 Didaktische Ideen im Kontext von KI-Phänomenen

Das Angebot von programmierbaren[7] Bildungsmaterialien ist riesig. Der 2017 veröffentlichte Überblick von Informatiksystemen für Kinder lässt sich durch oberflächliche Recherche leicht verdoppeln (Stiftung Haus der kleinen Forscher 2017).[8]

Von den verfügbaren Materialien beinhalten einige bereits Grundlagen, die für die Thematisierung von KI-Phänomenen notwendig sind[9]. Die folgenden Beispiele lassen sich auch ohne physisches Material mit der Anwendung *mBlock*[10] umsetzen. Das erste Beispiel adressiert einfaches Maschinenlernen zur Bilderkennung mit der Programmierumgebung. Hiermit lässt sich an einem einfachen Modell nachvollziehen, auf welche Weise Computer in die Lage versetzt werden, Bildinformationen zu erkennen.

Die Programmierumgebung *mBlock* basiert auf Scratch 3, was bedeutet, dass Oberfläche und Befehlsblöcke einander stark ähneln. Außerdem lassen sich viele Programme in beiden Oberflächen bearbeiten und ausführen. Mit Hilfe der Erweiterung *Lernfähige Maschine,* die sich in *mBlock* nutzen lässt, kann hier jedoch ein eigenes Modell erarbeitet und trainiert werden.[11]

---

6 z.B. https://play.google.com/store/apps/details?id=com.floraincognita.app.floraincognita (Technische Universität Ilmenau)

7 Für diesen Beitrag wird *Programmieren* synonym zu *Coding* verwendet.

8 Bee-Bot, Calliope, Codey Rocky, Cubelets, Cubetto, Dash & Dot, Halo Code, KIBO, Makey Makey, Matatalab, mBot, Neuron, Ozobot, Robo Wunderkind, ScratchJr, Thymio, Tinkerbots, WeDo 2.0, …

9 Wie bereits eingangs erläutert, werden auch Ansätze, die gänzlich auf Strom verzichten, für diesen Beitrag ausgeklammert, für KI-Phänomene wäre dies etwa Seegerer, Lindner & Romeike 2019.

10 http://www.mblock.cc/mblock-software/

11 https://www.mblock.cc/api-docs/_preview/mblock-5/en/use-extensions/teachable-machine.html

Exkurs: Maschinelles Lernen

Eine allgemeine Definition von Maschinellem Lernen gibt es nicht (Beierle und Kern-Isberner 2019, S. 99 ff.). Eine gute Übersicht ist die folgende Beschreibung der Fraunhofer-Gesellschaft:

> *Maschinelles Lernen bezweckt die Generierung von »Wissen« aus »Erfahrung«, indem Lernalgorithmen aus Beispielen ein komplexes Modell entwickeln. Das Modell, und damit die automatisch erworbene Wissensrepräsentation, kann anschließend auf neue, potenziell unbekannte Daten derselben Art angewendet werden. Immer wenn Prozesse zu kompliziert sind, um sie analytisch zu beschreiben, aber genügend viele Beispieldaten – etwa Sensordaten, Bilder oder Texte – verfügbar sind, bietet sich Maschinelles Lernen an. Mit den gelernten Modellen können Vorhersagen getroffen oder Empfehlungen und Entscheidungen generiert werden – ganz ohne im Vorhinein festgelegte Regeln oder Berechnungsvorschriften (Döbel et al. 2018, S. 8).*

Selbstverständlich handelt es sich im Beispiel lediglich um ein vereinfachtes System, das auf dem Prinzip des Lernens aus Beispielen basiert (Beierle und Kern-Isberner 2019, S. 103).

3.1.1 Bilderkennung mit mBlock

Die Software kann bis zu dreißig verschiedene Objekte / Kategorien unterscheiden. Für das Training mit Bilddaten ist eine USB-Kamera bzw. Webcam erforderlich. Abbildung 1 zeigt die Oberfläche, mit der sich das Modell erstellen und trainieren lässt. Der linke Bereich zeigt das aktuelle Kamerabild, in der Mitte sind die Objekte / Kategorien erkennbar, mit denen das linke Bild abgeglichen wird und rechts, welches Resultat zustande gekommen ist.

Um ein neues Modell zu erstellen, müssen die zu unterscheidenden Objekte / Kategorien zunächst benannt werden – etwa Stein, Schere & Papier. Da das Modell von Grund auf neu trainiert wird, kann noch keine Kategorisierung von Objekten erfolgen. Erst durch das Trainieren mit Beispielbildern wird die maschinelle Bestimmung der Bilder zuverlässiger. Um dies zu erreichen, werden Bilder den zutreffenden Objekten der jeweiligen Kategorie zugeordnet. Im Beispiel wird die schematische Darstellung einer zum Stein geformten Hand gezeigt und durch Klick auf „Lernen“ bei der Kategorie Stein trainiert. Ergänzt um weitere Bilder kann das Modell schließlich zwischen Stein-Schere-Papier unterscheiden, solange es sich um ähnliche Darstellungen handelt.

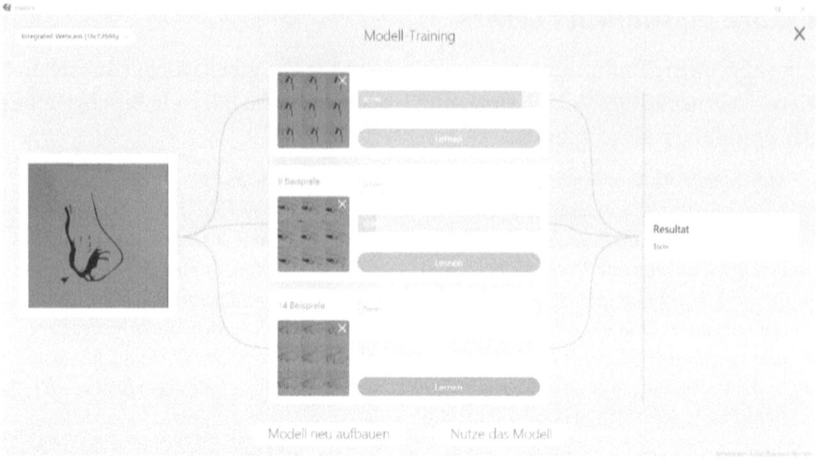

Abb. 1: Stein-Schere-Papier

Lernchancen ergeben sich an diesem Beispiel etwa dadurch, dass sichtbar wird, wie das Modell Bilder der eigenen Hand die eigene Hand noch falsch oder unzuverlässig erkennt, wenn es analog zu Abbildung 1 trainiert wurde. Das Modell basiert bislang schließlich lediglich auf Trainingsdaten, die eine schwarz-weiße, schematische Darstellung zeigen. Abhilfe können weitere Trainingsdaten – etwa von echten Händen und aus verschiedenen Perspektiven – schaffen.

Den Prozess des Trainierens nachzuvollziehen schließt Erfahrungen mit ein, wie das Modell reagiert, wenn bspw. der Hintergrund oder die Farbe des Objekts variiert oder Bilder falsch zugeordnet werden. Allein der Aufbau und das Training eines Modells beinhaltet essenzielle Lernchancen, die auch in den folgenden Erweiterungen des Beispiels enthalten sind.

Der Einblick in die grundsätzliche Funktionsweise schafft somit eine Grundlage zum Verständnis deutlich komplexerer Vorgänge von KI-Phänomenen. Angewendet kann das Beispiel etwa auf den Gegenstand Autonomes Fahren. Fahrzeuge, die bedingt oder höher automatisiert fahren (SAE-Stufe 3–5) müssen die Umgebung beobachten (SAE J3016). Dies geschieht auch mit Hilfe von Kameras und Bilderkennung, um Situationen zu bewältigen, in denen bspw. Verkehrsteilnehmer*innen am Fahrbahnrand mit in Entscheidungsprozesse einbezogen werden müssen. Eigene Erfahrung mit dem Training einer lernfähigen Maschine ermöglichen die Reflektion der z. T. diskriminierenden Verhaltensweisen von zunächst scheinbar objektiven Systemen. In einem besonders krassen Beispiel stieg in Simulationen mit selbstfahrenden Autos das Risiko überfahren zu werden mit dunklerer[12] Hautfarbe, da die zugrunde liegenden Trainingsdaten etwa 3,5 mal mehr hellhäutige Menschen enthielten (Wilson et al. 2019).[13]

3.1.2 Anwendung der Maschine in eigenen Programmen

Die Verwendung des Modells für eigene Programme ist denkbar einfach, indem der Programmierblock „Erkennungsergebnis" genutzt wird. Dementsprechend leicht ist es, Verzweigungen von erkannten Objekten abhängig zu machen oder das Erkennungsergebnis in Dialoge einfließen zu lassen. So ließe sich Schere-Stein-Papier als Spiel kreieren – sowohl fair als auch menschlichen Spieler*innen gegenüber unfair.[14]

Eine weitere Möglichkeit der Auseinandersetzung im inklusiven Unterricht besteht in der Erkennung von Buchstaben des Fingeralphabets. Analog zur vorangegangenen Beschreibung werden die Handgesten aus dem Fingeralphabet trainiert. Auf dieser Basis lassen sich – stark vereinfacht – eine Übersetzung realisieren, die es gehörlosen Personen ermöglicht, durch Gebärden korrespondierende Laute vom Computer auszugeben. Dazu muss lediglich für jede Geste bei Erkennung das richtige Soundfile abgespielt werden. An dieser Stelle sei darauf verwiesen, dass die skizzierten Beispiele keine Praxisbeispiele darstellen, sondern einen theoretischen Rahmen der Potentiale aufzeigen. Mittels des Fingeralphabetbeispiels können etwa Anwendungsmöglichkeiten von Informatiksystemen für die Barrierefreiheit thematisiert werden.

3.1.3 Anwendung auf greifbare Objekte

Eine, vor allem mit Produkten des Herstellers von *mBlock* umsetzbare, Erweiterung der Beispiele stellt die Anwendung auf Roboter und andere greifbare programmierbare Objekte dar. Die Unterschiede der Programmierung sind dabei minimal und beziehen sich auf Roboter-spezifische

12 Die Begriffe der Typisierung sind aus dem Beitrag übernommen und basieren auf der Taxonomie von Fitzpatrick.

13 Für die Simulation wurden die Hautfarben entsprechend der Fitzpatrick Skala nach dem Grad der Pigmentierung in sechs Stufen unterteilt. Die Verwendung von hell und dunkel in diesem Absatz folgt Wilson et al. und teilt die Skala in zwei Hälften.

14 https://www.zeit.de/video/2013-11/2828623933001/sensoren-roboter-schlaegt-mensch-bei-schere-stein-papier

Programmierblöcke sowie den Prozess der Ausführung auf dem Gerät. Damit lassen sich die bisherigen Beispiele mit geringem Aufwand auch auf Roboter anwenden. Da das Modell der lernfähigen Maschine nicht auf dem Roboter läuft, muss lediglich mittels „Nachrichten" das Erkennungsergebnis an den Roboter gesendet werden.

In Anlehnung an die bisherigen Beispiele sei hiermit abschließend auf die Möglichkeiten verwiesen, einen Roboter in Abhängigkeit von Fingergesten zu steuern oder eine einfache Objekterkennung für einen sich automatisiert fortbewegenden Roboter zu erarbeiten, der anhält, wenn ein (im Modell auf die Straße gerollter) Ball erkannt wird.

3.2 Zusammenfassung: Möglichkeiten Maschinellen Lernens im Grundschulalter

Ähnlich wie vermutet wird, dass das Verstehen von Algorithmen eine Voraussetzung für die Bewertung von Internet-Phänomenen darstellt, ist ein Zusammenhang zwischen dem Verstehen von Maschinellem Lernen und der Bewertung von KI-Phänomenen anzunehmen (Goecke et al. 2018a).

Es konnte gezeigt werden, dass für die als bildungsrelevant identifizierten Inhalte *KI-Phänomene* bereits Möglichkeiten für didaktische Settings existieren. Wie genau eine praktische Umsetzung ausgestaltet werden sollte und vor allem welche Lernprozesse und welches Reflexionspotential bei Kindern dadurch erreicht werden kann, kann hier nicht umfassend geklärt werden und sollte Gegenstand fachdidaktischer Klärung sein.

Die hier vorgestellten Beispiele widmen sich mit dem Schwerpunkt auf Bilderkennung indes nur einem kleinen Teilbereich automatisierter Entscheidungen. Weitere Beispiele sind von Informatiksystemen getroffene Entscheidungen, die durch Lernprozesse verbessert werden. Auch hierfür gibt es bereits Projekte für junge Lerner*innen. Diese basieren vor allem auf Ansätzen, das Verhalten maschineller Lernprozesse sichtbar zu machen. Zu diesem Zweck enthalten die Beispiele in der Regel Programme mit hoher Komplexität, sodass die Nachvollziehbarkeit der Programmierung unwahrscheinlich ist.[15] Dennoch kann die Beobachtung etwa von drei Rennautos, die erst nach vielen Versuchen das Ziel zuverlässig erreichen dabei unterstützen, eigene und maschinelle Lernwege von Versuch und Irrtum zu verstehen.[16]

---

15 https://machinelearningforkids.co.uk/#!/worksheets https://www.ai4children.org/
16 https://scratch.mit.edu/projects/323497748/

4 Fazit & Ausblick

Im Abschnitt 2 wurde das Potential *Maschinellen Lernens* als Thema für Bildungsprozesse im Sachunterricht der Grundschule ausführlich analysiert. Dabei zeigt sich, dass schon genügend Beispiele existieren, um Lernumgebungen zu *KI-Phänomenen* zu konzipieren. Insofern steht dieser Beitrag exemplarisch für ein Problem, das auch die Professionalisierung von (zukünftigen) Lehrer*innen betrifft:

Die Professionalisierung von Akteur*innen im Kontext formaler wie nonformaler Bildung kann mit den gesellschaftlichen Veränderungen und somit auch Anforderungen aktuell kaum Schritt halten. KI-Phänomene stehen hierbei nur exemplarisch für eines all jener unvorhersehbaren Themen, die zukünftig bildungsrelevant werden (könnten). Während sich bundesweit, aber auch insbesondere im Land Berlin, die traditionell stark medienpädagogisch orientierten Bibliotheken bereits auf den Weg gemacht haben, auch digitale Angebote integrieren und zum Beispiel auch Coding abzubilden, ist die Situation im Bereich der Lehrkräftebildung, mindestens im Land Berlin, rückständig (Goecke et al. 2018b).

Die Erfordernisse lassen sich aus Sicht der Autoren klar umreißen: Neben einer mit Bildung in der digitalen Welt untrennbar verbundenen Grundausstattung braucht es verpflichtende Angebote in der ersten und zweiten Lehrkräftebildungsphase (in allen Fachdidaktiken; in der Sachunterrichtsdidaktik vertieft, vgl. Variante 2b in Abschnitt 1.2) und eine breite und intensive Fortbildung der Lehrkräfte im Dienst. Dabei muss von vorneherein der Schwerpunkt auch auf Themen gerichtet werden, die erst in den Horizont wahrgenommener Bildungsinhalte rücken. Gleichzeitig darf ein zu weiter Blick auf bildungsrelevante Themen nicht zur Überfrachtung führen. Die Identifikation von Themen und deren Bewertung für die Bedeutung von Unterricht ist Aufgabe der Fachdidaktiken – hier des Sachunterrichts und seiner Didaktik. Unter *grundlegender Bildung* versteht die Gesellschaft für Didaktik des Sachunterrichts u. a.

> *„Schülerinnen und Schüler darin zu unterstützen, ihre natürliche, kulturelle, soziale und technische Umwelt sachbezogen zu verstehen, sie sich auf dieser Grundlage bildungswirksam zu erschließen und sich darin zu orientieren, mitzuwirken und zu handeln." (Gesellschaft für Didaktik des Sachunterrichts 2013, S. 9)*

Um dieser Aufgabe gerecht zu werden, muss Informatische Bildung integraler Bestandteil des Fachs Sachunterricht werden, damit bildungsrelevante Themen wie KI-Phänomene selbstverständlich in vielperspektivischen Unterrichtsplanungen beachtet werden. An dieser Stelle kann der genaue Umfang nicht diskutiert werden, es erscheint jedoch angemessen, für die Primarstufe vor dem

Hintergrund der bisherigen Ausführungen von einer grundlegenden Informatischen Bildung zu sprechen, also kurz Informatischer Grundbildung.

Dazu müssen auch *KI-Phänomene* als Beispiel für neue Themen in die erste und zweite Lehrkräftebildungsphase integriert werden.

Literaturverzeichnis

Albers, S. (2017). Bildung und Vielperspektivität im Sachunterricht – ein „inniges" Verhältnis. *GDSU-Journal* (6).

Beierle, C. & Kern-Isberner, G. (2019). *Methoden wissensbasierter Systeme. Grundlagen, Algorithmen, Anwendungen* (Computational Intelligence, 6th ed. 2019). Wiesbaden: Springer Fachmedien Wiesbaden; Imprint: Springer Vieweg.

Bischof, E. & Sabitzer, B. (2011): Computer Science in Primary Schools – Not Possible, But Necessary?! In I. Kalas & R. T. Mittermeir (Hrsg.): *Informatics in Schools. Contributing to 21st Century Education*. Berlin, Heidelberg: Springer (7013).

Blaho, A. & Salanci, Ľ. (2011): Informatics in Primary School Principles and Experience. In I. Kalas & R. T. Mittermeir (Hrsg.): *Informatics in Schools. Contributing to 21st Century Education*. Berlin, Heidelberg: Springer (7013).

Breier, N. (1994): Informatische Bildung als Teil der Allgemeinbildung – Stand und Perspektiven. In *LOG IN 14* (5/6): 90–93.

Breier, N. (2014): *Was genau macht die Informatik für die Allgemeinbildung so wichtig?* Online verfügbar unter https://www.ew.uni-hamburg.de/ueber-die-fakultaet/personen/breier/files/was-genau-macht-die-informatik-fuer-die-allgemeinbildung-so-wichtig.pdf, zuletzt geprüft am 15.03.2020.

Budzinski, O. & Grusevaja, M. (2017). Die moderne Medienökonomik personalisierter Daten: der Fall Facebook. In W. Seufert (Hrsg.), *Media Economics revisited*. Nomos.

Daum, T. (2019). Missing Link: KI – die Künstlichen Idioten des digitalen Kapitalismus, heise.de. https://www.heise.de/newsticker/meldung/Missing-Link-KI-die-Kuenstlichen-Idioten-des-digitalen-Kapitalismus-4324653.html. Zugegriffen: 3. September 2019.

Döbel, I., Leis, M., Molina Vogelsang, M., Welz, J., Neustroev, D., Petzka, H., Riemer, A., Püping, S., Voss, A. & Wegele, M. (2018). Maschinelles Lernen. Eine Analyse zu Kompetenzen, Forschung und Anwendung, Frauenhofer-Gesellschaft. https://www.bigdata.fraunhofer.de/content/dam/bigdata/de/documents/Publikationen/Fraunhofer_Studie_ML_201809.pdf.

Gesellschaft für Didaktik des Sachunterrichts. (2013). *Perspektivrahmen Sachunterricht* (Vollständig überarbeitete und erweiterte Ausgabe). Bad Heilbrunn: Verlag Julius Klinkhardt.

Gesellschaft für Informatik. (2016). Dagstuhl-Erklärung. Bildung in der digitalen vernetzten Welt. https://gi.de/fileadmin/GI/Hauptseite/Themen/Dagstuhl-Erkla__rung_2016-03-23.pdf.

Gesellschaft für Informatik. (2019a). Frankfurt-Dreieck zur Bildung in der digitalen Welt. Ein interdisziplinäres Modell. https://dagstuhl.gi.de/fileadmin/GI/Allgemein/PDF/Frankfurt-Dreieck-zur-Bildung-in-der-digitalen-Welt.pdf.

Gesellschaft für Informatik. (2019b). Kompetenzen für informatische Bildung im Primarbereich. Empfehlungen der Gesellschaft für Informatik e. V. erarbeitet vom Arbeitskreis »Bildungsstandards Informatik im Primarbereich«. https://www.informatikstandards.de/docs/v142_empfehlungen_kompetenzen-primarbereich_2019-01-31.pdf. Zugegriffen: 28. Februar 2018.

Goecke, L., Stiller, J. & Pech, D. (2018a). Algorithmische Verständnisweisen von Drittklässler/innen beim Explorieren von programmierbarem Material. In U. Franz, H. Giest, A. Hartinger & A. Heinrich-Dönge (Hrsg.), *Handeln im Sachunterricht* (Schriftenreihe der Gesellschaft für Didaktik des Sachunterrichtes e.V, Band 28). Bad Heilbrunn: Verlag Julius Klinkhardt.

Goecke, L., Stiller, J. & Pech, D. (2018b). Digitale Medien im Sachunterricht. Informatische Bildung und Medienbildung in Forschung und Lehre. In B. Brandt & H. Dausend (Hrsg.), *Digitales Lernen in der Grundschule. Fachliche Lernprozesse anregen* (S. 179–204). Münster: Waxmann.

Goecke, L., Stiller, J. & Schwanewedel, J. (2020). Algorithmusverständnis in der Primarstufe – Eine Studie im Kontext des Einsatzes von programmierbarem Material (angenommen). In I. Mammes & L. Murmann (Hrsg.), *Technische Bildung im Elementar- und Primarbereich (Arbeitstitel)* .

Kahlert, J. (2016). *Der Sachunterricht und seine Didaktik* (utb, Bd. 3274, 4., aktualisierte Auflage). Bad Heilbrunn: Verlag Julius Klinkhardt.

Klafki, W. (1994). *Neue Studien zur Bildungstheorie und Didaktik: Zeitgemäße Allgemeinbildung und kritisch-konstruktive Didaktik* (Beltz Bibliothek): Beltz.

Klafki, W. (1995). Zum Problem der Inhalte des Lehrens und Lernens in der Schule aus der Sicht kritisch-konstruktiver Didaktik. In S. Hopmann (Hrsg.), *Zeitschrift für Pädagogik* (S. 91–102). Weinheim: Beltz Juventa.

KMK. (2016). Bildung in der digitalen Welt. Strategie der Kultusministerkonferenz. https://www.kmk.org/fileadmin/Dateien/pdf/Gemeinsame_Erklaerung_KMK_VBM_v._14.06.2018.pdf. Zugegriffen: 14. September 2018.

Medienpädagogischer Forschungsverband Südwest. (2018). KIM-Studie 2018. Kindheit, Internet, Medien. https://www.mpfs.de/fileadmin/files/Studien/KIM/2018/KIM-Studie_2018_web.pdf. Zugegriffen: 3. September 2019.

Mittermeir, R. T., Bischof, E. & Hodnigg, K. (2010): Showing Core-Concepts of Informatics to Kids and Their Teachers. In J. Hromkovič (Hrsg.): *Teaching fundamental concepts of informatics. 4th International Conference on Informatics in Secondary Schools – Evolution and Perspectives*, ISSEP 2010, Zurich, Switzerland, January 13–15, 2010; proceedings, Bd. 5941. Berlin: Springer (Lecture notes in computer science, 5941).

MMC Ventures. (2019). The State of AI 2019: Divergence. https://www.mmcventures.com/wp-content/uploads/2019/02/The-State-of-AI-2019-Divergence.pdf. Zugegriffen: 3. September 2019.

Perlman, R. (1976). *Using Computer Technology to Provide a Creative Learning Environment for Preschool Children*. http://hdl.handle.net/1721.1/5784.

Rich, K., Strickland, C. & Franklin, D. (2017): A Literature Review through the Lens of Computer Science Learning Goals Theorized and Explored in Research. In M. E. Caspersen, S. H. Edwards, T. Barnes und D. D. Garcia (Hrsg.): *Proceedings of the 2017 ACM SIGCSE Technical Symposium on Computer Science Education – SIGCSE '17. the 2017 ACM SIGCSE Technical Symposium*. Seattle, Washington, USA, 08.03.2017–11.03.2017. New York, New York, USA: ACM Press.

SAE J3016. Taxonomy and Definitions for Terms Related to Driving Automation Systems for On-Road Motor Vehicles. 400 Commonwealth Drive, Warrendale, PA, United States: SAE International.

Schmid, U. & Weitz, K. & Gärtig-Daugs, A. (2018): Informatik in der Grundschule. In: Informatik Spektrum 63 (1), S. 132. DOI: 10.1007/s00287-018-1103-4.

Schwill, A. (2001): Ab wann kann man mit Kindern Informatik machen? / Eine Studie über informatische Fähigkeiten von Kindern. In R. Keil-Slawik (Hrsg.): *Informatikunterricht und Medienbildung*. 9. GI-Fachtagung Informatik und Schule 17.- 20. September 2001 in Paderborn (GI-Edition Proceedings).

Seegerer, S., Lindner, A. & Romeike, R., (2019). AI Unplugged – Wir ziehen Künstlicher Intelligenz den Stecker. In Pasternak, A. (Hrsg.), Informatik für alle. *Bonn: Gesellschaft für Informatik*. (S. 325–334). DOI: 10.18420/infos2019-c18.

Senatsverwaltung für Bildung, Jugend und Familie. (2015). Teil C. Sachunterricht. Jahrgangsstufen 1-4. http://bildungsserver.berlin-brandenburg.de/fileadmin/bbb/unterricht/rahmenlehrplaene/Rahmenlehrplanprojekt/amtliche_Fassung/Teil_C_Sachunterricht_2015_11_16_web.pdf.

Statista. (2018). Umsatz mit virtuellen digitalen Assistenten für Endkunden im Jahr 2015 sowie eine Prognose bis 2021, Statista. https://de.statista.com/statistik/daten/studie/681207/umfrage/umsatz-mit-virtuellen-digitalen-assistenten-weltweit/. Zugegriffen: 3. September 2019.

Stiftung Haus der kleinen Forscher, S. H. d. k. (Hrsg.). (2017). *Frühe informatische Bildung – Ziele und Gelingensbedingungen für den Elementar- und Primarbereich*. Leverkusen: Budrich.

Stiller, J. & Goecke, L. (2019). Forschungsbezogene Lehre im Sachunterricht mit Einplatinencomputern. In M. Knörzer, L. Förster, U. Franz & A. Hartinger (Hrsg.), *Forschendes Lernen im Sachunterricht* (Probleme und Perspektiven des Sachunterrichts, Band 29). Bad Heilbrunn: Verlag Julius Klinkhardt.

Straube, P., Brämer, M., Köster, H. & Romeike, R. (2018). Eine digitale Perspektive für den Sachunterricht? Fachdidaktische Überlegungen und Implikationen. *www.widerstreit-sachunterricht.de* (24).

Wahlmüller-Schiller, C. (2017). Künstliche Intelligenz – wohin geht die Reise? *e & i Elektrotechnik und Informationstechnik 134* (7), 361–363. doi:10.1007/s00502-017-0529-8

Wilson, B., Hoffman, J. & Morgenstern, J. (2019). Predictive Inequity in Object Detection. *CoRR abs/1902.11097.*

Stephanie Iffert

Kreativität als Praktik der beruflichen Erwachsen-/Weiterbildung – Eine Programmanalyse

Zusammenfassung: Der vorliegende Beitrag beschäftigt sich mit der theoretischen Grundlegung und der methodisch/methodologischen Einbettung der Fragestellung in das Forschungsdesign. Anhand einer Programmanalyse soll nach dem Auftreten von Kreativität in Angebotstexten und Programmstrukturen der beruflichen Erwachsenen-/ Weiterbildung an öffentlich-rechtlich geförderten Einrichtungen geforscht werden.

Schlüsselbegriffe: Kreativität, Lebenslanges Lernen, berufliche und kulturellen Erwachsenen-/Weiterbildung, Praktiken, Kompetenzen, Programmanalyse

Problemstellung

Lebenslanges Lernen ist zentral für die Entwicklung der Persönlichkeit und die Behauptung von Selbstständigkeit und Selbstbestimmung, für ökonomische Innovation und Beschäftigungsfähigkeit, für soziale Integration, für politische sowie kulturelle Teilhabe und für die Gestaltung der Gesellschaft (Tippelt & von Hippel, 2018, S. 5 f.). Im Sinne des Lebenslangen Lernens greift berufliche Weiterbildung sowohl die Fortentwicklung der individuellen Qualifikationen und Kompetenzen als auch die auf Qualifikation bezogene individuelle Neuausrichtung auf (KMK, 2016, S. 1). Zudem gewinnen Weiterlernen und Weiterbildung auch mit der demographischen Entwicklung an Bedeutung.

Die Erfordernisse, die in einer globalisierten Gesellschaft an den Einzelnen im Arbeitsleben gestellt werden, in denen Wertschöpfungsketten international verbunden sind und wo über digitale Plattformen bereits weltweit kommuniziert wird, verändern sich. Phänomene, die einerseits mehr Weiterbildung im Erwerbsverlauf erfordern und andererseits Unternehmen vor nie da gewesene Herausforderungen stellen, sind der Wandel der Arbeitswelt durch technologische Entwicklungen, die Veränderungen von Arbeitsteilung, der Strukturwandel und veränderte Zusammensetzungen von Belegschaften und Arbeitsteams, sowie ein späterer Eintritt in den Ruhestand (Bläsche et al., 2017, S. 34). Individuen lernen heute für die Sicherstellung ihrer Employability ein Leben lang. Im Kontext des Lebenslangen Lernens nehmen Individuen an allgemeiner, politischer und beruflicher Erwachsen-/Weiterbildung teil (Dehnbostel, 2008, S. 24).

Frühe Innovationsphasen erfordern in den Unternehmen ein hohes Maß an Kreativität (Wunder/Bausch, 2014, S. 51). Gesellschaftstheoretiker sind gegenwärtig davon überzeugt, dass der Schlüssel gesamtgesellschaftlichen Wandels in Veränderungen der Basis der Ökonomie gesucht werden muss und mit einer gestiegenen Rolle von Wissen und Kreativität einhergeht (Stehr/Adolf, 2009, S. 185). Kreative Prozesse werden z. B. in flachen Projektstrukturen benötigt, die neue Lösungsstrategien und kommunikativen Abstimmungsprozesse zur innovativen Entwicklung erfordern. Bestimmte Werte und Verhalten, die früher fast ausschließlich der Kunst zugeschrieben wurden wie Kreativität, Flexibilität und Individualität wandeln sich zunähmst auch in Schlüsselkonzepte von Politik, Wirtschaft und Bildung (Ursua, 2015, S. 43). Dabei scheint Kreativität so etwas wie ein Leitwort neoliberalen Denkens und Handelns geworden zu sein, wobei der Begriff alles andere als klar definiert ist. Ein Minimalkonsens lässt sich entlang der Wendung, kreativ sei etwas, was Originalität und Wert, Neuheit und Anschlussfähigkeit in sich vereine, finden (von Wissel, 2012, S. 3).

Das Forschungsvorhaben nimmt neoliberale Strömungen und damit einhergehende gesellschaftliche Veränderungen und das bildungspolitische Konzept des Lebenslangen Lernens mit auf, beschäftigt sich aber unter einem erwachsenenbildungswissenschaftlichen Fokus schwerpunktmäßig mit der Auslegung von Kreativität in Angeboten zur beruflichen Erwachsenen-/Weiterbildung. Als Kontrastfolie sollen darüber hinaus Angebote aus der kulturellen Bildung mit beleuchtet werden, um eine vermutete Entgrenzung und Diffusion kreativer Techniken, Praktiken und Gestaltungsräume aus der kulturellen Bildung hin zur beruflichen Erwachsenen- und Weiterbildung aufdecken zu können. Diese Veränderungen werden im Kontext der öffentlich geförderten Erwachsenenbildung beleuchtet. Es sollen Strukturen von Angeboten beruflicher Erwachsenen-/Weiterbildung in Programmen von Volkshochschulen untersucht und deren bildungstheoretische Auslegung von beruflicher Erwachsenen-/Weiterbildung sichtbar gemacht werden. Hier schließt das Dissertationsvorhaben an das von der Hans-Böckler-Stiftung geförderte Forschungsprojekt „Berufliche Weiterbildung in Volkshochschulen. Zugänge zu Lebenslangem Lernen (WB_VHS_ZuLL)" an. Vertiefend soll beleuchtet werden, in wieweit Kreativität in der beruflichen Erwachsenen-/Weiterbildung adressiert und konzeptualisiert wird. Hier besteht derzeit noch eine Forschungslücke in der erwachsenpädagogischen Forschung, da Kreativität bisher ein mitlaufender Forschungsgegenstand der kulturellen Bildung ist. Dennoch ist in der Praxis zu beobachten, dass Kreativität aufgrund des strukturellen Wandelns beruflicher und gesellschaftlicher

Kontexte in den Fokus der beruflichen Erwachsenen-/Weiterbildung rückt. Die Grundannahme besteht zunächst darin, dass Unterschiede in dem Auftreten von Kreativität in der beruflichen und allgemeinen Erwachsen-/Weiterbildung zu verzeichnen sind.

Theoretische Einbettung

Seit der Erstellung des Strukturplans von 1970 durch den Deutschen Bildungsrat wird der Bereich der Weiterbildung in die Teilbereiche allgemeine, berufliche und politische Weiterbildung untergliedert (vgl. Deutscher Bildungsrat 1970, S. 51), wobei die kulturelle Bildung zur allgemeinen Erwachsenenbildung zugewiesen wurde. Dabei ist Weiterbildung die Fortsetzung oder Wiederaufnahme organisierten Lernens nach Abschluss einer unterschiedlich ausgedehnten ersten Bildungsphase und in der Regel nach Aufnahme einer Erwerbs- oder Familientätigkeit (KMK, S. 4, 2001). Weiterbildung ist in Deutschland in geringerem Umfang durch den Staat geregelt als die anderen Bildungsbereiche. Dies wird damit begründet, dass den vielfältigen und sich rasch wandelnden Anforderungen an Weiterbildung am besten durch eine Struktur entsprochen werden kann, die durch Pluralität und Wettbewerb der Träger und der Angebote gekennzeichnet ist. Für die Teilnahme an Weiterbildung ist Freiwilligkeit leitender Grundsatz. Weiterbildungsangebote werden von kommunalen Einrichtungen, insbesondere Volkshochschulen, privaten Träger, Einrichtungen der Kirchen, der Gewerkschaften, der Kammern, der Parteien und Verbände, der Betriebe und der öffentlichen Verwaltungen, Elternschulen und Familienbildungsstätten, Akademien, Fachschulen und Hochschulen sowie Fernlehrinstitute ausgewiesen.

Die Volkshochschulen nehmen dabei eine Sonderstellung ein. In ihrem Selbstverständnis zeigt sich die öffentliche Verantwortung für Bildung. Es wird grundlegend davon ausgegangen, dass Volkshochschulen Einrichtungen der Erwachsenen-/Weiterbildung sind, die sich seit der Gründerzeit als öffentliche Erwachsenen- und Weiterbildungseinrichtungen für alle verstehen. Diese Offenheit kann durch gesetzliche Bestimmungen eingeschränkt werden (Süssmuth & Eisfeld, S. 764 f.). Die Volkshochschulen stützen die Bildungsgerechtigkeit, demokratische Entwicklungen und interkulturelle Begegnungen und fördern das Fachkräftepotential. Sie gewährleisten eine Kontinuität in den Programmprofilen bei hoher flexibler Reaktionsfähigkeit auf neue soziale, gesellschaftliche Anforderungen durch Spielräume in der Planungskompetenz der zuständigen Programmbereichsvertreter*innen (Gieseke & Opelt 2003). Die Kooperationsfähigkeit zu anderen Weiterbildungsorganisationen oder nachfragenden Institutionen hat sich dabei ausgedehnt. Die Institution Volkshochschule zeichnet sich zusammenfassend durch eine besondere Stabilität, ein umfassendes Bildungsangebot und eine hohe Zugänglichkeit im Bereich der primär non-formalen, öffentlich geförderten Erwachsenen-/Weiterbildung aus (Nolda, 2018, S. 434).

Berufliche Weiterbildung im Kontext des Lebenslangen Lernens

In der Erwachsenenbildungsforschung fehlt derzeit eine allgemein akzeptierte und stringent theoretisch fundierte Definition der beruflichen Weiterbildung (Dehnbostel, 2008, S. 14 f.). Weiterbildung reagiert auf Veränderungen in der Beruflichkeit und Berufsstrukturen reagieren darauf, ob sie durch Weiterbildung stabilisiert werden können (Arnold et al. 2018, S. 931). Die berufliche Weiterbildung umfasst in einer ersten Annäherung an den Gegenstand alle Formen, die zur beruflichen Kompetenzentwicklung beitragen und die nach Abschluss einer ersten Bildungsphase im Jugendalter stattfinden (Schiersmann, 2007, S. 41). Sie dient somit auch dem Erhalt, der Vertiefung und Erweiterung von Kompetenzen und Qualifikationen für die berufliche Tätigkeit (Erler, 2011, S. 85). Es finden sich neben der Abgrenzung von beruflicher Weiterbildung nach dem Ort ihrer Durchführung (betriebliche, außer- und überbetriebliche Weiterbildung) und dem Erwerbsstatus (außerhalb oder während einer Erwerbstätigkeit) eine funktionalistische Sicht von beruflicher Weiterbildung. Es wird zwischen Anpassungsfunktion, Aufstiegsfunktion und Nachholfunktion unterschieden (Becker, 2018, S. 397 f.). Auf der inhaltlichen Ebene wird die Bedeutung der fachlichen (Weiter-)Bildung relativiert. Damit steigt das Gewicht persönlichkeitsbildender Gegenstände (Arnold et al., 2018, S. 931 f.). Die Abgrenzung von beruflicher und allgemeiner Weiterbildung erscheint problematisch, da sich Verwendungszusammenhänge von Weiterbildung für den Erwerbsbereich einerseits und den Privatbereich andererseits nicht immer klar trennen lassen. Dennoch unterliegen berufliche und allgemeine Weiterbildung unterschiedlichen Förderstrukturen (Schiersmann, S. 24 f.). Ansätze zur Systematisierung der beruflichen Weiterbildung beziehen sich darauf, einerseits von wem die Initiative zur Weiterbildungsteilnahme ausgeht und andererseits wer der Träger des Angebotes ist. So wird differenziert zwischen betrieblicher Weiterbildung (Angebote durch Betrieb/Arbeitgeber) und SGB-III geförderter beruflicher Weiterbildung bzw. Qualifizierung von Arbeitssuchenden und von Arbeitslosigkeit bedrohten Arbeitnehmer*innen (Auftraggeber für Angebote durch Jobcenter/Arbeitsagentur) (vgl. Schiersmann, S. 25 Schrader, 2011;

Bläsche, 2017 et al.). Im Kontext des vorliegenden Beitrags wird in Anlehnung an Schiersmann und Bläsche et al. die individuelle berufliche Weiterbildung betrachtet, welche hauptsächlich aus beruflichen Gründen erfolgt, jedoch in individueller Verantwortung liegt.

Seit 1962 wird die Statistik der deutschen Volkshochschulen vom Deutschen Institut für Erwachsenenbildung (DIE) erstellt, wobei Daten zu Angeboten, Finanzierung und institutionellen Aspekten vorliegen. Die Kurse im Programmbereich „Arbeit – Beruf" wurden bisher nach der folgenden Systematik erfasst. Sie untergliedern sich in offene Kurse, welche differenziert werden nach fachgebietsübergreifende/sonstige Kurse, „Informations- und Kommunikationstechnik" (IuK)-Grundlagen/allg. Anwendungen, kaufmännische IuK-Anwendungen, Technische IuK-Anwendungen, Büropraxis und Rechnungswesen, kaufmännische Grund-/Fachlehrgänge, Technische Grund-/Fachlehrgänge, Branchenspezifische Fachlehrgänge und Organisation/Management und außerdem in Auftrags- und Vertragsmaßnahmen (AVM)[1] (Reichart und Rattinger 2017, S. 250 ff.).

Kulturelle Bildung zur Selbstentfaltung und kulturellen Gestaltung

Kulturelle Bildung fördert Schlüsselkompetenzen wie zum Beispiel Kreativität, Flexibilität, Kommunikationsfähigkeit und Innovationsfähigkeit, also Fähigkeiten, die zum einen Lern- und Problemlösungsstrategien ermöglichen, aber auch unter der Perspektive der sozialen und ökonomischen Entwicklung eines Landes unverzichtbar sind. Diese Schlüsselkompetenzen sind als wesentliche Voraussetzung für eine „Gesellschaftsfähigkeit" anzusehen und dürfen nicht ausschließlich unter der Perspektive der „Beschäftigungsfähigkeit" betrachtet werden, denn in ihrer sozialen Dimension schafft die kulturelle Erwachsenenbildung kulturelle Handlungs- und biografische Gestaltungskompetenz, die unabhängig von Funktionskontexten der Arbeitswelt die Bewältigung des Alltags ermöglicht und somit Lebensqualität bedeutet. (KMK, S. 400). So kann kulturelle Erwachsenenbildung auch entscheidend zur Entwicklung von Kompetenzen in der Breite der Bevölkerung beitragen, die für die Bewältigung der

---

1 Bei der Erfassung von AVM in der VHS-Statistik kann nicht zwischen Arbeitsförderung und von Arbeitgebern oder anderen von Dritten beauftragten Maßnahmen unterschieden werden. AVM richten sich allgemein an einen von einem Auftraggeber definierten Teilnehmerkreis und behandeln auf diesen zugeschnittene Inhalte (Reichart und Rattinger 2017, S. 251).

Herausforderungen in der Wissensgesellschaft mit ihren veränderten arbeitsweltbezogenen Kontexten notwendig sind. (KMK, S. 400)

Die kulturellen Bildung hat eine transformierende Funktion, wobei ihr Spektrum entsprechend breit ausdifferenziert ist und sich weiter ausdehnt in der Gegenwart (Robak & Fleige, 2017, S. 1), wenn sich kulturelle Bildung als Lern- und Auseinandersetzungsprozess des Menschen mit sich, seiner Umwelt und der Gesellschaft im Medium der Künste und ihrer Hervorbringungen und im Ergebnis die Fähigkeit zur erfolgreichen Teilhabe an kulturbezogener Kommunikation im Besonderen und gesellschaftlicher Kommunikation im Allgemeinen vollzieht (Gieseke & Opelt, 2005, S. 81).

In ihrer Studie von 2005 diskutieren Gieseke und Opelt zentrale Befunde aus den Programmanalysen zur kulturellen Bildung in Berlin und Brandenburg und schreiben:

> „Von Erwachsenen wird Können und Handeln am Arbeitsplatz verlangt und selbsttätiges Gestalten und Vorausplanen im Familien- und Alltagsleben. [...] In der beruflichen Bildung und besonders der beruflichen Weiterbildung ist die Bedeutung des selbsttätigen Handelns im letzten Jahrzehnt in den Mittelpunkt des Interesses gerückt und bestimmt von hierher kommend gegenwärtig die aktuelle Diskussion. Im funktionalen Kern verbindet sie in der Kompetenzdiskussion psychosoziale Dispositionen mit Teilfähigkeiten. Aus pädagogischer Sicht ist bisher noch zu wenig beachtet worden, dass die Individuen sich zwar funktional verhalten können, aber ob mit Zwang oder logisch-rational begründet: Immer handelt es sich auch, wenn nicht individuelle Spielräume zur Verfügung stehen, um Selbstenteignungen. Die kulturelle Bildung hat sich selbst immer verstanden als ergänzendes, kontemplatives Ausgleichsangebot, als subjektive Verwirklichungsform jenseits des beruflichen Handelns. Damit ermöglicht sie indirekt auch die Funktionalität eines durchstrukturierten Arbeitshandelns“ (Gieseke & Opelt, S. 81f.).

Diese Beobachtungen sollen als Ausgangspunkt für die vertiefende Analyse des Aufkommens von Kreativität im Angebot der beruflichen Weiterbildung hinzugezogen werden.

Kreativität als Kompetenz und Praktik

Kreativität wird im vorliegenden Beitrag aus einer bildungswissenschaftlichen Perspektive betrachtet. Ein diskursanalytischer Blick verweist zunächst auf unterschiedlichen Betrachtungsweisen zu Kreativität in den einzelnen Disziplinen.

> „Aus der Philosophie stammt das Auratische des Kreativitätsbegriffs, aus der Psychologie seine potentielle Universalität, der soziologische Begriff fügt Relationalität

hinzu, aus der Erziehungswissenschaft schließlich stammt der Impetus, sie als Fähigkeit und Kompetenz ausflaggen zu können. An den psychologischen sowie an den pädagogischen Impetus schließt heute das Interesse der ökonomischen Sphäre an" (von Wissel, S. 12).

Zusammenführend zum aktuellen Kreativitätsdiskurs können folgende Beobachtungen aufgeführt werden: a) Kreativität sei eine Eigenschaft von Produkten, Prozessen und Personen, b) Kreativität sei ein soziales Phänomen, da soziale Strukturen eine Voraussetzung von Kreativität seien und Kreativität nur im sozialen Verbund denkbar sei, c) Kreativität sei somit kein seltenes Ereignis, sondern Teil der kognitiven Standardausstattung des Menschen. Selten hingegen seien Konstellationen der Faktoren Handlung, Prozess und Umweltbedingungen, aus denen außergewöhnliche kreative Leistungen hervorgehen. d) ferner sei Kreativität abhängig vom Betätigungsfeld. Menschen, die auf allen Gebieten außergewöhnlich kreativ sind, kommen fast nie vor und e) allen kreativen Prozessen unterliegt der Einsatz identischer kognitiver Instrumente. Sie sind lediglich unterschiedlich stark ausgeprägt (Vogt, 2010, S. 27). Dabei betrachtet Vogt Handlungen als die konstitutiven Bausteine im kreativen Prozess und führt die „4P's of creativity", die kreativen Personen (person), die kreativen Prozessen (process), die kreativen Produkten (products) und die Umweltbedingungen (places) aus der klassischen Kreativitätsforschung (vgl. z. B. Mooney 1963; Rhodes 1961; Urban 1993) über die Handlung (performance) zusammen, da Kreativität erst mit dem Handeln von Menschen entstehen kann (Vogt, 2010, S. 28). Der Kultursoziologe Reckwitz (2016) beschreibt Kreativität als „das Eigenschaftsbündel einer erstrebenswerten und zugleich allgemein erwarteten Subjektivität, die in der Lage ist, neues zu schaffen und dabei *sich selbst* [Hervorhebung im Original] immer wieder auf überraschende Weise zu erneuern" (Reckwitz, 2016, S. 186 f).

Im Kontext des Forschungsvorhabens soll Kreativität zunächst als Kompetenz eines Individuums behandelt werden, wobei kreatives Handeln bereits im Kompetenzbegriff angelegt ist. Kompetenz meint hier das Zusammenspiel von Fähigkeiten, Fertigkeiten, Wissen und Bereitschaft, die ein Mensch für erfolgreiches Handeln mitbringt. Als zentrale Merkmale können hier die Bindung an das handelnde Subjekt und die Bezogenheit auf Situationen genannt werden. (Kossack & Ludwig, 2015, S. 209 f.). Der Handlungsbezug und Handlungsvollzug implizieren auch, dass die Ausführung von Kreativität im Anschluss an von Wissel als Praktik verstanden werden kann. Der Kreativitätsbegriff ist darüber hinaus anschlussfähig an von Wissel, da dieser ihn an vorhandene Wissensstrukturen knüpft (von Wissel, S. 8).

> „Gleichzeitig taucht dabei aber die Frage auf, wie etwas wie Kreativität, die ja im pädagogischen Diskurs primär als etwas in der Person Angelegtes, als Fähigkeit einer Person gesehen wird, in diesen Übertrag vom Intellektuellen ins Praktisch-Organisationale eingebaut werden soll. Dies gilt umso mehr, als Kreativität immer wieder auch eine Abstraktion vom Gelernten vorsieht. Ein Ausweg aus diesem Dilemma besteht wie schon oben angedeutet darin, Kreativität als Praxisbegriff einzuführen. Insofern ist der pädagogische Umgang mit Kreativität ganz überwiegend praktisch ausgerichtet.“ (von Wissel, S. 26).

Kreativität wird im bildungswissenschaftlichen Kontext bisher als Phänomen der allgemeinen und hier im Besonderen der kulturellen Bildung erforscht. So schreiben Fleige, Gieseke und Robak (2015), dass Teilnehmende kultureller Bildungsangebote in der selbsttätig-kreativen Arbeit eine Befreiung und nach Wegen suchen, verfestigte und stereotypisierten, praktizierenden Lebensformen aufzulösen. Dabei suchen Teilnehmende nach neuen (künstlerischen) Ausdrucksformen, um Erleben und Selbstausdruck über eine kreative Leistung wieder zusammenzubringen und ihre Erlebnisfähigkeit zu stärken (Fleige, Gieseke & Robak, 2015, S. 116).

An diese theoretischen Vorüberlegungen zur beruflichen und kulturellen Erwachsen-/Weiterbildung, zur Kreativität und ihrer Auslegung als Kompetenz und als Praktik schließt das Forschungsinteresse an.

Die Forschungsfrage „Wie wird berufliche Erwachsen-/Weiterbildung durch das Einbeziehen von Kreativität ausgelegt und gestaltet? wird durch mitlaufende Fragen konkretisiert. In welchen Zusammenhängen wird Kreativität als Praktik beruflicher Erwachsenen-/Weiterbildung in Angeboten der öffentlich-geförderten beruflichen Erwachsenen-/Weiterbildung platziert? Wird Kreativität in den Angeboten berufsspezifisch, tätigkeitsspezifisch oder personenspezifisch und/oder produktspezifisch konzeptualisiert? Welche Funktion hat Kreativität in der beruflichen Erwachsen-/Weiterbildung? Wie wird Kreativität an Wissen angebunden? Welche Formen von Praktiken finden sich? Welches Verständnis von beruflicher Erwachsen-/Weiterbildung lässt sich hieraus ableiten? Welche Transformation und Entgrenzung von Kreativität (kontrastierende Analysefolie) findet sich bei einer vergleichenden Betrachtung zu Angeboten aus der kulturellen Bildung und der beruflichen Erwachsenen-/Weiterbildung? Ein Ziel des Forschungsvorhabens besteht darin, Amalgamierungen zwischen beruflicher und kultureller Erwachsen-/Weiterbildung aufzudecken aber auch Unterschiede herauszuarbeiten.

Methodisch/methodologische Einbettung

Ausgangspunkt der Untersuchungen sind ausgelegte Programme von Volkshochschulen, welche in einem praxissoziologischen Verständnis als Artefakte eingeordnet werden, die aus einer professionellen Praktik, dem professionellen Programmplanungshandeln (Gieseke, 2008; Fleige et al., 2018, Gieseke et al., 2018) heraus entstanden sind. In einem bildungswissenschaftlichen Verständnis ist das Programm einer Volkshochschule der „zeitgeschichtlich materialisierte Ausdruck gesellschaftlicher Auslegung von Erwachsenenbildung" (Gieseke, 2015, S. 165) und bildet den Kern des jeweiligen Profils einer Bildungseinrichtung (Gieseke et al., 2018, S. 453). Dabei dienen Programme der Information über die jeweils aktuellen Angebote bzw. der Kundenwerbung (Nolda, 2018, S. 433).

Die für die Untersuchung ausgewählten Programme der Einrichtungen werden im Rahmen einer Programmanalyse ethnographisch, inhaltsanalytisch und texthermeneutisch-rekonstruierend analysiert. Methodologisch bezieht sich diese Arbeit auf Ansätze der Praktiken- und Diskursanalyse und überwindet scheinbare Gegensätze von Praxeologie und Diskurstheorie. (Reckwitz, S. 55). Reckwitz beschreibt Praxistheorie als eine „die Empirie anregende Heuristik, die bestimmte Phänomene und Zusammenhänge zuallererst *sichtbar* [Hervorhebung im Original] macht" (Reckwitz, S. 98). Methodologische Bezüge finden sich zudem in der Ethnomethodologie und der Konversationsanalyse. Die Begriffe Praxis und Praktiken haben unter dem Einfluss von Pragmatismus und Ethnomethodologie, Poststrukturalismus und Habitustheorie ein schärferes Profil als Grundbegriffe der Sozialtheorie gewonnen (Hirschauer, 2016, S. 91). Einer Praktik kommen dabei zwei zentrale Merkmale zu. Zum einen ihre Ermöglichung und Regulierung durch implizite Wissensordnung und zum anderen ihre materielle Verankerung in Körpern sowie in den Artefakten (Reckwitz, S. 35). Dabei ergeben sich in der Praxis durch temporale Strukturen Aktualisierungen, Verschiebungen und Modifizierungen sozial-kultureller Praktiken durch einzelne Körper mit bestimmten Artefakten und in präzisen raum-zeitlichen Situationen (Reckwitz, S. 35). Ausgehend vom Konzept der Praktiken als kultursoziologisch kleinste Einheit ergibt sich heuristisch ein Anschluss an drei zentrale Phänomenbereiche, den Diskursen, Subjektivierungsweisen und den Artefakten. Diskurse liefern eine Spezialform von Praktiken, und die Diskursanalyse eine spezifische Perspektive auf diese Praktiken, es sind nach Reckwitz Praktiken der Repräsentation. In den Diskursen werden Wissensordnungen expliziert. Die Träger der materialen Verankerung sind hierbei häufig medientechnische Artefakte (Reckwitz, S. 36 f.)[2]. Artefakte sind Dinge oder Objekte, die material und kulturell durch ihre Eingebundenheit in soziale Praktiken strukturiert werden (vgl. hierzu auch Latour, 2007). Artefakten sind dabei Fakt und Faktum zugleich und haben ihrerseits Wirkungen auf Praktiken, Diskurse und Subjektivitäten. Sie sind Gegenstand der Verwendung und Benutzung und beeinflussen die Form sozialer Praktiken ihrerseits. (Reckwitz, S. 38) Programme als Artefakte sind Ergebnisse professioneller Praktiken und spiegeln Interessen von unterschiedlichen Akteuren (u.a. Unternehmen, Adressat/inn/en, Anbietern) wider, indem sie diese bündeln und als Scharnierstelle zwischen Einrichtung-Bildungsverständnis und Adressat*innen gleichermaßen fungieren. Gleichzeitig stellt es auch die Schnittstelle zur mikrodidaktischen Lehr-Lern-Ebene dar (Gieseke, 2015, S. 68).

Vergangene soziale Praktiken stellen methodologisch eine große Herausforderung dar, da sich die Zugänglichkeit verkompliziert. Anstelle von teilnehmender Beobachtung und Interviewverfahren treten Dokumentenanalysen (Reckwitz, S. 57). Die Dokumentenanalyse zeigt auch in der Erwachsenenbildungsforschung Präsenz im Rahmen der Programmanalyse als non-reaktives Verfahren (Hoffmann, 2012, S. 396), welche Aussagen über Weiterbildungsangebote in bestimmten geographischen Räumen und über die Rekonstruktion des in Bildungsangeboten enthaltenen Bildungsverständnisses geben kann (Nolda, S. 434 f). Sie ist eine eigenständige konstitutive Methode der Erwachsenen-/Weiterbildungsforschung (Gieseke 2000; Käpplinger 2008; Käpplinger; 2011; Schrader 2011; Nolda 2018).

Dabei sind Dokumente standardisierte Artefakte, insoweit sie typischerweise in bestimmten Formaten auftreten (Wolff, 2017, S. 503). Auch die ethnomethodologische Forschung macht die sozial organisierten Praktiken ihrer Produktion und Rezeption zum Gegenstand der Untersuchung (Wolff, S. 503 f.). Methodischen Praktiken, die bei der Produktion und Interpretation eine Rolle spielen, entsprechen jenen, die bei der Produktion und Interpretation sprachlicher Interaktion eingesetzt werden (Wolff, S. 507). Wichtig ist in diesem Zusammenhang, dass Dokumente eine eigenständige Datenebene darstellen (Wolff, S. 511).

Die Besonderheit der diskurstheoretischen Perspektive besteht auf methodologischer Ebene darin, dass Datenerhebung und Datenauswertung nahezu zusammenfallen. Das methodische Problem der Diskursanalyse besteht in der

2 Hierbei handelt es sich um Artefakte, welche die Produktion, Zirkulation und Rezeption von Zeichen regulieren. (Reckwitz, 2016, S. 75)

angemessenen Rekonstruktion von Codes und Sinnstrukturen und in der Frage nach dem gesellschaftlichen Status bestimmter Diskurse (Reckwitz, S. 58). Eine Amalgamierung praxeologischer und diskurstheoretischer Forschungsstrategien findet sich dann, wenn das Lesen des Dokuments auch auf eine körperlich-materiale Praxis jenseits ihrer selbst verweist (Reckwitz, S. 60).

Das Forschungsdesign sieht ein dreistufiges Verfahren der Programmanalyse vor:

a) Eine konversationsanalytische Auswertung folgt der Logik, dass Programmhefte Artefakte sozio-kultureller professioneller Praktiken sind, welche im Spannungsfeld ökonomischen und pädagogischen Planens und Handelns und aus einem Angleichungshandeln (Gieseke, 20008) entstehen und sich an Adressat*innen und Teilnehmende richten.
b) Anhand eines im Forscherteam deduktiv/induktiv entwickelten Kategorienrasters, das dem Verfahren der qualitativen Inhaltsanalyse in Anlehnung an Mayring (2015) folgt, sollen Programm- und Angebotsstrukturen beruflicher Erwachsen-/Weiterbildung in den Programmen aufgezeigt und analysiert und Kreativität in den Strukturen kultureller und beruflicher Erwachsenen- /Weiterbildung sichtbar gemacht werden. Um sowohl die Breite als auch die Spezifik der beruflichen Weiterbildung zu erfassen, werden alle Angebote im Programm der untersuchten Einrichtung erfasst. Dabei werden nicht nur die Ankündigungstexte, sondern das gesamte Programm mit seiner visuellen Gestaltung und textlichen Rahmung in den Blick genommen (Gieseke et al., S. 457). Zur Analyse der Texte werden in der Regel Varianten der Inhaltsanalyse angewendet, die je nach Fragestellung bzw. Erkenntnisinteresse eher quantitativ oder eher qualitativ ausgerichtet sind. Dabei geht es um die systematische Identifizierung von Aussage-Elementen und deren Zuordnung zu vorher festgelegten Kategorien wobei mit einem differenziertem Codebuch gearbeitet wird (Nolda, S. 440). Die qualitative Inhaltsanalyse dient einer systematischen Erfassung des Programms aus einer bildungswissenschaftlichen Perspektive. Die Erstellung des inhaltsanalytischen Kategorienrasters stützt sich auf die Ausarbeitungen in anderen Programmstudien (Körber et al. 1995; Gieseke & Opelt, 2003; Gieseke et al. 2005, Käpplinger, 2007; Schrader, 2011, Robak et al. 2015b, von Hippel & Röbel, 2016) aus denen einige Kategorien deduktiv übernommen und induktiv weiterentwickelt werden. Andere Kategorien werden mit Hilfe wissenschaftlicher Theorien und Ansätze entwickelt. Die Daten werden in Excel-Tabellen überführt und ausgewertet. Die Vorarbeiten zur Erstellung eines Kategorienschemas werden durch

phänomenologische Analysen zufällig ausgewählter Ankündigungstexten aus dem gesamten zur Verfügung stehenden Untersuchungsmaterial ergänzt. Die qualitative Inhaltsanalyse und die Entwicklung des Kategorienrasters bezieht sich im Forschungsdesign nur auf die Ausdifferenzierung der beruflichen Erwachsenen-/Weiterbildung, da hier auch der Fokus der Arbeit liegt. Die programmatische Ausrichtung zur Kulturellen Bildung ist in den letzten Jahren gut beforscht worden, Hier kann an verschiedene Studien und Veröffentlichungen angeschlossen werden (Gieseke et al., 2005; Robak et al.,2015b.; Fleige/Gieseke/Robak, 2015).

c) In Anlehnung an die Kodierarten der Grounded Theory nach Strauss/Corbin (1996) wird zur vertiefenden Analyse der Fragestellung nach dem Auftreten von Kreativität in den Strukturen der kulturellen und beruflichen Erwachsen-/Weiterbildung geforscht. Das offene, explorative und heuristische Verfahren dient der vertiefenden Analyse der Fragestellung nach dem Auftreten von Kreativität in Strukturen der beruflichen Erwachsenen-/Weiterbildung. Mit dem Programm MAXQDA (Programm zur computerunterstützten Analyse qualitativer Daten) werden die Programmhefte codiert und ausgewertet. Es soll hierdurch eine intersubjektive Nachvollziehbarkeit ermöglicht werden.

Das dreistufige Verfahren dient dem erweiternden und vertiefenden Verständnis des Gegenstandsbereich (Barz/Kosubek/Tippelt, 2012, S. 599). Für die angewandten methodischen Untersuchungen wird mit einer angemessenen Offenheit (Meinefeld, 2017, S. 267) verfahren. Konstitutiv für das Forschungsvorhaben sind eine enge Wechselbeziehung zwischen theoretischem Vorverständnis und empirischem Material. Dabei wird nach einer sich schrittweise vortastenden Klärung und Revision von Begriffen, Interpretationen und theoretischen Annahmen vorgegangen (Hopf & Kuckartz, 2016, S. 29–31).

Erste heuristische Annäherungen

Die Veränderungen von Arbeit und Beruf – und hier die derzeitig rasante Entwicklung im digitalen Arbeitsmarkt – erfordern im Kontext des Lebenslangen Lernens und brüchiger Berufsbiographien eine Neuausrichtung beruflicher Erwachsen-/Weiterbildung. Kreative Praktiken und Arbeitsoptimierungsmethoden finden sich im Programm der Volkshochschulen ebenso wieder, wie fachspezifische und abschlussbezogene Lehrgänge und Kurse. Im beruflichen Kontext ist die Frage nach der kreativen Gestaltbarkeit von immer wieder neuen Arbeitsprozessen relevant. In der betrieblichen Weiterbildung dienen

Weiterbildungsschulungen fachbezogenen Qualifikationen und der Entwicklungen von Kompetenzen für die Umsetzung kreativer Ideen und zur Erhaltung der Employability. Dabei folgt betriebliche Weiterbildung häufig einem kompensatorischen und funktionalistischen Ansatz und wird gesteuert durch betriebliche Interessen. Berufliche Weiterbildung an öffentlich geförderten Einrichtungen kann zunächst unabhängig von betrieblichen Kontexten planen und fragt nicht nach Rendite der betrieblichen Weiterbildung, sondern hat das Individuum mit persönlichen Bedürfnissen als Adressat*innen im Fokus. Dabei können sowohl kompetenzorientierte als auch emanzipatorische Ansätze verfolgt werden.

Erste Sichtungen des Materials zeigen, dass die derzeitige Ausrichtung der beruflichen Erwachsen-/Weiterbildung Kreativität und kreative Praktiken als Inhalte in ihre Angebote mit aufnimmt. Hier scheinen Bedarfe und Bedürfnisse, die aus dem Kontext Arbeit 4.0 emergieren sich in Strukturen beruflicher Bildungsbedarfe und Bedürfnisse niederzuschlagen. Kreativität findet sich im Diskurs häufig entlang anderer Begrifflichkeiten wie bedeutungsvoll, erschaffen, spontan, originell, neu, kreieren, überraschen, innovativ, Nutzen, Idee, Produkt, wertvoll, bemerkenswert, spontan, Leitbild, Gestalten, Flexibilität, Beschleunigung, (Problem-) Lösungen und Wachstum.

Die mit der qualitativen Inhaltsanalyse deskriptiven Kategorien umfassen sowohl organisatorische Merkmale als auch didaktisch-methodische Merkmale einer Veranstaltungsankündigung. Eine tentative Analysekategorie untersucht Verwertungszuweisungen am Material. Die Kategorien und ihre Ausprägungen weisen ein hohes Maß an Ausdifferenziertheit auf. Sichtbar wird, dass sowohl Angebote zur fachlichen Qualifizierung und überfachlichen Kompetenzentwicklung in andere Programmbereiche hineindiffundieren. Zu einer ausgewiesenen Funktion von beruflicher Erwachsen-/Weiterbildung weisen Angebote eine Kompetenzorientierung und einen zugeschriebenen Nutzen auf, welche sich berufsspezifisch oder berufsbezogen über eine Vielzahl von Themen und Inhalte erstrecken. Dabei unterliegen besonders die Angebote in dem Segment zur digitalen Kompetenzentwicklung einer Binnendifferenzierung über die Zeit.

Exemplarisch wird hier ein Angebot einer Volkshochschule aus dem Frühjahr 2017 aus dem Programmbereich zur beruflichen Erwachsen-/Weiterbildung aufgeführt:

„**Professionelles Auftreten durch Statusarbeit**

Von Schauspielern und Schauspielerinnen erwarten wir Bühnenpräsenz. Und wir? Wir stehen vor allem im Berufsleben auch auf der Bühne, auf ganz unterschiedlichen

Schauplätzen und in vielfältigen Rollen, in Situationen mit Klienten/-innen oder Vorgesetzten. Gerade Frauen rutschen in Krisengesprächen oder bei einem übergroßen Chef/Chefin in den niedrigen Status. Um souverän agieren zu können ist es wichtig, sich der jeweiligen Rolle und des Status der Beteiligten bewusst zu sein und Techniken zu kennen, um einen professionellen und authentischen Eindruck zu erzielen. In dem Seminar kommen viele praktische Übungen aus dem Schauspielunterricht zum Tragen. Ebenso Impro-Spiele, um sich seines eigenen Status bewusst zu werden und dann besser reagieren zu können. Also ein bewegtes und bewegendes Seminar. Dabei geht es um folgende Inhalte:

- Statusarbeit (in welcher Rolle bin ich?)
- Unsere äußere Hülle (Was Kleidung mit uns macht)
- Sprache entrümpeln
- Erfolgsfaktor Körpersprache
- Schauspieltechnik
- Interaktion/Improvisation"

Bei diesem Angebot der beruflichen Erwachsen-/Weiterbildung handelt es sich um eine Einzelveranstaltung, die ganztägig an einem Wochenendtag angeboten wird und insgesamt neun Unterrichtsstunden umfasst. Dieses Angebot befindet sich in der Rubrik „Frau und Beruf" im Programmbereich Arbeit und Beruf. In dieser Veranstaltungsbeschreibung geht es nicht um eine fachliche Qualifizierung, sondern um eine Weiterbildung, die dabei unterstützen soll Kompetenzen auszubildenden, die viele kommunikativen Situationen im Berufsalltag im Handlungsvollzug unterstützen sollen. Die Weiterbildung wird als materialisierte Praktik Angeboten. Über die Arbeit am und mit dem Körper sollen Fähigkeiten erworben werden, die im beruflichen Kontext von Nutzen sein können. Hierbei verweist die Praktik auf eine Funktionalität, der Verbesserung des eigenen Auftretens und der Verbesserung von Kommunikationsstrukturen. Es handelt sich demnach um eine persönlichkeitsbildende Weiterbildung mit beruflicher Anschlussfähigkeit oder beruflichem Verwendungszusammenhang. Der Verwertungskontext für das Individuum könnte sowohl im beruflichen als auch im privaten Verwertungszusammenhang liegen. Hierbei liegt auch eine der wesentlichen Problematiken bei der Zuteilung von allgemeiner und beruflicher Weiterbildung, da sich Verwertungszusammenhängen immer erst aus der Sicht des Subjekts mit endgültig fassen lassen. Auf mesodidaktisch programmatischer Ebene wird diese Weiterbildung jedoch in einem beruflichen Kontext gefasst und so im Programm platziert.

Eine Zuordnung zu beruflicher Weiterbildung, wie sie auch Becker vorschlägt, fällt hier schwierig. So kann weder von einer Umschulung, noch einer Aufstiegsfortbildung, noch von einer Nachqualifizierung und auch von keiner Anpassungsfortbildung gesprochen. Ohnehin fällt ein zu enggefasster funktionalistischer Blick, wenn Weiterbildung als soziale Praxis betrachtet wird, schwierig, da Praktiken auch immer der Veränderung unterliegen und gestalterische Elemente beinhalten. Auch eine betriebliche oder arbeitsplatznahe Weiterbildung liegt hier nicht vor, da dieses Angebot an einer Einrichtung der öffentlich geförderten Weiterbildung platziert wird.

Wichtig im Kontext sozialer Praktiken ist auch das Präsenzformat der Veranstaltung. Obwohl auch digitale Formate zunehmend Einzug in die Volkshochschulen nehmen, wird diese Weiterbildung als eine Weiterbildung mit einer körperlichen Präsenz angeboten. Die Arbeitsform der Weiterbildung wird als Seminar und nicht als Workshop angegeben. Die Zielgruppenansprache erfolgt eher indirekt durch die Platzierung im Heft und durch die ausgewiesenen Inhalte. Es geht um eine Stärkung von Frauen im betrieblichen Umfeld. Ein eindeutiger Handlungsbezug und eine Wissensanbindung können ausgewiesen werden.

Als kontrastierende Folie und zur Veranschaulichung des Forschungsinteresses wird hier ein Angebot aus der kulturellen Bildung aufgeführt. Ganz anders liest sich die Beschreibung des Kurses zur kulturellen Bildung einer Volkshochschule aus demselben Jahr:

> **„Improvisationskurs/Theaterkurs**
>
> Lernen Sie von einem Darsteller der Landesbühne. „Wollen Sie sich einmal auf der Bühne ausprobieren und in unterschiedliche Rollen schlüpfen? Haben Sie Spaß daran Geschichten zu erfinden und darzustellen? Entdecken Sie Ihre Spielfreude und staunen Sie, wie viele Möglichkeiten des Ausdrucks in Ihnen schlummern! Anhand von schauspielerischen Übungen zu Aspekten wie Wahrnehmung, Phantasie, Aufmerksamkeit sowie Rollen- und Szenenentwicklung erkunden wir in entspannter und humorvoller Atmosphäre die faszinierende Welt von Schauspiel und Improvisation. Der Kurs eignet sich sowohl für Anfänger, die spielerisch erste Theaterimpulse gewinnen wollen, als auch für Fortgeschrittene, die ihre Fähigkeiten erweitern und neue effektive Schauspielmethoden kennenlernen wollen."

Handelndes Lernen über die Aneignung von Techniken zum Selbstausdruck ist ein wesentlicher Bestandteil kultureller Bildung (Gieseke & Krüger, 2017, S. 316). Reckwitz (2016) bezeichnet ästhetische Praktiken als eine bestimmte Form sozialer Praktiken mit einer bestimmten Wahrnehmungsweise. Ästhetische Praktiken können allgemein als Aktivitäten, in denen Sinne, Affekte und Interpretationen selbstreferenziell werden und sich von der Unterordnung unter zweckrationales oder normatives Handeln lösen bezeichnet werden (Reckwitz, 2016, S. 13–30). Prospektiv soll Kreativität in Angeboten kultureller und beruflicher Erwachsen-/Weiterbildung anhand Merkmale sozialer und ästhetischer Praktiken untersucht werden und bildungswissenschaftlich und bildungstheoretische ausdifferenziert werden.

Ausblick

Im vorliegenden Beitrag wurde das Forschungsdesign anhand einer Einführung theoretischer Konzepte und der methodische/methodologischen Einbettung der Forschungsfrage vorgestellt. Anhand eines Beispiels aus der beruflichen Erwachsen-/Weiterbildung wurden Kategorien des Codesystems diskutiert und erste Annahmen zum Auftreten von Kreativität in Veranstaltungen zur berufliche Erwachsenen-/Weiterbildung aufgeführt. Flankierend wurde die kulturelle Erwachsenbildung mitbetrachtet. Die differenzierte bildungswissenschaftliche Betrachtung einzelner Angebote im Kontext der professionellen Praktik des Programmplanungshandelns und deren Auslegung in Programmstrukturen beruflicher Erwachsenen-/Weiterbildung soll über ein qualitativ-quantitatives Verfahren und unter Bezugnahme auf kulturelle Erwachsenbildung eine theoriebasierte Ausdifferenzierung beruflicher Erwachsen-/Weiterbildung voranbringen.

Literatur

Arnold, R., Pätzold, H. & Ganz, M. (2018). Weiterbildung und Beruf. In R. Tippelt & A. von Hippel (Hrsg.), *Handbuch Erwachsenenbildung/Weiterbildung* (6. Auflage) (S. 931–946). Wiesbaden: Springer.

Barz, H. & Kosubek, T. & Tippelt, R. (2012). Triangulation. In B. Schäffer & Dörner, O. (Hrsg.), *Handbuch qualitative Erwachsenen- und Weiterbildungsforschung.* (S. 597–611). Leverkusen: Barbara Budrich.

Becker, R. (2017). Berufliche Weiterbildung – theoretische Perspektiven und empirische Befunde. In: Ders. (Hrsg.) *Lehrbuch der Bildungssoziologie.* Wiesbaden: VS Verlag für Sozialwissenschaften S. 393–441.

Bläsche, A. & Brandherm, R. & Eckhardt, C. & Käpplinger, B. & Knuth, M. & Kruppe, T. & Kuhnhenne, M. & Schütt, P. (2017). *Qualitätsoffensive strukturierte Weiterbildung in Deutschland.* Düsseldorf: Hans-Böckler-Stiftung.

Dehnbostel, P. (2008) *Berufliche Weiterbildung. Grundlagen aus arbeitnehmerorientierter Sicht.* Sigma: Berlin.

Deutscher Bildungsrat (1970). *Strukturplan für das Bildungswesen.* Stuttgart: Klett Verlag.

Deutscher Bundestag (2007): *Schlussbericht der Enquete-Kommission „Kultur in Deutschland". Berlin.* Daraus: Kapitel 6.3 und 6.4, Kulturelle

Erwachsenenbildung. S. 400–407. Online unter: https://dip21.bundestag.de/dip21/btd/16/070/1607000.pdf [20.04.2019]

Erler, I. (2011). Allgemeinbildung und Schlüsselkompetenzen als Trend in der beruflichen Bildung? In G. Niedermair (Hrsg.), *Aktuelle Trends in der beruflichen Aus- und Weiterbildung. Impulse, Perspektiven und Reflexionen.* (S. 85–97). Linz: Trauner Verlag.

Fleige, Marion/Gieseke, Wiltrud/von Hippel, Aiga/Käpplinger, Bernd/Robak, Steffi (Hrsg.) (2018): *Programm- und Angebotsentwicklung in der Erwachsenen- und Weiterbildung.* Stuttgart: UTB.

Fleige, M. & Gieseke, W. & Robak, S. (2015). *Kulturelle Erwachsenenbildung. Strukturen-Partizipationsformen-Domänen.* Bonn: wbv.

Gieseke, W. (Hrsg.) (2000). *Programmplanung als Bildungsmanagement? Qualitative Studie in Perspektivverschränkung. Begleituntersuchung des Modellversuchs „Erprobung eines Berufseinführungskonzeptes für hauptberuflich pädagogische Mitarbeiter/innen in der konfessionellen Erwachsenenbildung“.* Recklinghausen: Bitter.

Gieseke, Wiltrud (2008). *Bedarfsorientierte Angebotsplanung in der Erwachsenenbildung.* Bielefeld: W. Bertelsmann.

Gieseke, W. (2015). Programme und Angebote. In J. Dinkelaker & A. von Hippel (Hrsg.), *Erwachsenenbildung in Grundbegriffen* (S. 165–173). Stuttgart: Kohlhammer Verlag.

Gieseke, W. (2013) *Kulturelle Erwachsenenbildung.* KuBi online: https://www.kubi-online.de/artikel/kulturelle-erwachsenenbildung. [20.04.2019]

Gieseke, W. & von Hippel, A. & Stimm, M. & Georgieva, I. & Freide, S. (2018). Programmarchive und -sammlungen der Erwachsenenbildung/Weiterbildung. In R. Tippelt & A. v. Hippel (Hrsg.), *Handbuch Erwachsenenbildung/Weiterbildung* (6. Auflage) (S. 451–474). Wiesbaden: Springer.

Gieseke, W. & Krueger, A. (2017): Selbstsuche und Platzierung der Kulturellen Bildung. Einführung in aktuelle und historische Fragen. In: *Hessische Blätter für Volksbildung* 4/2017. S. 312–323.

Gieseke, W. & Opelt, K. (2003). *Erwachsenenbildung in politischen Umbrüchen: Das Programm der Volkshochschule Dresden 1945–1997.* Opladen: Leske + Budrich.

Gieseke, W., Opelt, K., Stock, H., & Börjesson, I. (2005). *Kulturelle Erwachsenenbildung in Deutschland – Exemplarische Analyse Berlin/Brandenburg.* Münster: Waxmann.

Hippel, A. von & Röbel, T. (2016). Funktionen als akteursabhängige Zuschreibungen in der Programmplanung betrieblicher Weiterbildung. *Zeitschrift für Weiterbildungsforschung – Report,* 1–21.

Hirschauer, Stefan (2017): Praxis und Praktiken. In R. Guguzer & G. klein & M. Meuser (Hrsg.), *Handbuch Körpersoziologie.* (S. 91–96). Wiesbaden. Springer.

Hopf, W. & Kuckartz, U. (2016). *Schriften zu Methodologie und Methoden qualitativer Sozialforschung.* Wiesbaden: Springer VS.

Hoffmann, N. (2012). Dokumentenanalyse. In: B. Schäffer & B. Dörner (Hrsg.) *Handbuch Qualitative Erwachsenen- und Weiterbildungsforschung.* (S. 395–406) Opladen, Berlin, Toronto: B. Budrich Verlag.

Käpplinger, Bernd (2011): Methodische Innovationen durch neue Nutzungen und Kombinationen einer alten Methode – Das Beispiel der Programmanalyse. In: *REPORT - Zeitschrift für Weiterbildungsforschung* 34 (1), S. 36–44. URL: www.die-bonn/doks/report/2011-programmforschung-01.pdf [20.04.2019]

Käpplinger, B. (2008). Programmanalyse und ihre Bedeutung für Pädagogische Forschung. *Forum Qualitative Sozialforschung, 1 (37).* Abrufbar unter http://www.qualitative-research.net/index.php/fqs/article/view/333/728 [20.04.2019]

Käpplinger, B. (2007). *Abschlüsse und Zertifikate in der Weiterbildung.* Bonn: Bundesinstitut für Berufsbildung.

Körber, K. & Kuhlenkamp, D. & Peter, R. & Schlutz, E. & Schrader, J. & Wilckhaus, F. (1995). *Das Weiterbildungsangebot im Land Bremen. Strukturen und Entwicklungen in einer städtischen Region. Untersuchung im Auftrag der Strukturkommission Weiterbildung des Senats der Freien Hansestadt Bremen. Ergebnisse der Kommissionsarbeit (Bd. 3).* Bremen: Bremer Texte zur Erwachsenenbildungsforschung.

Kossack, P. & Ludwig, J. (2015). Kompetenz und Qualifikation. In J. Dinkelaker & A. von Hippel (Hrsg.), *Erwachsenenbildung in Grundbegriffen* (S. 207–214). Stuttgart: Kohlhammer Verlag.

Latour, B. (2007). *Eine neue Soziologie für eine neue Gesellschaft: Einführung in die Akteur-Netzwerk-Theorie.* Frankfurt am Main: Suhrkamp.

Mayring, P. (2015). *Qualitative Inhaltsanalyse. Grundlagen und Techniken.* (11. aktual. Auflage) Weinheim: Beltz.

Meinefeld, W. (2017). Hypothesen und Vorwissen in der qualitativen Sozialforschung. In U. Flick, E. v. Kardorff & I. Steinke (Hrsg.), *Qualitative Forschung. Ein Handbuch* (S. 265–275). Hamburg: Rohwolt.

Mooney, R. L., (1963). Creativity approaches. An integrative model. In C. W. Taylor & F. Barron (eds.), *Scientific creativity. Its recognition and development*, (331–340.). New York u. a.

Nolda, S. (2018). Programmanalyse in der Erwachsenenbildung/Weiterbildung – Methoden und Forschungen. In R. Tippelt & A. von Hippel (Hrsg.), *Handbuch Erwachsenenbildung/Weiterbildung* (6. Auflage) (S. 433–449). Wiesbaden: Springer VS.

Reckwitz, A. (2016). *Kreativität und soziale Praxis. Studien zur Sozial- und Gesellschaftstheorie.* Bielefeld. Transcript Verlag.

Reichard, E. & Rattinger, J. (2017). Die statistische Entwicklung des Programmbereichs Arbeit – Beruf an Volkshochschulen seit den 1990er Jahren. Tiefenanalysen und Interpretationen aus der Perspektive der Praxis. *Hessische Blätter für Volksbildung.* H. 3, S. 246–256.

Rhodes, M. (1961). *An analysis of creativity*, Phi Delta Kappan, Vol. 42, 305–310.

Robak, S./Fleige, M. (2017). *Kulturelle Erwachsenenbildung: (Bildungs-)Interessen, Strukturen, Partizipationsformen – und ihre Übersetzung in Wissensstrukturen für Programmentwicklung.* kubi online. https://www.kubi-online.de/artikel/kulturelle-erwachsenenbildung-bildungs-interessen-strukturen-partizipationsformen-ihre [20.04.2019]

Robak, S./Rippien, H./Heidemann, R. & PohlmannC. (2015a) (Hrsg.), *Bildungsurlaub – Planung, Programm und Partizipation. Eine Studie in Perspektivverschränkung.* FfaM, Bern, Brüssel, New York, Oxford, Warschau, Wien: Peter Lang.

Robak, Steffi; Fleige, Marion; Seifert, Jennifer; Teichmann, Anne-Kristin; Krueger, Anneke (2015b): *Die Konstitution Kultureller Bildungsräume. Fünf überregionale Institutionen der non-formalen Kulturellen (Erwachsenen-) Bildung: Bildungsangebotsentwicklungen, innovative Impulse, Planungsspielräume. Langfassung. Recherche und Analyse im Auftrag des Rates für Kulturelle Bildung, durchgeführt an der Leibniz Universität Hannover und der Humboldt-Universität zu Berlin im Zeitraum April – Juni 2015.* Essen: www.rat-kulturelle-bildung.de/fileadmin/user_upload/pdf/RFKB_RechercheRo [20.04.2019]

Schiersmann, C. (2007). *Berufliche Weiterbildung. Lehrbuch.* Wiesbaden: VS Verlag für Sozialwissenschaften.

Schrader, J. (2011). *Struktur und Wandel der Weiterbildung.* Bielefeld: W. Bertelsmann.

Süssmuth, R. & Eisfeld, K.-E. (2018). Volkshochschulen. In R. Tippelt & A. v. Hippel (Hrsg.), *Handbuch Erwachsenenbildung/Weiterbildung.* (6. Auflage) (S. 763–784). Wiesbaden: Springer Verlag.

Stehr, N. & Adolf, M. (2009). Die neue Macht der Kreativität. Wissensklassen in modernen Gesellschaften. In. S. A. Jansen & E. Schröter & N. Stehr (Hrsg.), *Rationalität der Kreativität? Multidisziplinäre Beiträge zur Analyse der Produktion, Organisation und Bildung von Kreativität.* (S. 185–206). VS Verlag: Wiesbaden.

Tippelt, R. & Hippel, von A. (Hrsg.), *Handbuch Erwachsenenbildung/Weiterbildung* (6. Auflage). Wiesbaden: Springer VS.

Urban, K. K., 1993: Neuere Aspekte in der Kreativitätsforschung. *Psychologie in Erziehung und Unterricht*, Vol. 39, 133–148.

Ursua, N. (2015). Kreativität und Kompetenz als treibende Kräfte und Schlüsselfaktoren in der Wissensgesellschaft. In G. Banse & A. Rothkegel (Hrsg.), *Aneignungs- und Nutzungsweisen Neuer Medien durch Kreativität und Kompetenz.* (S. 37–53). Trafo Wissenschaftsverlag: Berlin.

Vogt, T. (2010). *Kalkulierte Kreativität.* Wiesbaden: Springer VS.

Strauss, A. & Corbin, J. (1996). *Grounded Theory: Grundlagen Qualitativer Sozialforschung.* Weinheim: Beltz.

KMK (2016) (Hrsg.) *Vierte Empfehlung der Kultusministerkonferenz zur Weiterbildung.* https://www.kmk.org/fileadmin/Dateien/veroeffentlichungen_beschluesse/2001/2001_02_01-4-Empfehlung-Weiterbildung.pdf [20.04.2019]

Wissel, Carsten von (2012). *Wissenschaftliche Kreativität.* In Hans Böckler Stiftung (Hrsg.), Bildung und Qualifizierung. Arbeitspapier 251. https://www.boeckler.de/pdf/p_arbp_251.pdf [20.04.2019]

Wolff, S. (2017) Dokumenten- und Aktenanalyse. In U. Flick, E.v. Kardoff & I. Steineke (Hrsg.), *Qualitative Forschung. Ein Handbuch.* (12. Auflage) (S. 502–513). Hamburg: Rohwolt.

Reckwitz, A. (2016). *Kreativität und soziale Praxis.* Studien zur Sozial- und Gesellschaftstheorie. Bielefeld: transcript verlag.

Wunder, T.& Bausch, J. (2014). Unternehmerische Kreativität zielgerichtet entfalten. In. S. 46–55 *Controlling & Management Review.* 4/2014

Arne Koevel

Ein sozialkonstruktivistisch-praxeologisches Konzept zur Rekonstruktion von Deutungsmustern über Armut in der Schule

Zusammenfassung: Der vorliegende Beitrag widmet sich den Wechselwirkungen zwischen Armut und Bildung. Der Fokus wird dabei sowohl auf die Reproduktion sozialer Ungleichheit *in* der Schule als auch *durch* die Schule gelegt. Zunächst werden ebenso Ursachen auf der Ebene der Herkunftsfamilien wie auch strukturelle Aspekte auf der Ebene des Schulsystems und der dort tätigen Akteur*innen fokussiert. Der Blick in den Stand der Forschung soll zeigen, dass eine Wissenslücke bezüglich der Rolle der Lehrpersonen in der Reproduktion von Sozialstrukturen besteht. Daraus leitet sich ein Plädoyer für die qualitative Untersuchung der bei Lehrpersonen vorhandenen Wahrnehmungs- und Deutungsmuster von sozialer Ungleichheit und Armut ab. Es wird eine Verbindung von wissenssoziologischen, ungleichheitssoziologischen und praxeologischen Zugängen vorgeschlagen. Der Beitrag schließt mit einer Ableitung von Implikationen für die empirische Anwendung des entwickelten Konzepts.

Schlüsselbegriffe: Soziale Wahrnehmung, Sozialkonstruktivismus, doing differences, Wissenssoziologie, Armut, soziale Ungleichheit, Schule, Lehrpersonen

1 Einführung

In einem relativ reichen Land wie der Bundesrepublik ist die Existenz von Armut Ausdruck einer ausgeprägten sozialen Ungleichheit. Sie zeigt sich nicht nur in der Analyse der ungleichen Verteilung von Einkommen und Eigentum (Der paritätische Gesamtverband, 2017; Grabka & Goebel, 2017), sondern auch im Zusammenhang mit Bildungschancen und -erfolgen. Speziell das deutsche Bildungswesen ist undurchlässig wie kaum an anderes westliches Bildungssystem und der Erfolg von Bildungs- und Berufskarrieren wird maßgeblich von der sozialen Herkunft der Bildungsteilnehmer*innen beeinflusst (Baader & Freytag, 2017; Becker & Lauterbach, 2016; Büchler, 2016; Ditton & Krüsken, 2006).

Obwohl dies häufig beklagt wird, finden sich wenig theoretische und qualitativ-empirische Analysen der zugrundeliegenden Mechanismen. Ziel dieses Beitrags ist es, ein Konzept zur Exploration sozialer Mechanismen der Herstellung von sozialer Ungleichheit in der Schule vorzulegen. Es soll begründet werden, warum die Rekonstruktion armutsbezogener Wahrnehmungs- und

Deutungsmuster von Lehrpersonen in diesem Zusammenhang lohnenswert sein kann. Zunächst wird das hier zu Grunde liegende Verständnis von Armut offengelegt (1.). Für das Forschungsanliegen ist weiterführend das Zusammenspiel von Armutslagen und Bildungserfolgen von Interesse. Unter Punkt 2 werden daher zentrale Erkenntnisse zum Zusammenhang zwischen der sozioökonomischen Herkunft und möglichen Bildungschancen und -erfolgen erörtert. Dabei werden sowohl mikrosoziologische Aspekte der Reproduktion sozialer Ungleichheit (auf Ebene der Herkunftsfamilien) in den Blick genommen (2.1) als auch meso- und makrostrukturelle Mechanismen der Fortschreibung sozialer Schichtung durch das System Schule (2.2). Es wird gezeigt, dass in diesem Zusammenhang die Rolle der Lehrpersonen in der Bildungsforschung und -soziologie bisher nur unzureichend untersucht worden ist. Um diese Forschungslücke zu füllen, wird vorgeschlagen, sich den Wahrnehmungs- und Deutungsmustern, die Lehrpersonen von Armut besitzen, zu nähern. Dieses Plädoyer wird sozialkonstruktivistisch und praxistheoretisch[1] begründet. Zentrale theoretische Zugänge werden unter Punkt 3 vorgestellt und zusammengeführt. Im ersten Schritt werden Erkenntnisse der Wissenssoziologie und des Sozialkonstruktivismus' im Sinne von Berger und Luckmann – im Besonderen der Begriff des Alltagswissens und die Bedeutung von Konstruktionen für die Wahrnehmung von und den Umgang mit der Umwelt – für die zugrunde liegenden Fragestellungen fruchtbar gemacht (Berger & Luckmann, 2016) (3.1). Anschließend wird die Bedeutung der sozialen Wahrnehmung für die Genese sozialer Ungleichheiten aus Heterogenitäten in Anschluss an Diewald und Faist (2011) gekennzeichnet und offene Fragen für das Untersuchungsanliegen abgeleitet (3.2). Alsdann wird das praxeologische Konzept der Humandifferenzierung von Hirschauer und Kolleg*innen (2017a) auf mögliche Implikationen für die Analyse der Ungleichheitsgenese in der Schule untersucht (3.3). Der Beitrag schließt mit der Ableitung von Implikationen für die empirische Anwendung des entwickelten Konzepts und gibt einen Einblick in die Erhebungs- und Analysestrategien (4.).

1.1 Armut – Begriff und Wirkung

Das hier zu Grunde liegende Verständnis von Armut ist durch folgende Merkmale definiert (Butterwegge, 2012, 2016; Groh-Samberg, 2004; Weiß, 2017):

---

1 Praxistheorie: Theorie der Sozialität, die soziale Praktiken der Lebenswirklichkeit fokussiert (Hillebrandt (2009, 2014)); zum Verhältnis von Pragmatismus und Praxistheorie vgl. Dietz et al. (2017).

- Armut kann nur in *Relation zur Mehrheitsgesellschaft* verstanden werden.
- Armut ist ein *multidimensionales* Phänomen und muss als *Lebenslage* verstanden werden. Sie kann nicht allein als monetärer Aspekt oder ökonomischer Mangel definiert sein.

Relationale Konzepte von Armut verstehen das Phänomen vor allem im Verhältnis zur soziokulturellen und ökonomischen Umgebung der betroffenen Individuen. In Anlehnung an Butterwegge (2016) wird hier ein *multidimensionales* Verständnis von Armut verfolgt. Armut ist ein Phänomen, das sowohl ökonomische als auch soziale und kulturelle Aspekte umfasst: *Monetäre Defizite* erzwingen den Verzicht auf bestimmte materielle Güter. Dies kann zu einem *Ansehensverlust im sozialen Umfeld* der Betroffenen führen, sofern es sich um einen zeitlich länger andauernden Zustand handelt. Die Angewiesenheit auf staatliche Unterstützung bedingt, dass eine *längerfristige Lebensplanung* nicht möglich ist. Darüber hinaus spielen *soziale Exklusion* und *Marginalisierung* eine zentrale Rolle bei fortdauernden Armutslagen. Mängel in den Bereichen Wohnung(sumfeld), Ernährung und Gesundheit, Bildung, Freizeit und Kultur führen nahezu notwendigerweise zu einem Ausschluss der Betroffenen aus dem gesellschaftlichen Leben (soziale Exklusion). Allgemeine Bilder von Armut, die Marginalisierung der Betroffenen sowie die Ausblendung der gesellschaftlichen Determiniertheit und struktureller Hintergründe können zur Exklusion der Betroffenen beitragen. Dies wird besonders dann problematisch, wenn meritokratische Narrative das Gerechtigkeitsempfinden der Mehrheitsgesellschaft bestimmen und Armutsbetroffene in erster Linie selbst für ihre Lebenslagen verantwortlich gemacht werden. In der Konsequenz kann dauerhafte Exklusion zur *Macht- und Einflusslosigkeit* führen. Erfolglose Bildungs- und Berufskarrieren, Ressourcenarmut und soziale Exklusion führen dazu, dass sozioökonomisch benachteiligte Personen in gesellschaftlichen Schlüsselpositionen der Wirtschaft, Politik, Wissenschaft und Medien unterrepräsentiert sind und – auch auf Grund mangelnder Artikulationsmöglichkeiten und -fähigkeiten – keinen direkten Einfluss auf die allgemeine Verbesserung ihrer Lage nehmen können (Butterwegge, 2016, S. 16–18).

2 Armut und Bildung – Zur Situation in Deutschland

Dem deutschen Bildungssystem wird in diesem Zusammenhang regelmäßig eine besondere soziale Undurchlässigkeit attestiert (Baader & Freytag, 2017; Becker & Lauterbach, 2016; Büchler, 2016; Ditton & Krüsken, 2006). Die soziale Herkunft hat sowohl beim Eintritt in die institutionellen Bildungswege als auch bei deren Fortsetzung einen maßgeblichen Einfluss auf die Bildungs- und Berufskarrieren. Obgleich zahlreiche Befunde eine alle Bildungsbereiche umfassende Bildungsexpansion hervorheben, können von dieser Entwicklung längst nicht alle Kinder, Jugendlichen und Erwachsenen profitieren (Becker, 2017; Schimpl-Neimanns, 2000; Solga & Wagner, 2001; Ziefle, 2017). Neben migrations- und geschlechtsbezogenen Effekten spielt insbesondere die sozioökonomische Herkunft der Bildungsteilnehmer*innen eine zentrale Rolle für den Bildungserfolg (Autorengruppe Bildungsberichterstattung, 2018; Wernstedt & John-Ohnesorg, 2008). Der Einfluss der Herkunft zeigt sich über alle Bildungsbereiche und -phasen hinweg (Becker & Lauterbach, 2016). Kreyenfeld und Krapf (2016) konnten zeigen, dass Kinder von Frauen mit Abitur zunehmend Kindertagesstätten besuchen und in (westdeutschen) Einrichtungen deutlich zahlreicher vertreten sind als Kinder von Frauen mit niedrigeren Bildungsabschlüssen. Neumann et al. (2014) weisen darauf hin, dass sich Leistungsunterschiede zwischen Schüler*innen mit unterschiedlichem sozioökonomischen Hintergrund im Laufe der Grundschulzeit vergrößern und vermuten, dass die Institution Schule einen Einfluss auf diese Entwicklung haben könnte. Zugleich spielt der Übergang von der Grundschule in die weiterführenden Schulen in der Bundesrepublik eine maßgebliche Rolle im Hinblick auf die Reproduktion und Festigung sozialer Schichtung. Zum einen werden hierbei individuelle Bildungsentscheidungen der Herkunftsfamilien wirksam (Boudon, 1974; Neugebauer, 2010). Zum anderen verweisen Studien aber auch auf institutionelle Diskriminierung und den Einfluss der Lehrpersonen (Ditton, 2016). Dies zeigt sich bspw. an der Verteilung der Schüler*innen auf die Bildungsgänge des gegliederten deutschen Bildungssystems in Abhängigkeit ihrer sozioökonomischen Herkunft (vgl. Abb. 1) und verfestigt sich im Laufe des Bildungsweges bis zum tertiären Bildungssektor. Wenngleich die unteren Mittelschichten von der Bildungsexpansion profitieren konnten, zeigen Zahlen aus dem Jahr 2009, dass 83 Prozent der Kinder aus akademischen Elternhäusern eine universitäre Ausbildung absolvierten, jedoch lediglich 23 Prozent der Kinder aus anderen Schichten ein Hochschulstudium begonnen haben (Becker, 2012).

Die deutlichen Befunde machen eine Betrachtung der Prozesse und Mechanismen der Entstehung und Verfestigung von herkunftsbedingten Bildungsungleichheiten weiterhin unerlässlich (Solga & Dombrowski, 2009). Bildungssoziologische Untersuchungen betrachten dabei vornehmlich zwei Zusammenhänge. Auf der einen Seite werden *mikrosoziologische Aspekte* der sozialen Herkunft und die Auswirkungen familiärer Sozialisation sowie schicht- und milieuspezifische Bildungsaspirationen in den Blick genommen

(Becker, 2000; Boudon, 1974; Schuchart & Maaz, 2007). Andererseits widmen sich Forschungsarbeiten den *meso- und makrostrukturellen Aspekten* und nehmen das System Schule sowie die dort tätigen Akteur*innen in den Blick (Ditton, 2016; Fend, 2012; Schneider, 2011). Nachfolgend werden zentrale Erkenntnisse beider Stoßrichtungen vorgestellt.

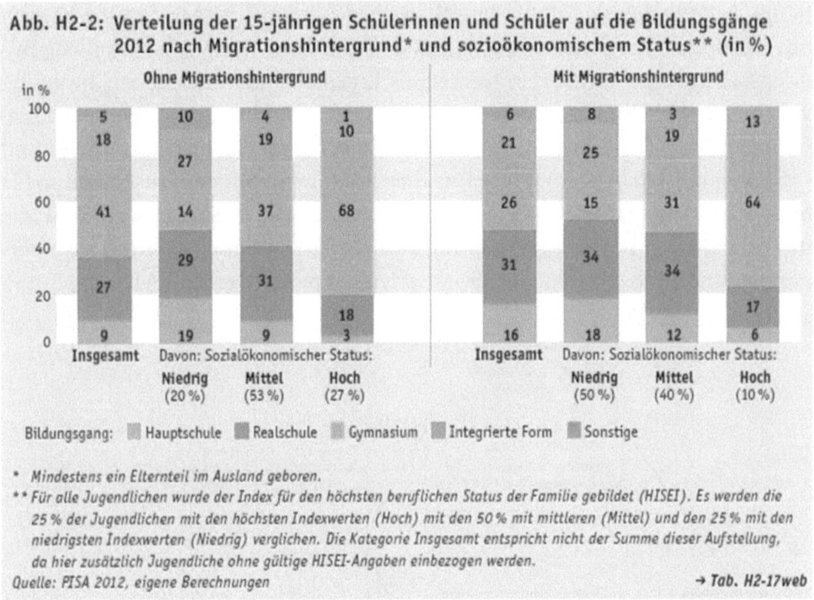

Abb. 1: Bildungsbeteiligung in Deutschland nach Migrationshintergrund und sozioökonomischen Status. Quelle: (Autorengruppe Bildungsberichterstattung, 2018, S. 174).

2.1 Individuelle Ursachen – Zur Bedeutung der Herkunftsfamilie

Bei der Untersuchung von Auswirkungen und Einflüssen der Herkunftsfamilien hat sich die von Boudon (1974) eingeführte Unterscheidung zwischen primären und sekundären Herkunftseffekten etabliert (Solga & Dombrowski, 2009, S. 21). Unter *primären Herkunftseffekten* werden direkte Auswirkungen der Sozialisation im Elternhaus subsumiert. Die Bildungsnähe oder -ferne, der häusliche Sprachgebrauch und soziale Kompetenzen haben einen Einfluss auf die schulische Performance und damit den Bildungserfolg der Schüler*innen. Die Möglichkeiten der Lernanregung, welche mit der ökonomischen und kulturellen Ausstattung der Familien zusammenhängen, fördern oder beeinträchtigen die

Entwicklung von Kompetenzen und Motivationen, die einem Schulerfolg der Kinder zuträglich sein können (Boudon, 1974; Geißler & Weber-Menges, 2010).

Der *sekundäre Herkunftseffekt* beschreibt die Abhängigkeit elterlicher Bildungsentscheidungen vom eigenen sozialen Status. Diese Unterschiede werden sichtbar, wenn für Kinder verschiedener sozialer Herkunft trotz gleicher Schulleistungen unterschiedliche Bildungsentscheidungen getroffen werden (Solga & Dombrowski, 2009). Die elterlichen Bildungsentscheidungen hängen mit Bildungsaspirationen, Statuserhalt und den Erwartungen an mögliche Bildungserträge zusammen und werden als Ergebnis einer rationalen Abwägung von vermuteten Bildungskosten und erwarteten Bildungsrenditen betrachtet (Klinge, 2016). Das Motiv des Statuserhalts ist für formal bildungsfernere und sozioökonomisch benachteiligte Familien i.d.R. nicht mit der Entscheidung für höhere Bildung verbunden. Vielmehr überwiegen die finanziellen Risiken, die mit dem Besuch höherer sekundärer oder tertiärer Bildungsinstitutionen verbunden sind (Abb. 2) (Boudon, 1974; Gerleigner & Aulinger, 2017; Klinge, 2016).

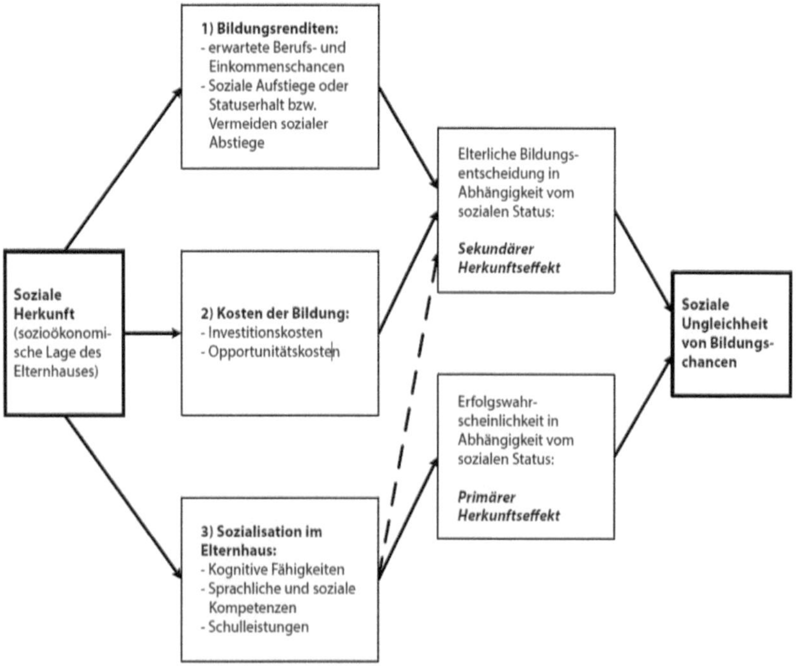

Abb. 2: Einfluss der primären und sekundären Herkunftseffekte auf Übergangsentscheidungen und Bildungserfolg. Quelle: (Becker, 2016, S. 191).

2.2 Strukturelle Ursachen – Zur Bedeutung des Systems und seiner Akteur*innen

Auch die strukturellen Ursachen zur Herstellung und Verfestigung herkunftsbedingter Disparitäten im Schulerfolg stehen im Fokus zahlreicher Forschungen im Bereich der Bildungssoziologie. Als klassische und theoretische Analysen des Beitrages des Systems Schule gelten die Arbeiten von Parsons (2012) und Fend (2012).

Die Reproduktion von Sozialstruktur ist demnach eine nicht ungewollte Nebenfolge schulischer Sozialisationsprozesse, sondern im System Schule angelegt. Fend (2012) rekurriert auf Erkenntnisse von Parsons (2012), welcher Sozialisation zunächst als Entwicklung von Bereitschaften und Fähigkeiten für eine spätere Rollenerfüllung durch die sozialisierten Subjekte begreift. Fend (2012) spitzt diese Ausarbeitungen zu. Seiner Analyse folgend erfüllt die Schule drei Qualifikations- bzw. Reproduktionsfunktionen. Über die (1) *Qualifikationsfunktion* werden Fertigkeiten und Kenntnisse zur Ausübung „konkreter" Arbeit vermittelt, die zur Teilhabe am gesellschaftlichen Leben erforderlich sind. Die Position der Schüler*innen im gegliederten Schulsystem wird durch die (2) *Selektionsfunktion* vermittelt. (Bestandene) Prüfungen, formalisierte Abschlüsse und damit verbundene Zugangsberechtigungen verteilen die Lernenden auf die unterschiedlichen institutionalisierten Bildungswege und sind zugleich Ausgangspunkt der vermeintlich legitimierten Reproduktion der Sozialstruktur einer Gesellschaft, da über Bildungsabschlüsse auch die sozialen Positionen, bspw. auf dem Arbeitsmarkt, moderiert werden. Die (3) *Integrationsfunktion* reproduziert und legitimiert bestehende Herrschaftsverhältnisse über die schulische Sozialisation der Lernenden, in der „systemstabilisierende Normen und Werte" (Fend, 2012, S. 164) vermittelt werden.

Darüber hinaus führt ein stark gegliedertes Bildungswesen, wie es das deutsche System ist, dazu, dass verschiedene individuelle Aspekte wie herkunftsbedingte Disparitäten in den Übergangsentscheidungen verstärkt werden. Insbesondere die vergleichsweise frühe Aufteilung der Kinder auf unterschiedliche Bildungswege potenziert bestehende soziale Ungleichheiten (Ditton, 2016, 2019; Ditton & Krüsken, 2006, 2010). Doch auch der Einfluss der Lehrpersonen sollte in diesem Zusammenhang nicht unterschätzt werden. So fanden Maaz und Nagy (2010) heraus, dass Schüler*innen aus bildungsferneren Familien mit niedrigem sozioökonomischen Status bei gleichen Testleistungen wie ihre sozioökonomisch bessergestellten Mitschüler*innen schlechtere Noten erhalten und die Lehrpersonen ihnen vermehrt Empfehlungen für anspruchsgeringere Schularten aussprechen. Wie Schneider (2011) herausarbeiten konnte, hängen die Übergangsempfehlungen der Lehrpersonen dabei eng mit dem sozioökonomischen Status der Eltern zusammen, indem sie sich an tatsächlichen oder antizipierten Bildungsvorstellungen des Elternhauses orientieren.

3 Die Rolle der Lehrpersonen – Wahrnehmung, Konstruktion und Differenzierung

Über den eher indirekt vermittelten Einfluss durch Übergangsempfehlungen hinaus ist die Rolle der Lehrpersonen in der Reproduktion sozialer Ungleichheit durch die Schule noch weitgehend unerforscht. In seiner Dissertation setzte Müller (2005) sich mittels qualitativer Interviews mit der Wahrnehmung von Armut durch Lehrpersonen an Förderschulen auseinander und konnte herausarbeiten, dass sie Armut ihrer Schüler*innen in erster Linie über äußerlich wahrnehmbare Unterschiede wie der Kleidung, der Ernährung und der Ausstattung mit Schulmaterialien ergründen. Schuchart und Dunkake (2014) befragten Lehramtsstudierende zu schichtspezifischen Stereotypen und stellten fest, dass bei angehenden Lehrpersonen bereits ausdifferenzierte Stereotype wirksam werden. Während Schüler*innen aus „unteren Sozialgruppen" eher mit negativen Adjektiven beschrieben werden, die durch die Befragten zugleich auch für leistungsschwache Schüler*innen herangezogen wurden, fallen die Beschreibungen von Schüler*innen aus sozioökonomisch gut situierten Elternhäusern gegenteilig aus (Schuchart & Dunkake, 2014, S. 98). Darüber hinaus scheint die Ausprägung der Stereotype auch von der eigenen sozialen Herkunft abhängig zu sein. So ist sie bei Studierenden mit einem niedrigeren sozialen Status geringer zu bewerten (ebd.). Kromer (2017) untersucht in einer qualitativen Studie armutsbezogene Deutungsmuster von Grundschullehrer*innen in einem Wiener Gemeindebezirk. Sie legt offen, dass diese Lehrpersonen Armut insbesondere als ein individuelles Problem interpretieren und gesamtgesellschaftliche Strukturfragen nicht berühren. In den Ausführungen der Lehrpersonen entdeckt sie Normalitätskonstruktionen von Kindheit (als behütete und umsorgte Lebensphase). Wie diese Stereotype zu Stande kommen, ist indes ein blinder Fleck der Forschung. Verwiesen sei jedoch auf erste Ansätze armutsbezogener Deutungsmusteranalysen in frühpädagogischen Einrichtungen, wie sie bspw. Kerle und Kolleg*innen (2019) sowie Stephanie Simon et al. (2019) im vergangenen Jahr vorgelegt haben. Ein weiterer, mittlerweile elaborierter methodischer und theoretischer Ansatz ist die Habitus- und Milieuanalyse (Vester et al., 2015). Eine empirische

Anwendung auf Lehrpersonen wurde von Kramer und Pallesen (2019) angeleitet. Verschiedene qualitative Studien, die Haltungen, Lebenspläne sowie Bildungsauffassungen von Lehrpersonen unter milieu- und habitustheoretischer Perspektive rekonstruieren, kommen zu dem Schluss, dass diese über Milieugrenzen hinweg auf Distanz zu Kindern der ‚unteren Milieus' gehen (Lange-Vester, 2015; Lange-Vester et al., 2019, S. 28).

Um die empirisch noch unerschlossene Wahrnehmung und Bewertung von Armut durch Lehrpersonen offenzulegen, empfiehlt es sich, ihre Konstruktionen und Theorien von sozioökonomischer Ungleichheit zu rekonstruieren und theoretisch zu erklären. Nachfolgend werden theoretische Zugänge der Ungleichheitsforschung und Wissenssoziologie vorgestellt, die einträglich sind, um Mechanismen der Reproduktion sozialer Ungleichheiten in der Schule zu explorieren (vgl. Abb. 3). Die Grundlage bildet Berger und Luckmanns Werk zur gesellschaftlichen Konstruktion der Wirklichkeit (Berger & Luckmann, 2016) (3.1). Grundlegender Prozess der Konstruktion ist die *soziale Wahrnehmung*. Diesem Aspekt tragen auch Diewald und Faist (2011) in ihrem prozessorientierten ungleichheitssoziologischen Konzept zu den *sozialen Mechanismen der Genese sozialer Ungleichheiten aus Heterogenitäten* Rechnung. Potenziale für die schulspezifische Untersuchung der Herstellung sozialer Ungleichheit werden in Kapitel 3.2 herausgearbeitet. Wenngleich Hirschauer und Kolleg*innen eher kritischen Bezug auf das Forschungsprogramm von Diewald und Faist nehmen, sind einzelne Aspekte doch aufeinander zu beziehen. Die von Hirschauer geleitete DFG-Forschungsgruppe „Doing Differences" hat mit ihrem Konzept zu den Praktiken der Humandifferenzierung einen sozialkonstruktivistisch bewegten praxeologischen Zugang zur Erklärung und Exploration sozialer Ungleichheiten vorgelegt (Hirschauer, 2014, 2017b, 2017a). Die Prozesse des „Doing Difference" im Sinne einer Auswahl aus einem Set konkurrierender Kategorisierungen von Menschen zur Herstellung von Unterscheidbarkeit und Unterschieden werden unter 3.3 vorgestellt und dem Untersuchungsanliegen zugänglich gemacht.

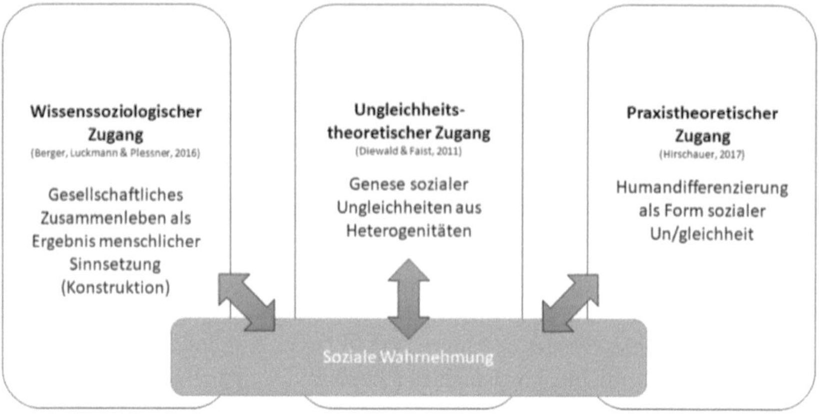

Abb. 3: Theoretische Zugänge zur Exploration der Genese sozialer Ungleichheit in der Schule. Eigene Darstellung.

3.1 Wissenssoziologischer Zugang: Die gesellschaftliche Konstruktion der Wirklichkeit

Wissen und Wirklichkeit sind die zwei grundlegenden Begriffe in Berger und Luckmanns Werk *Die gesellschaftliche Konstruktion der Wirklichkeit* (2016). Die *Wirklichkeit* wird verstanden als Qualität von Phänomenen, die unabhängig von individuellem Verlangen vorhanden sind. Das *Wissen* ist die Gewissheit, dass diese „Phänomene wirklich sind und bestimmbare Eigenschaften haben“ (Berger & Luckmann, 2016, S. 21). In ihrem für die deutschsprachige Wissenssoziologie und den Sozialkonstruktivismus grundlegenden Werk plädieren Berger und Luckmann dafür, die gesellschaftliche Wirklichkeit als Konstruktion und damit als Ergebnis menschlicher Sinnsetzung aufzufassen. Aufgabe der Wissenssoziologie sei es, die Prozesse der Konstruktion der Wirklichkeit zu untersuchen. In diesem Abschnitt sollen die dafür grundlegenden Begriffe und Zusammenhänge erläutert und für die Untersuchung der Konstruktionen von Armut durch Lehrpersonen anschlussfähig gemacht werden.

In sozialkonstruktivistischen Auffassungen entsteht gesellschaftliche Wirklichkeit durch ein Kumulieren individueller Realitäten, die Ergebnis subjektiver Wissensbestände sind. Sie konstituiert sich durch habitualisierte Handlungen und Interaktionen zwischen den Gesellschaftsmitgliedern. Wirklichkeit beschreibt dementsprechend keinen ahistorischen und natürlichen, sondern vielmehr einen kontingenten, veränderlichen und gesellschaftsabhängigen

Zustand, der immer wieder neu hergestellt werden muss. Ausgangspunkt der Konstruktion gesellschaftlicher Wirklichkeit ist das Alltagswissen der Gesellschaftsmitglieder. Hierunter wird eine Ansammlung prä- und quasi-wissenschaftlicher Interpretationen der Alltagswelt verstanden. Dieses zunächst individuelle Wissen zeichnet sich durch eine deutliche Standorts- und Seinsgebundenheit aus. Der Standort bezeichnet die Abhängigkeit des Alltagswissens vom geographischen und gesellschaftlichen Umfeld des Individuums, das durch *Objektivationen* (bspw. Sprache oder Gesellungsformen) vorstrukturiert wird. Das Sein wird durch individuelle Lernprozesse (Sozialisationsbedingungen) bestimmt. Was und wie die Gesellschaftsmitglieder von ihrer Umwelt wahrnehmen, wie sie bestimmte Phänomene interpretieren und begründen, hängt also ganz wesentlich von ihrem sozialen und geographischen Standpunkt ab (Berger & Luckmann, 2016, S. 21–30). Das Alltagswissen wird in erster Linie also nicht selbst erarbeitet, sondern zunächst aus den Verhältnissen, in denen das Aufwachsen stattfindet, übernommen. Zu diesen Verhältnissen zählen ebenso – durch Konstruktionen und Alltagswissen strukturierte und determinierte – *Routinehandlungen*. Habitualisierte Handlungen sind solche, die sich in Interaktionssituationen entwickelt und bewährt haben und durch Wiederholungen zu Gewohnheiten werden (bspw. das gegenseitige Vorstellen sich unbekannter Personen bei dem ersten Aufeinandertreffen). Damit verbunden sind nicht nur die Möglichkeit der kraftsparenden Antizipation von Situationen, sondern auch gewisse *Handlungs- und Rollenerwartungen* an die anderen interagierenden Gesellschaftsmitglieder (bspw. die Erwartung, dass jüngere Menschen Senior*innen einen Sitzplatz in öffentlichen Verkehrsmitteln anbieten). Handlungs- und Rollenerwartungen ergeben sich aus *Typisierungen* von Interaktionserfahrungen. Erwartungen werden den anderen Gesellschaftsmitgliedern bspw. durch Sprache zugeschrieben. In diesem Prozess sind die Individuen gleichermaßen Kategorisierende und Kategorisierte. Zusammenfassend soll festgehalten sein, dass das Alltagswissen nicht nur die Wahrnehmung und Interpretation der Umwelt, sondern auch das Verhalten in der Alltagswelt reguliert. Interpretationen von Armut und sozioökonomischer Benachteiligung, insbesondere die Konstruktionen von der Entstehung und Verfestigung sozialer Ungleichheit durch Lehrpersonen, sind daher im doppelten Sinne von Relevanz: Zum einen können sie offenlegen, wie Lehrpersonen armutsbetroffene Kinder wahrnehmen, zum anderen lassen diese Wahrnehmungs- und Deutungsmuster durchaus Rückschlüsse auf den Umgang mit diesen Kindern zu. Diese Rückschlüsse können unter Umständen Erkenntnisse zu Mechanismen der Reproduktion und der Verfestigung sozialer Schichtung in der und durch die Schule liefern.

Aus wissenssoziologischer Perspektive ist zu fragen: *Wie begründen Lehrpersonen die Entstehung, Existenz und Verfestigung von Armut?*

Aus konstruktivistischer Perspektive müssen dabei zwei Aspekte fokussiert werden: die *soziale Wahrnehmung* von Phänomenen der Alltagswelt (3.2), sowie die *Verarbeitung* im Sinne einer *Typisierung* und *Kategorisierung* von Handlungen und Rollen (3.3).

3.2 Ungleichheitssoziologischer Zugang: Soziale Wahrnehmung als Ausgangspunkt der Genese sozialer Ungleichheit(en) aus Heterogenität(en)[2]

Die *soziale Wahrnehmung* ist eine der Voraussetzungen zur Erklärung der Entstehung von Wirklichkeiten und sozialen Ungleichheiten (Diewald & Faist, 2011, S. 104). Unter sozialer Wahrnehmung wird hier die innere Repräsentation äußerer Gegebenheiten verstanden (Kopp, 2018). Einfluss auf die inneren Abbildungen der Außenwelt hat zunächst die eigene Sozialisation. Davon ausgehend ist die Wahrnehmung der Umwelt deutlich standortbezogen, sozial verankert und Ergebnis von interpersonellen Lernprozessen. Mit der Sozialisation verknüpft sind neben dem Selbstkonzept auch Einstellungen und Weltanschauungen sowie Motive und Emotionen. Über soziale Vergleichsprozesse und die direkte Einflussnahme anderer Personen (Elternhaus, Peer-Groups, Öffentlichkeit) entwickeln sich Schemata[3], die eine durch die Wahrnehmung initiierte soziale Urteilsbildung anleiten. Darüber hinaus beeinflussen die Schemata aber bereits, *welche* der vielen möglichen Informationen und Umweltreize individuell aufgenommen und verarbeitet werden. Was und wie ein Mensch wahrnimmt, lassen dementsprechend Rückschlüsse auf seine intrapersonal wirksamen Konstruktionen und Kategorisierungen seiner Umwelt zu.

Von diesem Umstand gehen auch Diewald & Faist (2011) aus. Um soziale Mechanismen der Genese sozialer Ungleichheiten zu explorieren, haben sie bisherige Ungleichheitstheorien zu einem konzeptuellen Vorschlag für die weitere Ungleichheitsforschung zusammengefasst, um die theoretischen und empirischen Fortschritte in spezialisierten Forschungsfeldern (bspw. Bildung,

2 Die Autoren sprechen von Heterogenitäten und Ungleichheiten im Plural. Ihnen geht es dabei um die Kenntlichmachung der Multidimensionalität der Konzepte und das Aufzeigen möglicher Interdependenzen (Diewald & Faist, 2011, S. 94).

3 Schemata: Kognitive Strukturen, die das Verstehen von Gegenständen und Situationen gewährleisten, laufen unbewusst ab und lenken die Wahrnehmung und Aufmerksamkeit (Anderson und Pearson (1984)).

Migration, Arbeitsmarkt) besser aufeinander beziehen zu können. Ihr Konzept beruht auf der strikten Unterscheidung zwischen Heterogenitäten und Ungleichheiten und dem Anspruch, soziale Mechanismen identifizierbar zu machen, die aus Heterogenität soziale Ungleichheit produzieren. Diewald und Faist (2011) identifizieren *fünf zentrale Mechanismen der Genese sozialer Ungleichheiten.* Grundlegend ist die Annahme, dass soziale Ungleichheiten das Endergebnis dieser sozialen Mechanismen sind und ihren Anfangspunkt in Heterogenitäten zwischen Personen finden. Zentrale Mechanismen sind zum einen die Prozesse der *sozialen Schließung.* Dazu zählen Diewald und Faist (1) In- und Exklusion (bspw. durch Mitgliedschaften, Zugehörigkeiten und damit verbundenen Rechten) sowie (2) Chancenhortung (bspw. durch Cliquen und Austauschnormen, Klientelismus und Umverteilungsprinzipien). Zum anderen definieren sie Prozesse der (3) *Hierarchisierung* (bspw. durch Positionsstrukturen, Entlohnungssystem oder das Bildungssystem) und (4) *Ausbeutung* (als asymmetrische Dependenz, bspw. durch Beschäftigungsverhältnisse, Geldverteilung oder strukturelle Gewalt). Diesen vier Mechanismen wird ein weiterer Prozess vorgeschaltet: der Prozess der *Wahrnehmung und Bewertung* von Heterogenität, bspw. durch *Vorurteile, Stereotypisierung oder Thematisierung* (ebd, S. 104.). Dabei spielen Wahrnehmung und Bewertung eine zentrale Rolle in der Produktion sozialer Ungleichheit: „Heterogenitäten werden immer wahrgenommen und bewertet, es gibt immer eine Vorgeschichte an kulturellen Repräsentationen und Praktiken des Umgangs mit ihnen, und auf diese wird von den Akteuren der Ungleichheitsproduktion zurückgegriffen, bzw. werden diese von ihnen generiert.“ (ebd., S. 105.). Dabei können die Akteur*innen vier verschiedene Merkmalsgruppen wahrnehmen (Diewald & Faist, 2011, S. 97):

- *Askriptive Merkmale:* psychische Unterschiede zwischen Menschen (Geschlecht, Alter, Nationalität, Ethnizität; bei Hirschauer (2017b) wird dies als *kategoriale Zugehörigkeit* subsumiert, s. 3.3)
- *Kulturelle Vorlieben:* Lebensformen und -stile, Einstellungen, Orientierungen und Weltanschauungen (bei Hirschauer wird dies als *relationale Zugehörigkeit* subsumiert, s. 3.3)
- *Kompetenzen, Qualifikationen und Eigenschaften:* Eigenschaften, die als legitimierte Mechanismen der Chancenzuweisung angesehen werden
- *Differenzierungen von Tätigkeiten im Rahmen der gesellschaftlichen Arbeitsteilung:* in Arbeitsgesellschaften zunächst die Ausdifferenzierungen innerhalb der Erwerbsarbeit, Tätigkeiten außerhalb der Arbeitswelt müssen aber hinzugezählt werden (Hausarbeit, Kinderbetreuung), sie sind eine primäre Basis der Generierung sozialer Ungleichheiten

Eine zielführende Frage zur Exploration der Armutskonstruktionen von Lehrpersonen ist daher, wie sie Armut in Schule und Unterricht wahrnehmen. Welche Aspekte thematisieren und stereotypisieren sie (z.B. askriptive Merkmale oder kulturelle Vorlieben) und was sagt das über ihre Konstruktionen von Armut aus?

3.3 Praxistheoretischer Zugang: Doing Differences – Praktiken der Humandifferenzierung

Im Folgenden werden die Ausführungen Hirschauers (2017b, 2017a) zu den Praktiken der Humandifferenzierung herangezogen. In seiner praxeologischen Annäherung an die Herstellung von Unterschieden (*doing differences) werden Formen der sozialen Zugehörigkeit (kategoriale Klassen und soziale Gebilde) dargestellt, um daran anschließend Praktiken der Differenzierung zu erörtern (gesellschaftliche Differenzierung und Differenzierung sozialer Gebilde). An dieser Stelle sollen jedoch die Schritte der Humandifferenzierung in den Blick genommen werden, um diese für das Untersuchungsanliegen fruchtbar zu machen.*

Grundannahme ist, dass sich die Zugehörigkeiten (*belongings*) der Menschen im Zuge transnationaler Entgrenzungen und der globalen medialen Vernetzung schwächen. Dabei werden in erster Linie die *kategorialen Klassen* (Zugehörigkeiten nach askriptiven Merkmalen wie Herkunft, Geschlecht, Blutgruppe) abgeschwächt und gleichermaßen ‚*uneindeutig-diffuse Affiliationen*' gestärkt. Zugehörigkeiten zu *sozialen Gebilden* (Gruppen, Gemeinschaften, Organisationen) gewinnen an Bedeutung, werden aber, bspw. durch Überschneidungen und das Ausüben verschiedener teils widersprüchlich zueinanderstehender Rollen, ‚uneindeutig'. Hirschauer spricht in diesem Zusammenhang von Individuen, die unbeheimatet, in biographischen Bewegungen hin- und hergerissen werden, dabei jedoch keine autonomen Subjekte, sondern vielmehr zu einem sich ständig suchendem Selbst werden (Hirschauer, 2017b, S. 32). Demzufolge nehmen Differenzierungen und Differenzen zu und können mit herkömmlichen Formen der Differenzanalyse nicht ausreichend untersucht werden. An dieser Stelle setzt die Humandifferenzierung an, die ihren Ausgangspunkt am Individuum selbst findet. Ansätze von Differenzierungen können Körper, Sprache, Geburtsort, aber auch Überzeugungen und Leistungen sein. Weitere Objekte (*belongings*) können in Differenzierungen eingeschlossen werden. So spielen neben den *diakritischen Zeichen* (bspw. von ethnischer Herkunft) weitere Kennzeichen, sogenannte *sekundäre Merkmale*, eine zunehmend bedeutende Rolle in der Herstellung und Kategorisierung von Differenz. Erwartete Verhaltensweisen, passende Eigenschaften, zugeordnete Positionen – also sekundäre Merkmale – geben einer Humandifferenzierung den sozialen Sinn. So wird ethnische Zugehörigkeit nicht nur durch askriptive Merkmale, sondern ebenso durch ethnisierte Symbole und Praktiken (*belongings*), beispielsweise musikalische oder kulinarische Vorlieben, zugeschrieben (Hirschauer, 2017b).

Mit Blick auf Lehrpersonen ließe sich hier fragen, an welchen Symbolen und Praktiken sie sich in der Kategorisierung ‚armer' Kinder orientieren, welche Verhaltensweisen erwartet, welche Eigenschaften als passend angesehen und welche Positionen entsprechenden Kindern zugeordnet werden. Oder kurz gefasst: Welche Handlungen und Rollen werden armutsbetroffenen Kindern durch ihre Lehrpersonen zugeschrieben (und damit auch erwartet)? Was sagen diese Zuschreibungen über die Deutungsmuster von Armut aus?

Abschließend soll die *Humandifferenzierung* hier *als spezifische Form sozialer Ungleichheit* besprochen werden. Bereits die Prozedur der Kategorisierung im Zuge von Humandifferenzierungen stiftet Ungleichheit. Kategorisierungen basieren auf Vergleichen, mit denen festgestellt werden kann, ob und in welcher Hinsicht sich Menschen voneinander unterscheiden. In kritischer Abgrenzung zu Diewald und Faist, die Unterschiedlichkeit zunächst als „bloße Heterogenitäten" (Diewald & Faist, 2011, S. 91) bezeichnen, konstatiert Hirschauer, dass diese Unterschiedlichkeit nicht nur Ausdruck einer ungleichen Ressourcenverteilung (auch im Sinne kultureller und sozialer Ressourcen oder Kompetenzen) ist, sondern bereits auf „sinnhaft qualifizierten Unterscheidungen" beruhe (Hirschauer, 2017b, S. 38). Vergleiche schaffen demzufolge Differenzen und sind – vergleichbar zu Konstruktionen und Alltagswissen – asymmetrisch, da sie vom Standpunkt (soziale Position und Herkunft, Sozialisation) der Vollziehenden abhängen. Kategorisierungen können so auch evaluierende und hierarchisierende Wirkungen entfalten, denn aus ‚gleich' und ‚ungleich' entsteht bei entsprechenden Mehrheitsverhältnissen in größeren sozialen Einheiten kurzerhand die Kategorisierung ‚normal' und ‚anormal' oder ‚hegemonial' und ‚marginal'. Besonders deutlich wird dieser Aspekt im ‚Grenzfall der Kategorisierung': der *Stigmatisierung*. Hierbei handelt es sich um eine Form der Kategorisierung, bei welcher der Handlungsspielraum der Kategorisierten verschwindet (Handlungsoptionen könnten an anderer Stelle das affirmative Besetzen, das Tolerieren oder die Distanzierung von zugeschriebenen Kategorisierungen sein). Stigmatisierende Kategorisierungen negieren die multiplen Zugehörigkeiten einer Person und beschränken sie auf eine einzige (bspw. als ‚armes Kind'). Sie stellen damit eine hochselektive und totalisierende Form der Differenzierung dar.

Humandifferenzierung als spezifische Form sozialer Ungleichheit zu betrachten, ist insbesondere in einem vergleichsweise reichen Land wie der

Bundesrepublik interessant. Statistisch gesehen sind Lehrpersonen überwiegend mindestens mittelständisch sozialisiert (Kühne, 2006). Dies wirkt sich auf ihre Sozialisation und damit auf ihre Konstruktionen und Wahrnehmung von Wirklichkeit aus.

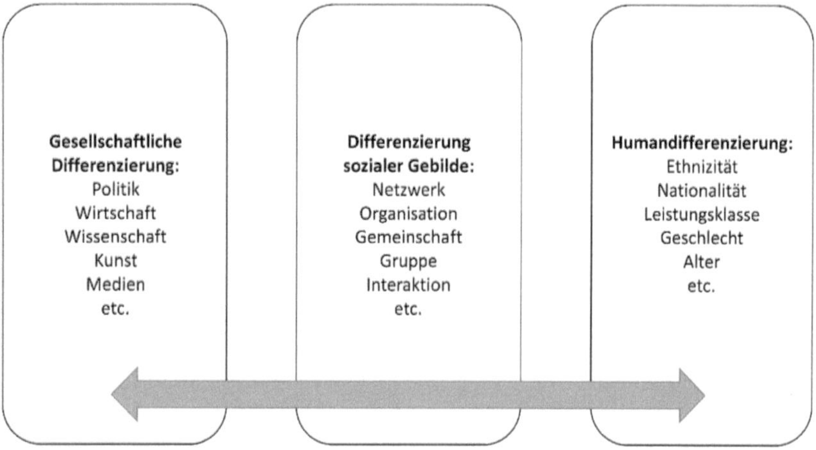

Abb. 4: Formen der Differenzierung. Eigene Darstellung in Anlehnung an Hirschauer (2017b, S. 37).

4 Implikationen für die empirische Anwendung

Wie bis hierhin gezeigt, sind die Rekonstruktion und Theoretisierung armutsbezogener Deutungsmuster von Lehrpersonen lohnenswert, da sich hieraus Rückschlüsse auf die Mechanismen der Bearbeitung von Armut(sfolgen) durch Lehrpersonen in der Schule ziehen lassen. Aus der theoretischen Herleitung des Forschungsanliegens lassen sich drei zentrale Fragestellungen ableiten[4]:

1) Vor dem Hintergrund zentraler Erkenntnisse wissenssoziologischer Überlegungen und dem theoretischen Überbau der hier skizzierten Untersuchung (Berger & Luckmann, 2016) ist zu fragen:
Wie begründen Lehrpersonen die Entstehung, Existenz und Fortführung von Armut?

4 Ein Teil der hier skizzierten Forschungsfragen konnte bereits beantwortet werden. Erste Ergebnisse finden sich bei Koevel et al. 2021.

2) Ungleichheitssoziologische Überlegungen in Anschluss an Diewald & Faist (2011) führen zu folgender Fragestellung:
Wie nehmen Lehrpersonen Armut in der Schule wahr, welche Aspekte werden thematisiert (bspw. askriptive Merkmale, kulturelle Vorlieben, Sozialverhalten, etc.)?
3) In Anschluss an die praxistheoretischen Überlegungen von Hirschauer (2017b) entsteht folgender Fragenkomplex:
Was verstehen Lehrpersonen unter Armut? Welche Symbole und Praktiken sozioökonomisch und -kulturell benachteiligter Kinder leiten entsprechende Kategorisierungen der Lehrpersonen ein? Welche Rollen- und Handlungen werden diesen Kindern durch die Lehrpersonen zugeschrieben?

Alle drei hier vorgestellten Forschungsfragen(komplexe) haben zum Ziel, die armutsbezogenen Deutungsmuster der befragten Lehrpersonen zu rekonstruieren. Dazu bietet sich ein qualitativ-sozialforschendes Verfahren an. Auf Grund der großen empirischen Offenheit und der Möglichkeit, den Forschungsprozess durch die entstehenden Daten strukturieren zu können, wird ein Vorgehen entsprechend den Prämissen der Grounded Theory Methodologie (GTM) vorgeschlagen (Glaser & Strauss, 2010). Diese zielt darauf, „subjektive Sichtweisen oder Sinnkonstruktionen von Individuen im Hinblick auf ein bestimmtes gesellschaftlich relevantes Thema zu untersuchen" (Misoch, 2015, S. 71) und bietet dabei die für Explorationen nötige theoretische Offenheit, die es ermöglicht, alle empirisch zu beobachtbaren Aspekte einzuschließen und den Blick durch zu starke theoretische Vorannahmen (und Forschungsentscheidungen) nicht zu verengen. Deutungsmuster und Konstruktionen lassen sich in erster Linie dialogisch mittels qualitativer Interviews erheben (Ullrich, 1999). Sie geben sowohl Raum für freie Narrationen als auch die Möglichkeit, die Gesprächspartner*innen zu Stellungnahmen und Begründungen zu bewegen. Zum einen haben die Befragten die Chance, in freien Narrationen eigene Relevanzsetzungen vorzunehmen und der Analyse so vielzählige Ebenen der Betrachtung zu ermöglichen. Andererseits bieten eingeforderte Stellungnahmen den Interviewer*innen die Gelegenheit, potenziell sozial erwünschte Antworten zu hinterfragen und durch tiefergehende Argumentationsstrukturen der Gesprächspartner*innen zu prüfen. In Anlehnung an die GTM hat Witzel (2000) das Problemzentrierte Interview (PZI) entwickelt, das jene beschriebenen Vorzüge bietet. Witzel formuliert, dass die Vorgehensweise des PZI sich gegen „ex ante festgelegte Operationalisierungsschritte", welche eine zu deduktive Vorgehensweise, die blinde Flecken erzeuge, evoziere, ebenso verwehrt wie der „naiv-induktivistische[n]

Position des ‚soziologischen Naturalismus'", die theoretisches Vorwissen der Forschenden gänzlich ausklammere (Witzel, 2000). Die drei zentralen Aspekte von PZIs sind die (1) Problemzentrierung, die (2) Gegenstands- sowie die (3) Prozessorientierung. Die Problemzentrierung meint zum einen die Fokussierung gesellschaftlich relevanter Problemstellungen (wie der Reproduktion sozialer Ungleichheit durch Schule). Zum anderen werden die Gespräche durch die Interviewer*innen immer wieder auf das interessierende Phänomen zentriert. Die Gegenstandsorientierung beschreibt die flexible Ausrichtung der Erhebungsmethode an den unterschiedlichen Anforderungen des fokussierten Gegenstandes. So wird es möglich, die PZI mit anderen notwendigen Erhebungsmethoden (bspw. Gruppendiskussionen oder ethnografische Beobachtungen) zu kombinieren, wenn der Gegenstand oder die interviewte Person dies erfordern. Die Prozessorientierung bezieht sich auf den gesamten Forschungsprozess, zielt im Besonderen jedoch darauf, das konkrete Interview als Aushandlungsprozess zu verstehen, in dem sich freie Narrationen und konkrete Nachfragen abwechseln und dadurch interpretationserleichternde Redundanzen (bspw. durch Neuformulierungen) oder individuelle Ambivalenzen (bspw. durch Widersprüche) erzeugt werden.

Zentrales Instrument der Erhebung ist der problemzentrierte Leitfaden. Für das hier skizzierte Vorhaben wird ein dreiteiliger Leitfaden vorgeschlagen, der sich (1) der Wahrnehmung von Armut im Berufsalltag, (2) dem schulischen Umgang mit Armut auch in Kooperation mit anderen (außer-)schulischen Akteur*innen sowie (3) den allgemeinen Konstruktionen und Verständnissen von Armut widmet. Im letzten Teil sollten die Gesprächspartner*innen ebenfalls dazu aufgefordert werden, ihr eigenes Aufwachsen zwischen Wohlstand und sozialer Benachteiligung einzuordnen und diese Selbstzuschreibungen durch für sie relevante Aspekte zu begründen. Im Sinne einer nicht durch die interviewende Person vorgenommenen Relevanzsetzung und zum Vertrauens- und Sicherheitsaufbau bei den Befragten empfiehlt es sich, mit einer offenen und allgemeinen Frage, bspw. zum beruflichen Werdegang, einzusteigen und anschließend einen (konstruierten) pädagogischen Fall aus dem Berufsalltag einzuführen, der durch die Befragten aufgelöst werden kann. Sodann ist eine Atmosphäre geschaffen, in der die Interviewten sowohl frei erzählen können als auch die interviewende Person die Möglichkeit hat, gezielte Nachfragen zu stellen. Für die einzelnen Teile des Leitfadens empfiehlt sich ein deduktives Vorgehen, um zu den jeweiligen Kernen der Phänomene vorzudringen. Dies kann dergestalt erreicht werden, dass einleitende Fragen der Themenkomplexe möglichst allgemein gehalten werden und die dadurch hervorgebrachten Relevanzsetzungen der Gesprächspartner*innen sukzessive durch gezielte Nachfragen und das Provozieren von Stellungnahmen vertieft werden. Am Ende eines jeden Themenkomplexes könnten wiederum allgemeinere Fragen den Teil beschließen und durch erneute Gesamteinschätzungen der Gesprächspartner*innen interpretationserleichternde Redundanzen hervorgerufen oder individuelle Ambivalenzen aufgedeckt werden. Vor dem Hintergrund des eingangs skizzierten relationalen Verständnis von Armut (1.1) ist es ratsam, die Ausführungen der Lehrpersonen immer auch mit Erzählungen über aus ihrer Sicht ‚nicht-arme' Kinder zu kontrastieren. Dadurch werden Rückschlüsse auf kulturelle Nähen sowie Distanzen, Orientierungen und Habitusstrukturen der Lehrpersonen erwartbar, die der angestrebten Modellierung von Armutskonstruktionen weitere analytische Tiefe und Anschlussfähigkeit an bestehende Forschungsarbeiten ermöglichen.

Im Sinne der GTM, die als iterativer Forschungsprozess konzipiert ist, in dem sich Datenerhebungen, -auswertungen und Theoriebildung wechselseitig bedingen und parallel resp. in Wechselwirkungen ablaufen, ist eine *theoretische und kontrastive Samplingstrategie* angestrebt (Morse, 2007, S. 239). Die Interviewpartner*innen werden an Hand erster entstehender Daten ausgewählt, um offene Fragen in der Theorieentstehung beantworten zu können. Dazu können auch theoretische Vorannahmen genutzt werden, um nachfolgende Interviewpartner*innen auszuwählen. Bspw. wäre ein Sampling je nach Lage der Schule (Großstadt, Kleinstadt, ländlicher Raum, sozial segregierte Stadtteile) vielversprechend, um unterschiedliche Perspektiven auf Armut in der Schule zu erhalten. Ebenso könnten die entsprechende Fachkultur der Lehrpersonen, das Alter (Ist die Person in der ehemaligen DDR sozialisiert oder nicht?) und Geschlecht oder die berufliche Position in der Schule (bspw. Schul- oder Klassenleitung, Fachlehrperson, Sozial- oder Sonderpädagog*in) und die Schulform an sich (Grundschule, Regionalschule, Förderzentrum, Gymnasium) als Anhaltspunkte für weiterführende Interviewakquise nutzbar gemacht werden.

Die Auswertungsstrategie der GTM folgt einem dreistufigen Kodierverfahren (offenes, axiales, selektives Kodieren) und ist durch ständige Vergleiche sowie das fortlaufende Produzieren von Theorie in Form von Memos geprägt. Ebenso wie die Datenerhebung und -auswertung ist auch das Analyseverfahren als iterativer Prozess zu verstehen. Im Sinne des hier skizzierten Forschungsanliegens – der Theoretisierung und Modellierung armutsbezogener Deutungsmuster von Lehrpersonen – scheint eine Orientierung am Kodierparadigma von Strauss (Strauss & Corbin, 2010, S. 78; Strübing, 2014, S. 25) zunächst zielführend, wenngleich die entstehenden Daten den Analyseprozess maßgeblich bestimmen. Das Kodierparadigma überzeugt durch eine konzeptionelle Nähe zur Deutungsmusteranalyse (Ullrich, 2019, S. 23).

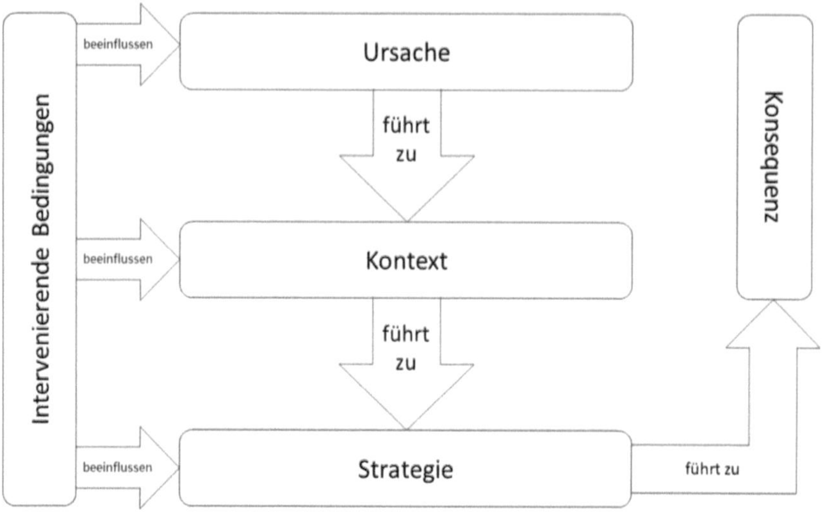

Abb. 5: Kodierparadigma. Eigene Darstellung in Anlehnung an Strauss (1994, S. 56).

So soll am Ende des Forschungsprozesses (mindestens) ein Modell von Armutskonstruktionen von Lehrpersonen entstehen, das die zentralen Aspekte der Wahrnehmung, der Rollen- und Handlungszuschreibungen und Kategorisierungen der Lehrpersonen in Bezug auf ihre von Armut betroffenen Schüler*innen umfasst. Die Modellierung ist dabei ein gewinnbringender Ausgangspunkt weiterer Forschungen, die sich, bspw. ethnografisch, mit Adressierungen, Differenzierungen und potenziellen Diskriminierungen armutsbetroffener Kinder in der Schule durch ihre Lehrpersonen widmet und Rückschlüsse auf mikrosoziologische Mechanismen der Reproduktion sozialer Ungleichheiten in der und durch die Schule sowie den dort tätigen Akteur*innen erzeugt. Darüber hinaus kann eine GTM von armutsbezogenen Deutungsmustern als Theorie mittlerer Reichweite Rückschlüsse auf tieferliegende Deutungsstrukturen von Lehrpersonen zulassen, die verzerrte Wahrnehmungen und den Rückgriff auf schichtbezogene Stereotype (siehe Abschnitt 3) erklären. Der umfassende Ansatz, der sowohl Deutungs- und Wahrnehmungsmuster, aber auch Handlungs- und Rollenerwartungen der Lehrpersonen offenlegt, ist dabei eine gewinnbringende Erweiterung bisheriger empirischer Arbeiten, welche jeweils spezifische Fokusse auf einzelne Aspekte setzten. Eine metaanalytische Betrachtung der vorwiegend qualitativen Studien zur Wahrnehmung und Deutung von Armut in pädagogischen Settings ist ein weiterer vielversprechender Schritt, der an die hier skizzierte Arbeit anschließen könnte, um für alle Bildungsphasen umfassende Rückschlüsse auf die Reproduktion sozialer Schichtung in der pädagogischen Arbeit zu ziehen.

Literaturverzeichnis

Anderson, R. C. & Pearson, P. D. (1984). A schema-theoretic view of basic processes in reading. In P. D. Pearson (Hg.), *Handbook of reading research* (S. 255–291). Longman.

Autorengruppe Bildungsberichterstattung (Hg.). (2018). *Bildung in Deutschland: Kompakt 2018*. wbv Publikation. https://www.bildungsbericht.de/de/bildungsberichte-seit-2006/bildungsbericht-2018/pdf-bildungsbericht-2018/bbe18-kompakt.pdf

Baader, M. S. & Freytag, T. (Hg.). (2017). *Bildung und Ungleichheit in Deutschland*. Springer VS. http://dx.doi.org/10.1007/978-3-658-14999-4 https://doi.org/10.1007/978-3-658-14999-4

Becker, R. (2000). Klassenlage und Bildungsentscheidungen. *Koelner Z.Soziol.u.Soz.Psychol (KZfSS Kölner Zeitschrift für Soziologie und Sozialpsychologie)*, *52*(3), 450–474. https://doi.org/10.1007/s11577-000-0068-9

Becker, R. (2012). *Bildungsbeteiligung und Bildungschancen*. Bundeszentrale für politische Bildung. Deutsche Verhältnisse. Eine Sozialkunde. http://www.bpb.de/politik/grundfragen/deutsche-verhaeltnisse-eine-sozialkunde/138032/bildungsbeteiligung-und-bildungschancen?p=0

Becker, R. (2016). Soziale Ungleichheiten von Bildungschancen und Chancengerechtigkeit: Eine Reanalyse mit bildungspolitischen Implikationen. In R. Becker & W. Lauterbach (Hg.), *Bildung als Privileg: Erklärungen und Befunde zu den Ursachen der Bildungsungleichheit* (5. Aufl., S. 183–219). Springer VS.

Becker, R. (2017). Entstehung und Reproduktion dauerhafter Bildungsungleichheiten. In R. Becker (Hg.), *Lehrbuch der Bildungssoziologie* (S. 89–150). Springer Fachmedien Wiesbaden. https://doi.org/10.1007/978-3-658-15272-7_4

Becker, R. & Lauterbach, W. (Hg.). (2016). *Bildung als Privileg*. Springer Fachmedien Wiesbaden. https://doi.org/10.1007/978-3-658-11952-2

Berger, P. L. & Luckmann, T. (2016). *Die gesellschaftliche Konstruktion der Wirklichkeit: Eine Theorie der Wissenssoziologie* (M. Plessner, Übers.) (26. Aufl.). *Fischer: Bd. 6623*. Fischer Taschenbuch Verlag.

Boudon, R. (1974). *Education, opportunity, and social inequality: Changing prospects in Western society. Wiley series in urban research*. Wiley.

Büchler, T. (2016). Schulstruktur und Bildungsungleichheit: Die Bedeutung von bundeslandspezifischen Unterschieden beim Übergang in die Sekundarstufe I für den Bildungserfolg. *KZfSS Kölner Zeitschrift für Soziologie und Sozialpsychologie, 68*(1), 53–87. https://doi.org/10.1007/s11577-015-0350-5

Butterwegge, C. (2012). *Armut in einem reichen Land: Wie das Problem verharmlost und verdrängt wird* (3. Aufl.). *Sozialwissenschaften 2012*. Campus Verlag. http://search.ebscohost.com/login.aspx?direct=true&scope=site&db=nlebk&db=nlabk&AN=832255

Butterwegge, C. (2016). *Armut in einem reichen Land: Wie das Problem verharmlost und verdrängt wird* (4., aktualisierte Auflage). Campus Verlag. http://www.content-select.com/index.php?id=bib_view&ean=9783593434766

Dietz, H., Nungesser, F. & Pettenkofer, A. (Hg.). (2017). *Pragmatismus und Theorien sozialer Praktiken: Vom Nutzen einer Theoriedifferenz*. Campus Verlag.

Diewald, M. & Faist, T. (2011). Von Heterogenitäten zu Ungleichheiten: Soziale Mechanismen als Erklärungsansatz der Genese sozialer Ungleichheiten. *Berliner Journal für Soziologie, 21*(1), 91–114. https://doi.org/10.1007/s11609-011-0144-1

Ditton, H. (2016). Der Beitrag von Schule und Lehrern zur Reproduktion von Bildungsungleichheit. In R. Becker & W. Lauterbach (Hg.), *Bildung als Privileg: Erklärungen und Befunde zu den Ursachen der Bildungsungleichheit* (5. Aufl., S. 281–312). Springer VS.

Ditton, H. (2019). Mechanismen der Selektion und Exklusion im Schulsystem. In G. Quenzel & K. Hurrelmann (Hg.), *Handbuch Bildungsarmut* (S. 157–181). Springer Fachmedien Wiesbaden. https://doi.org/10.1007/978-3-658-19573-1_6

Ditton, H. & Krüsken, J. (2006). Der Übergang von der Grundschule in die Sekundarstufe I. *Zeitschrift für Erziehungswissenschaft, 9*(3), 348–372. https://doi.org/10.1007/s11618-006-0055-7

Ditton, H. & Krüsken, J. (2010). Bildungslaufbahnen im differenzierten Schulsystem – Entwicklungsverläufe von Laufbahnempfehlungen und Bildungsaspirationen in der Grundschulzeit. In J. Baumert, K. Maaz & U. Trautwein (Hg.), *Bildungsentscheidungen* (S. 74–102). VS Verlag für Sozialwissenschaften. https://doi.org/10.1007/978-3-531-92216-4_4

Fend, H. (2012). Drei Reproduktionsfunktionen des Schulsystems. In U. Bauer, U. H. Bittlingmayer & A. Scherr (Hg.), *Handbuch Bildungs- und Erziehungssoziologie* (S. 161–165). VS Verlag für Sozialwissenschaften. https://doi.org/10.1007/978-3-531-18944-4_10

Geißler, R. & Weber-Menges, S. (2010). Bildungsungleichheit – Eine deutsche Altlast. Die bildungssoziologische Perspektive. In H. Barz (Hg.), *Handbuch*

Bildungsfinanzierung (Bd. 24, S. 155–165). VS Verlag für Sozialwissenschaften. https://doi.org/10.1007/978-3-531-92520-2_13

Gerleigner, S. & Aulinger, J. (2017). „Gymnasium? Das ist nichts für uns.“: Zum Einfluss von Rational Choice und Kapitalienausstattung auf die Entscheidung für oder gegen das Gymnasium. In T. Eckert & B. Gniewosz (Hg.), *Bildungsgerechtigkeit* (S. 29–48). Springer VS.

Glaser, B. G. & Strauss, A. L. (2010). *Grounded theory: Strategien qualitativer Forschung* (3. Aufl.). *Programmbereich Gesundheit.* Huber.

Grabka, M. M. & Goebel, J. (2017). *Realeinkommen sind von 1992 bis 2014 im Durchschnitt gestiegen: erste Anzeichen für wieder zunehmende Einkommensungleichheit.* Deutsches Institut für Wirtschaftsforschung e.V. DIW Wochenbericht. https://www.diw.de/documents/publikationen/73/diw_01.c.550894.de/17-4-1.pdf

Groh-Samberg, O. (2004). Armut und Klassenstruktur: Zur Kritik der Entgrenzungsthese aus einer multidimensionalen Perspektive. *Koelner Z.Soziol.u.Soz.Psychol (KZfSS Kölner Zeitschrift für Soziologie und Sozialpsychologie), 56*(4), 653–682. https://doi.org/10.1007/s11577-004-0108-y

Hillebrandt, F. (2009). Praxistheorie. In G. Kneer & M. Schroer (Hg.), *Handbuch Soziologische Theorien* (Bd. 16, S. 369–394). VS Verlag für Sozialwissenschaften. https://doi.org/10.1007/978-3-531-91600-2_18

Hillebrandt, F. (Hg.). (2014). *Soziologische Praxistheorien.* Springer Fachmedien Wiesbaden. https://doi.org/10.1007/978-3-531-94097-7

Hirschauer, S. (2014). Un/doing Differences: Die Kontingenz sozialer Zugehörigkeiten. *Zeitschrift für Soziologie, 43*(3), 170–191. http://www.zfs-online.org/index.php/zfs/article/viewFile/3166/2703

Hirschauer, S. (Hg.). (2017a). *Un/doing differences: Praktiken der Humandifferenzierung* (1. Auflage 2017). Velbrück Wissenschaft. http://dx.doi.org/10.5771/9783845292540 https://doi.org/10.5771/9783845292540

Hirschauer, S. (2017b). Humandifferenzierung: Modi und Grade sozialer Zugehörigkeit. In S. Hirschauer (Hg.), *Un/doing differences: Praktiken der Humandifferenzierung* (1. Aufl., S. 29–54). Velbrück Wissenschaft.

Kerle, A., Schmidt, J., Ober, N., Bliemetsrieder, S. & Wiese, M. (2019). Armut als zentrales Problem für frühpädagogische Organisationen? Einblicke in die Praxis und Ausblicke theoretischer Reflexionen. *ElFo – Elementarpädagogische Forschungsbeiträge, 1*(2), 42–52. https://doi.org/10.25364/18.1:2019.2.4 (ElFo—Elementarpädagogische Forschungsbeiträge, 1(2), 42–52).

Klinge, D. (2016). *Die elterliche Übergangsentscheidung nach der Grundschule.* Springer Fachmedien Wiesbaden. https://doi.org/10.1007/978-3-658-14351-0

Koevel, A., Nerdinger, F. W., Junge, M. (2021). „Verschuldete Armut ist für mich, wenn ich saufen gehe und nichts mehr mach'" - Eine Grounded Theory-Studie zu Armutskonstruktionen von Lehrpersonen. Zeitschrift für Soziologie der Erziehung und Sozialisation, 41(1), 57–72.

Kopp, J. (2018). Wahrnehmung, soziale. In J. Kopp & A. Steinbach (Hg.), *Lehrbuch. Grundbegriffe der Soziologie* (12. Aufl., S. 497–498). Springer VS. https://doi.org/10.1007/978-3-658-20978-0_96

Kramer, R.-T. & Pallesen, H. (Hg.). (2019). *Studien zur Professionsforschung und Lehrerbildung. Lehrerhabitus: Theoretische und empirische Beiträge zu einer Praxeologie des Lehrerberufs.*

Kreyenfeld, M. & Krapf, S. (2016). Soziale Ungleichheit und Kinderbetreuung – Eine Analyse der sozialen und ökonomischen Determinanten der Nutzung von Kindertageseinrichtungen. In R. Becker & W. Lauterbach (Hg.), *Bildung als Privileg* (S. 119–144). Springer Fachmedien Wiesbaden. https://doi.org/10.1007/978-3-658-11952-2_4

Kromer, I. (2017). „Jedes Kinderlachen ladet meine Batterien wieder auf.": Kinderarmut aus der Perspektive von GrundschullehrerInnen. *soziales kapital*, *10*(17), 170–182. https://soziales-kapital.at/index.php/sozialeskapital/article/viewFile/505/917.pdf

Kühne, S. (2006). Das soziale Rekrutierungsfeld der Lehrer. *Zeitschrift für Erziehungswissenschaft*, *9*(4), 617–631. https://doi.org/10.1007/s11618-006-0171-4

Lange-Vester, A. (2015). Habitusmuster von Lehrpersonen: Auf Distanz zur Kultur der unteren Klassen. *Zeitschrift für Soziologie der Erziehung und Sozialisation*, *35*(4), 360–376.

Lange-Vester, A., Teiwes-Kügler, C. & Bremer, H. (2019). Habitus von Lehrpersonen unter mileuspezifischer Perspektive. In R.-T. Kramer & H. Pallesen (Hg.), *Studien zur Professionsforschung und Lehrerbildung. Lehrerhabitus: Theoretische und empirische Beiträge zu einer Praxeologie des Lehrerberufs* (S. 27–48).

Maaz, K. & Nagy, G. (2010). Der Übergang von der Grundschule in die weiterführenden Schulen des Sekundarschulsystems: Definition, Spezifikation und Quantifizierung primärer und sekundärer Herkunftseffekte. In J. Baumert, K. Maaz & U. Trautwein (Hg.), *Bildungsentscheidungen* (Bd. 6, S. 153–182). VS Verlag für Sozialwissenschaften. https://doi.org/10.1007/978-3-531-92216-4_7

Misoch, S. (2015). *Qualitative Interviews.* De Gruyter Oldenbourg.

Morse, J. M. (2007). Sampling in Grounded Theory. In A. Bryant & K. Charmaz (Hg.), *The SAGE Handbook of Grounded Theory* (S. 229–244). SAGE Publications Ltd. https://doi.org/10.4135/9781848607941.n11

Müller, T. (2005). *Armut von Kindern an Förderschulen: Beschreibung und Analyse des Phänomens der Armut von Kindern an Förderschulen sowie empirische Untersuchung seiner Wahrnehmung bei Förderschullehrern.* Zugl.: Regensburg, Univ., Diss., 2004. *Sonderpädagogik in Forschung und Praxis: Bd. 10.* Kovač.

Neugebauer, M. (2010). Bildungsungleichheit und Grundschulempfehlung beim Übergang auf das Gymnasium: Eine Dekomposition primärer und sekundärer Herkunftseffekte. *Zeitschrift für Soziologie, 39*(3), 202–214. https://www.pedocs.de/volltexte/2013/7954/pdf/ZfS_2010_1_Neugebauer_Bildungsungleichheit_Grundschulempfehlung.pdf

Neumann, M., Becker, M. & Maaz, K. (2014). Soziale Ungleichheiten in der Kompetenzentwicklung in der Grundschule und der Sekundarstufe I. In K. Maaz, M. Neumann & J. Baumert (Hg.), *Herkunft und Bildungserfolg von der frühen Kindheit bis ins Erwachsenenalter* (S. 167–203). Springer Fachmedien Wiesbaden. https://doi.org/10.1007/978-3-658-00454-5_8

Der paritätische Gesamtverband. (2017). *Menschenwürde ist Menschenrecht: Bericht zur Armutsentwicklung in Deutschland.* https://www.armutskongress.de/fileadmin/files/Dokumente/AK_Dokumente/armutsbericht-2017.pdf

Parsons, T. (2012). Die Schulklasse als soziales System: Einige ihrer Funktionen in der amerikanischen Gesellschaft. In U. Bauer, U. H. Bittlingmayer & A. Scherr (Hg.), *Handbuch Bildungs- und Erziehungssoziologie* (S. 103–124). VS Verlag für Sozialwissenschaften. https://doi.org/10.1007/978-3-531-18944-4_6

Schimpl-Neimanns, B. (2000). Soziale Herkunft und Bildungsbeteiligung. *Koelner Z.Soziol.u.Soz.Psychol (KZfSS Kölner Zeitschrift für Soziologie und Sozialpsychologie), 52*(4), 636–669. https://doi.org/10.1007/s11577-000-0102-y

Schneider, T. (2011). Die Bedeutung der sozialen Herkunft und des Migrationshintergrundes für Lehrerurteile am Beispiel der Grundschulempfehlung. *Zeitschrift für Erziehungswissenschaft, 14*(3), 371–396. https://doi.org/10.1007/s11618-011-0221-4

Schuchart, C. & Dunkake, I. (2014). Schichtspezifische Stereotype unter angehenden Lehrkräften. *Zeitschrift für Soziologie der Erziehung und Sozialisation, 34*(1), 89–107.

Schuchart, C. & Maaz, K. (2007). Bildungsverhalten in institutionellen Kontexten: Schulbesuch und elterliche Bildungsaspiration am Ende der Sekundarstufe I. *Koelner Z.Soziol.u.Soz.Psychol (KZfSS Kölner Zeitschrift für Soziologie und Sozialpsychologie), 59*(4), 640–666. https://doi.org/10.1007/s11577-007-0081-3

Simon, S., Prigge, J., Lochner, B. & Thole, W. (2019). Deutungen von Armut: Pädagogische Thematisierungen von und Umgangsweisen mit sozialer Ungleichheit in Kindertageseinrichtungen. *neue praxis*(5), 395–415.

Solga, H. & Dombrowski, R. (2009). *Soziale Ungleichheiten in schulischer und außerschulischer Bildung: Stand der Forschung und Forschungsbedarf.* Arbeitspapier (Bildung und Qualifizierung Nr. 171).

Solga, H. & Wagner, S. (2001). Paradoxie der Bildungsexpansion. *Zeitschrift für Erziehungswissenschaft*, *4*(1), 107–127. https://doi.org/10.1007/s11618-001-0008-0

Strauss, A. L. & Corbin, J. M. (2010). *Grounded theory: Grundlagen qualitativer Sozialforschung* (Unveränd. Nachdr. der letzten Aufl.). Beltz.

Strübing, J. (Hg.). (2014). *Grounded Theory.* VS Verlag für Sozialwissenschaften. https://doi.org/10.1007/978-3-531-19897-2

Ullrich, C. G. (1999). Deutungsmusteranalyse und diskursives Interview. *Zeitschrift für Soziologie*, *28*(6). https://doi.org/10.1515/zfsoz-1999-0602

Ullrich, C. G. (2019). Deutungsmuster und Deutungsmusteranalyse. In C. G. Ullrich (Hg.), *Das Diskursive Interview* (S. 1–30). Springer Fachmedien Wiesbaden. https://doi.org/10.1007/978-3-658-24391-3_1

Weiß, A. (2017). *Soziologie globaler Ungleichheiten. suhrkamp taschenbuch Wissenschaft: Bd. 2220.* Suhrkamp.

Wernstedt, R. & John-Ohnesorg, M. (Hg.). (2008). *Netzwerk Bildung: Bd. 6. Soziale Herkunft entscheidet über Bildungserfolg; Konsequenzen aus ILGLU 2006 und PISA III; Dokumentation der Sitzung des Netzwerk Bildung vom 24. Januar 2008.* Friedrich-Ebert-Stiftung.

Witzel, A. (2000). Das problemzentrierte Interview. *Forum Qualitative Sozialforschung*, *1*(1). http://www.qualitative-research.net/index.php/fqs/article/view/1132

Ziefle, A. (2017). Der lange Arm der Bildungsexpansion: Die Bedeutung zunehmender elterlicher Bildungsressourcen für die Bildungsbeteiligung von Frauen in Deutschland. *Koelner Z.Soziol.u.Soz.Psychol (KZfSS Kölner Zeitschrift für Soziologie und Sozialpsychologie)*, *69*(1), 51–77. https://doi.org/10.1007/s11577-016-0402-5

Denise Löwe

Reife auf dem Prüfstand – Debatten und Deutungen über das Abitur und Abiturient*innen im Deutschen Kaiserreich und der Weimarer Republik

Zusammenfassung: Der Beitrag zeichnet – in einem ersten Teil – zunächst die Entwicklung der gesellschaftlichen Relevanz des Abiturs und die langen Kontinuitätslinien als bis heute zentrale Prüfung im deutschen höheren Schulwesen nach. Plädiert wird jedoch dafür, in der Historiographie stärker Wandlungen und Brüche in seiner Geschichte in den Blick zu nehmen. Dem bildungshistorischen Dissertationsprojekt, dessen Konzeption hier vorgestellt wird, liegt die These zugrunde, dass das Abitur mit seiner sozialdistinktiven Funktion und eingebettet in das schulische Berechtigungswesen mehrmals seinen Charakter geändert hat. Insbesondere während des Deutschen Kaiserreichs und der Weimarer Republik war das Abitur krisenanfällig: die Pluralisierung von Wissensansprüchen, die Durchsetzung von Konzepten wie 'Eignung' und 'Leistung' und eine sich in schulstrukturellen Reformen ausdifferenzierende Bildungsexpansion und -mobilität stellten verschiedene Herausforderungen dar. Die in zeitgenössischen Diskursen vermittelten Debatten und Deutungen zum Abitur sowie Vorstellungen, Erwartungen und Zuschreibungen an die Abiturient*innen sollen im Kontext gesamtgesellschaftlicher und schulpolitischer Entwicklungen rekonstruiert und interpretiert werden. Es werden dafür unterschiedliche Quellen herangezogen – vorgestellt im zweiten Teil des Beitrags –, die sowohl die Ebene der Diskurse als auch die der schulischen Praxis spiegeln bzw. dokumentieren, in der historischen Bildungsforschung bisher jedoch eher wenig Berücksichtigung gefunden haben. Auf diese Weise werden erstmals auch die jugendlichen Akteure als soziale Gruppe systematisch in den Blick genommen. Schließlich werden – in dem dritten Teil – die bisherigen bildungshistorischen Forschungsergebnisse zum deutschen Abitur resümiert und dies in Bezug auf die unterschiedlichen Bedeutungen, die ihm als Schulabschluss, als vermittelter Status sowie als Prüfung, die zugleich auch Abiturient*innen subjektiviert, zugewiesen wurden. Es wird gezeigt, wie sich das eigene Quellenkorpus hieran anschließt und erste eigene Befunde hieraus in den Schlussbemerkungen skizziert.

Schlüsselbegriffe: Abitur, Gymnasium, Prüfung, Deutsches Kaiserreich, Weimarer Republik

Der unaufhaltsame Anstieg der Abiturient*innen-Zahlen

Seit der „Erfindung der Reifeprüfung“ (Bosse, 2006) im Jahre 1788[1] behauptet das Abitur als höchster Schulabschluss nach wie vor eine hohe gesellschaftliche Relevanz und galt unaufhaltsam zunehmend mehr Menschen als zu erstrebendes Bildungsziel.

Absolvierten mit Gründung des Deutschen Kaiserreichs noch nicht einmal 1 % der Jungen eines Altersjahrgangs das Abitur, nimmt im Verlauf der Weimarer Republik die Abiturientenquote beständig zu, mit etwas größeren Schwankungen nun auch jene der Absolventinnen. Offenkundig bleiben Schulabgänger*innen mit Abitur jedoch noch lange Zeit Jahrgangsminorität und in einer elitären Wahrnehmung akademische Bildung das Kennzeichen einer mitunter als „Geistesaristokratie“ (Paulsen, 1902, S. 149) verstandenen kleinen Bevölkerungsgruppe.

Jahr	**Gesamtzahl Abiturienten**	**Abiturientenquote (männlich)**	**Gesamtzahl Abiturientinnen**	**Abiturientenquote (weiblich)**
1871	2.152	0,96 %	-	-
1900	5.740	1,81 %	-	-
1913	9.939	-	2.280	-
1925	11.119	2,78	1.116	0,28 %
1933	18.394	5,59 %	6.609	2,04 %

Quelle: Ausschnitt aus Tab. 78: Die Abiturienten des preußischen öffentlichen Schulwesens 1820 – 1941. In: Titze, Helmut (1987). Datenhandbuch zur deutschen Bildungsgeschichte. Bd. I: Hochschulen, 1. Teil. Göttingen: Vandenhoeck und Ruprecht, S. 172 f.

Der typische Abiturient der vorletzten Jahrhundertwende kann als männlich und aus dem städtischen Bürgertum stammend charakterisiert werden.[2] Befunde zur sozialen Herkunft der Abiturient*innen sind auf Grund der gewandelten Berufs- und Beschäftigungsstrukturen, Klassen- bzw. in anderer theoretischer Begrifflichkeit auf Grund eines veränderten Schichtungsgefüges und der unterschiedlichen erhobenen Daten oder der verschiedenen Indikatoren methodisch sicherlich einigermaßen schwierig. Jedoch kann in der Tendenz konstatiert werden, dass „es insgesamt schon bemerkenswert [ist], daß sich in der Verteilung der Bildungschancen auf die verschiedenen

1 Durch das entsprechende preußische Abiturreglement am 23. Dezember 1788 und in der Folge durch ähnliche Gesetze schließlich bis 1834 von allen deutschen Ländern eingeführt.

2 Eine umfassende Auswertung zur sozialen Herkunft findet sich z.B. bei Drewek, 2001.

Bevölkerungsgruppen zwischen der Mitte des 19. Jahrhunderts und heute trotz der Expansion der Schüler- und Absolventenzahlen nur geringfügige Veränderungen abgezeichnet haben“ (Wolter, 1989, S. 42). Hauptsächlich ist es das Bildungsbürgertum, das durch das Abitur den familialen Status konservieren kann, zunehmend auch das Wirtschaftsbürgertum[3], das mit dem Abitur und den damit verbundenen Berechtigungen gesellschaftliche Aufstiegschancen verknüpfen kann. Im Kontext der Reproduktion sozialer Ungleichheit stieg der Anteil an ‘Arbeiterkindern’ unter den Abiturienten*innen faktisch nur langsam.

Die mit der Bildungsexpansion und mit der Ausdifferenzierung neuer gymnasialer Schultypen verbundene langsame soziale Öffnung im Deutschen Kaiserreich und der Weimarer Republik führte im Zusammenhang mit der verteidigten sozialen Exklusivität des Abiturs dennoch zu Befürchtungen. Solche betrafen zumeist die Entwertung der Statuspassage Abitur und des vermittelten, privilegierten Status’ der Abiturient*innen durch zirkulierende Begriffe wie ‘Abiturienteninflation’ oder ‘Abiturientenproletariat’ – zumeist seitens der zeitgenössischen Bildungseliten artikuliert. Gleichwohl war nicht erst seit der 1916 von Reichskanzler Bethmann-Hollweg ausgegebenen Parole ‘Freie Bahn dem Tüchtigen’[4] versucht worden, das Abitur auch für ärmere, aber begabte Schüler*innen erreichbar zu machen; bereits im 18. Jahrhundert gab es zumeist kirchliche, landesherrliche oder privat getragene Bücherstipendien, Freitische/-stellen oder Schulgeldermäßigungen. Ende des 19. und Anfang des 20. Jahrhunderts ermöglicht der leicht steigende Anteil dieser Unterstützungsleistungen am ehesten noch Kindern aus dem Mittelstand die finanzierbare Partizipation an höherer Schulbildung.[5] Während die Volksschulen seit 1888

3 „Gleichzeitig blieben die höheren Schulen im Kaiserreich mit weniger als 7 % Anteil an der Gesamtschülerzahl bis zum Ersten Weltkrieg noch exklusiv genug, um dem Distinktionsbedürfnis des Wirtschaftsbürgertums Rechnung zu tragen“, so Groppe, 2018, S. 221; vgl. auch Müller & Zymek, 1987, S. 170.

4 In der Reichstagsrede vom 28. September 1916.

5 Umfangreiche Darstellungen zum Schulgeld finden sich bei Geißler (2011), der aufführt, dass für die höheren preußischen Knabenschulen um 1915 jährlich „etwa 7.700 volle Freistellen bei (1911) rund 147.000 Gymnasiasten finanzierbar“ gewesen seien (S. 311), doch würden jene „meist nur zu Halb- und Viertelsätzen an ›begabte Bedürftige‹ vergeben“, dies bei einer jährlich notwendigen Antragsstellung, auch erst ab dem zweiten Schulbesuchsjahr (S. 348) und zudem müssten dennoch die „Kosten für Kleidung, Lernmittel, verschiedene Prüfungsgelder, eventuell auch für Internatsunterbringung oder Bahnfahrt“ während der Schullaufbahn getragen werden (S. 501).

zumindest in Preußen schuldgeldfrei wurden (Geißler, 2011, S. 344)[6], blieb vor allem das Schulgeld an den höheren Schulen bis in die späten 1950er Jahre eine soziale Barriere und Steuerungsinstrument der Bildungspolitik und somit die Gymnasien als Teil des „sozialen Klassenschulwesens“ (Müller, 1977a) im Kaiserreich und in der Weimarer Republik (Tenorth, 1985) hochgradig selektiv.

Lag der Anteil der Abiturientenquote 1960 noch bei etwa 6 %, wird in der Bildungshistoriographie der nun folgende rapide Anstieg als Erfolg einer weiteren Welle der Bildungsexpansion beschrieben und auf umfassende gesellschaftliche Modernisierungen und bildungspolitische Reformen zurückgeführt. Expansionen sind nach Drewek (2001) einerseits durch eine äußere Ausdehnung des Bildungssystems mit flächendeckendem Ausbau und zunehmender Bildungsbeteiligung gekennzeichnet und rekurrieren anderseits auf soziale Mobilisierungsprozesse (S. 811). Die sich im 20. Jahrhundert daraufhin entwickelnde Eigendynamik und bis heute anhaltenden Bildungsbestrebungen in der Bevölkerung werden im Nationalen Bildungsbericht von 2018[7] durch entsprechende Daten veranschaulicht:

(Nationaler Bildungsbericht des DIPF, 2018, S. 125)

6 Nach dem Schullastengesetz vom Juni 1888 wird das kommunale Steueraufkommen zur Schulfinanzierung eingesetzt, in Ländern wie Sachsen, Württemberg oder Bayern wird weiterhin Schulgeld erhoben, so Geißler. Erst 1919 wird es allgemein in der Republik durch die Weimarer Reichsverfassung mit Art. 145 abgeschafft.

7 Der Nationale Bildungsbericht erscheint alle zwei Jahre unter der Federführung des DIPF | *Leibniz-Institut für Bildungsforschung und Bildungsinformation* und wird gemeinsam von Bund und Ländern gefördert.

Immer mehr Kinder besuchen nach der Grundschule ein Gymnasium und mit einer Quote von 43 % eines Altersjahrgangs ist das Abitur mittlerweile der am meisten erreichte Schulabschluss in Deutschland (hierunter etwa 30 % mit allgemeiner und 13 % mit fachlicher Hochschulreife). Dieser „Anhaltende Trend zu höherer Schulbildung" wird insbesondere auf das Abitur als attraktives Bildungspatent zurückgeführt:

> „Eine der markantesten Entwicklungen im deutschen Schulwesen bleibt der Trend zu höherer Bildung [...]. Sowohl die Übergangs- als auch die Abschlussquoten zeugen von einer ungebrochenen Attraktivität der Schulart Gymnasium, auch in Ländern mit Abiturzugang an anderen Schularten des Sekundarbereichs 1. Dort wird der bereits jetzt überdurchschnittliche Absolventenanteil mit Studienberechtigung weiter steigen, je mehr Schülerinnen und Schüler an den neu eingeführten Schularten die Abituroption einlösen." (Nationaler Bildungsbericht des DIPF, 2018, S. 126)

Die Begründung für den Erfolg des Gymnasiums, als der immer noch dominierenden Vergabeinstanz für das Abitur, ist dabei nicht neu: zeichnet es sich doch nicht etwa durch eine besondere „pädagogische und didaktische Qualität des unterrichtlichen und schulischen Alltags" aus, sondern durch die direkte Zuführung zum begehrten Zertifikat (Liebau, Mack & Scheilke, 1997, S. 7).

Während aus einer eher quantitativen Sichtweise dieser unaufhaltsame Anstieg der Abiturient*innen-Zahlen nachvollziehbar ist, widmet sich der Beitrag zentral der Frage, wie im Verlauf der nunmehr über 240jährigen Geschichte des Abiturs die Vorstellungen über das, was es sein soll und Erwartungen, die an die Absolvent*innen geknüpft wurden, sich veränderten. Vorgestellt wird im Folgenden, wie in einem methodisch-qualitativ ausgerichteten Dissertationsprojekt diese Frage untersucht werden soll und weshalb insbesondere dem Zeitraum zwischen 1871 und 1933 hierbei – so viel sei vorweggenommen – eine entscheidende Bedeutung zukommt.

Der Durchsetzung einer allgemeinen Beschulung folgt im Deutschen Kaiserreich eine zunehmende Bedeutung des Berechtigungswesen, das die gesellschaftliche Statusreproduktion an schulische Karrieren band und in dem sich das Abitur als Referenzpunkt eines sich ausdifferenzierenden schulischen Prüfungswesens herauskristallisierte. Die soziale Zusammensetzung der Abiturient*innen in der Weimarer Republik änderte sich zwar nur langsam, doch wird das Abitur gesellschaftlich immer relevanter und in schulpolitischen Kontexten umfassend debattiert und gedeutet.

Von der Schauprüfung zur systematischen Schulkarriere

Der bildungshistorischen Analyse „Wandel des Abiturs und Abiturient*innen-Bildes zwischen 1871 und 1933: Rituelle Konstruktion und biographischer Übergang“[8] liegt die These zugrunde, dass das Abitur im Untersuchungszeitraum seinen Charakter geändert hat – dies stützen die bisher vorgenommenen Quellenauswertungen.

Die Herausbildung des Charakters des Abiturs zwischen 1788 und 1834 war zunächst mit der Entwicklung von der öffentlichen Schauprüfung hin zum Verwaltungsakt der Feststellung individueller Schülerleistungen verbunden. Die bis dahin zelebrierten öffentlich abgehaltenen Prüfungen, meist in Anwesenheit von anderen Schülern, Eltern und Stiftern, dienten vorwiegend der Repräsentation der Schule und eher als Gewähr für die gelungene pädagogische Vermittlung – weniger des Nachweises individuellen Könnens oder gar der Studierfähigkeit. Mit dem Oberschulkollegium in Berlin wurde 1787 eine Behörde geschaffen, die durch entsprechende Befugnisse und Partizipation von Abgeordneten als Mitglieder der Prüfungskommissionen an den Schulen nun auch den Handlungsspielraum der Direktoren begrenzte. Der preußische Verwaltungsstaat als schulpolitischer Vorreiter unterwarf den Prüfungsprozess – einer vormals einzelschulisch im wahrsten Sinne des Wortes aufgeführten Schauprüfung – zunehmend Maßnahmen der Bürokratisierung, etwa durch die Verschriftlichung des Abiturs (Bölling, 2010; Ricken & Reh, 2018). Juristisch festgeschrieben wurden sie u.a. in Abiturprüfungsordnungen, die als Quellen von dieser fortschreitenden Reglementierung zeugen und immer detaillierter Bestimmungen aufführten.

Das Abitur war keineswegs immer schon eine hochselektive Prüfung oder „scharfes Ausleseinstrument“ (Wolter, 1989, S. 3). Noch bis in das 20. Jahrhundert hinein war es eher eine Art der Eingangsselektivität der höheren Schulen, vor allem des Gymnasiums, die entscheidend war für den Mechanismus der Elitenreproduktion. Erst langsam scheinen sich mit Vorstellungen von Schullaufbahnen und Karrieremustern ein nachfolgender Selektionsdruck und damit auch Mechanismen der Exklusion durchgesetzt zu haben. In Schuljahresberichten und schulamtlichen Statistiken aus der Zeit der Weimarer Republik lässt sich eine Tendenz erkennen, nach der die Sexta der höheren Schule sich allmählich als eine Art Probejahr durchsetzt (vgl. auch Kurz, 1930). Ansonsten scheint zu gelten, wer erst einmal aufgenommen ist, wird dort meist auch gehalten.

8 Nähere Informationen: https://bbf.dipf.de/de/forschen-publizieren/forschungsprojekte/wandel-des-abiturienten-bildes-zwischen-1871-und-1933.

Durch die Abiturprüfung fallen dann auch nicht allzu viele Kandidat*innen, selbst wenn sie nicht unbedingt den Erwartungen entsprechen und den meisten, z.B. in Zulassungsgutachten und verbalen Bewertungen im Rahmen der Abiturprüfungen, nur Mittelmäßigkeit bescheinigt wird. Die Reifeprüfung selbst ist also nicht das hauptsächliche Selektionsinstrument, sondern der Eintritt in diesen Bildungsgang für eine ausgesprochen ausgewählte Klientel. So wird in den Abitur-Prüfungsakten vielfach auch eine Praxis deutlich, in der die Lehrerschaft eher wenig selektionsfreudig und in gewissem Maße pädagogisch agiert, indem sie in den Beurteilungen die individuellen Umstände der einzelnen Schüler*innen berücksichtigt und vor allem den Verhaltensmaßstab des Fleißes sowie die Anpassung an den Leistungsgedanken der Institution honoriert. In ihrem praktischen Handeln reagieren die Lehrkräfte also auf Schüler*innen, die anscheinend anders sind als der 'Idealtypus des höheren Schülers', den sie selbst in Diskursen (z.B. in untersuchten Elternratgebern und Fachzeitschriften) immer wieder hervorbringen und in Verbindung mit Eignung und einem entsprechenden Lernhabitus fordern. Das Abitur im Deutschen Kaiserreich und auch noch in der Weimarer Republik schien also eher eine Art Bewährungsprobe darzustellen und finalisierte ritualisiert die höhere Schullaufbahn. Sicherlich wurde die Prüfung auf Seiten der Schüler*innen trotzdem als eine Prüfung wahrgenommen; man konnte ja prinzipiell nicht bestehen und es gab auch Exklusionsdrohungen der Schule, z.B. durch Noten, kommunizierte Versetzungsgefährdungen, das Sitzenbleiben per se und nicht zuletzt die Unterscheidung in den Zulassungsgutachten zum Abitur als 'reif' bzw. 'nicht zweifellos reif'.

Neu ist nun aber in der Weimarer Republik, dass das vorzeitige Verlassen der Gymnasien vor dem Abitur als Versagen interpretiert wird, während es zuvor durchaus üblich war, nur einige Jahre dort zu verbringen oder die Schule mit dem begehrten sogenannten Einjährigen nach der Untersekunda zum Militärdienst zu verlassen. In seiner zwar weitgehend flächendeckenden, jedoch noch nicht sehr dichten Ausbreitung nahm das Gymnasium des 19. Jahrhunderts vorwiegend eine Funktion als allgemeine städtische höhere Schule wahr und versprach auch der „anteilige Besuch noch immer genug soziale Perspektiven" (Geißler, 2011, 254 f.). Bei der Auswertung statistischer Darstellungen zu Schulbesuchen als Part der Bildungsmobilität ist daher zwischen den Besuchszahlen der Gymnasien und den weit niedriger anzusetzenden Abiturquoten zu unterscheiden. Die Abiturprüfung galt in zunehmenden Maß aber als zu erfüllende Norm einer höheren Schullaufbahn; so werden in den Lehrerzeitschriften leistungsschwache Schüler*innen wiederholt als 'Ballast' etikettiert. In den zeitgenössischen schulpolitischen Debatten werden beständig Mechanismen der Selektion, zunehmend auch psychologische Testungen thematisiert mit dem Ziel, 'geeignete' von 'ungeeigneten' Schüler*innen zu selektieren. Verschiedene Quellen weisen so etwas wie Scheitern aus, wenn zum Beispiel explizit Abgangsquoten an die Volksschule oder in das Privatschulwesen nach der Sexta oder auch in der späteren Schullaufbahn hervorgehoben werden. Es gibt nun systematische Schulkarrieren, es gibt Schulversager*innen und das Gymnasium der Weimarer Republik wird – in einem anderen Sinne als die kollektiv autoritär ausgerichtete Erziehung und Wissensvermittlung im Kaiserreich – zu einer Schule, die sich selbst als 'Leistungsschule' gefährdet sieht und sich deshalb immer wieder so inszenieren muss.

Dass das Abitur als geprüftes Ziel einer systematischen Schulkarriere noch lange Zeit mit sozialen Exklusionsprozessen verknüpft ist, zeigt der nur langsam steigende Anteil der 'Arbeiterkinder' an Gymnasien und Universitäten. So konnte jedenfalls noch dem Gymnasium der 1950er- und 1960er-Jahre attestiert werden: Es „konnte darauf vertrauen, daß die Kinder und Jugendlichen im außerschulischen Raum, in der Familie und durch aktive und passive Teilhabe am hochkulturellen Leben [...] ihre wesentlichen Erfahrungen machen würden, die durch das fachlich-systematisch gegliederte Lernen in der Schule nur zu ergänzen war" (Liebau, Mack & Scheilke, 1997, S. 8).

Inwiefern das Abitur heute noch diese sozial-distinktive Funktion inne hat, wie es sie im Kaiserreich und auch in der Weimarer Republik barg, oder ob sich eine solche eher auf (Binnen-)Differenzierungen und additive Einrichtungen innerhalb von Schulformen und Universitäten hin verschoben hat, kann an dieser Stelle nicht weiter diskutiert werden. Stattdessen soll ein Blick auf die Historiographie des Abiturs in der deutschen Bildungsgeschichte verdeutlichen, weshalb eine Analyse der Deutungen und Debatten über das Abitur zwischen 1871 und 1933 ein lohnenswertes Projekt begründet.

Die langen Kontinuitätslinien in der Historiographie

Die bildungshistorische Erforschung des Abiturs folgte zunächst genau jenen Verhältnissen, mit denen es im 18. Jahrhundert auch eingeführt wurde: der Begründung eines modernen Berechtigungswesens unter bildungspolitischer Steuerung. So gibt es eine relativ gute Untersuchungslage zum Institutionalisierungsprozess des deutschen Abiturs, also zu dessen Etablierung im 18. und Durchsetzung im 19. Jahrhundert (z.B. Schwartz, 1910–1912; Herrlitz, 1973; Wolter, 1987; Kamp, 1988). Weiterführend sind auch zu seiner Funktionalisierung als Hochschulzugangsberechtigung in der frühen Bundesrepublik (z.B. Flitner, 1959, 1961; Blättner, 1960) sowie eingebettet in die Institutionsgeschichte der Schulform Gymnasium (z.B. Jeismann, 1974/1996 für den Zeitraum

1787–1859; Kraul, 1984 für den Zeitraum 1780–1980; Gass-Bolm, 2005 für den Zeitraum 1945–1980) Studienergebnisse zu finden. Ein möglicher Wandel des Prüfungswesens und insbesondere die Vorstellungen über das Abitur als der zentralen Prüfung im deutschen höheren Schulwesen und die Erwartungen der daran beteiligten Akteure, wurden nur marginal untersucht (z.B. Bölling, 2010; Lindenhayn, 2019).

Zunächst soll exemplarisch anhand von drei einschlägigen Autoren verdeutlicht werden, wie die Geschichte des Abiturs durchaus als eine Kontinuitätsgeschichte interpretiert werden kann. So untersucht Jeismann (1974/1996) in seinem zweibändigen Werk „Das preußische Gymnasium in Staat und Gesellschaft" die Wechselwirkung zwischen staatlichen Regulierungen und der „Umbildung der staatstragenden Schichten" (S. 25). Die Abiturienten wurden demnach die gymnasialen „Regelschüler" (S. 634) und das Abitur produzierte fortan die Bildungs- bzw. Funktionseliten für die Gesellschaft.

In einem eher soziologisch orientierten, historisch-institutionalistischen Zugang stellt Wolter vor allem heraus, dass „Gymnasium und Abitur als 'Königsweg' des Hochschulzugangs" (2016) für die Herausbildung der gymnasialen Anstalten eine tragende Rolle gespielt und durch relativ beständige Strukturen dieser Institutionen und aufgrund des gesellschaftlichen Bildungsbewusstseins und -verhaltens (S. 23) eigene Dynamiken entfaltet haben.

Mit dem Band die „Kleine Geschichte des Abiturs", im Jahre 2010 erschienen, beansprucht Bölling schließlich „erstmals die Entwicklung des Abiturs von seinen Anfängen bis in die Gegenwart" nachzuzeichnen (S. 9) und betont hierbei trotz gleichgebliebener Relevanz für Arbeitsmarktchancen immerhin Modifikationen der Prüfung – schließlich sei sie eingebunden in die Kulturgeschichte und zeige, „wie sich das kulturelle Selbstverständnis in Deutschland im Laufe des 19. und 20. Jahrhunderts gewandelt" habe (S. 9). Doch auch er folgt jenen Kontinuitätspfaden, die die deutsche Bildungshistoriographie bisher gezeichnet hat.

Diese langen, teilweise bis heute fortwirkenden Traditionslinien, wie sie die genannten drei Autoren dargestellt haben, stehen zwar außer Frage, jedoch sollen in der geplanten Dissertation die Diskontinuitäten und Debatten in der Geschichte des Abiturs stärker betont werden und dies für den Zeitraum, der als besonders prädestiniert hierfür eingeschätzt wird.

1900: Das Abitur in der Krise

Die Zeit um 1900 markiert nicht nur eine die gesamte Gesellschaft umfassende Kulturkrise (Radkau, 1998), sondern als Pendant auch eine der schulpolitischen

Auseinandersetzungen um das höhere Schulwesen, um Konzepte der Eignung und Verfahren ihrer Feststellungen sowie der Pluralisierung von Wissensansprüchen, wie sie sich letztlich auch in der Ausdifferenzierung der Schulstruktur spiegeln. Gleichzeitig wurde in diesem Zeitraum mit der Universalisierung der Idee der Leistung bzw. des Leistungsparadigmas Leistung individuell nicht nur zugeschrieben, sondern für jeden Einzelnen zum Maßstab eines gelingenden Lebens, zum Maßstab der eigenen Subjektivität und Individualität und führt entsprechend zu Druck und Nervosität in einem Ausmaß, das zu dieser Zeit eher neu ist (vgl. Ricken & Reh, 2018; Verheyen, 2012) – das zeigen die Erwartungen an die Abiturient*innen zwischen Ballast, Überbürdung und Bildungselite. Vor diesem Hintergrund ist bald auch nicht mehr so eindeutig zu bestimmen, wofür das Abitur steht und es wird für verschiedene Akteure zum Problem:

- Die Eltern fühlen sich unter Druck gesetzt, weil die Bedeutung des Abiturs für Bildungskarrieren steigt, andere wiederum fürchten eine Entwertung des Abiturs durch die soziale Öffnung.
- Die Bildungspolitiker und Schulmänner führen harte Auseinandersetzungen polarisierend zwischen Klagen über Leistungsabfall und -nivellierung einerseits und der Forderung nach Reformen und Abschaffung des Abiturs andererseits.
- Die Schüler*innen fühlen sich überfordert, zum Beispiel durch die Prüfung eines mechanisch auswendig gelernten, unnützen Wissens und die sogenannten Überfüllungskrisen an den Universitäten schüren Zukunftsängste der Abiturient*innen.
- Die Lehrer*innen wissen, dass viele Abiturient*innen nicht den Erwartungen entsprechen und in der Praxis an den Schulen ritualisiert durchgeschleust werden; im Diskurs dagegen fordern sie eine harte Auslese im Zugang zur höheren Schule und debattieren (kritisch) über den Einsatz psychometrischer Tests.

Wandel des Abiturs und Abiturient*innen-Bildes als bildungshistorisches Dissertationsprojekt

In der bildungshistorischen Arbeit „Wandel des Abiturs und Abiturient*innen-Bildes zwischen 1871 und 1933: Rituelle Konstruktion und biographischer Übergang“ wird untersucht, wie das Abitur in den zeitgenössischen Debatten in Erscheinung trat, wie im Kontext von gesamtgesellschaftlichen und schulpolitischen Entwicklungen der Charakter des Abiturs verstanden und welche

Zuschreibungen an Abiturient*innen gemacht wurden. Das in den Diskursen vermittelte Abiturient*innen-Bild wird rekonstruiert und damit erstmals auch die jugendlichen Akteure als soziale Gruppe stärker in den Blick genommen. Hierfür werden Quellen ausgewertet, die in der historischen Bildungsforschung bisher eher wenig Berücksichtigung fanden.

Das Quellenkorpus ist entsprechend des Untersuchungszeitraums durch historisch gesetzte Zäsuren begrenzt: zum einen der Gründung des Deutschen Kaiserreichs und zum anderen der Auflösung der Weimarer Republik. In der deutschen Bildungsgeschichte ist dieser Zeitabschnitt umfangreich untersucht – die speziell für das Abitur vorliegenden Untersuchungen sind jedoch überschaubar. Die gewählte zeitliche Rahmung erscheint vielversprechend, weil sie durch Bildungsexpansion und -mobilität, schulstrukturelle Reformen und pädagogische und didaktische Neuausrichtungen vielschichtig mit gesellschaftlichen Entwicklungen verflochten ist. Der politische Systembruch wird im Schulwesen durch einen mindestens programmatischen Wechsel von den autoritär ausgerichteten Pauk- und Drillschulen des Deutschen Kaiserreichs hin zu Reformen und ersten Versuchen der Demokratisierung der Schule in der Weimarer Republik markiert. Dieser und auch die zeitgenössisch diagnostizierte Kulturkrise um 1900 spielen für den gewählten Untersuchungszeitraum, in dem sich – so die These – ein entscheidender Wandel des Abiturs vollzieht, eine bedeutende Rolle. Drei schulpolitische Entwicklungen während des Deutschen Kaiserreichs und in der Weimarer Republik werden in Bezug auf das Abitur als besonders relevant angesehen:

1.) Selbstverständliche biographische Übergänge – mit dem Abitur gelangt man an die Universität und in den Staatsdienst – entkoppeln sich teilweise und es entstehen neue akademische Berufsorientierungen (z.B. Ingenieurswissenschaften) im Zuge der Ausdifferenzierung einer industriellen Gesellschaft etwa ab den 1880er Jahren.
2.) Das Gymnasialmonopol wird im Jahr 1900 aufgehoben und es werden verschiedene Reifeprüfungsprofile, d.h. unterschiedliche höhere Schulformen, formal gleichgestellt. Das bedeutet, technisches oder naturwissenschaftliches Wissen wird der humanistischen Ausbildung zwar als nicht unbedingt gleichwertig betrachtet, aber immerhin zaghaft anerkannt und es bildet sich eine neue technische Elite heraus.
3.) Reformpädagogische Impulse halten ganz langsam Einzug in die Gymnasien, die Richertsche Schulreform und die Prüfungsordnung 1926 berücksichtigten die Selbsttätigkeit der Abiturient*innen und es gibt – offiziell – erste Wahlfreiheiten im Abitur.

Erkennbar wird hier, welche drei unterschiedlichen Bedeutungen dem Abitur zukommen: als *Schulabschluss* für die Positionierung in der Arbeitswelt, als gesellschaftlicher *Status* verknüpft mit schulisch erworbenem Wissen und einem Reifeprofil sowie als *Prüfung*, mittels derer Abiturient*innen subjektiviert werden. Im letzten Teil des Beitrags werden diese Entwicklungen umfassender und mit Bezug auf das Quellenkorpus dargestellt, welches zunächst näher beschrieben wird.

Quellenkorpus

Die fachlichen und schulischen Diskurse, in denen sich Vorstellungen zum Abitur, zu Prüfungspraktiken und über Abiturient*innen während des Deutschen Kaiserreichs und der Weimarer Republik abbilden, sollen anhand eines breiten Quellenkorpus (u.a. schulbehördliche und einzelschulische Dokumente, Prüfungsakten, Verbands- bzw. Fachzeitschriften und Ratgeberliteratur) nachgezeichnet werden. Dabei werden Quellen herangezogen, die sowohl auf der Ebene der Diskurse liegen als auch die Ebene der Praxis berücksichtigen. So können die Positionen von den am Prüfungsgeschehen beteiligten Akteuren und die eingenommenen Haltungen und initiierten Debatten untersucht werden.

Hierzu gehören erstens die Bildungsverwaltung und die Schulmänner, weil sie das Abitur administrativ regulieren, zweitens der Direktor und die Lehrerschaft, weil sie es jährlich exerzieren und drittens die Eltern und Schüler*innen, weil sie es erwarten oder erleben. Im Dissertationsprojekt werden vor allem die Rolle und Positionierung der Philologenschaft im Fokus stehen und in der Quellenauswertung entsprechend berücksichtigt.

Ein regionaler Bezug in der Forschungsliteratur zum Abitur, vermittelt über die Sozialgeschichte (z.B. Lundgreen, Kraul & Ditt, 1998 für die Region Minden im 19. Jh.), die Strukturgeschichte der jeweiligen Gymnasien (z.B. Tosch, 2006 für Brandenburg 1890–1938) oder über das Prüfungswesen (z.B. Herdegen, 2009 für Bayern vom 18.-20. Jh.) ist in der Bildungsgeschichte ein bewährter Zugriff. Auch im Promotionsvorhaben wird das Erkenntnissinteresse durch einen partiell regionalen Fokus auf Preußen begrenzt. Insbesondere hinsichtlich administrativer Regularien und der schulischen Ausgestaltung der Abiturprüfungspraxis werden Gesetzestexte, Prüfungsakten und Schuljahresberichte als Quellen mit jenem Geltungsbereich herangezogen.

Für Preußen als exemplarischen Zuschnitt hinsichtlich der Debatten und Deutungen spricht indes viel. Als Impulsgeber für viele Bildungsreformen – nicht nur für die Implementierung des Abiturreglements 1788 als erstes deutsches Land – hatte das Königreich im Untersuchungszeitraum eine hegemoniale Stellung. Die Schulkonferenzen 1890 und 1900 in Berlin zeugten von bildungspolitischem Interesse des Kaisers höchstselbst: für eine Neuausrichtung des Gymnasiums und des Abiturs. Überdies „zeigte sich Preußen ausgesprochen reformfreudig" auch nachdem Schulartikel der Weimarer Verfassung nun das ganze Reich betrafen, „[w]ährend sich Bayern und Württemberg fortan aller Neuerungen enthielten" (Kluchert, 2013, S. 204). Preußens Schulpolitik gilt als federführend und entsprechend der Machtdurchsetzung auch administrativ gut aufgestellt: „schon nach der Reichsgründung mit der Reichschulkommission (1873), spätestens aber in der Weimarer Republik über den Reichsschulausschuß (1919–1923) und den Ausschuß für das Unterrichtswesen (1924–1933)" (Kraul, 2014, S. 164).

Nach einer quellenkritischen Sichtung mit Blick auf die Fragestellung zum Wandel des Abiturs kann der Erkenntnisgewinn von Gesetzestexten, Prüfungsakten, Schuljahresberichten, Fachzeitschriften und Ratgeberliteratur wie folgt skizziert werden.

Gesetzestexte

Das Abitur wurde zunehmend juristisch geregelt und der rechtlich abgesicherte Konsens schulischer Erwartungen durch die entsprechenden Gesetzestexte meist in Amtsblättern veröffentlicht. Zentral sind hier die Reifeprüfungsverordnungen zwischen den allgemeingültigen Schulgesetzen und den teilweise die Verordnungen noch einmal konkretisierenden Durchführungsbestimmungen hierarchisch angesiedelt. Diverse Passagen regelten den gesamten Ablauf der Prüfung vom Anmeldeverfahren über die Durchführung und Bewertung bis hin zur Ausstellung des Abiturzeugnisses und der feierlichen Examination. In Bezug auf die Rolle der Abiturient*innen werden zum Beispiel Wahlmöglichkeiten bei den Aufgabenstellungen oder der Umgang mit Betrugsfällen festgelegt. Die Berücksichtigung bestimmter Nebenfächer wie Kunst oder Musik wurde wiederholt geändert und Sport im Abitur erstmals mit der Reifeprüfungsordnung von 1926 in Preußen als Novum eingeführt. Eine besondere Signifikanz innerhalb der Abiturprüfung dagegen hat der Abituraufsatz im Fach Deutsch als „eine Art Hybrid, in dem holistisch Fähigkeiten – verstanden als 'Gesammtbildung' der Person – geprüft wurden bzw. gezeigt werden mussten" (Reh, Kämper-van den Boogart & Scholz, 2017, S. 293) und der „zeitlich parallel zum Wegfall des Lateinischen seit dem Ende des 19. Jahrhunderts eine zentrale Bedeutung" erlangte (ebd., S. 282). In ihm wird ein besonders geeignetes Format gesehen, Reife zu demonstrieren und zu beurteilen, wobei der Maßstab der Reife im Untersuchungszeitraum variierenden Definitionen unterliegt. Kontrastierend soll die Gesetzeslage für andere deutsche Länder im Untersuchungszeitraum herangezogen werden, zum Beispiel für das mit der längsten Tradition eines Zentralabiturs in Verbindung stehende Bayern.

Prüfungsakten

Prüfungsakten beinhalten Unterlagen, die chronologisch das durchgeführte Prozedere protokollieren und für einen bestimmten Zeitraum der Verwahrpflicht der Schule unterliegen. In Archiven sind sie in unterschiedlicher Vollständigkeit erhalten und können prinzipiell folgende Dokumente umfassen: a) Anmeldungen zur Prüfung mit unter anderem gleichzeitig dokumentierten Daten zur sozialen Herkunft, Besuchsdauer der Schule und anvisierten Berufs- oder Studienwünschen auf Schülerbögen, b) Bildungsgänge der Schüler*innen, die bis in die 1960er Jahre als ausformulierte Lebensläufe verlangt werden konnten,[9] c) Zulassungsgutachten der Lehrkräfte über die einzelnen Schüler*innen separat verfasst und die vor allem in der Weimarer Republik zunehmend psychometrischen Charakter annahmen, d) Reifeprüfungsarbeiten und -aufsätze der einzelnen Schulfächer, e) Bewertungen der Lehrkräfte und (Vor-)Notentabellen, f) Abiturzeugnisse in Abschrift und g) gegebenenfalls Gutachten oder Beschwerden und Einsprüche, zumeist von Elternseite.

Eine Stärke der Prüfungsakten liegt in ihrer Beständigkeit: so gibt es im Zeitraum von etwa 1890 bis 1970 „zwar textästhetische Wandlungen, aber die grundsätzlichen Aktenelemente werden beibehalten" (Klinger, 2018a, S. 142), sodass sowohl synchrone als auch diachrone Vergleichshorizonte dieser seriellen Quelle gegeben sind. Die hierbei von der Verwaltung einerseits überhaupt erhobenen und andererseits standardisierten Kategorien, wie 'zweifellos reif/nicht zweifellos reif' oder die Befreiung von der mündlichen Prüfung unter bestimmten Umständen ändern sich im Verlauf des Untersuchungszeitraums und sollen hinsichtlich der impliziten Erwartungshaltung und als Normativitätskonstrukte interpretiert werden. Während sich hierfür insbesondere die Zulassungsgutachten zum Abitur als ergiebige Quelle erwiesen haben, enthalten vor allem die Schülerbögen, die im preußischen Verwaltungsstaat für verschiedene Schultypen konzipiert wurden, Daten für eine Rekonstruktion des prosopographischen Kreises der Abiturient*innen in Form von Fallstudien.

---

9 Offiziell verlangt wurden Bildungsgänge erst mit der Preußischen Reifeprüfungsordnung von 1926. In ersten, eigenen Fallstudien konnte das Schreiben von Lebensläufen im Kontext des Abiturs als schulische Praktik schon für den Beginn des 20. Jahrhunderts gezeigt werden.

Schuljahresberichte

Der staatlichen Schulhoheit entsprechend mussten höhere Schule in Preußen ab 1825 sogenannte Schulprogramme oder Schuljahresberichte einmal jährlich für die Schulverwaltungen anfertigen, obgleich auch hier – ähnlich den Bildungsgängen für Abiturient*innen – sich diese Praxis an Schulen schon zuvor etabliert hatte (Scholz & Reh, 2016, S. 94).

Eine Chronologie der schulischen Ereignisse und Veranstaltungen, der Gesundheitszustand der Schüler*innen, Befreiungen von bestimmten Unterrichtsfächern wie vom Sport, werden ebenso dokumentiert wie Zu- und Abgänge an die Schule als Schülerbewegung. Meist vom Direktor verfasst, folgen die Schuljahresberichte im gesamten Untersuchungszeitraum einem ähnlichen, wohl standardisiertem Aufbau, und lassen Rückschlüsse auf die Schülerschaft im Ganzen zu. Inwiefern die Abiturstufe als spezifisches schulisches Stadium Berücksichtigung findet, wird anhand verschiedener Einzelschulen und -typen zu prüfen sein, wobei ein Aktenbestand verschiedener Gymnasialtypen und auch Mädchenschulen in Preußen für vergleichende Auswertungen herangezogen wird.

Fachzeitschriften

Die zeitgenössische Verbandspresse bildet den fachlichen bzw. gesellschaftlichen Diskurs umfassend ab. Von den Fachzeitschriften der ständisch organisierten Lehrerschaft – seit dem letzten Drittel des 19. Jahrhunderts gab es eine stark gestiegene Anzahl entsprechender Publikationsorgane – wurden für das Quellenkorpus solche ausgewählt, die auch die Typenvielfalt der höheren Schulen für Jungen und Mädchen sowie ein Spektrum erwartbarer konservativer bis reformorientierter Positionen aufzeigen. Weiteres Kriterium war deren kontinuierliche Erscheinungsweise über einen längeren Zeitraum sowie ein großer Bekanntheits- und Verbreitungsgrad.

Die Auswertung von insgesamt sechs Periodika findet methodisch eine Orientierung in der systematischen Inhaltsanalyse, um verschiedene Parameter einer großen Textmenge, teils deduktiv, teils induktiv, vergleichend zu erfassen. Ziel ist es, dass „diskurs- oder bewusstseinsgeschichtliche Ergebnisse […] nicht mit einer zufälligen Auswahl von Zitaten oder einer von der Voreinstellung des Interpreten abhängigen Auswahl und Interpretation weniger Texte […] gewonnen [werden]. Durch die Quantifizierung der zuvor […] definierten Argumentationstopoi in Texten werden begründete Aussagen über Tendenzen von gesellschaftlich virulenten Denkweisen möglich, die die soziale Wirklichkeit eines Sach- oder Problemverhalts 'konstruieren'." (Nier & Böke, 2008, S. 369) Im Rahmen der zunehmend wichtiger werdenden Verfahren der Digital Humanities – auch für die Historische Bildungsforschung – werden Fachzeitschriften, wenn nicht bereits digitalisiert vorliegend, entsprechend aufbereitet und mit Hilfe einer QDA-Software inhaltsanalytisch codiert und ausgewertet. Zur Interpretation von Deutungsmustern und Sinnzusammenhängen haben Inhaltsanalysen jedoch meist nur eine begrenzte Aussagenreichweite, daher wird wie bei den anderen berücksichtigten Quellengattungen zudem hermeneutisch vorgegangen. Dies bedeutet, wie in der Disziplin bewährt, eine Kontextualisierung des historischen und sozialen Entstehungszusammenhangs der Quellen und vergleichende Interpretationen von solchen, die ähnliche Thematiken aufwerfen.

Ratgeberliteratur

Einige Lehrer, mehr noch Schuldirektoren, haben sich neben der Verbandspresse noch eine andere publizistische Plattform gesucht und Ratgeber geschrieben, um Eltern von (künftig) höheren Schüler*innen zu adressieren. In dieser Ausrichtung hat das Genre in der Zeit zwischen etwa 1880 und 1930 Hochkonjunktur und viele Praktiker*innen beschreiben und popularisieren Ende des 19. Jahrhunderts ihr Expert*innenwissen (Berg, 1991; Volk, 2017). Legitimiert durch empirische Erfahrungen, sehen sie sich als berechtigt an, bezüglich der Erziehung im Allgemeinen als auch bezugnehmend auf bestimmte pädagogische Institutionen eine Vielzahl von sogenannten 'Winken' und 'Wegweisern' auf den Buchmarkt zu bringen. Die hier fast ausnahmslos männlichen Autoren vermuten, dass Eltern sich im differenzierten Schulsystem wahrscheinlich nur (noch) schwer zurechtfänden, wollen Orientierung hinsichtlich der Eignung für einen Schultyp geben und versuchen eine Annäherung von Schule und Elternhaus zu erreichen. In diesen Ratgebern als Vermittlungsform pädagogischen Wissens wird also auch die Beziehung von Elternhaus und höherer Schule den Blick genommen und bei den Auswertungen entsprechend berücksichtigt, etwa indem untersucht wird, wie biographische Übergänge gestaltet und verantwortet werden.

Geht man davon aus, dass Ratgeberliteratur per se – anders als z.B. Lehrerzeitschriften – eine asymmetrische Beziehung zu ihrer Leser*innenschaft inhärent hat – nämlich die zwischen dem Experten und dem Laien – können Anlass und Motiv der Ratgeberliteratur Krisensituationen, Defizitzuschreibungen oder Optimierungsbestrebungen sein. Für die Bezugnahme von gesellschaftlichen Entwicklungen und Abitur durchaus interessante Relationen. Wiederkehrende

Thematiken aus den Ratgebern werden komparativ mit den anderen Quellen aus dem Korpus abgeglichen und gedeutet.

Stellenwerte des Abiturs

Im Hinblick auf die eingangs zentral markierten Stellenwerte des Abiturs als Schulabschluss, als vermittelter Status und als Prüfung erfolgen auch die Quellenauswertungen im Dissertationsprojekt. Diese drei Bedeutungen und ihre Entwicklungen, wie sie aus der bisherigen Historiographie zum Abitur herausgearbeitet worden sind, werden nun resümiert und deren Anschlussfähigkeit an das eigene Quellenkorpus veranschaulicht.

Abitur als Schulabschluss

Mit dem Wandel hin zur bürgerlichen Gesellschaftsordnung wurden soziale Positionierungen und Ungleichheiten nicht länger durch Statusvererbung qua Geburt, sondern zunehmend durch Leistungsunterschiede legitimiert. Im Bereich der Bildung wurde das bereits in der Sattelzeit meritokratisch organisierte Schulwesen konstitutiv, durch Jahrgangsklassen Altersheterogenität angestrebt und die individuelle Leistung zunehmend vergleichenden Maßstäben unterworfen (Scholz & Reh, 2016, S. 95 f.)

Für das höhere Schulwesen bildete das am 23. Dezember 1788 erstmals von der preußischen Kultusverwaltung unter Minister Karl Abraham von Zedlitz eingeführte Abiturientenexamen eine Zäsur und kann als eine „Technologie, die im Rückblick als Hebel zur Implementierung des staatlichen Bildungsmonopols erscheint" (Lindenhayn, 2018, S. 98) gedeutet werden. Dessen Intention, den Zustrom der als 'untüchtig befundenen Jünglinge' an die Universitäten zu begrenzen, ermöglichte nicht nur staatliche Zugriffs- und Verfügungsmöglichkeiten über die Abiturienten, sondern konterkarierte die traditionellen Selbstbestimmungsrechte der Universitäten und der einzelnen höheren Schulen sowie die Rechte des Hausvaters über die Söhne.

Während sich in anderen europäischen Ländern zeitgleich andere Formen der Zulassung für die Universitätsstudien entwickelten, z.B. das französische Baccalauréat, das zunächst eher eine von den Fakultäten durchgeführte Prüfung darstellte, ging Preußen einen anderen Weg. Statt universitärer Aufnahmeprüfungen, mittels derer Universitäten zuvor eigenständig und in je unterschiedlicher Weise über ihre Bewerber entscheiden konnten, wurde nun per Edikt eine einheitliche Entlassungsprüfung für höhere Schulen institutionalisiert.

Die Rolle der Prüflinge, also der noch ausnahmslos männlichen Abiturienten, wurde innerhalb des administrativen Systems in den Prüfungsordnungen durch zu erfüllende Anforderungen markiert, obgleich die Abiturprüfung vorerst nur beschränkt über ihre weitere Studien- und Berufskarrieren bestimmen konnte. Von dem 'Reglement für die Prüfung an den Gelehrten Schulen' waren Externe, Privatschüler oder Absolventen außerhalb Preußens zunächst nicht betroffen und konnten jene weiterhin Aufnahmeprüfungen an den Universitäten ablegen – und selbst mit einem 'Zeugnis der Unreife' einer öffentlichen Schule blieb dieser akademische Bildungsweg nicht versagt.

Allerdings wurde seitens des Oberschulkollegiums auch die Hoffnung auf eine „disziplinierende Wirkung der Zeugnisse, vermittelt über die Einsicht der Eltern" gesetzt (Lindenhayn, 2018, S. 101). Unter dem Verweis auf die bürgerliche Freiheit wurde Konflikten mit dem traditionellen Hausvaterrecht für autonome Bildungsentscheidungen seitens der Bildungspolitik noch ein halbes Jahrhundert ausgewichen und erst mit dem Abiturreglement von 1834 die Reifeprüfung, bis auf wenige Ausnahmen, als Studienvoraussetzung obligatorisch.

Die „enge Verkopplung der Hochschulreife-Norm mit dem Nachwuchsbedarf der höheren Berufskarrieren" (Herrlitz, 1997, S. 176) – im Deutschen Kaiserreich noch durchaus konsensfähig – wird spätestens in der Weimarer Republik angesichts der wirtschaftlichen Lage, neuer Prämissen der Industrie und Wissenschaft und inmitten der Legitimationskämpfe der gymnasialen Schultypen hinterfragt und diskutiert; teilweise die Notwendigkeit des Abiturs überhaupt angezweifelt und dies nicht nur unter den Pädagogen oder Medizinern in ihren Medien und im Kontext von Reform- und Überbürdungsdebatten, sondern mitunter öffentlichkeitswirksam in Tageszeitungen und von prominenten Zeitgenossen wie Albert Einstein oder Thomas Mann.

Wurden Schulen im Allgemeinen Landrecht von 1794 als 'Veranstaltungen des Staates' bezeichnet, kann das Abitur sich im Zuge der Entwicklung des Berechtigungswesens als Veranstaltung der Gymnasien behaupten, denn es „wurzelt zu Recht die Rede vom Gymnasium als der Brutstätte für zukünftige Funktionseliten, für Staatsdiener auch der mittleren und gehobenen Ränge" (Lundgreen & Kraul, 2015, S. 376). Mit der Durchsetzung des humanistischen Bildungsanspruchs nach Humboldt und des alleinigen Reifeprüfungsrechts durch die Verordnungen von 1812 und 1834 an die sogenannten latein(und griechisch)-treibenden Gymnasien erlangten diese gegenüber den Bürger- und Stadtschulen, auch gegenüber den höheren Töchterschulen, ein außerordentliches „Prestige" (Lindenhayn, 2018, S. 108 f.).

Diese „Etablierung und Privilegierung einer Gruppe von allein berechtigten höheren Lehranstalten […] deren Status vor allem durch ihre akademisch gebildeten Lehrkräfte definiert wurde" (Zymek, 2006, S. 37), brachte für lange Zeit dem humanistischen Gymnasium mit seiner Monopolstellung „höchste gesellschaftliche Wertschätzung" (Matthes, 1997, S. 203), verbunden mit der Erwartung für eine bestimmte Sozialisation und die Vermittlung bestimmter Werte (Groppe, 2018, S. 212 f.). Noch in der Gegenwart des 21. Jahrhunderts normiert das Gymnasium als „Leitinstitution des deutschen Bildungswesens" die hierarchisierten Bildungsgänge (Tenorth, 2008).

Vor allem die Entwicklungsdynamik während der Hochindustrialisierung mit Bevölkerungswachstum, Ausdifferenzierung der bürgerlichen Schichten und Verwertbarkeit naturwissenschaftlichen Wissens führte zur Institutionalisierung neuer ‘realer’ Profile an höheren Lehranstalten seit der Mitte des 19. Jahrhunderts.[10] Damit wurden Ansprüche aus dem städtischen Wirtschaftsbürgertum aufgenommen (Kraul, 1998, S. 19) und der „Akademikerbedarf [sollte] vor allem in industriellen Führungspositionen mit gefordertem „‘realistischem’ Bildungsprofil" (Matthes, 1997, S. 203) gedeckt werden.

Dieser „Bildungspluralismus" und die neuen gesellschaftlichen Anforderungen an die Abiturienten wurden zwar institutionell umgesetzt – so treten 1882 neben die nun als Realgymnasien bezeichneten Anstalten noch die lateinlosen Oberrealschulen hinzu – ihre Einbindung in das Berechtigungswesen führte allerdings zu langanhaltenden Aushandlungen und erst mit dem Kieler Erlass von 1900 zur formalen Gleichstellung der drei höheren Schularten mit jeweils unterschiedlichen curricularen Ausrichtungen. Bis dahin blieben Fakultätsstudien wie Theologie, Medizin, Jura und Philosophie für Abiturienten der beiden Realschultypen verschlossen und mussten auch danach zur Immatrikulation in bestimmte Studiengänge Zusatzprüfungen abgelegt werden (z.B. Kraul, 1998).

Eine anders gelagerte Benachteiligung erfuhren die Mädchen, für die zwar seit den 1870er-Jahren allmählich ein öffentliches, höheres Schulwesen nun auch in städtischer und staatlicher Trägerschaft aufgebaut wurde (Matthes, 1997, S. 204), doch eine Anbindung an das Berechtigungswesens, wie für die männliche Schuljugend, gab es nicht und damit auch (noch) keine Abiturientinnen.[11] Erst die standespolitischen Forderungen der männlichen Lehrkräfte an den Mädchenschulen stießen curriculare Änderungen und Normierungen

---

10 Der Erlass zur „Unterrichts- und Prüfungsordnung für Real- und höhere Bürgerschulen" im Jahre 1859 sieht Realschulen I. und II. Ordnung vor; bereits 1832 berechtigte ein vergleichbarer Realschulabschluss zum „Einjährigen".

11 Zur Mädchen- und Frauenbildung allgemein vgl. Albisetti (1988), Huerkamp (1996) und den Sammelband von Kleinau & Opitz (1996).

im strukturellen Aufbau an – viel mehr noch kann hier ein Verdienst der Frauenbewegung, allen voran Helene Lange, zuerkannt werden. In Preußen erfolgte im Jahre 1894 die Neuordnung des höheren Mädchenschulwesens[12], die Studienberechtigung erst 1908[13], die Vergabe der allgemeinen Hochschulreife durch höhere Mädchenschulen wurde schließlich im Zuge der Reichsschulkonferenz 1920 anerkannt (Matthes, 1997, S. 208) und die Reifeprüfungsordnung von 1926 formulierte erstmals annähernd gleiche Anforderungen für Jungen und Mädchen (Bölling, 2010, S. 79). Selbst mit dem Abitur war für Mädchen selten eine akademische Bildungskarriere angedacht (Kraul, 2014, S. 167 ff.) und strebten jene oftmals an die Lehrerinnenseminare – sozusagen „ein Selbstrekrutierungszirkel in höherer Mädchenbildung" (Kraul, 1998, S. 21).

Insofern war die Ausdifferenzierung der gymnasialen Schultypen „mit der ihnen zugeschriebenen je unterschiedlichen (gesellschaftlichen) Wertigkeit" (Matthes, 1997, S. 203) assimiliert und kann hier vom „Berechtigungsprivileg des 'humanistisch' gebildeten [männlichen] Abiturienten" (Herrlitz, 1997, S. 184) ebenso gesprochen werden wie von einem „über das in den altsprachlichen Gymnasien monopolisierte[n] Sonderwissen der akademischen Eliten" (Drewek, 2001, S. 816). So etwas wie ein einheitliches Abitur als Schulabschluss für die Absolvent*innen, die am Ende der Weimarer Republik von den etwa 20 verschiedenen Gymnasialformen und -zweigen abgingen, gab es jedenfalls nicht. Stattdessen wurden unterschiedliche „Reifeprüfungsprofile" (Zymek, 2006, S. 34) für Jungen und erstmals auch für Mädchen konstituiert (vgl. auch Tosch, 2006).

So galten auch verschiedene Abiturprüfungsordnungen für die jeweiligen höheren Schultypen, in denen nicht nur die fachlichen Anforderungen, Ausgleichs- und Wahlmöglichkeiten sowie mögliche Nachprüfungen reguliert wurden, sondern im Subtext auch gesellschaftlich und schulpolitisch diskutierte Anforderungen aufgenommen wurden und daher als Quellen hinsichtlich ihrer Konzepte z.B. von Reife oder Studierfähigkeit untersucht werden sollen. Für die Auswertung bedeutet dies weiter eine besondere Berücksichtigung von Verbandszeitschriften, die sich parallel zur Professionalisierung der Lehrerschaft im Untersuchungszeitraum als feste Größe in der Medienlandschaft durchsetzen. Entsprechend der jeweiligen gymnasialen Schulzweige, an denen das Abitur zwischen 1871 und 1933 zu unterschiedlichen Konditionen

---

12 In Karlsruhe gab es ab 1893 das erste zum Abitur führende Mädchengymnasium (Kraul 1984, S. 22; Matthes, 1997, S. 206).

13 In Baden bereits 1900, in Bayern 1903.

absolviert werden konnte, vertraten die Verbandszeitschriften schulstrukturelle und berufsständische Forderungen, auch mit Bezug auf Erwartungen an und Vorstellungen über Abitur und Abiturient*innen. Jenseits zu erwartender Polarisierungen können so Debatten in einschlägigen Periodika verglichen und interpretiert werden.

Abitur als Status

Mit dem Abitur wird auch ein bestimmter Status assoziiert. Weniger klar ist jedoch, auf was genau der Status referenziert: Ist es die 'sittlich-moralische Haltung'? Sind es so etwas wie Selbstdisziplin und Fleiß, die als erwünschte Verhaltensweisen schulisch demonstriert wurden? Ist es kanonisiertes Wissen, irgendwo zwischen humanistischen und realen Gymnasialprofilen, im Übergang vom 19. zum 20. Jahrhundert schon äußerst strittig, oder sind es bestimmte Dispositionen für die Wissenschaft, die mit dem Status in Verbindung gebracht werden? Verschiedene Gesellschaftsgruppen und Abnehmerinstitutionen, wie Universitäten oder die Wirtschaft, hatten und haben sicherlich je eigene Erwartungen. Klar ist: Das Abitur ist mit dem Begriff der Reife, mit Reputation und gesellschaftlichen Positionierungen vor allem in der Bildungs- und Kulturwelt verknüpft.

Nicht nur der Studienzugang und eine damit einhergehende privilegierte Statuserwartung unterlag den Rekrutierungsmechanismen des Abiturexamens; auch für den höheren Staatsdienst, z.B. im Justiz- und Verwaltungsapparat, fanden etwa zeitgleich mit der Etablierung des Abiturs neue „Leistungsnormierungen" statt und wurde die Beamtenlaufbahn im absolutistischen Staat an die Maturität gebunden (Herrlitz, 1997, S. 177). Gleiches galt für die bevorzugte Behandlung der höheren Schüler im Militärwesen: Obgleich die deutschen Länder in ihrer Bildungspolitik ansonsten recht eigenständig agierten, wurde auf der Reichschulkonferenz 1871 das Einjährig-Freiwilligen-Examen gegenseitig von den Einzelstaaten anerkannt (Kluchert, 2013, S. 193). Dieses bot unter der Voraussetzung privater finanzieller Mittel, die es erlaubten, sich selbst einzukleiden und zu versorgen, die Möglichkeit „zu einem verkürzten und privilegierten Militärdienst für diejenigen, die ein staatlich festgelegtes, im Kaiserreich mehrfach neu justiertes Bildungsniveau einer höheren Schule erreicht hatten" (Groppe, 2018, S. 222). Angesichts des Beginns des Ersten Weltkriegs, ähnlich gelagert dann auch ab 1939, wurden sehr zeitnah sogenannte Notreifeprüfungen bzw. das 'Kriegsabitur' eingeführt, die unter erleichterten Bedingungen höhere Schüler vorzeitig examinierten oder ab 1919, teilweise sogar ohne Prüfungsverfahren und als „Dank des Vaterlandes" für die

Kriegsteilnahme, das einfache Nachholen des Abiturs ermöglichten (Bölling, 2010, S. 74).

Das Bezugssystem von Abitur und staatlichen Beschäftigungssektoren entkoppelte sich nur langsam. Noch in den 1980er-Jahren waren etwa 50 % der Hochschulabsolvent*innen im öffentlichen Dienst angestellt (Wolter, 1989, S. 47). Mit dem industriellen Wandel und der gestiegenen gesellschaftlichen Relevanz der Wirtschafts- und Naturwissenschaften können zwar bereits für den Zeitraum des letzten Drittels des 19. Jahrhunderts zunehmend außerakademische Berufsorientierungen der Abiturienten in kaufmännische Berufe, vor allem aber im Ingenieurswesen, und damit als „neue[r] technischer Elite" (Herrlitz, 1997, S. 181), verzeichnet werden. Zugleich wurden jedoch neue Studiengänge in den wirtschaftlichen und naturwissenschaftlichen Disziplinen geschaffen, in deren Folge das Abitur auch während der Industrialisierungsprozesse eng mit dem Studium verzahnt blieb. Lediglich in den zyklisch auftretenden Überfüllungskrisen (Titze, 1981) nahm die Bereitschaft der Abiturient*innen zu, „den beschäftigungspolitischen Unsicherheiten einer akademischen Berufslaufbahn durch Aufnahme einer Berufstätigkeit ohne Studium auszuweichen" (Wolter, 1989, S. 31).

In der erziehungswissenschaftlichen Forschung ist seit den 1970er Jahren und in der sich in dieser Zeit durchsetzenden stärker sozialhistorischen Orientierung die Statusreproduktion, die Reproduktion von Eliten untersucht worden, indem die soziale Herkunft der Abiturient*innen analysiert wurde. Auch gegenwärtig werden Chancengleichheit und Partizipation an höherer Bildung, unter dem Begriff der Bildungsdisparität etwa und unter Einbezug weiterer Kategorien wie z.B. dem Migrationshintergrund, weiterhin intensiv erforscht und diskutiert.

Der Zugang zu beziehungsweise Besuch der höheren Schulen und damit indirekt die Chance auf den Status Abiturient*in wurde nun also zunehmend auch als soziale Frage Gegenstand der neuen Forschungsausrichtung, die „für die Geschichtswissenschaft ebenso wie für die Historische Pädagogik eine bedeutsame disziplingeschichtliche Innovation, die sozialgeschichtliche Wende (oder doch zumindest eine solche Erweiterung)" markieren (Lundgreen, 2006, S. 5). Die Entwicklung und Ausdifferenzierung der gymnasialen Institutionen und ihrer Schülerschaft wurden in quantitativer Ausrichtung umfassend untersucht (nur exemplarisch Müller, 1977b; Müller & Zymek, 1987; Titze, 1981). Als empirische Basis für die Beschreibung eines Struktur- und Funktionswandels des Schulsystems sind Schüler*innen- und Schulstatistiken zur „tragenden Säule" gewordenen und fokussierten entsprechende Forschungsprojekte die Zusammenhänge zwischen sozialer Herkunft, Schulbesuch und späterem Beruf (z.B.

Lundgreen, Kraul & Ditt, 1988). So ist es wohl sehr gut möglich, diese Akteursgruppe auf dem quantitativen Fundament sozialhistorisch zu konturieren, denn serielle Daten – die als Quellen auch für das Dissertationsprojekt herangezogen werden – geben zum Beispiel Aufschluss über den Schulbesuch und „über die Struktur von Lebensläufen und Moralverhältnissen sowie Lebensrisiken und -karrieren" (Schuch, Tenorth & Welter, 2008, S. 269).

Inwiefern eine Zunahme der Abiturient*innenquote und der sich geänderten sozialen Zusammensetzungen der Absolvent*innen in einen Zusammenhang mit dem anhand verschiedener Quellen herauszuarbeitenden Status derselben zu bringen sein wird, ist eine anschlussfähige interessante Fragestellung, die mindestens versucht wird in das Dissertationsprojekt zu integrieren.

Für das Ziel, die Abiturient*innen erstmals auch aus einer qualitativer Sichtweise stärker in den Blick zu nehmen, erscheint es zunächst erst einmal vielversprechend sich mit den zeitgenössisch virulenten Begriffen wie Abiturientenproletariat, humanistische bzw. technische Elite oder Notreifeabiturient in ihren Diskursen und Statuszuweisungen zu befassen. Ebenso was es bedeutet hat, dass schließlich auch Mädchen Abitur machen konnten sowie welche explizit oder implizit formulierten Erwartungen an die Abiturient*innen rekonstruiert werden können, soll unter der Perspektive Abitur als Status interpretiert werden.

Abitur als Prüfung

Das Abitur ist aber nicht nur Schulabschluss und hierüber mit einem (un) bestimmten Status verknüpft, sondern es ist auch eine Prüfung.

Mit der Durchsetzung des Abiturs wurde eine zunehmende Standardisierung für das Deutsche Reich koordiniert und ein gesetzlich reguliertes Prüfungswesen, „in dem 'Leistungen' graduiert, mit Noten versehen und dem Einzelnen in seinem Lebenslauf zugerechnet werden können" (Reh, Kämper-van den Boogart & Scholz, 2017, S. 282). Die Art und Weise, wie Abiturient*innen durch ein vereinheitlichtes Prüfungsverfahren beurteilt werden, ist trotz aller Revisionen hinsichtlich Prüfungsfächer, -anforderungen und -praktiken in Grundzügen, mindestens doch bis zur Reformierung der bundesrepublikanischen Oberstufe im Jahre 1970, beständig: ein „enzyklopädische[s] Prinzip, das grundsätzlich gleich gute Leistungen in allen Fächern voraussetzte und Fächer addierte" (Laurien, 1998, S. 36).

Trotz einer inzwischen wieder stärker kulturwissenschaftlichen Ausrichtung der Disziplin, die prinzipiell den Blick weg von der Schulsystemebene hinwendet zur inneren Ausgestaltung der Schule und zur Beschreibung von

Ordnungsmustern, Prinzipien und Praktiken, ist das Prüfungswesen lange Zeit bis heute kaum in den Horizont der historischen Bildungsforschung geraten. Obwohl Prüfungen „fester Bestandteil von Schule und Unterricht und lebensweltlich längst zum Symbol des Pädagogischen geronnen" sind, bleibt insbesondere ihre innere Form, wie das Prüfungsgeschehen, „eine Leerstelle pädagogischer Reflexion" (Ricken & Reh, 2018, S. 247 f.). Erst „die kulturgeschichtliche und kultursoziologische Erweiterung der Historischen Bildungsforschung in der Erziehungswissenschaft [...] stellte praxeologische Aspekte in den Mittelpunkt", werden Strategien statt struktureller Ordnungen sowie Akteure anstelle von Systemen stärker gewichtet (Priem, 2006, S. 352) und erfahren Handlungen, Techniken, Artefakte und Raum eine stärkere Berücksichtigung (ebd., S. 365). So wurde mit der Etablierung des Abiturs die Schriftlichkeit dieser Prüfung langsam durchgesetzt und löste im Sinne „wandernde[r] Prüfungspraktiken" die öffentliche Bewährungsprobe zwischen 1788 und 1834 (Ricken & Reh, 2018, S. 250) – also mit zunehmender Reglementierung und beanspruchter Gültigkeit – als Zertifizierung ab.

Mit dieser jüngsten Perspektivierung in der bildungshistorischen Forschung hat das Abitur als Prüfung auch unter dem Einbezug verschiedener wissenschaftsgeschichtlicher Blickrichtungen (Lindenhayn, 2018, S. 11) erstmals größeres Interesse erfahren, denn Prüfungen „tragen nicht einfach qua Prüfung einen festgelegten Sinn in sich", sondern dieser ergibt sich aus der „Art der Einbettung in jeweilige Gesellschaftslogiken" (Ricken & Reh, 2018, S. 254). In diesem Sinne ist das Abitur als Prüfung auch Gegenstand des Forschungsprojektes 'Abiturprüfungspraxis und Abituraufsatz 1882 bis 1972. Wissens(re)präsentation in einem historisch-praxeologischen Pilotprojekt' der *BBF | Bibliothek für Bildungsgeschichtliche Forschung*, einer Abteilung des *DIPF | Leibniz-Institut für Bildungsforschung und Bildungsinformation*[14], geworden. Jenes fokussiert historische Transformationsprozesse der Prüfungspraxis, wobei insbesondere Prüfungspraktiken des Abiturs und darin des deutschen Abituraufsatzes vergleichend für Preußen (bzw. ehemalige preußische Territorien) und Bayern untersucht werden.[15] Im Rahmen dieses interdisziplinären Projektes ist auch das in diesem Beitrag vorgestellte Promotionsvorhaben angesiedelt. Für den

14 Das Projekt wurde beim Leibniz-Wettbewerb 2016 für die Förderung ausgewählt und in interner Zusammenarbeit mit dem Informationszentrum Bildung (IZB) des DIPF und in Kooperation mit dem Institut für deutsche Literatur der Humboldt-Universität zu Berlin (HU) durchgeführt.

15 Projektbeschreibung BBF/DIPF: https://bbf.dipf.de/de/forschen-publizieren/forschungsprojekte/abiturpruefungspraxis-und-abituraufsatz-1882-bis-1972

Untersuchungszeitraum werden bezugnehmend auf den Stellenwert des Abiturs als Prüfung sowohl die seitens der administrativen Ebene vorgegebenen Abiturprüfungsverordnungen als auch deren praktische Umsetzung anhand einzelnen Prüfungsakten- und Schulunterlagen ausgewertet und so der Wandel des Prüfungsprozesses und die Funktion des Abiturs in theoretischer sowie praxeologischer Orientierung rekonstruiert.

Die Subjektivierung der Abiturient*innen

Im Kontext der disziplinär stärker gewichteten Praxeologie rücken nun auch Akteure im Zusammenhang mit Prüfungen in den Fokus; werden zunehmend subjektivierungstheoretische Perspektiven eingenommen (Ricken & Reh, 2018, S. 248; Kaminski, 2011), zum Beispiel als Passung quo Eignung (Gelhard, 2012). Denn: „Es ist gerade dieser Effekt, dieser geradezu technische Mechanismus der 'Subjektivierung' (Gelhard, Alkemeyer & Ricken, 2013), in dem der oder die Geprüfte mit dem Produkt der Prüfung nicht nur eng verbunden, sondern identifiziert und subjektiviert wird" (Ricken & Reh, 2018, S. 253). Das Abitur – so ließe sich auch mit Foucault formulieren – kann als eine Praxis betrachtet werden, die ein bestimmtes Subjekt produziert:

> „Mit Hilfe dieses angeschlossenen Aufzeichnungsapparates eröffnet das Examen zwei miteinander zusammenhängende Entwicklungen: einerseits konstituiert sich das Individuum als beschreibbarer und analysierbarer Gegenstand, der aber nicht wie das Lebewesen der Naturforscher in ‚spezifische Eigenschaften' zerlegt wird, sondern unter dem Blick eines beständigen Wissens in seinen besonderen Zügen, in seiner eigentümlichen Entwicklung, in seinen eigenen Fähigkeiten und Fertigkeiten festgehalten wird; andererseits baut sich ein Vergleichssystem auf, das die Messung globaler Phänomene, die Beschreibung von Gruppen, die Charakterisierung kollektiver Tatbestände, die Einschätzung der Abstände zwischen den Individuen und ihre Verteilung in einer ‚Bevölkerung' erlaubt." (Foucault, 1994, S. 245)

Bisher fanden Abiturient*innen als zentrale Akteure dieser Prüfung in der bildungshistorischen Forschung systematisch eher wenig Beachtung, auch wenn viele Egodokumente und (auto-)biographische Literatur von der Selbstwahrnehmung einer sozialen Rolle zeugen. Eine lange Tradition haben sogenannte Bierzeitungen, als von den Schülern selbst geschriebene Abschlusszeitungen, oder Schülerpostkarten (Städele, 1986), die als Medien beide auch zeitgenössische Erwartungshaltungen, meist stark ironisiert, illustrieren. Nicht nur Thomas Mann verarbeitete seine traumatischen und letztlich doch nicht mit einem Abiturzeugnis zertifizierten Schulerfahrungen in der 1903 erschienenen Erzählung 'Tonio Kröger', auch der Notreifeabiturient Zuckmayr tat dies.

Insgesamt sind Abiturient*innen jedoch lediglich als prominente Einzelfälle und teilweise, als Artefakte des Prüfungsgeschehens, ihre Reifezeugnisse (Lahann, 1982) Gegenstand spezifischer Forschungsinteressen. So ranken sich bis heute Mythen um die angeblich schlechten Abiturleistungen im Schweizer Matura aus dem Jahre 1896 des späteren Nobelpreisträgers Albert Einstein, dient der erst 17jährige Karl Marx als „prominentes Beispiel" für die hohen Anforderungen der Abiturprüfung 1835 (Bölling, 2010, S. 13 ff.) oder wird die Selbstgefälligkeit des bayerischen Ministerpräsidenten Franz Josef Strauß als „Einserabiturient" des Jahres 1935 herausgestellt (ebd., S. 9). Als soziale Gruppe und über einen längeren Zeitabschnitt vergleichend wurden Abiturient*innen bisher nicht in den Blick genommen.

Zwar wurden Kindheit, Jugend und Familie erziehungswissenschaftlich und sozialgeschichtlich erforscht, im schulischen Kontext lag der Fokus jedoch auf dem Lehrer als Sozialfigur (z.B. Enzelberger, 2001) und selten auf Schüler*innen. Bedenkt man, dass die Entwicklungen von Institution und Profession [...] aufs engste miteinander verbunden" sind (Kluchert, 2014, S. 35) und insbesondere der Gymnasiallehrerschaft es in den letzten 200 Jahren gelungen ist „sich bei aller Abhängigkeit vom Staat zu einer eigenständigen ‘Profession’ zu entwickeln" (ebd., S. 36), verwundert das zwar nicht, begründet jedoch abermals das Vorhaben, nun die Abiturient*innen als Akteure hervorzuheben.

Dabei lassen sich jene definitorisch erst einmal schwer fassen. Verschiedene Lexika, quer durch den Untersuchungszeitraum führen das Stichwort Abiturient meist gar nicht auf oder es bleibt bis heute ein stark hybrider Begriff: Ein Eintrag in einem Wörterbuch aus dem Jahre 1880 definiert den – natürlich noch männlichen Abiturienten – als: „ein ‘Oberschüler kurz vor, im und nach dem Abitur bzw. ein Schulabgänger mit Hochschulreife’".[16] Die auch im Titel des Dissertationsprojektes zugrunde gelegten Termini *rituale Konstruktion* und *biographischer Übergang* sind daher leitend und sollen kurz erläutert werden. Konstruiert werden Abiturient*innen vor allem durch einen schulisch ritualisierten Prüfungsprozess. Es gibt ein formales Prozedere von bestimmten Abläufen sowie eine Art informelles Rahmenprogramm der Lehrer- und Schülerschaft mit Ritualen wie Abistreich (Mezger, 1994), -feier oder -rede, wobei letztere noch bis in die 1950er Jahre zumeist in Latein und vom Direktor

16 „Abiturient", in: Wolfgang Pfeifer et al., Etymologisches Wörterbuch des Deutschen (1993), digitalisierte und von Wolfgang Pfeifer überarbeitete Version im Digitalen Wörterbuch der deutschen Sprache, <https://www.dwds.de/wb/Abiturient>, zuletzt abgerufen am 15.03.2019.

abgehalten wurde. Mit biographischem Übergang ist der Status der Abiturient*innen assoziiert, der als „liminale Phase“ oder „gesellschaftlicher Zwischenstatus“ nicht genau definiert werden kann (Klinger, 2018b, S. 231). Erst mit Durchlaufen des gesamten Abiturprozesses wird Reife schulisch konstatiert, durch ein Zeugnis zertifiziert und ist schließlich mit Berechtigungen für einen neuen außerschulischen Lebensabschnitt verquickt.

Die Dynamik und Komplexität, die mit dem Begriff Abiturient*in verschmolzen sind, und auch die insbesondere in den Quellen nicht immer auflösbare Trennung von höheren Schüler*innen oder Gymnasiasten ist tatsächlich eine besondere Herausforderung für die bildungshistorische Analyse. Während beispielweise die Praktik des Schülermützen-Tragens, vor allem zwischen den 1870er- und 1930er-Jahren, die Zugehörigkeit der Schüler weiterführender Klassen zu ihren jeweiligen Klassenstufen sichtbar symbolisierten, wird solch eine Differenzierung der Primaner in den Textquellen nicht immer vorgenommen. Die Kernelemente der Abiturient*innen sind seit über 230 Jahren jedoch im Wesentlichen gleichgeblieben: das Erreichen des höchsten Schulabschlusses in einem meritokratischen System, zertifiziert individuelle Leistungen, verleiht (und begrenzt) Berechtigungen für die Arbeits- und Studienwelt und ist mit gewissen gesellschaftlichen Reputationen über seinen Akteur situiert.

Vor allem der Begriff der Reife dient hier als formuliertes Ziel und teilweise äquivalent zum Begriff des Abiturs. Jenes verkörpert das Prüfungsverfahren der jugendlichen Kandidat*innen, mit dem deren “Reifung“ demonstriert, kontrolliert und zertifiziert wurde (Klinger, 2018b, S. 232). Die in gesellschaftlichen, fachlichen und schulischen Diskursen kommunizierten Bilder des ‘reifen’ Menschen werden als Erwartungshaltung auch an die Abiturient*innen zwischen 1871 und 1933 immer wieder neu verhandelt. Während vorwiegend Gymnasiallehrer über nivellierte Anforderungen und Leistungsabfall klagen, gibt es eine öffentliche geführte Kritik an der höheren Schule, zum Beispiel gegenüber dem „Lernen für das Abitur“ (Geißler, 2011, S. 266) sowie allgemein an zeitlicher Beanspruchung, einseitigem Bildungskonzept und Lebensfremdheit (ebd. S. 260). Die erstmals im Jahr 1836 von dem Mediziner Lorinser initiierte Überbürdungsdebatte (Balcar, 2018, S. 39) wird vor allem ab den 1880er Jahren wieder virulent, aber auch noch in der Weimarer Republik unter dem Schlagwort der Schulhygiene die psychischen und physischen Überlastungen durch die höhere Schule reklamiert. Die Forderungen reichen bis zur Beseitigung der Abiturprüfung, wie zum Beispiel 1907 von Seiten des ‘Vereins für Schulgesundheitspflege’ (Geißler, 2011, S. 258).

Sicherlich kann es in einer funktional differenzierten Gesellschaft mit verschiedenen sozialpolitischen Akteuren und Prozessen das eine, Gültigkeit beanspruchende Abiturient*innen-Bild nicht geben, sondern werden je unterschiedliche Aspekte und Sichtweisen herangezogen. Dies wird zum Beispiel an divergierenden Anforderungen seitens der Universitäten oder des Arbeitsmarktes respektive der Wirtschaft als Abnehmerinstitutionen deutlich, die jeweils unterschiedliche Ansprüche an die Absolvent*innen knüpfen. Deren biographische Entscheidungen für Karrierewege wiederum werden auch von gesellschaftlichen Entwicklungen wie öffentlichkeitswirksam attestierten akademischen Überfüllungskrisen oder eben forcierten beruflichen Bedarfen begleitet. Für die im Dissertationsprojekt angedachte Konstruktion des Abiturient*innen-Bildes im Kontext der Debatten und Deutungen zum Abitur wurde daher zunächst ein Quellenkorpus zusammengestellt, das es ermöglicht, besonders die Schulmänner und Lehrkräfte und ihre Positionierungen zum Abitur und den Abiturien*innen in den Blick zu nehmen und dies unter Berücksichtigung der verschiedenen Typen höherer Schulen für Jungen und Mädchen.

Schlussbemerkungen

Sich der Geschichte des Abiturs aus einer bildungshistorisch und methodisch-qualitativen Sichtweise nähernd, konnte gezeigt werden, dass die gesellschaftliche Relevanz des Abiturs in seiner über 240jährigen Geschichte nicht nur aufgrund der gestiegenen Abiturient*innen-Zahlen beständig zunahm. Mit der Entwicklung von der Schauprüfung zur systematischen Schulkarriere hat es mehrmals seinen Charakter gewechselt, wobei sich im Untersuchungszeitraum 1871 bis 1933 ein entscheidender Wandel vollzog. So wird das Abitur als sinnvolle Leistungsprüfung einerseits in Frage gestellt und anderseits als Bildungspatent hierarchisierter Bildungsgänge und sich ausdifferenzierender Gymnasialtypen stärker legitimiert.

Als Schulabschluss für die Positionierung in der Arbeitswelt muss es sich im Zuge des gesellschaftlichen Wandels und neuer Qualifikationsanforderungen, wie sie im Bildungspluralismus artikuliert werden, bewähren. Diskutierte und realisierte Partizipationsmöglichkeiten an höherer Bildung werden einerseits begleitet von der Sorge um den Verlust einer sozial privilegierten Stellung durch das Abitur, andererseits genährt von Aufstiegsambitionen. Im Promotionsprojekt werden diese Zusammenhänge und Auswirkungen auf das Abitur und die – sozialhistorisch bisher nur wenig konturierte – Gruppe der Abiturient*innen hinsichtlich Statusvermittlung und Subjektivierung untersucht. Das entsprechend zusammengestellte Quellenkorpus, mit einem starken regionalen Bezug auf Preußen als bildungspolitischem Impulsgeber, ermöglicht es, anhand der Positionen von den am Prüfungsgeschehen beteiligten Akteuren und der von ihnen produzierten Diskurse die Vorstellungen über das, was das Abitur sein soll und deren Abiturient*innen-Bilder zu rekonstruieren. Im Rahmen der Dissertation verweisen erste Untersuchungen von Gesetzestexten für die verschiedenen höheren Schultypen bereits darauf, dass im Untersuchungszeitraum verschiedene Konzepte von Reife implementiert oder justiert werden. Auch zeigt sich eine Ambivalenz zwischen dem Idealtypus des höheren Schülers, wie er in Publikationen einerseits aus einer theoretischen Perspektive wiederholt gefordert wird, und der pädagogischen Praxis andererseits. In den Fachzeitschriften und Elternratgebern sind es vor allem die 'Eignung' für und der Zugang zu den höheren Schulen, die im Rahmen von Selektionsmechanismen durchaus kontrovers debattiert werden. In Statistiken und Schuljahresberichten der Weimarer Republik zeigen sich alternativ frühzeitig ansetzende Exklusionspraktiken, z.B. mit der allmählichen Durchsetzung einer Art Probejahr auf der höheren Schule. Nach dieser verschobenen Allokation, werden die künftigen Abiturient*innen hiernach in der Regel bis zur Prüfung geleitet, auch wenn die zugeschriebenen Fähigkeiten nicht unbedingt den Erwartungen entsprechen. Aus den Zulassungs- und Prüfungsakten lässt sich herauslesen, dass zumeist eine Anerkennung des Verhaltensmaßstabs des Fleißes und mindestens eine Anpassung an den Leistungsgedanken der Institution gewichtiger scheinen. Damit verbunden – so wird zu prüfen sein – könnte die forcierte Herausbildung eines gymnasialen Habitus' sein, den die Reifeprüfung schließlich ritualisiert finalisiert.

Die Abiturprüfung selbst setzte sich im Kontext der Universalisierung der Idee der Leistung und des Berechtigungswesens als höchstmögliches und erstrebenswertes Ziel einer systematischen gymnasialen Schulkarriere seit der vorletzten Jahrhundertwende durch. Sie wurde damit leitend für den Ausbau des schulischen Prüfungswesens innerhalb der Vielfalt höherer Schultypen mit ihrer je gesellschaftlichen Relevanz und zugeschriebenen (schultypspezifischen) Wertigkeit – und damit letztlich auch bezüglich ihrer Absolvent*innen. Die hier bereits angedeuteten Entwicklungen und Tendenzen anhand erster Quellenauswertungen sollen in Debatten und Deutungen auch jenseits erwartbarer Polarisierungen rekonstruiert werden. Unter anderem mit Hilfe von Verfahren der Digital Humanities ist angedacht, diese noch intensiver zu untersuchen und als Beitrag für die Historiographie des Abiturs insbesondere Wandel und Diskontinuitäten, wie sie sich hier im Deutschen Kaiserreich und der Weimarer Republik zeigen, noch stärker in den Blick zu nehmen und schließlich im Kontext gesamtgesellschaftlicher Entwicklungen zu interpretieren.

Literatur und Quellen

„Abiturient", in: Wolfgang Pfeifer et al., Etymologisches Wörterbuch des Deutschen (1993), digitalisierte und von Wolfgang Pfeifer überarbeitete Version im Digitalen Wörterbuch der deutschen Sprache, <https://www.dwds.de/wb/Abiturient>, abgerufen am 15.03.2019.

Albisetti, James C. (1988). Schooling German Girls and Women. Secondary and Higher Education in the Nineteenth Century. Princeton N.J.: Princeton Univ. Press.

Balcar, Nina (2018). Kinderseelenforscher. „Psychopathische" Schuljugend zwischen Pädagogik und Psychiatrie. Köln: Böhlau.

Berg, Christa (1991). „Rat geben" – Ein Dilemma pädagogischer Praxis und Wirkungsgeschichte. Zeitschrift für Pädagogik 37(5), S. 709–734.Bölling, Rainer (2010). Kleine Geschichte des Abiturs. Paderborn: Schöningh.

Blättner, Fritz (1960). Das Gymnasium. Aufgaben der höheren Schule in Geschichte und Gegenwart. Heidelberg: Quelle & Meyer.

Bölling, Rainer (2010). Kleine Geschichte des Abiturs. Paderborn: Schöningh.

Bosse, Heinrich (2006). Die Erfindung der Reifeprüfung. In: Borgards, Roland/Hammer, Almuth/Holm, Christiane (Hrsg.). Kalender kleiner Innovationen. 50 Anfänge einer Moderne zwischen 1755 und 1856. Würzburg: Königshausen und Neumann, S. 97–107.

Drewek, Peter (2001). Bildungssysteme und Bildungsexpansion in Deutschland. Zur Entwicklung ihres Verhältnisses im historischen Vergleich. In: Zeitschrift für Pädagogik 47(6), S. 811–818.

Enzelberger, Sabina (2001). Sozialgeschichte des Lehrerberufs. Gesellschaftliche Stellung und Professionalisierung von Lehrerinnen und Lehrern von den Anfängen bis zur Gegenwart. Weinheim, München: Juventa.

Flitner, Wilhelm (1959). Hochschulreife und Gymnasium. Von Sinn wissenschaftlicher Studien und von der Aufgabe der gymnasialen Oberstufe. Heidelberg: Quelle & Meyer.

Flitner, Wilhelm (1961). Die gymnasiale Oberstufe. Heidelberg: Quelle & Meyer.

Foucault (1994). Überwachen und Strafen. Stuttgart: Metzler.

Gass-Bolm, Torsten (2005). Das Gymnasium 1945–1980. Bildungsreform und gesellschaftlicher Wandel in Westdeutschland. Göttingen: Wallstein.

Geißler, Gert (2011). Schulgeschichte in Deutschland. Von den Anfängen bis in die Gegenwart (1. Aufl.). Frankfurt am Main: Peter Lang.

Gelhard, Andreas (2012). Das Dispositiv der Eignung: Elemente einer Genealogie der Prüfungstechniken. In: Zeitschrift für Medien- und Kulturforschung, 4(1), S. 43–60.

Gelhard, Andreas/Alkemeyer, Thomas/Ricken, Norbert (Hrsg.) (2013). Techniken der Subjektivierung. Paderborn: Fink.

Groppe, Carola (2018). Im deutschen Kaiserreich. Eine Bildungsgeschichte des Bürgertums 1871–1918. Wien/Köln/Weimar: Böhlau.

Herdegen, Peter (2009). Schulische Prüfungen: Entstehung, Entwicklung, Funktionen. Prüfungen am bayerischen Gymnasium vom 18. bis zum 20. Jahrhundert. Bad Heilbrunn: Klinkhardt.

Herrlitz, Hans-Georg (1973). Studium als Standesprivileg. Die Entstehung des Maturitätsproblems im 18. Jahrhundert. Frankfurt am Main: Fischer.

Herrlitz, Hans-Georg (1997). Bildung und Berechtigung. Zur Sozialgeschichte des Gymnasiums. In: Liebau, Eckart/Mack, Wolfgang/Scheilke, Christoph Th. (Hrsg.). Das Gymnasium. Alltag, Reform, Geschichte, Theorie. Weinheim, München: Juventa, S. 175–187.

Huerkamp, Claudia (1996). Bildungsbürgerinnen. Frauen im Studium und in akademischen Berufen 1900–1945. Göttingen: Vandenhoeck & Ruprecht.

Jeismann, Karl-Ernst (1974/1996). Das preußische Gymnasium in Staat und Gesellschaft. Bd. 1 Die Entstehung des Gymnasiums als Schule des Staates und der Gebildeten, 1787–1817, Bd. 2. Höhere Bildung zwischen Reform und Reaktion. Stuttgart: Klett-Cotta.

Kaminski, Andreas (2011). Prüfungen um 1900. Zur Genese einer Subjektivierungsform. In: Historische Anthropologie, 19(3), S. 331–353.

Kamp, Norbert (1988). Das Abiturreglement von 1788. Zur Diskrepanz von Schulverwaltungsanspruch und Wirklichkeit. Hochschulschrift. Essen, Univ., Diss.

Kleinau, Elke/Opitz, Claudia (Hrsg.) (1996). Geschichte der Mädchen- und Frauenbildung (2 Bände). Frankfurt am Main: Campus.

Klinger, Kerrin (2018a). Aktenprozesse. Zur Dinglichkeit des Abiturs. In: Zeitschrift für Museum und Bildung, 84–85, S. 138–152.

Klinger, Kerrin (2018b). Quo vadis? Eine Selbstüberprüfung beim Abgang von der Schule. Zu Abitur und Ritual. In: Berdelmann, Kathrin/Fritzsche, Bettina/Rabenstein, Kerstin/Scholz, Joachim (Hrsg.). Transformationen von Schule, Unterricht und Profession. Erträge praxistheoretischer Forschung. Wiesbaden: Springer, S. 229–245.

Kluchert, Gerhard (2013). Umbruch, Aufbruch, Abbruch. Schulrecht und Schulreform in der Weimarer Republik. In: Reh, Sabine/Füssel, Hans-Peter (Hrsg.). Recht und moderne Schule. Bad Heilbrunn/Berlin: Klinkhardt und Berliner Wissenschafts-Verlag, S. 191–205.

Kluchert, Gerhard (2014). Die Gymnasiallehrer. Kontinuität und Wandel in beruflichem Selbstverständnis und Handeln. In: Ritzi, Christian/Tosch,

Frank (Hrsg.). Gymnasium im strukturellen Wandel. Befunde und Perspektiven von den preußischen Reformen bis zur Reform der gymnasialen Oberstufe. Bad Heilbrunn: Klinkhardt, S. 35–63.

Kraul, Margret (1984). Das deutsche Gymnasium 1780–1980. Frankfurt am Main: Suhrkamp.

Kraul, Margret (1998). Das Gymnasium von 1780 bis zur Weimarer Republik. In: Messner, Rudolf/Wicke, Erhard/Bosse, Dorit (Hrsg.). Die Zukunft der gymnasialen Oberstufe. Beiträge zu ihrer Weiterentwicklung. Weinheim/Basel: Beltz, S. 10–27.

Kraul, Margret (2014). Geschlechterdifferenz und Chancengleichheit. Die Regulierung der (höheren) Mädchenbildung im 19. und 20. Jahrhundert. In: Reh, Sabine/Füssel, Hans-Peter (Hrsg.). Recht und moderne Schule. Bad Heilbrunn/Berlin: Klinkhardt und Berliner Wissenschafts-Verlag, S. 163–189.

Kurz, Karl (1930). Schüler, die vorzeitig die höheren Schulen verlassen. Bremen: Winters.

Lahann, Birgit (1982). Abitur. Von Duckmäusern und Rebellen - 150 Zeitgeschichte in Aufsätzen prominenter Deutscher. Hamburg: Gruner + Jahr.

Laurien, Hanna-Renate (1998). Abitur – eine endlose Geschichte. In: Einheit in der Vielfalt. 50 Jahre Kultusministerkonferenz 1948–1998. Neuwied: Luchterhand, S. 35–53.

Liebau, Eckart/Mack, Wolfgang/Scheilke, Christoph Th. (1997). Einleitung. Das Gymnasium im Wandel. In: Dies. (Hrsg.). Das Gymnasium. Alltag, Reform, Geschichte, Theorie. Weinheim, München: Juventa, S. 7–14.

Lindenhayn, Nils (2018). Die Prüfung. Zur Geschichte einer pädagogischen Technologie. Köln: Böhlau.

Lundgreen, Peter/Kraul, Margret/Ditt, Karl (1988). Bildungschancen und soziale Mobilität in der städtischen Gesellschaft des 19. Jahrhunderts. Göttingen: Vandenhoeck u. Ruprecht.

Lundgreen, Peter (2006). Historische Bildungsforschung auf statistischer Grundlage. Datenhandbücher zur deutschen Bildungsgeschichte. In: Zeitschrift für Erziehungswissenschaft Jg. 10, Beiheft 7, S. 5–13.

Lundgreen, Peter/Kraul, Margret (2015). Der Zugang zum Gymnasium: Selektivität in historischer Perspektive. In: Helsper, Werner/Krüger, Heinz-Hermann (Hrsg.). Auswahl der Bildungsklientel. Zur Herstellung von Selektivität in „exklusiven“ Bildungsinstitutionen. Wiesbaden: Springer, S. 373–404.

Matthes, Eva (1997). „Kampfzeiten“. Der Weg der Mädchen zur gymnasialen Bildung. In: Liebau, Eckart/Mack, Wolfgang/Scheilke, Christoph Th.

(Hrsg.). Das Gymnasium. Alltag, Reform, Geschichte, Theorie. Weinheim, München: Juventa, S. 203–217.

Mezger, Werner (1994). Die Bräuche der Abiturienten. Vom Kartengruß zum Supergag. Ein Beitrag zur Schülervolkskunde (2. Aufl.). Konstanz: UVK.

Müller, Detlef K. (1977a). Sozialstruktur und Schulsystem. Aspekte zum Strukturwandel im 19. Jahrhundert. Göttingen: Vandenhoeck und Ruprecht.

Müller, Detlef K. (1977b). Qualifikationskrise und Schulreform. In: Zeitschrift für Pädagogik, 14. Beiheft, S. 13–35.

Müller, Detlef K./Zymek, Bernd (1987). Sozialgeschichte und Statistik des Schulsystems in den Staaten des Deutschen Reiches 1800–1945. Göttingen: Vandenhoeck und Ruprecht.

Nationaler Bildungsbericht (2018) der Autorengruppe Bildungsberichterstattung. Bielefeld: wbv Media, DOI: 10.3278/6001820fw.

Nier, Thomas & Böke, Katrin (2008). Diskursanalyse unter linguistischer Perspektive. In: Keller, Reiner/Hirseland, Andreas/Schneider, Werner/Viehöver, Willy (Hrsg.). Handbuch sozialwissenschaftliche Diskursanalyse, Band 2: Forschungspraxis. Wiesbaden: Springer, S. 359–385.

Paulsen, Friedrich (1902). Die deutschen Universitäten und das Universitätsstudium. Berlin: Asher.

Priem, Karin (2006). Strukturen – Begriffe – Akteure? Tendenzen in der Historischen Bildungsforschung. In: Jahrbuch für Historische Bildungsforschung, Band 12. Bad Heilbrunn: Klinkhardt, S. 351–370.

Radkau, Joachim (1998). Das Zeitalter der Nervosität. Deutschland zwischen Bismarck und Hitler. München, Wien: Carl Hanser.

Reh, Sabine/Kämper-van den Boogart, Michael/Scholz, Joachim (2017). Eine lange Geschichte. Der deutsche Abituraufsatz als „Gesammtbildung der Examinanden". Prüfungspraxis und Lehrerkommentare von Abituraufsätzen in den 1950er Jahren. In: Zeitschrift für Pädagogik, Jg. 63, H. 3, S. 280–298.

Ricken, Norbert/Reh, Sabine (2018). Leistung als Paradigma – eine Einführung in die Konzeption des Bandes. In: Reh, Sabine/Ricken, Norbert (Hrsg.): Leistung als Paradigma – Zur Etablierung und Transformation eines pädagogischen Konzepts. Wiesbaden: Springer, S. 1–17.

Scholz, Joachim/Reh, Sabine (2016). Auseinandersetzungen um die Organisation von Schulklassen. Verschiedenheit der Individuen, Leistungsprinzip und die moderne Schule um 1800. In: Groppe, Carola/Kluchert, Gerhard/Matthes, Eva (Hrsg.). Bildung und Differenz. Historische Analysen zu einem aktuellen Problem. Wiesbaden: Springer, S. 93–113.

Schuch, Jane/Tenorth, Heinz-Elmar/Welter, Nicole (2008). Sozialgeschichte von Bildung und Erziehung – Fragestellungen, Quellen und Methoden der historischen Bildungsforschung. In: Faulstich-Wieland, Hannelore/Faulstich-Peter (Hrsg.). Erziehungswissenschaft. Ein Grundkurs. Hamburg: Rowohlt, S. 267–290.

Schwartz, Paul (1910–1912). Die Gelehrtenschulen Preußens unter dem Oberschulkollegium (1887–1806) und das Abiturientenexamen. Berlin: Weidmann.

Städele, Dieter (1986). Kitsch und Kunst im Kleinformat. Schülerpostkarten – ein vergessener Brauch. Konstanz: Verlag Südkurier.

Tenorth, Heinz-Elmar (1985). Zur deutschen Bildungsgeschichte 1918–1945. Probleme, Analysen und politisch-pädagogische Perspektiven. Köln, Wien.

Tenorth, Heinz-Elmar (2008). Das Gymnasium – Leitinstitution des deutschen Bildungswesens. In: Engagement 3, S. 252–263.

Titze, Hartmut (1981). Überfüllungskrisen in akademischen Karrieren: eine Zyklustheorie. In: Zeitschrift für Pädagogik, 27(2), S. 187–224.

Titze, Hartmut (1987). Datenhandbuch zur deutschen Bildungsgeschichte. Bd. I: Hochschulen, 1. Teil. Göttingen: Vandenhoeck und Ruprecht, S. 172f.

Tosch, Frank (2006). Gymnasium und Systemdynamik: regionaler Strukturwandel im höheren Schulwesen der preußischen Provinz Brandenburg 1890–1938. Bad Heilbrunn: Klinkhardt.

Verheyen, Nina (2012): Unter Druck. Die Entstehung des individuellen Leistungsstrebens um 1900. In: Merkur 5, S. 382–390.

Volk, Sabrina (2017). Elternratgeber der Weimarer Republik. Wiesbaden: Springer.

Wolter, Andrä (1987). Das Abitur. Eine bildungssoziologische Untersuchung zur Entstehung und Funktion der Reifeprüfung. Oldenburg: Holzberg.

Wolter, Andrä (1989). Von der Elitenbildung zur Bildungsexpansion. Zweihundert Jahre Abitur (1788–1988). Oldenburg: Bibliotheks- und Informationssystem der Universität Oldenburg.

Wolter, Andrä (2016). Gymnasium und Abitur als „Königsweg" des Hochschulzugangs: Historische Entwicklungslinien und Institutionelle Transformationen. In: Kramer, Jochen/Neumann, Marko/Trautwein, Ulrich (Hrsg.) Abitur und Matura im Wandel: Historische Entwicklungslinien, aktuelle Reformen und ihre Effekte (Edition ZfE 2). Wiesbaden: Springer, S. 1–27.

Zymek, Bernd (2006). Neue Politikgeschichte und Sozialgeschichte des Bildungswesens. In: Gisela Miller-Kipp, Gisela/Ders. (Hrsg.). Politik in der Bildungsgeschichte: Befunde, Prozesse, Diskurse (S. 35–51). Bad Heilbrunn: Klinkhardt.

Weitere Beiträge

Jani Makowski, Nataliya Nikolska, Johanna Lochner

Virtueller Schulgartenaustausch – Multiperspektivische Beobachtungen

Zusammenfassung: Mittels teilnehmender Beobachtung untersuchte ein interdisziplinäres Forschungsteam einen virtuellen Schulgartenaustausch zwischen zwei Grundschulen in Berlin/Deutschland und Lima/Peru auf den Lerneffekt durch den virtuellen Austausch sowie den Umgang mit Mehrsprachigkeit. Es wurden Mehrwerte und Herausforderungen beider untersuchter Aspekte herausgearbeitet.

Schlüsselbegriffe: Virtueller Austausch, Schulgarten, Interkulturelle Bildung, Teilnehmende Beobachtung, Kompetenzen, Wissenserwerb, Mehrsprachigkeit

1 Einleitung

Mit der im Jahr 2015 verabschiedeten Agenda 2030, deren zentrales Element die 17 Ziele für nachhaltige Entwicklung (Sustainable Development Goals – SDGs) sind, will die internationale Staatengemeinschaft Armut, Hunger und den Klimawandel bekämpfen und eine nachhaltige Entwicklung vorantreiben. Sie stellt fest, dass Bildung für nachhaltige Entwicklung (BNE) dabei eine Schlüsselrolle spielt (siehe SDG 4.7). „Gemeint ist eine Bildung, die Menschen zu zukunftsfähigem Denken und Handeln befähigt (...), (und jedem) Einzelnen (ermöglicht), die Auswirkungen des eigenen Handelns auf die Welt zu verstehen und verantwortungsvolle Entscheidungen zu treffen“ (BNE-Portal, o.J.).

Virtueller Schulgartenaustausch (VSGA) bietet die Möglichkeit das lokale Gärtnern mit dem globalen Denken zu verknüpfen – ganz im Sinne von BNE. Bei VSGA geht es um die Vernetzung von Kindern und Jugendlichen, die in ihrer Schule im Schulgarten aktiv sind und sich mittels digitaler Medien mit Schüler*innen aus anderen Teilen der Welt zu Themen rund um ihren Schulgarten austauschen. Fotos, Videos und Videokonferenzen machen ein gemeinsames mit- und voneinander Lernen möglich (vgl. Lochner, 2016).

Es handelt sich beim VSGA um einen bisher relativ unerforschten und innovativen Forschungsgegenstand. Lochner (2017) untersucht Lernprozesse der Schüler*innen, die den Lehrer*innen bei bereits durchgeführten VSGA aufgefallen sind. Im Kontext dieser Forschungsarbeit fand im Wintersemester 2018/

19 ein Forschungsseminar (Q-Team[1]) statt. Darin ging es um eine multiperspektivische Betrachtung des Forschungsgegenstands VSGA. Mittels teilnehmender Beobachtung wurde ein konkreter VSGA zwischen zwei Grundschulen in Berlin/Deutschland und Lima/Peru aus verschiedenen Perspektiven untersucht: Zum einen lag der Fokus auf dem Mehrwert, der durch den virtuellen Austausch generiert werden kann, zum anderen auf dem Umgang mit Mehrsprachigkeit und Fremdsprachen, insbesondere Spanisch.

2 Kontext

2.1 Schulgärten und Virtueller Schulgartenaustausch

Schulgärten gibt es fast überall auf der Welt. Es sind schulnahe Lernorte, in denen Schüler*innen aktiv tätig werden können (FAO, 2010). Beispielsweise lassen sich dort Themen der Biologie und des Gartenbaus praktisch erfahrbar machen. Schulgärten eignen sich auch dafür, Themen und Kompetenzen der Bildung für nachhaltige Entwicklung (BNE) zu diskutieren und zu fördern (vgl. Goldschmidt, 2014; Lochner, 2017; Richards, o.J.).

Ein Schulgarten ist nach Goldschmidt (2014) ein „ganzheitlicher Lebens- und Lernort, an dem in besonderem Maße Eigenschaften gefordert sind und gefördert werden, die Menschen zukunftsfähig machen“ (Goldschmidt, 2014). Eine der darin beschriebenen Kompetenzen ist die Fähigkeit, „weltoffen und neue Perspektiven integrierend Wissen aufzubauen“[2]. Dies kann durch den Anbau von Gemüse oder Kräutern aus anderen Ländern gelingen, daraus lassen sich dann gemeinsam neue Gerichte kochen (ebd.). Verschiedene Pflanzen sind der Ausgangspunkt, um etwas über andere Naturräume und Kulturen zu lernen (PL, 2013). Der Schulgarten kann eine Möglichkeit sein, interkulturelles Lernen stattfinden zu lassen, indem Schüler*innen mit verschiedenen kulturellen Hintergründen Raum gegeben wird, von ihrer Kultur und ihrem Heimatland

1 „Die Q-Teams sind studentische Forschungsteams, die von Doktorand_innen oder Postdocs angeleitet werden. Im Rahmen eines aktuell laufenden Forschungsprojekts, das an der Humboldt-Universität oder an einer kooperierenden außeruniversitären Forschungseinrichtung angesiedelt ist, bearbeiten die Studierenden eine eigene Fragestellung. Im Sinne des Forschenden Lernens erhalten sie Einblicke in die Forschungspraxis ihres Fachs oder eines interdisziplinären Zusammenhangs und sammeln erste eigene Forschungserfahrungen“ (Schilow, L.; Sonntag, M.; Friederici, K., o.J.).

2 Bei dieser Kompetenz handelt es sich um eine der zwölf Teilkompetenzen der Gestaltungskompetenz von Bildung für nachhaltige Entwicklung (Haan, 2009, 21).

zu berichten oder auch Pflanzen aus ihren Kulturkreisen im Garten zu integrieren (Vogel, 2003). Eine weitere Möglichkeit, BNE in die Schulgartenarbeit zu integrieren, ist die Planung des Gartens nach einem internationalen Vorbild (Hampl, 2003; PL, 2013.). Die Tatsache, dass es weltweit Schulgärten gibt, ist eine gute Voraussetzung für internationale Kooperationen. Durch die gemeinsame Sprache des Gärtnerns entsteht "a window on the world" (Potterton, 2010, S. 1). Der VSGA (siehe Abbildung 1) setzt genau dort an: Es handelt sich um die internationale Vernetzung von Schüler*innen verschiedener Länder, die sich mithilfe von digitalen Medien wie Fotos, Filmen und Videokonferenzen über ihre Schulgärten und damit zusammenhängende Themen austauschen (vgl. Lochner, 2016).

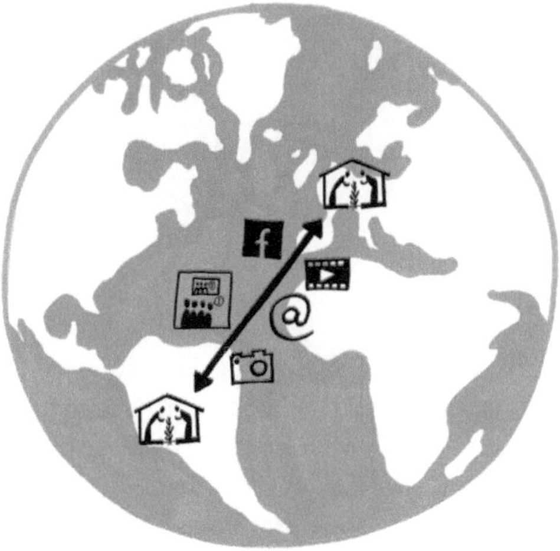

Abb. 1: Virtueller Schulgartenaustausch zwischen Deutschland und Peru (Grafik: Lochner)

2.2 Vorstellung des Fallbeispiels

Viele Grundschulen in Berlin haben Schulgärten, so auch die Astrid-Lindgren-Grundschule[3] (siehe Abbildung 2). Mehrere Klassen sowie eine Arbeitsgemeinschaft (AG) bewirtschaften dort erfolgreich den Schulgarten. Im Schuljahr 2018/19 gab es neben der landwirtschaftlichen Arbeit noch einen weiteren

3 Es handelt sich hier um einen fiktiven Namen. Alle Namen wurden anonymisiert.

Ansatz, den Garten zu nutzen: Gemeinsam mit einer Grundschule in Lima/ Peru baute eine Gruppe von Kindern und Lehrkräften einen VSGA auf.

Abb. 2: Schulgarten der Astrid-Lindgren-Grundschule (Foto: Paglietti)

Der VSGA wurde an der Astrid-Lindgren-Grundschule in Form einer wöchentlichen AG durchgeführt. Die knapp einstündigen Treffen fanden primär im Klassenraum statt. Der Schulgarten war aufgrund der Jahreszeit nur selten Lernort. Zu Beginn des Schuljahres bestand die Gruppe aus sechs Kindern und zwei Lehrkräften. Im Laufe der Forschung wuchs die Zahl der Teilnehmenden an, sodass sie am Ende etwa zehn Kinder umfasste. Die Kinder waren alle aus den Klassenstufen 1 bis 3, die an der Schule gemeinsam unterrichtet werden.

An der Grundschule in Lima fand der Austausch mit der 3. Klasse statt, die ein eigenes Beet im Schulgarten hatte (siehe Abbildung 3). Die hier vorliegende Forschung bezieht sich jedoch nur auf die Berliner Schule, sodass nicht weiter auf die Schule in Lima eingegangen wird.

Abb. 3: Schulgarten der Grundschule in Lima/Peru (Foto: Lochner)

Gemeinsam mit den Lehrer*innen vernetzten sich die Schüler*innen in Berlin und Lima mittels digitaler und analoger Medien. Dazu gehörte das Versenden und Anschauen kleiner Videobotschaften sowie das Gestalten von Blogbeiträgen auf einer Website (siehe Abbildung 4). Dieser Dialog war ein grundlegender Bestandteil der wöchentlich stattfindenden AG. Der vorliegenden Studie liegt die Annahme zugrunde, dass aufgrund des virtuellen Austausches besondere Lernsituationen entstünden und Schüler*innen neues Wissen und Kompetenzen erlangen können. Dadurch wiederum würde ein Mehrwert für die Wissensvermittlung und Kompetenzförderung generiert werden. Die Forschung untersucht, inwiefern sich diese Annahme bestätigen lässt.

Abb. 4: Screenshot vom Blog: https://huertoslimaberlin.wordpress.com/

2.2.1 Mehrwert hinsichtlich des Rahmenlehrplans für Berlin und Brandenburg

Während der AG lernten die Schüler*innen nicht nur von den Lehrenden oder durch den Umgang miteinander, sondern insbesondere durch den Kontakt und Austausch mit Peru. Beim virtuellen Austausch handelt es sich um eine innovative Methode, die bisher nicht in den Rahmenlehrplänen der Senatsverwaltung für Bildung, Jugend und Familie aufgeführt wird.

Virtueller Austausch ist eine von der Forschung unterstützte Praxis, die aus dauerhaften, technologiebasierten 'People-to-People' -Bildungsprogrammen oder -aktivitäten besteht. Bei virtuellem Austausch findet mit der Unterstützung von Pädagog*innen oder Moderator*innen konstruktive Kommunikation und Interaktion zwischen Personen oder Gruppen statt, die räumlich voneinander getrennt sind und verschiedene kulturelle Hintergründe haben. Virtueller Austausch kombiniert die tiefen Auswirkungen des interkulturellen Dialogs und Austauschs mit der breiten Reichweite digitaler Technologien (vgl. EVOLVE, 2018).

Inwieweit der Zusatz des virtuellen Austausches tatsächlich einen Mehrwert für die Erlangung von Wissen und Förderung von Kompetenzen darstellt, ist ein Forschungsgegenstand der nachfolgenden Arbeit und wird mithilfe eines Abgleichs mit den im Rahmenlehrplan für Berlin und Brandenburg formulierten Kompetenzen ermittelt. „Rahmenlehrpläne formulieren die Kompetenzen, die Schülerinnen und Schüler während ihrer Schulzeit erwerben sollen, um den gesellschaftlichen Anforderungen gewachsen zu sein" (SenBJF, o.J.).

Es wird ein Bezug zum 'Rahmenlehrplan kompakt für die Jahrgangsstufen 1 bis 10' für Berlin und Brandenburg von 2017 (siehe SenBJF, 2017) hergestellt. Dort findet sich zu allen Fächern, die in den Klassen 1 bis 10 aktuell unterrichtet werden, „was die Schülerinnen und Schüler lernen sollen (Themenfelder) und über welche Kompetenzen sie am Ende der jeweiligen Klassenstufen verfügen müssen" (SenBJF, o.J.). Des Weiteren beinhaltet der Rahmenlehrplan ein Basiscurriculum Sprachbildung sowie ein Basiscurriculum Medienbildung.

Da die Schüler*innen der AG in jahrgangsübergreifenden Klassen 1–3 sind, werden die erwarteten Kompetenzen und Themenfelder der Regelfächer Deutsch, Mathematik und Sachunterricht sowie Medienbildung und übergreifende Themen miteinbezogen. Die jeweiligen Kompetenzen/ Themenfelder werden im Folgenden vorgestellt:

- Kompetenzen Deutsch: Sprachwissen und Sprachbewusstheit entwickeln; Sprechen und Zuhören; Schreiben; Lesen; Mit Texten und Medien umgehen (SenBJF, 2017, S. 22.)
- Kompetenzen Mathematik: Argumentieren; Problemlösen; Modellieren; Darstellungen verwenden; Mit symbolischen, formalen und technischen Elementen der Mathematik umgehen; Kommunizieren (a.a.O., S. 50).
- Kompetenzen Sachunterricht: Erkennen; Kommunizieren; Urteilen und Handeln (a.a.O., S. 74)
- Themenfelder Sachunterricht: Erde; Kind; Markt; Rad; Tier; Wasser; Wohnen; Zeit (a.a.O., S. 75)
- Kompetenzen Medienbildung: Informieren; Kommunizieren; Präsentieren; Produzieren; Reflektieren; Analysieren (a.a.O., S. 9)
- Übergreifende Themen: u.a. „Interkulturelle Bildung: sich auf der Grundlage ihrer Kenntnisse über andere Kulturen wertschätzend und erfolgreich im eigenen Umfeld und in einem globalen Zusammenhang zu bewegen und ihre interkulturelle Kompetenz für die eigene persönliche und berufliche Zukunft zu nutzen" (a.a.O., S. 11)

2.2.2 *Sprache und Übersetzung*

Eine der zentralen Herausforderungen eines solchen internationalen Formats ist der Umstand, dass die Beteiligten in den verschiedenen Ländern häufig unterschiedliche Sprachen sprechen. Der VSGA mit der Schule in Peru fand auf Spanisch statt.

Innerhalb der AG der Astrid-Lindgren-Grundschule besitzen die Schüler*innen verschiedene Sprachkompetenzen. Rund die Hälfte der Schüler*innen spricht neben Deutsch auch Spanisch, zudem wachsen zwei Kinder bilingual deutsch-türkisch auf. Französisch sowie Grundfertigkeiten des Englischen sind weitere Sprachkenntnisse einiger Kinder. Die Lehrkräfte besitzen grundlegende bis sehr gute Spanischkompetenzen. So entstand die Frage nach den multilingualen Rahmenbedingungen in der Arbeitsgemeinschaft: Wer übersetzt innerhalb der Gruppe, welche besonderen Eigenschaften sind mit dieser Rolle verbunden und wie gehen die Teilnehmenden mit Situationen um, in denen sie selbst oder Andere etwas nicht verstehen?

„Sprache ist ein wichtiger Bestandteil der Bildung und Darstellung einer eigenen Identität“ (Berthele, 2000, S. 13). Eine gemeinsame Sprache kann die Identifikation eines Individuums mit der Gruppe fördern (Vaccaro-Notte, 2014), wiederum können unterschiedliche Sprachkenntnisse innerhalb einer Gemeinschaft auch zu Frustration und Ausgrenzung führen (Shin, 2013). Für mehrsprachige Projekte ist es wichtig, diesen Tatsachen Beachtung zu schenken, um ein Umfeld zu schaffen, in dem alle Beteiligten gleichberechtigt arbeiten können. Ein besonders wichtiger Aspekt ist hier, dass die Übersetzung in einem ausreichenden Maß funktionieren muss, um zu gewährleisten, dass alle Teilnehmenden sich als Teil der Gemeinschaft sehen können. Gleichzeitig bedarf es aber auch der Sensibilität für die Bedürfnisse der Übersetzenden.

Die Fähigkeit zu übersetzen ist – anders als oft vermutet – keine inhärente Fähigkeit (Albert & Obler, 1978). Das mehrsprachige Individuum besitzt zwar eine angeborene Prädisposition zu übersetzen (Lörscher, 1991), muss diese jedoch nach Erkenntnis der meisten Wissenschaftler*innen trainieren, um sich zu entwickeln (Albert & Obler, 1978).

Harris und Sherwood (1978) beschreiben Bilingualismus als Dreifachkompetenz: die Sprachkompetenzen in den beiden Sprachen L1 und L2 sowie die Fähigkeit, zwischen L1 und L2 zu übersetzen (Lörscher, 1991). Die Entwicklung dieser Kompetenzen modellieren sie in vier Phasen (ebd.). Da der Spracherwerbsprozess als nie vollständig abgeschlossen gesehen wird (Käsermann, 1980), ist davon auszugehen, dass sich die Kompetenzen der Kinder in der AG in verschiedenen Phasen des Modells nach Harris und Sherwood (1978) befinden.

3 Methode

Das Forschungsteam besuchte die AG insgesamt fünf Mal im Zeitraum vom 13.11.2018 bis zum 08.01.2019. Die Vorgehensweise orientierte sich an der Methode der teilnehmenden Beobachtung nach Hauser-Schäublin (2008). Diese ist dadurch charakterisiert, dass die Forschenden möglichst intensiv an Aktivitäten der untersuchten Gruppe teilnehmen und persönliche Beziehungen zu den Informant*innen – in diesem Fall Schüler*innen und Lehrkräften – aufbauen. Während der Treffen wurden handschriftlich oder am Laptop Notizen zu den Beobachtungen gemacht. Basierend auf diesen persönlichen *Jottings* (siehe Abbildung 5), den während der teilnehmenden Beobachtung entstandenen Feldnotizen (Emerson et. al., 2011), wurden anschließend Einträge in Feldtagebüchern formuliert, welche als Grundlage für die Beantwortung der Forschungsfragen dienten. Diese konnten von allen Forscher*innen eingesehen und analysiert werden, wodurch die Sicht auf den VSGA an Vielschichtigkeit gewann.

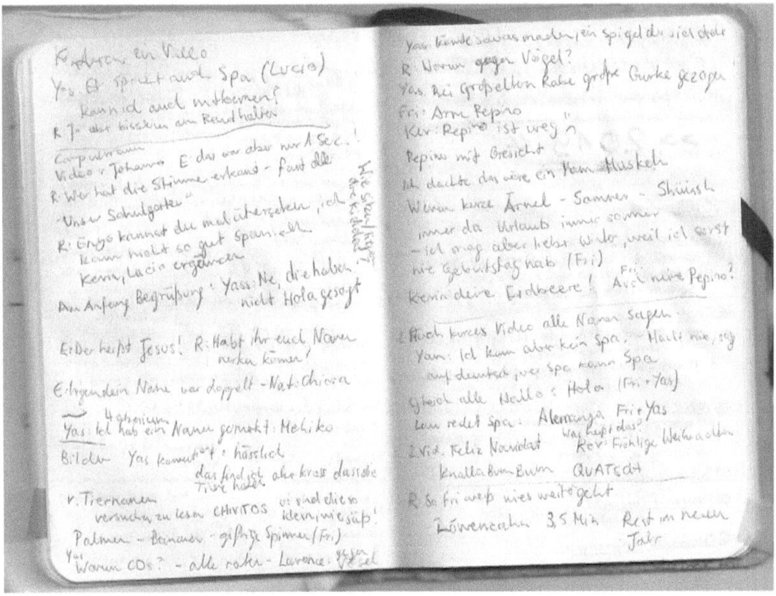

Abb. 5: Auszug aus Jottings (Foto: Makowski)

Für die Fragestellung hinsichtlich des Mehrwerts des virtuellen Austauschs in Bezug auf die Förderung der Kompetenzen und Vermittlung der

Themenfelder des Rahmenlehrplans wurden zunächst alle beobachteten Lernsituationen herausgearbeitet. Anschließend wurden sie nach ihrem Auslöser in vier Kategorien eingeteilt: Lehrkräfte, Schüler*innen, digitale Medien und der virtuelle Austausch. Unter dem Auslöser ‘digitale Medien’ ist die Nutzung von digitalen Medien zu verstehen, ohne dass diese etwas mit dem virtuellen Austausch zu tun hatten, wie z.B. ein Film über Kartoffeln. Die Kategorie des ‘virtuellen Austauschs’ bezieht sich auf alle Situationen, die durch die Kommunikation mit Peru angeregt wurden. In der Analyse lag der Fokus ausschließlich auf den Lernsituationen, die durch den virtuellen Austausch ausgelöst wurden. Diesen wurden wiederum Kompetenzen und Themenfeldern des aktuellen Rahmenlehrplans für Berlin und Brandenburg zugeordnet, um den Mehrwert systematisch zu erfassen.

Hinsichtlich der Forschungsfrage zum Thema Sprache und Übersetzung wurden alle Berichte nach Übersetzungssituationen sowie weiteren Beobachtungen, in denen Mehrsprachigkeit von Bedeutung war, durchsucht. Auch hier erfolgte eine Kategorisierung der Funde nach Auslöser der Übersetzung (Aufforderung bzw. Eigenmotivation) sowie der übersetzenden Person (Lehrkraft/Forscher*in bzw. Schüler*in) und der Länge der zu übersetzenden Beiträge. Die Ergebnisse dieser Untersuchungen werden im folgenden Ergebnisteil dargestellt.

4 Ergebnisse

4.1 Mehrwert für den Wissenserwerb und die Kompetenzförderung durch den virtuellen Austausch

Bei der teilnehmenden Beobachtung in der AG waren verschiedene Lernsituationen sichtbar. Während 16 Situationen durch die Lehrkräfte initiiert wurden, wurden nur sechs Situationen durch die Schüler*innen ausgelöst. Zwei Situationen hatten ihren Ursprung in der Nutzung von digitalen Medien, ohne dass diese einen Bezug zur Partnerschule in Peru hatten. 12 Situationen sind aufgrund des virtuellen Austauschs entstanden.

Der folgende Abschnitt bezieht sich nur auf die Lernsituationen, die durch den Zusatz des virtuellen Austausches entstanden sind. Diese basieren auf den Beobachtungen von vier Terminen, da am 18.12.2018 keine Lernsituationen in Bezug auf den virtuellen Austausch festgestellt werden konnten. Diese 12 Situationen wurden in sechs Gruppen geclustert: In die Vermittlung von Information durch den Blog, das Vorlesen und Verstehen von Texten auf dem Blog, die Gestaltung eigener Blogeinträge und Videos, das Anschauen von Videos und Fotos aus Peru, das gemeinsame Lesen von Briefen und Aufstellen eigener Ideen zur Antwort sowie das Schreiben von Texten in Gruppenarbeit. Ihnen sind die jeweils entsprechenden Kompetenzen und Themenfelder zugeordnet, um so den potenziellen Mehrwert herausarbeiten zu können.

4.1.1 Vermittlung von Information durch den Blog

Eine der beiden Lehrkräfte hat einen Blog eingerichtet, auf dem der VSGA dokumentiert wird und der von allen Teilnehmenden eingesehen werden kann. An mehreren Terminen waren alle Kinder um den Klassenlaptop versammelt und schauten gemeinsam den Blog an.

„Auf der Website sind von den Kindern gemalte Bilder vom Obst und Gemüse. Sie schauen sich die Überschrift [auf Spanisch] an.“ (NN, 20.11.18)

Die Lehrkraft erklärte den Kindern, was ein Blog ist und warum er angelegt wurde:

„Die Kinder in Peru können es anschauen. Auch die Verwandten in Deutschland können es tun.“ (NN, 20.11.18)

Während der AG findet die Kommunikation vor allem auf Deutsch statt, durch den VSGA gibt es aber immer wieder Situationen, in denen die spanische Sprache relevant ist, wie zum Beispiel beim Lesen des Blogs, der auf Deutsch sowie Spanisch geschrieben ist. Somit findet eine Förderung von sprachlichen Kompetenzen bezogen auf verschiedene Sprachen statt. Im Rahmenlehrplan werden für die Grundschule nur für das Regelfach Deutsch Sprachkompetenzen spezifiziert. 'Deutsch' wird im Folgenden deshalb synonym mit 'Sprachen allgemein' verwendet. Der genannten Situation kann somit die Kompetenz 'Sprechen und Zuhören' des Fachs Deutsch zugeordnet werden. Da die Lehrkraft die Schüler*innen über Internetinhalte aufklärt, wird möglicherweise die Medienbildung gefördert (Kompetenz: Informieren). Die Texte und Bilder, die auf der Website sind, beinhalten Informationen aus Peru und könnten demnach auch die interkulturelle Bildung fördern.

4.1.2 Vorlesen und Verstehen von Texten des Blogs

An mehreren Terminen haben die Kinder selbst Textauszüge aus dem Blog auf Spanisch vorgelesen und mit der Lehrkraft besprochen. Dabei forderten die Lehrer*innen die Kinder immer wieder dazu auf, die Texte zu übersetzen:

„Dorienne [Lehrkraft] zeigt ein Bild mit der Aufschrift 'Gallinas y Gallo' […] Ein Schüler liest vor.“ (NN, 18.12.18)

„Herr Götz [Lehrkraft] fragt die Kinder, was 'huertos' heißt." (NN, 20.11.18)

In diesen Situationen konnten mehrere Kompetenzen des Fachs Deutsch vermutet werden: Sprachwissen und Sprachbewusstheit entwickeln; Sprechen und Zuhören; Lesen; Mit Texten und Medien umgehen. Des Weiteren fand sich in diesen Lernsituationen die Kompetenz 'Informieren' der Medienbildung wieder, da die Schüler*innen den Text vom Klassenlaptop ablasen und die Lehrkraft sie über die Nutzung des Computers und die Funktion des Blogs informierte, auch wenn sie diesen nicht selbstständig bedienten.

4.1.3 Gestaltung eigener Blogeinträge und Videos

Bei der Gestaltung eigener Blogeinträge und Videos konnten die Schüler*innen selbst aktiv werden und einen Beitrag für den Blog gestalten, der an die Altersgenoss*innen in Peru gerichtet ist:

„Der Lehrer gibt eine Hausaufgabe bis zur nächsten Stunde: Er möchte, dass die Kinder ein Blatt für den Blog gestalten. Darauf sollten sie ihr Lieblingsgemüse malen und dazu ein Rezept eines Gerichts verfassen." (NN, 20.11.18)

In diesen Lernsituationen entwickelten die Schüler*innen Sprachwissen und Sprachbewusstheit und übten das Schreiben (Kompetenz Deutsch). Außerdem trainierten sie das Kommunizieren (Kompetenz Sachunterricht) und befassen sich mit dem Themenfeld 'Markt' des Sachunterrichts. Auch die Kompetenz 'Produzieren' aus der Medienbildung wurde in dieser Situation gefördert.

4.1.4 Anschauen von Videos und Fotos aus Peru

Gelegentlich erhielt die AG digitale Botschaften in Form von Fotos und Videos aus Peru. Dadurch wurde Wissen über die Schulgartennutzung in Peru transferiert. Beispielsweise erfuhren die Schüler*innen in Deutschland, dass die peruanische Schulklasse CDs als Reflektoren zum Abschrecken von Vögeln verwendet:

„Auf den Fotos von den Beeten ist Cem noch etwas aufgefallen. Er fragt, warum dort CDs hängen. Alle raten, die Ideen reichen von Spiegeln für mehr Licht für die Pflanzen bis zu Abwehr von Insekten. Letzteres stimmt fast, Dorienne [Lehrkraft] erklärt, dass es gegen Vögel sei." (JM, 18.12.18)

Außerdem lernten sie, dass es den Namen 'Jesús' im Spanischen gibt und was ein Herbarium ist. Besonders überrascht schienen die Kinder darüber, dass es auf der anderen Seite der Welt warm ist, während in Berlin Winter ist:

„Cem: 'Warum hat Korinna so kurze Ärmel?' – Dorienne: 'Dort [in Peru] ist es warm!'" (NN, 18.12.18)

Von den Deutschkompetenzen förderte dies vermutlich die Kompetenzen 'Sprechen und Zuhören' und 'Lesen'. Der Sachunterricht wurde in dieser Situation die Kompetenz 'Erkennen' zugeordnet. Durch das Anschauen von Videos und Fotos aus Peru wurden viele neue Informationen übermittelt. Dazu gehören insbesondere Inhalte der Themenfelder 'Erde' und 'Markt' aus dem Fach Sachunterricht. Darüber hinaus wurde in der eben beschriebenen Situation möglicherweise interkulturelle Bildung gefördert, da es indirekte Kommunikation bzw. Austausch mit Peru gab. Auch Medienbildung fand statt, insbesondere könnte es sein, dass die Kompetenzen 'Informieren' und 'Reflektieren' gestärkt wurden.

4.1.5 Gemeinsames Lesen von Briefen

Während des letzten Beobachtungstermins verteilte die Lehrkraft Briefe von den Kindern aus Peru. Zunächst wurden die Botschaften teilweise in der Gruppe laut vorgelesen und gemeinsam besprochen:

„Dorienne [Lehrkraft] sucht einen Brief aus dem Stapel heraus und liest ihn auf Spanisch vor. Danach fragt sie die Kinder, wie sie auf den Brief antworten würden." (NN, 18.1.2019)

Hier fanden sich einige Kompetenzen des Fachs Deutsch. Die Schüler*innen erweitern in erster Linie die Kompetenz 'Sprechen und Zuhören' und entwickeln dabei das 'Sprachwissen und Sprachbewusstheit'. In dieser Situation wurde möglicherweise das Themenfeld 'Erde' (Sachunterricht) vermittelt, da die Briefe aus Peru meistens Informationen über die dortige Kultur erhielten, die den Schüler*innen in Deutschland in den meisten Fällen neu war.

4.1.6 Schreiben von Briefen in Gruppenarbeit

Die Briefe waren zwar an die Kinder in Deutschland adressiert, wurden jedoch auf Spanisch geschrieben. Das war eine kleine Herausforderung für die Gruppe, da nicht alle Kinder Lesen und Schreiben konnten und außerdem nur wenige Spanischkenntnisse hatten. Deswegen sollten die Kinder sich jeweils eine erwachsene Person suchen, mit der sie gemeinsam eine Antwort verfassen würden:

*„Nach dem Brainstorming suchen sich die Kinder jeweils einen Brief aus und sollen gemeinsam mit uns oder den Lehrer*innen einen Antwortbrief verfassen." (NN, 18.1.2019)*

Durch das Formulieren eigener Antworten wurde wahrscheinlich die Entwicklung sprachlicher Fähigkeiten gefördert. Nicht alle Schüler*innen konnten problemlos lesen und schreiben, weshalb sie darauf angewiesen waren, sich gegenseitig oder von den Erwachsenen helfen zu lassen. So wurden teilweise die Kompetenzen 'Lesen' und 'Sprechen und Zuhören' gefördert.

4.1.7 Zusammenfassung

Anhand der obenstehenden Ausführung wird deutlich, dass durch den virtuellen Austausch viele der im Rahmenlehrplan formulierten Kompetenzen und Themenfelder in den Lernsituationen vermutet werden konnten. Vor allem Deutsch- bzw. Sprachkompetenzen konnten in allen Situationen des virtuellen Austausches mehrfach erfasst werden. Kompetenzen und Themenfelder der Sachunterricht könnten sich in Situationen finden, in denen die Schüler*innen in Deutschland Botschaften aus Peru erhielten, unabhängig von der Form (Fotos, Videos, Briefe). Wenn es darum ging, Nachrichten an die Kinder in Peru zu verschicken, wurden Sprachkompetenzen besonders gefördert. Inhaltlich hatte der Austausch eine starke Nähe zu den Themenfeldern der Sachunterricht, jedoch konnten nur zwei Themenfelder konkret zugeordnet werden: Erde und Markt (siehe oben). Kompetenzen des Faches Mathematik konnten nicht identifiziert werden. Medienbildung fand vor allem bei der Nutzung digitaler Medien statt, wobei es nicht dazu kam, dass die Kinder selber präsentieren oder analysieren konnten. Interkulturelle Bildung wurde beobachtet, wenn die Schüler*innen in Deutschland digitale Botschaften aus Peru erhielten, da auf diese Weise Wege die Kommunikation mit Menschen einer anderen Kultur thematisiert und gefördert wurden.

4.2 Mehrsprachigkeit

4.2.1 Umgang mit den verschiedenen Sprachen

Schon beim ersten Besuch des Forschungsteams in der Arbeitsgemeinschaft wurde deutlich, dass Sprachen und Mehrsprachigkeit sehr präsente Themen für alle Beteiligten sind. In der Vorstellungsrunde nannten alle Kinder ungefragt ihre Sprachkompetenzen. Stießen später neue Schüler*innen zur Gruppe, wurde diese Information entweder abgefragt oder ebenfalls unaufgefordert mitgeteilt.

Innerhalb der AG der Astrid-Lindgren-Grundschule sprachen die Schüler*innen und Lehrkräfte Deutsch miteinander, für die Kommunikation mit der peruanischen Partnerschule wurde überwiegend Spanisch verwendet.

Spanischsprachige Kinder wurden häufig von den Lehrkräften animiert, ihre Sprachkompetenzen zu nutzen, indem sie eigene Beiträge auf Spanisch formulieren oder Nachrichten aus Peru übersetzen sollten. Vereinzelt wurden die anderen Kinder explizit ausgeschlossen:

> *„Die Kinder teilen sich auf, einige gehen schon in den Hort, wer Spanisch kann soll noch mitkommen in den Schulgarten für ein Video." (JM, 18.12.18)*

In der Regel wurden sie jedoch ermutigt, sich auf Deutsch mitzuteilen.

> *„Cem hat Bedenken: 'Ich kann aber kein Spanisch.' 'Macht nichts', meint Dorienne [Lehrkraft]. Er solle es auf Deutsch sagen [...]." (JM, 18.12.18)*

Auch die anderen fremdsprachlichen Kompetenzen der Kinder wurden von den Lehrkräften unterstützt:

> *„Cem fragt, ob er in dem Video auch Türkisch sprechen darf. [...] Dorienne [Lehrkraft] [...] bejaht [das]." (JM 13.11.18)*

4.2.2 Übersetzungssituationen

Die Analyse der Übersetzungssituationen erwies sich als herausfordernd, da diese in mehreren Gesichtspunkten variierten. Neben den verschiedenen Akteur*innen unterschieden sich die Situationen auch im Auslöser der Übersetzung sowie der Länge der zu übersetzenden Beiträge.

Auslöser der Übersetzung: Aufforderung

Bei der Arbeit mit spanischen Medien forderten die Lehrkräfte häufig Kinder mit Spanischkompetenzen auf, die Beiträge zu übersetzen. Dies taten sie sowohl durch Fragen in die Runde als auch durch Bitten einzelner Schüler*innen. Die Aufforderung führte nicht immer zur Übersetzung, da die angesprochenen Kinder die Aufgabe nicht erfüllen konnten oder wollten bzw. jemand anderes die Aufgabe übernahm. Beides war besonders bei längeren Beiträgen der Fall.

> *„Nach dem Video bittet Herr Götz [Lehrkraft]: „Nino, kannst du mal übersetzen? Ich kann nicht so gut Spanisch." Nino meint, dass er sich nicht mehr so gut erinnert." (JM, 18.12.18)*
>
> *„[Dorienne, Lehrkraft] bittet Trevor, den Brief mit eigenen Wörtern zu übersetzen. Am Ende übersetzt den Brief doch jemand anders, weil Dorienne wahrscheinlich nicht mehr daran gedacht hat, dass sie Trevor für diese Aufgabe ausgesucht hat." (NN, 08.01.19)*

Als Moderator*innen waren die Lehrkräfte für einen Großteil der Bitten um Übersetzung verantwortlich. In den Einzelfällen, in denen Kinder bzw.

Forschende um Übersetzung von Wörtern oder Wortgruppen baten, wurde die Übersetzung ausnahmslos von der einen Lehrkraft durchgeführt.

„Lilli fragt nach, was das [spanisches Wort 'apio'] sei, Dorienne [Lehrkraft] antwortet 'Sellerie'." (JM, 13.11.18)

Auslöser der Übersetzung: Eigenmotivation

Eigenmotivierte Übersetzungen konnten sowohl aus den Reihen der Kinder als auch bei den Lehrkräften beobachtet werden. Lehrkräfte übersetzten hierbei ganze spanische Texte und Videos, um den Inhalt der gesamten deutschen Gruppe zugänglich zu machen. Die Übersetzungen der Kinder beschränkten sich hingegen auf einzelne Wörter und hatten verschiedene Ziele: Beim Videodreh im Schulgarten verständigten sich z.B. einige Kinder über spanische Vokabeln, um den peruanischen Partner*innen ein Video in ihrer Muttersprache senden zu können. In vielen Fällen schien hingegen der Spaß an der Verwendung spanischer Wörter bzw. das Kundtun des eigenen Wissens im Vordergrund zu stehen.

„Nino ruft bei der Erwähnung des Wortes Kartoffel sofort 'Patata!'." (JM, 18.12.18)
„Dorienne [Lehrkraft] sagt, dass ganz am Anfang eine Begrüßung war, aber Cem widerspricht: 'Nee, die haben nicht Hola gesagt.'" (JM, 18.12.18)

In einer Situation konnte beobachtet werden, dass ein spanischsprechendes Kind zuerst die spanische Vokabel äußerte, diese jedoch kurz darauf übersetzte, da der Adressat sie merklich nicht verstanden hatte.

„Nino und Stuart raten, wie fast jede Runde 'Patata?' Keine Reaktion. Hermine hat eine andere Idee 'Pepino- also Gurke', tippt sie. Dann rät sie 'Kartoffel', und Cem [nicht-spanischsprachiges Kind] bestätigt diese Antwort mit einem 'Richtig!'." (JM, 27.11.18)

Auch Kinder ohne Spanischkenntnisse beteiligten sich mitunter an den Übersetzungen. Besonders hervor tat sich hier ein Junge, der häufig aktiv sein Wissen einbrachte und versuchte, neue Vokabeln zu lernen.

„Cem möchte wissen, was Silvester heißt und Dorienne [Lehrkraft] gibt ihm die Übersetzung für 'Frohes Neues Jahr.'" (JM, 18.12.18)

Unterschiede in der Länge der zu übersetzenden Beiträge

Die zu übersetzenden Beiträge variierten in ihrer Länge von einzelnen Wörtern bis zu längeren Texten. Beim Vergleichen der verschiedenen Formen werden große Unterschiede deutlich. Während Wörter und Wortgruppen häufig von einzelnen Schüler*innen übersetzt wurden, war dies bei längeren Beiträgen nicht der Fall. Zum einen wurden Texte und Videos oftmals direkt von den Lehrkräften übersetzt, zum anderen waren die Situationen, in denen Kinder um Übersetzung längerer Texte gebeten wurden, häufig nicht erfolgreich. Als Konsequenz wurde die Aufgabe gemeinschaftlich von mehreren Personen bearbeitet oder es fand keine Übersetzung statt.

*4.2.3 Die Rolle des*der Übersetzer*in*

Neben der Frage, wie Übersetzungen in der AG durchgeführt werden, wurde auch untersucht, welche Eigenschaften mit der Rolle des*der Übersetzer*in verbunden werden. Diese Frage ist anhand von teilnehmender Beobachtung nicht ganz einfach zu beantworten, da mit dieser Methode lediglich Vermutungen darüber geäußert werden können, welche Bedeutung bestimmte Verhaltensweisen für die Gruppe haben.

In der AG wurden die Lehrkräfte, die spanischsprechenden Kinder und die Forschenden als Übersetzer*innen wahrgenommen. Die Erwachsenen befanden sich durch ihr Alter und die Moderations- bzw. Forschungsaufgabe ohnehin in einer dominanten Position, eine besondere Übersetzer*innenrolle konnten nicht erkannt werden. Bei den Kindern war ein größerer Unterschied erkennbar. Es schien die Erwartung zu bestehen, dass die spanischsprechenden Kinder ihre Kompetenzen in der Kommunikation mit Peru nutzten, z. B. indem sie ihre Beiträge auf Spanisch verfassten. Die Reaktionen der Kinder auf diese Anforderung waren unterschiedlich. Während einige motiviert und stolz wirkten, ihre Kenntnisse anzuwenden, und selbst die Idee spanischer Nachrichten ins Gespräch brachten, reagierten Andere eher abwehrend.

„[Lehrkraft] erklärt, dass auch die Kinder einen solchen Brief schreiben sollen, der dann für die Partnerschule in Lima auf dem Blog hochgeladen wird. 'Aber auch auf Spanisch', ruft Hermine." (JM, 20.11.18)

„Stuart [...] wirkt genervt und scheint keine Lust aufs Briefeschreiben zu haben. Ich habe das Gefühl, dass er sich unter Druck gesetzt fühlt, davon, dass [...] angenommen wird, dass er auf Spanisch antwortet." (JM, 08.01.19)

4.2.4 Umgang mit Verständnisproblemen

In einem mehrsprachigen Kontext darauf zu achten, dass die Diskussion für alle Beteiligten verständlich ist, ist eine herausfordernde Aufgabe. Wie diese in der AG gelöst wird, war ein weiterer Fokus der Untersuchung.

Die primäre Verantwortung, das Verständnis zu gewährleisten, scheint bei den Lehrkräften zu liegen. Sie übersetzten einen Großteil der Inhalte selbst oder versuchten durch Moderation dafür zu sorgen, dass andere sie übersetzen. Die häufig beobachtete Vorgehensweise, zuerst den spanischen Originalbeitrag zu lesen bzw. anzuschauen und diesen anschließend auf Deutsch zu besprechen, führte dennoch dazu, dass die nicht-spanischsprechenden Kinder zeitweilig im Informationsdefizit gegenüber den spanischsprechenden Kindern waren. Als Reaktion darauf wirkten viele der Kinder während der spanischen Beiträge abgelenkt und hörten nicht zu.

„[Ich] beginne vorzulesen, einen Abschnitt auf Spanisch, dann sage ich, was auf Deutsch darin steht. [...] Rosa scheint schon nach wenigen Sekunden nicht mehr zuzuhören [...]" (JM, 08.01.19)

Ein ähnliches Verhalten ließ sich in Bezug auf die Produktion von Material für die peruanische Partnerschule beobachten. Allen Kindern schien die Sprachbarriere in der Kommunikation bewusst. Einige Kinder wirkten deshalb abgelenkt oder demotiviert, da sie meinten, den Anforderungen nicht gerecht werden zu können.

Nachfragen in Bezug auf sprachliche Verständnisprobleme wurden eher selten beobachtet, sie kamen jedoch auch vor. Außerdem gab es Situationen, in denen die Kinder versuchten, sich den Inhalt von Beiträgen anhand (vermeintlich) bekannter Vokabeln selbst zu erschließen.

„Cem, der kein Spanisch kann, meldet sich auch zu Wort: „Ganz viel mit Papa" stand in dem Brief. Die Kinder ohne Spanischkenntnisse raten, dass irgendein Papa da war, über den geschrieben wurde, aber Dorienne [Lehrkraft] klärt die Gruppe auf: es ging um Kartoffeln [...]." (JM, 08.01.19)

Wie bereits im Abschnitt über eigenmotivierte Übersetzungen geschildert, bemerkte ein Mädchen während ihrer Äußerung selbstständig, dass ihr Mitschüler die spanischen Vokabeln nicht verstand und löste dieses Verständnisproblem durch eine Übersetzung ihrer Worte. Weder bei anderen Kindern noch bei Lehrkräften konnte ein vergleichbares Verhalten beobachtet werden.

5 Diskussion

5.1 Diskussion der Ergebnisse hinsichtlich des Mehrwerts

Die Auswertung der beobachteten Situationen zeigt, dass durch den virtuellen Austausch durchaus einige Kompetenzen und Themenfelder, die durch den Rahmenlehrplan für Berlin und Brandenburg vorgegeben sind, gefördert und thematisiert werden. Dies weist auf einen entstandenen Mehrwert durch den virtuellen Austausch hin. Es konnte festgestellt werden, dass insbesondere sprachliche Kompetenzen gefördert und Themenfelder der Sachunterricht ('Erde' und 'Markt') vermittelt wurden.

Durch die indirekte Kommunikation mit Schüler*innen aus Peru wurde interkulturelle Bildung angeregt: Die Vernetzung mit Altersgenoss*innen aus Peru begünstigte eine Entwicklung von Neugier und Interesse sich mit einem fremden, weit entfernten Land zu befassen, sich global zu vernetzen und über den eigenen Tellerrand zu schauen. Außerdem wurde Wissen vermittelt, das im Regelunterricht nicht Thema wäre, hierzu gehören z.B. Informationen zur Schulgartennutzung in Peru. Auch das Erlernen von Spanischkenntnissen ist laut dem Rahmenlehrplan für Berlin und Brandenburg erst ab der Klassenstufe 7 üblich (SenBJF, 2017, S. 7).

Es ist denkbar, dass durch eine regelmäßigere Durchführung des virtuellen Austauschs weitere Kompetenzen gefördert werden könnten: Die Möglichkeit der Videokonferenz wurde aus verschiedenen Gründen nicht genutzt. Dies hätte eine direkte Kommunikation mit Peru ermöglicht, die eventuell zu einer erhöhten Förderung von Sprachkompetenzen und interkultureller Bildung geführt hätte. Auch die Durchführung eines VSGA mit älteren Schüler*innen würde einige Vorteile bieten: Lesen und Schreiben wäre keine Schwierigkeit mehr und der Umgang mit digitalen Medien wäre einfacher. Durch die eigenständige Nutzung von digitalen Medien, beispielsweise durch das Versenden von E-Mails, hätten weitere Kompetenzen der Medienbildung erlangt werden können. Auch inhaltlich hätte eine ältere Zielgruppe Vorteile, da diese sich gründlicher mit den Themen der Globalisierung und nachhaltigen Entwicklung auseinandersetzen könnten. Ebenfalls wäre es für die stärkere Förderung der Kompetenzen empfehlenswert, den Austausch mit einer größeren Regelmäßigkeit stattfinden zu lassen.

5.2 Diskussion der Ergebnisse hinsichtlich Sprache und Übersetzung

Wie eingangs beschrieben treten in der Arbeit mit mehrsprachigen Gruppen besondere Herausforderungen auf. Dazu zählen unter anderem die Schaffung eines gleichberechtigten Gruppenklimas und die Gewährleistung des Verständnisses aller Teilnehmenden. Die Forschungsergebnisse zeigen, dass in der AG an beiden Aspekten aktiv gearbeitet wird, jedoch mitunter noch Verbesserungen möglich sind.

Nach Ansicht des Forschungsteams wirken die Lehrkräfte meist bemüht, alle Kinder gleichberechtigt einzubinden. Sie bestärken die Schüler*innen in ihren unterschiedlichen (sprachlichen) Kompetenzen und ermöglichen ihnen, entsprechend ihrer Fähigkeiten teilzunehmen und diese dabei weiterzuentwickeln. In einer Situation differenzierte eine Lehrkraft die Kinder jedoch explizit nach ihren sprachlichen Kenntnissen. Da für die in dieser Situation auszuführende Aufgabe des Videodrehs die Spanischkompetenz nicht unbedingt relevant war (z.B. für das Halten der Kamera), erschließt sich hierbei die Motivation der Lehrkraft, die Gruppe zu teilen, nicht. Von vornherein allen Kindern die Möglichkeit der Teilnahme an der Aktivität zu geben, hätte Enttäuschung verhindern können und das Gruppengefühl fördern können. Besonders für die nicht-spanischsprachigen Kinder könnte die Produktion von Videomaterial außerdem ein Mittel sein, ein Gefühl der Verbundenheit mit der peruanischen Gruppe aufzubauen, da sie so merken, dass sie am Austauschprozess teilhaben können.

Zur gleichberechtigten Einbindung aller Kinder zählt auch die Gewährleistung von Übersetzungen. Wie bereits beschrieben gab es bei dieser Aufgabe verschiedene Herangehensweisen mit unterschiedlichem Erfolg. Während kurze Einheiten sich offenbar gut dafür eignen, die Kinder einzubinden und ihre Sprachkompetenz zu fördern, erwies sich die Aufforderung längere Texte zu übersetzen, als nicht besonders erfolgreich. Die Kinder wirkten hiervon überfordert und antworteten, sie hätten den Beitrag vergessen oder nicht verstanden. Eine Methode, die in diesem Fall besser funktioniert hat, ist das Stellen konkreter inhaltlicher Fragen, wie z.B. in der folgenden Situation:

„Herr Götz: 'Nino, kannst du mal übersetzen was der Junge erzählt hat.' – 'Muss ich nachdenken', erwidert Nino.
'Stuart, kannst du dich erinnern? Welche Tiere gibt's da?', versucht Herr Götz weiter. Stuart: 'Meerschweinchen, Kaninchen…'" (NN, 08.01.19)

Dadurch gestaltet sich der Übersetzungsschritt indirekt und ermöglicht es so auch Kindern mit einer (noch) nicht so stark entwickelten Übersetzungskompetenz, ihr Verständnis zu beweisen und den Inhalt wiederzugeben.

5.3 Diskussion der Methode

Hinsichtlich des Umgangs mit der Anwesenheit von Forschenden in der Arbeitsgemeinschaft wäre es von Vorteil gewesen, zu Beginn mit den Lehrkräften explizit Absprachen zu treffen. Teilweise herrschten unterschiedliche Vorstellungen von den Aufgaben und dem Grad der Einbindung in die AG, was zu Interferenzen mit den Forschungszielen führte. Beispielsweise wurden die Forscher*innen für Übersetzungsaufgaben mit einzelnen Kindern zu Hilfe gebeten. Somit konnte die Situation, die als sehr relevant für die Beantwortung der Forschungsfrage(n) eingeschätzt wurde, nur eingeschränkt beobachtet werden, da eine persönliche Involvierung den Großteil der Aufmerksamkeit in Anspruch nahm. Im Großen und Ganzen hat sich die Methode der teilnehmenden Beobachtung und auch die dichte Teilnahme im Sitzkreis mit den Schüler*innen und Lehrkräften als sinnvoll erwiesen. Ein längerer Forschungszeitraum sowie zusätzliche Interviews mit den Schüler*innen und Lehrer*innen hätten weitere Erkenntnisse zutage fördern können, besonders im Hinblick auf die Rolle des*der Übersetzer*in.

6 Fazit und Ausblick

Die Bezeichnung Virtueller Schulgartenaustausch (VSGA) steht für die weltweite Vernetzung von Schüler*innen, die sich über ihre Schulgärten und damit zusammenhängenden Themen virtuell austauschen. Dies ist eine von mehreren Möglichkeiten BNE (Bildung für nachhaltige Entwicklung) im Schulgarten umzusetzen. BNE hat zum Ziel Kinder, Jugendliche und Erwachsene zum nachhaltigen Denken und Handeln zu befähigen. Außerdem sollen sie lernen, abzuschätzen, wie sich das eigene Handeln auf künftige Generationen oder das Leben in anderen Weltregionen auswirkt. In einer Zeit, die durch globale Herausforderungen geprägt ist, sind dies wichtige Fähigkeiten.

Mittels teilnehmender Beobachtung wurde ein konkreter VSGA zwischen zwei Grundschulen in Berlin/Deutschland und Lima/Peru aus verschiedenen Perspektiven untersucht: Zum einen lag der Fokus auf dem Mehrwert, der durch den virtuellen Austausch generiert werden kann, zum anderen auf dem Umgang mit Mehrsprachigkeit und Fremdsprachen, insbesondere Spanisch.

Die Analyse der beobachteten Lernsituationen, die durch den virtuellen Austausch entstanden sind, hat gezeigt, dass ein VSGA durchaus einige Kompetenzen und Themenfelder, die durch den Rahmenlehrplan für Berlin und Brandenburg vorgegeben sind, fördern und thematisieren kann und somit ein Mehrwert entstehen kann. Der Mehrwert durch einen virtuellen Austausch enthält dabei das Potential, gesteigert zu werden, in dem er methodisch konsequenter und prägnanter durchgeführt wird.

Für weitere Untersuchungen wäre es sinnvoll, die verschiedenen Lernsituationen (Lernen durch Lehrkräfte, durch Schüler*innen, durch digitale Medien und durch den virtuellen Austausch) expliziter zu vergleichen, um daran ggf. zu erkennen, inwiefern sich der Mehrwert durch den virtuellen Austausch im Gegensatz zu den anderen Lernsituationen heraushebt. Eine weitere Überlegung wäre, einen virtuellen Austausch im Regelunterricht durchzuführen und ihn ebenfalls anhand der Kompetenzen und Themenfelder auszuwerten, um abwägen zu können, ob diese Methode für den Unterricht geeignet ist.

Hinsichtlich des Forschungsgegenstands Sprache und Übersetzung zeigt sich in der Forschung, dass die AG recht gut mit den Herausforderungen multilingualer und interkultureller Gruppen umgeht. Einzelne Probleme lassen sich häufig durch einfache Methoden verbessern. Durch Reflexion ihres Verhaltens und eine weitere Sensibilisierung für die Bedürfnisse aller Schüler*innen können die Lehrkräfte dazu beitragen, die AG weiterhin erfolgreich zu gestalten. Eine weiterführende Forschung in diesem Bereich könnte, beispielsweise durch den Einsatz von Interviews, mehr Erkenntnisse darüber bringen, welche Bedeutung die Schüler*innen und Lehrkräfte dem mehrsprachigen Gruppenkontext beimessen und wie sie diesen bewerten.

Insgesamt lässt sich festhalten, dass sowohl der virtuelle als auch der multilinguale Aspekt des Austauschs in der AG von Bedeutung sind. Beide bieten einerseits einen Mehrwert für die Teilnehmenden, bringen andererseits jedoch auch besondere Herausforderungen mit sich.

Literaturverzeichnis

Albert, M. L., & Obler, L. K. (1978): The Bilingual Brain: Neuropsychological and Neurolinguistic Aspects of Bilingualism. New York: Academic Press.

Berthele, R. (2000): Sprache in der Klasse: eine dialektologisch-soziolinguistische Untersuchung von Primarschulkindern in multilingualem Umfeld. Tübingen: M. Niemeyer.

BNE-Portal (2014): Was ist BNE? Online verfügbar auf: http://www.bne-portal.de/was-ist-bne/grundlagen/. (Zuletzt aufgerufen am 30.04.2019).

Emerson, R., et. al (2011): Writing Ethnographic Fieldnotes. Chicago: The University of Chicago Press.

EVOLVE (Evidence-Validated Online Learning through Virtual Exchange) (2018): What is Virtual Exchange? Online verfügbar auf: https://evolve-erasmus.eu/aboutevolve/what-is-virtual-exchange/. (Zuletzt aufgerufen am 30.04.2019).

FAO (Food and Agriculture Organization of the United Nations) (2010): A new deal for school gardens. Rom: Food and Agriculture Organization of the United Nations.

Goldschmidt, B. (2014): „Gärtnern lehrt Gestaltungskompetenz. Bildung für nachhaltige Entwicklung (BNE) im Schulgarten". Wesentlich – Büro für urbane PflanzKultur. Online verfügbar auf: https://nachhaltigkeit.bildung-rp.de/schulische-netzwerke/schulgartennetzwerk.html. (Zuletzt aufgerufen am 30.04.2019).

Haan, G. d. (2009): Bildung für nachhaltige Entwicklung – Hintergründe, Legitimationen und (neue) Kompetenzen. Berlin.

Hampl, J. (2003): Ein Ruanda-Garten auf dem Schulgelände! Unterrichtsanregungen für die Sekundarstufe II. In Schulgarten international, herausgegeben von Pädagogisches Zentrum des Landes Rheinland-Pfalz, umwelterziehung praktisch Nr. 46:17–19. Bad Kreuznach.

Harris, B.; Sherwood, B. (1978): Translating as an Innate Skill. Paper to the NATO Symposium on Language Interpretation and Communication, at the Giorgio Cini Foundation, Venice, 1977.

Hauser-Schäublin, B. (2008): Teilnehmende Beobachtung. In B. Beer (Hrsg.), Methoden ethnologischer Feldforschung (2. Aufl., S. 37–58). Berlin: Dietrich Reimer Verlag.

Käsermann, M.-L. (1980): Spracherwerb und Interaktion. Bern: Hans Huber.

Lochner, J. (2016): Globales Lernen in lokalen Schulgärten durch virtuellen Schulgartenaustausch. Erfahrungen, Herausforderungen und Lösungsansätze. Master of Public Policy. Europa-Universität Viadrina, Frankfurt Oder. Online verfügbar auf: https://www.wusgermany.de/sites/wusgermany.de/files/content/files/lochner2_0.pdf. (Zuletzt aufgerufen am 30.04.2019).

Lochner, J. (2017). Globales Lernen in lokalen Schulgärten durch virtuellen Schulgartenaustausch. In L. Chvartsmann, R. Fuhrmann, & M. Robischon (Hrsg.), Symposium Green Education: Tagungsband (S. 139–147). Berlin: Fachgebiet Fachdidaktik Agrar- und Gartenbauwissenschaften der Humboldt-Universität zu Berlin.

Lörscher, W. (1991): Translation performance, translation process, and translation strategies: a psycholinguistic investigation. Tübingen: G. Narr.

PL (Hrsg.) (2013): Praxisratgeber Schulgarten – Bildung für nachhaltige Entwicklung. Pädagogisches Landesinstitut Rheinland-Pfalz. Bad Kreuznach.

Potterton, T. (2010): School gardens partnership. A guide to good practice. Reading International Solidarity Centre.

Richards, D. (o.J.): From carrots to cassava. Dave Richards makes the case for school gardens which make the global connections. http://www.globalgardens.org.uk/general-information-about-the-project/view-category.html. (Zuletzt aufgerufen am 30.04.2019)

SenBJF (Senatsverwaltung für Bildung, Jugend und Familie) (Hrsg.) (2017): Rahmenlehrplan kompakt für die Jahrgangsstufen 1 bis 10. Berlin. Online verfügbar auf: https://www.berlin.de/sen/bildung/unterricht/faecher-rahmen lehrplaene/rahmenlehrplaene/ (Zuletzt aufgerufen am 30.04.2019)

SenBJF (Senatsverwaltung für Bildung, Jugend und Familie) (o.J.): Rahmenlehrpläne. https://www.berlin.de/sen/bildung/unterricht/faecher-rahmen lehrplaene/ (Zuletzt aufgerufen am 30.04.2019)

Schilow, L.; Sonntag, M.; Friederici, K. (o.J.): Q-Teams – bologna.lab. Humboldt Universität zu Berlin, Berlin. Online verfügbar auf: https://bolognalab.hu-berlin.de/de/projekte-des-bologna.labs/q-programm/q-teams/standardseite. (Zuletzt aufgerufen am 30.04.2019)

Shin, S. J. (2013): Bilingualism in Schools and Society. Language, Identity, and Policy. New York: Routledge.

UN (United Nations) (2015): Transforming our World. The 2030 Agenda for Sustainable Development. United Nations.

Vaccaro-Notte, L. (2014): Das Leben in zwei Sprachen. Eine empirische Untersuchung zum bilingualen Leben italienischer Migrantenkinder. Hamburg: Disserta Verlag.

Vogel, E. (2003): Internationale Schulgärten. Anregungen für den Unterricht. In Schulgarten international, herausgegeben von Pädagogisches Zentrum des Landes Rheinland-Pfalz, umwelterziehung praktisch Nr. 46:10–13. Bad Kreuznach.

Anke Renger, Norma Martins, Julia Schwanewedel

Die Bund-Länder-Initiative „Leistung macht Schule“ (LemaS)

Zusammenfassung: Im Fokus des vorliegenden Beitrags wird das BMBF-Projekt „Leistung macht Schule“ (LemaS) vorgestellt. Mit 300 Schulen und 28 leitenden Wissenschaftler*innen werden in der aktuellen ersten Phase (2018–2022) Konzepte, Maßnahmen und Strategien zur Förderung von (potentiell) begabten Schüler*innen erstellt bzw. weiterentwickelt, deren Ergebnisse dann in der zweiten Projektphase (2023–2027) an weitere Schulen transferiert werden. Ziel des Projektes ist es, (potentiell) leistungsstarke Schüler*innen zu identifizieren und zu fördern. Dabei beschäftigen sich die beiden Teilprojekte, die an der Humboldt-Universität zu Berlin durchgeführt werden, mit Begabungsdiagnostik und -förderung im naturwissenschaftlichen Sachunterricht sowie im Biologieunterricht. Dazu werden im vorliegenden Beitrag wichtige Begriffe wie Begabung, Leistung und Kompetenzen erörtert und wesentliche Begabungsmodelle vorgestellt.

Schlüsselbegriffe: Begabung, Talentförderung, Schule, naturwissenschaftlicher Unterricht, Sachunterricht, Biologieunterricht, Diagnostik

1 Einleitung

In den letzten Jahren ist die individuelle Förderung in dem Mittelpunkt gelangt. So verabschiedete die Kultusministerkonferenz (KMK) 2009 einen Beschluss „Grundsatzposition der Länder zur begabungsgerechten Förderung“, in welchem sie den Anspruch formuliert, dass es das Ziel sei allen Schüler*innen „einem ihrem intellektuellen Vermögen und ihrer individuellen Leistungsfähigkeit entsprechende bestmögliche Bildung zu vermitteln“ (Kultusministerkonferenz, 2009). Dies schließt gleichermaßen Schüler*innen mit (potentiell) hoher Begabung mit ein.

Diese besondere Begabung- und Leistungsförderung zählt zu den Kernaufgaben einer jeden Schule und steht im Zentrum des Projektes „Leistung macht Schule (LemaS)“ (LemaS, 2019b).

Im Rahmen des vom Bundesministerium für Bildung und Forschung (BMBF) geförderten LemaS-Projektes werden an 300 Schulen mit 28 leitenden Wissenschaftler*innen Konzepte entwickelt, um (potentiell) leistungsstarke Schüler*innen zu erkennen und im Regelunterricht zu fördern.

In diesem Beitrag werden zunächst die Begriffe Begabung, Leistung und Kompetenzen erläutert, es werden dann die grundlegenden Begabungskonzepte vorgestellt bis dann schließlich das LemaS-Projekt als solches dargestellt wird. Die Teilprojekte 3 (Übergänge) und 12 (Biologie bezogene Begabung), die an der Humboldt-Universität zu Berlin durchgeführt werden, sind teilweise in diesem Band detaillierter beschrieben.

2 Begabung, Leistung und Kompetenzen

Bevor das LemaS- Projekt dargestellt wird, werden im Folgenden zunächst die theoretischen Grundlagen beschrieben. Es wird erläutert, was unter Leistung und Begabung verstanden wird.

2.1 Leistung

Im LemaS-Verbundprojekt wird ein mehrdimensionaler Leistungsbegriff angewendet. Dieser umfasst allgemeine oder spezifische Fähigkeiten und Fertigkeiten in unterschiedlichen Leistungsbereichen (Potential), Kompetenzen und deren Sichtbarkeit (Performanz). Zu Beginn ist es wichtig, dass die Schüler*innen mit verschiedenen Bereichen in Kontakt kommen, um sich auszuprobieren und Interesse sich entwickeln kann.

2.2 Begabung

Unter Begabung wird allgemein ein „individuelles Fähigkeitspotential verstanden, wobei – vor allem in den sozialpsychologisch orientierten Begabungstheorien – den Bedingungen der sozialen und kulturellen Lernumwelt eine wichtige Rolle bei der Begabungsentwicklung bzw. Umsetzung von Begabung in manifeste Leistung zuerkannt wird" (Heller, 2000, S. 141).

3 Ausgewählte Begabungsmodelle

Im Folgenden werden ausgewählte Begabungsmodelle von Renzulli, Gardner und Gagné sowie das Münchener Hochbegabungsmodell vorgestellt.

3.1 Modell der (Hoch-) Begabung von Joseph Renzulli (1970)

Das von Renzulli in den 1970er Jahren entwickelte Drei-Ringe-Modell bildet als Ausgangspunkt die Fragestellung, welche Personenmerkmale notwendig sind, um eine innovative Leistung zu zeigen (Abb. 1). Die drei Ringe überdurchschnittliche intellektuelle Fähigkeiten, Aufgabenverpflichtung / -engagement und Kreativität bilden die Schnittmenge der Begabung (Renzulli & Reis, 2016). Der Hintergrund repräsentiert die Interaktion zwischen personalen und Umweltfaktoren, welche die drei Ringe beeinflussen (siehe Abbildung 1) (Renzulli & Reis, 2016).

Er entwickelte dieses Konzept, um Begabung als entwicklungsorientiert und eben nicht statisch darzustellen (Preckel & Vock, 2013). Eine Person wird somit nicht hochbegabt geboren, sondern entwickelt hochbegabtes Verhalten, wenn es zu einer guten Verbindung der drei Personenmerkmale kommt. Alle drei Faktoren müssen gleichermaßen bei Diagnostik und Förderung berücksichtigt werden, einzelne Intelligenztests sind nicht ausreichend (Preckel & Vock, 2013). Ziel seines Modells ist es eine möglichst große Gruppe von Hochbegabten zu entdecken (Brunner, Gyseler & Lienhard, 2005). Alle Schüler*innen sollen die Möglichkeit haben ihre individuelle Begabung zu entwickeln (Renzulli & Reis, 2010).

Kritisch ist zu sehen ist, dass es keine ausreichenden empirischen Studien zur Überprüfung der Gültigkeit des Modells gibt, die Rolle der Kreativität umstritten ist, die Wechselwirkungen der einzelnen Faktoren offenbleiben und schließlich viele Personen nicht berücksichtigt werden, wenn alle Faktoren erfüllt sein müssen.

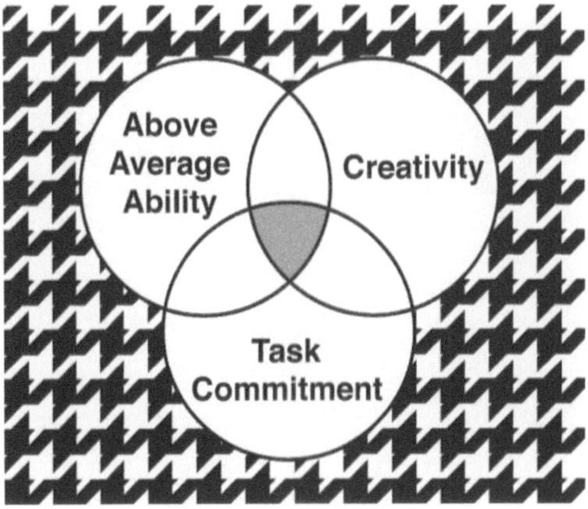

Abb. 1: Drei Ringe Modell nach Renzulli (Renzulli, 1990)

3.2 Konzept der multiplen Intelligenzen von Howard Gardner (1983)

Der amerikanische Intelligenzforscher Howard Gardner hat aufgrund von neurobiologischen und neuropsychologischen Erkenntnissen im Jahr 1983 die Theorie der multiplen Intelligenzen (MI) entwickelt (Abb. 2). Gardner geht davon aus, dass jeder Mensch nicht nur über eine, sondern über aktuell neun verschiedene Intelligenzen verfügt. Diese Intelligenzsysteme arbeiten unabhängig voneinander und können höchst unterschiedlich ausgebildet sein. Kompetentes Handeln ergibt sich somit erst im Zusammenspiel dieser multiplen Intelligenzen. Gardners Intelligenzkonzept findet vor allem in der Praxis Anhänger, da man sich der verschiedenen Begabungen bewusstwird und diese in der Unterrichtsgestaltung berücksichtigt. Kritik erfährt Gardners Theorie vor allem von Seiten der Wissenschaft. Die Gefahr in Förderkonzepten liegt darin, dass eine gewisse Beliebigkeit entsteht und außerdem ungeklärt ist, ob eine von Gardner definierte Intelligenz auch gleichzeitig zu einer höheren Leistung führt (Brunner et al., 2005, S. 18 und 19).

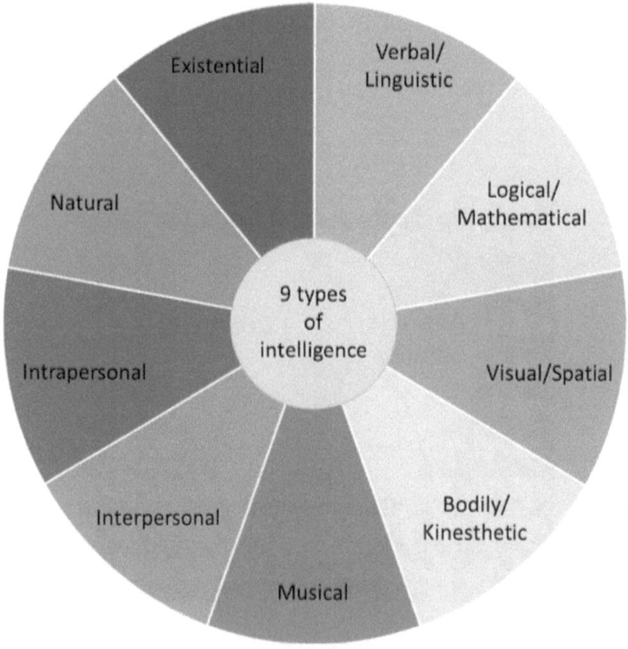

Abb. 2: Konzept der neun multiplen Intelligenzen von Gardner (Gardner, 1983)

3.3 Differenziertes Begabungs- und Talentmodell von Gagné (1993)

Françoys Gagné wiederum entwickelte das Modell von Renzulli weiter, weil dieses nicht zwischen Potential und Performanz sowie Leistung differenziert. In seinem Modell unterscheidet er zwischen Talent und Begabung (Preckel & Vock, 2013). Begabungen sind weitgehend angeborene und noch nicht entwickelte Fähigkeiten. Diese benötigen für die Entwicklung Förderung und Stimulation. Talent hingegen versteht Gagné als systematisch entwickelte Fähigkeiten. Somit werden Personen zu Expert*innen auf einem Gebiet (Preckel & Vock, 2013). Diese Begabungen und Talente befinden sich in einem Entwicklungsprozess, in welchem gelernt, geübt und trainiert werden muss. Ob und inwieweit sich bei Lernenden aus einer bestehenden Begabung ein Talent entwickelt, hängt von verschiedenen Aspekten ab. Wie in Abbildung 3 (Abb. 3) erkennbar, beschreibt Gagné und andere die Quantität und Qualität des Trainings, aber auch intrapersonale (Motivation und Persönlichkeitsmerkmale) und Umweltkatalysatoren (z.B. der Begegnung mit bedeutenden Personen) (Gagné, 2008). Intrapersonale Katalysatoren sind in der Person an sich verankert wie z.B. Motivation, Persönlichkeit und Willenskraft zu verstehen. Umweltkatalysatoren hingegen sind (Förder-)maßnahmen, Ereignisse oder bestimmte Personen, die Einfluss auf den Menschen haben (Fischer, 2002). Diese Katalysatoren können sowohl einen positiven als auch negativen Einfluss auf den Entwicklungsprozess haben. Gagné beschreibt dabei als Erster die Wichtigkeit der Begabung der Lehrkräfte, die die Begabung der Kinder entfalten sollen (Busse, 2007).

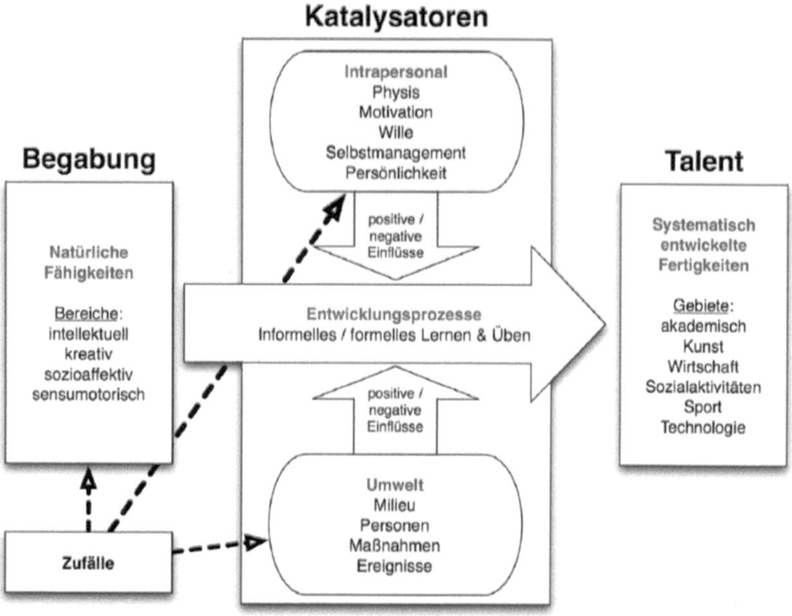

Abb. 3: Das differenzierte Begabungs- und Talentmodell von Gagné 1993 (Cronenberg, 2011)

3.4 Das Münchner (Hoch-)Begabungsmodell von Heller, Perleth und Hany (1992)

Sehr ähnlich wie das Modell von Gangné ist das Münchener Hochbegabungsmodell von den Psychologen Kurt Heller, Christoph Perleth und Ernst Hany (Abb. 4). Der Begriff „Talent“ wir durch Leistung ersetzt, die „intrapersonalen Katalysatoren“ werden zu „nicht kognitiven Persönlichkeitsmerkmalen“ und die „Umwelt-Katalysatoren“ zu „Umweltmerkmalen“ (Preckel & Vock, 2013). Das Modell setzt sich insgesamt aus Leistungsbereichen, nichtkognitiven Persönlichkeitsmerkmalen, Umweltmerkmalen und den Begabungsfaktoren zusammen (siehe Abbildung 3). Letztere drei Faktoren (Einflusskomponenten) stehen in Wechselwirkung und sind Voraussetzungen für den Leistungsbereich. Alle drei Faktoren müssen sich als leistungsförderlich erweisen, damit aus intellektuellen Fähigkeiten Hochleistung entstehen kann (Brunner, Gyseler & Lienhard, 2005). Die Begabungen sind somit in einem Bedingungsgefüge, welches für die Begabungsentwicklung und die Umsetzung individueller

Fähigkeitspotentiale in Leistungsverhalten notwendig ist (Heller & Perleth, 2007). Die Wirksamkeit diese Modells wurde in zahlreichen nationalen sowie internationalen Studien nachgewiesen (Heller, 2000). Diese sowie das Modell von Gagné gehören zu den einflussreichsten mehrdimensionalen Hochbegabungsmodellen und zeigen den komplexen Prozess der Leistungsentwicklung auf (Preckel & Vock, 2013).

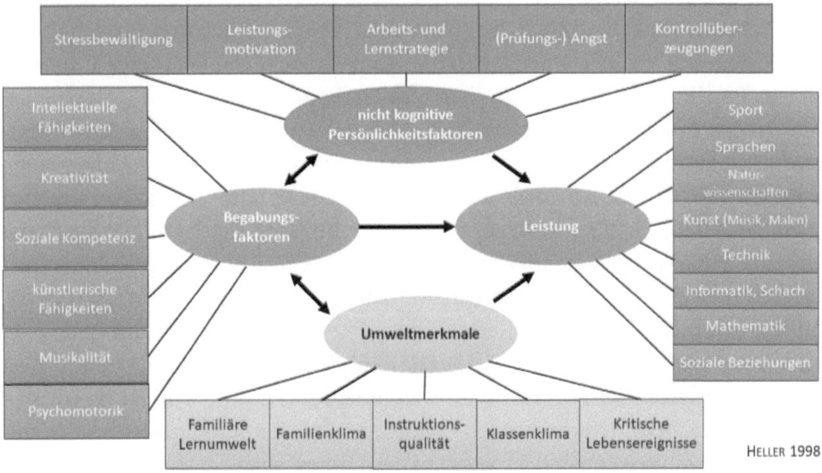

Abb. 4: Münchener Hochbegabungsmodell nach Heller, Perleth und Hany (1992) (Hänsel, 2019)

Preckel/Vock (2013) kritisieren allerdings an beiden Modellen, dass noch nicht alle Variablen ausreichend beschrieben und somit noch nicht befriedigend messbar sind. Des Weiteren ist die spezifische Wirkung der einzelnen Komponenten sowie deren Beziehung zueinander unklar, sodass sich die Modelle nicht empirisch prüfen lassen. Zudem sind die Modelle stark auf das Individuum gerichtet, sodass Einflüsse anderer Personen und Situationen sowie deren Wechselwirkungen unberücksichtigt bleiben.

4 Leistung macht Schule (LemaS) – Projekt

Im folgenden Abschnitt wird der Hintergrund sowie die Ziele des LemaS-Projektes vorgestellt.

4.1 Hintergrund

Das vom Bundesministerium für Bildung und Forschung (BMBF) geförderte Projekt LemaS (Leistung macht Schule) zielt mit seinem Kooperationsprojekt auf eine Verhaltensänderung der Akteure hin zu einer begabungsfördernden Haltung. Um die (potentiell) leistungsstarken Schüler*innen zu fördern, muss sich Schule und Unterricht auf institutioneller, organisatorischer, struktureller, personeller und inhaltlicher Ebene verändern (LemaS, 2019a). Dabei soll das bildungspolitische Ziel einer bestmöglichen Förderung für alle Schüler*innen unabhängig von Herkunft, Geschlecht oder sozialem Status erreicht werden (LemaS, 2019b).

Das Projekt wird von 28 leitenden Wissenschaftler*innen an 16 Universitäten und Hochschulen in Zusammenarbeit mit bundesweit 300 Schulen des Primar- und Sekundarbereichs (Abb. 5) durchgeführt. Diese werden in 22 Teilprojekten untergliedert, die an leistungs- und begabungsfördernden Strukturen arbeiten (LemaS, 2019a). Das Projekt ist auf insgesamt zehn Jahre angelegt und eingebettet auf eine gemeinsame Initiative von Bund und Ländern sowie der Kultusministerkonferenz (KMK) zur von (potentiell) leistungsstarken Schüler*innen (LemaS, 2019a). Es umfasst die beiden Kernmodule „Entwicklung eines schulischen Leitbilds mit Ausrichtung auf eine leistungsfördernde Schulentwicklung und Aufbau einer kooperativen Netzwerkstruktur“ (Kernmodul 1) und „Fordern und Fördern im Regelunterricht“ (Kernmodul 2) (LemaS, 2019a). Die Stärken aller Schüler*innen sollen im Regelunterricht erkannt und somit eine Leistungsentwicklung ermöglicht werden (LemaS, 2019b). Diese Förderung ist wichtig, denn wie internationale Schulleistungsstudien wie PISA oder TIMSS gezeigt haben, erreichen vergleichsweise wenig Schüler*innen die Spitzenleistungen (LemaS, 2019b).

Diese Veränderung benötigen allerdings Zeit, weshalb die Initiative auf zehn Jahre angelegt ist, welche in zwei Phasen unterteilt wurden: 2018 bis 2022 und 2023 bis 2027. Bund und Ländern finanzieren das Projekt zu gleichen Teilen mit insgesamt 125 Millionen Euro (LemaS, 2019b).

In der ersten Phase nehmen 300 Schulen teil, die von den Ländern ausgewählt und nun vor Ort betreut werden. Zudem findet eine Förderung durch die 16 beteiligten Universitäten statt. Dabei entwickeln die Wissenschaftler*innen gemeinsam mit den Schulen Konzepte, um (potentiell) leistungsstarke Schüler*innen zu entdecken und im Regelunterricht zu fördern. Um diesen Rahmen zu schaffen, wird parallel am Leitbild der Schule gearbeitet (LemaS, 2019b).

In der zweiten Phase findet ein Transfer der Ergebnisse statt, bei welchem erfolgsversprechende Konzepte auf Wirksamkeit überprüft und für andere Schulen zugänglich gemacht werden. Die Schulen der ersten Phase sind dabei Multiplikatoren für die weiteren Schulen (LemaS, 2019b).

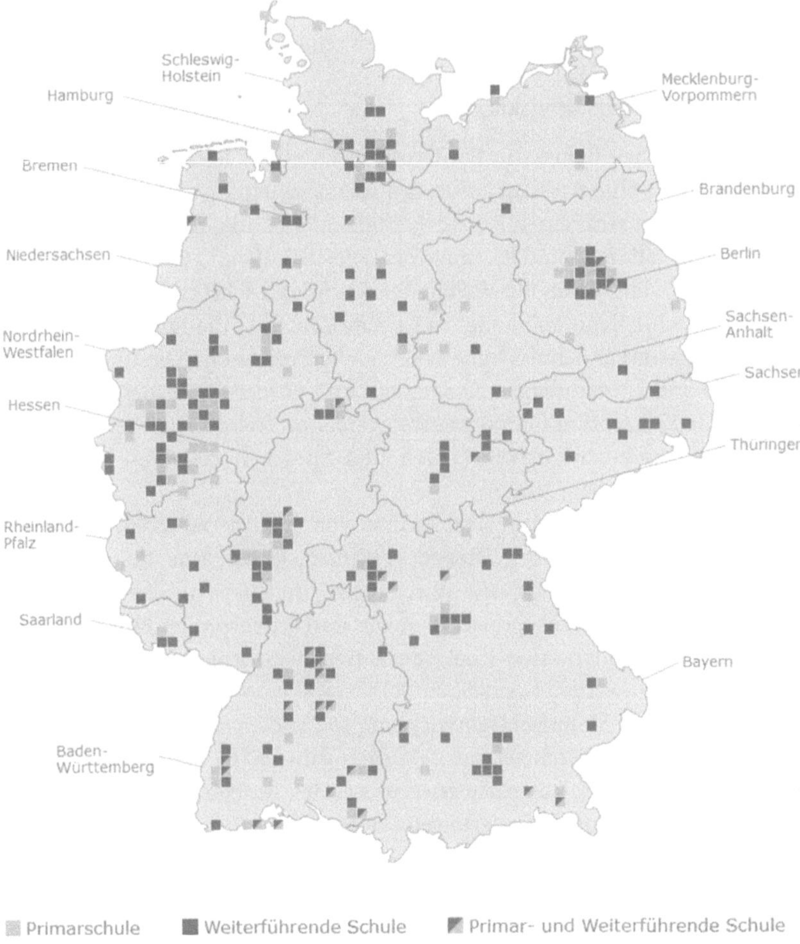

Abb. 5: Verteilung der 300 LemaS-Schulen in Deutschland (1. Projektphase 2018–2022), Quelle: (LemaS, 2019b)

4.2 Ziele

Im Mittelpunkt des LemaS-Projektes steht die Förderung von (potentiell) leistungsstarken Schüler*innen. Wie diese erzielt werden soll, kann in vier Zielen zusammengefasst werden (LemaS, 2019c):

➔ Durch wissenschaftliche Begleitung
➔ Durch Professionalisierung von Lehrkräften
➔ Durch Vernetzung
➔ Durch Unterrichtentwicklung

Das erste Ziel beinhaltet die Förderung (potentiell) leistungsstarker Schüler*innen durch eine wissenschaftliche Prozessbegleitung von Schulen. Diese Begleitung findet zum einen bei der Leitbildentwicklung für eine ressourcenorientierte, begabungs- und leistungsfördernde Schule und zum anderen beim Aufbau einer Schulkultur, die Vielfalt anerkennt und schätzt, statt.

Daran anschließend beinhaltet das zweite Ziel, dass die Förderung (potentiell) leistungsstarker Schüler*innen durch eine Professionalisierung der Lehrkräfte im Bereich Grundlagen, Diagnostik und Förderung erfolgt. Durch die gemeinsame Konzeption und formative Evaluation fachspezifischer Diagnose- und Förderformate in MINT-Fächern und Sprachen soll diese Förderung erreicht werden (LemaS, 2019c).

Des Weiteren soll ein Auf- und Ausbau von Schulnetzwerken stattfinden. Diese unterstützen die Lehrkräftekooperationen. Es soll eine Theorie-Praxis-Brücke gebildet beziehungsweise durch „den projektspezifischen Austausch in praxisnahen Forschungsprojekten sowie durch den projektübergreifenden Austausch über gemeinsame Kommunikationsplattformen und regelmäßige Treffen“ verfestigt werden (LemaS, 2019c).

Im Rahmen der Unterrichtsentwicklung soll zudem eine Entwicklung von diagnosebasierten differenzierenden Förderformaten in den MINT-Fächern und den Sprachen erfolgen. Idealerweise soll der Aufbau fächerübergreifend und möglichst individualisiert erfolgen (LemaS, 2019c).

Ausblick / Perspektive

Das vom Bundesministerium für Bildung und Forschung geförderte Projekt „Leistung macht Schule (LemaS)“ mit 300 Schulen und 28 leitenden Wissenschaftler*innen ist wie beschrieben in zwei Projektphasen unterteilt: die aktuell laufenden Phase (2018–2022) sowie die Transferphase (2023–2027) (LemaS, 2019a).

Steht in der aktuellen Phase die Erstellung beziehungsweise Weiterentwicklung von Konzepten, Maßnahmen und Strategien zur Förderung von (potentiell) begabten Schüler*innen im Fokus, so sollen in der zweiten Phase die Ergebnisse der ersten Phase transferiert und die erfolgreichen Konzepte in die Breite getragen werden (LemaS, 2019a).

Literatur

Brunner, E./Gyseler, D./Lienhard, P. (2005): Hochbegabung – (k)ein Problem? Handbuch zur interdisziplinären Begabungs- und Begabtenförderung. Zürich: Klett.

Busse, Stephanie (2007): Integration von hochbegabten Schülerinnen und Schülern in Unterricht und Schulleben der Grundschule. Unter besonderer Berücksichtigung der Theorie der multiplen Intelligenz. Berlin: Lit Verl.

Cronenberg, U. (2011). Baustein 1: Theoretische Grundlagen. In: *Staatsinstitut für Bildungsforschung* München · ISB, Besondere Begabungen an weiterführenden Schulen finden und fördern, S. 12–36. München: ISB.

Fischer, Christian (2002): Hochbegabung als schulische Herausforderung: Definition, Identifikation und Förderung von besonderer Begabung. In: Solzbacher, Claudia/Heinbokel, Annette (Hrsg.): Hochbegabte in der Schule – Identifikation und Förderung. Münster: LIT.

Gagné, Francoys (2008): The differentiated model of giftedness ans talent. DMGT. In: Renzulli, Joseph S./Gubbins, Jean E./McMillen, Kristin S./Eckert, Rebecca D./Little, Catherine A. (Hrsg.): Systems and models for developing programs for the gifted and talented. 2nd ed. Waco, Texas: Prufrock Press.

Gardner, H. (1983). *The theory of multiple intelligences.* Heinemann.

Hänsel, Michael (2019). Begabungsmodelle. http://www.mhaensel.de/begabungsfoerderung/begabungsmodelle.html [27.10.2020]

Heller, Kurt A. (Hrsg.) (2000): Begabungsdiagnostik in der Schul- und Erziehungsberatung. 2., vollst. überarb. Aufl. Bern: Huber.

Heller, Kurt A./Perleth, Christoph (2007): Talentförderung und Hochbegabtenberatung in Deutschland. In: Heller, Kurt A./Ziegler, Albert (Hrsg.): Begabt sein in Deutschland. Berlin: LIT. S. 139–170.

Kultusministerkonferenz (2009): Grundsatzposition der Länder zur begabungsgerechten Förderung – Beschluss der Kultusministerkonferenz vom 10.12.2009.

LemaS (2019a). „Forschung". https://www.lemas-forschung.de/ (Abfrage 27.09.2019).

LemaS (2019b). „Initiative Leistung macht Schule". https://www.leistung-macht-schule.de/de/Initiative-Leistung-macht-Schule-1674.html (Abfrage 27.09.2019).

LemaS (2019c). „Ziele". https://www.lemas-forschung.de/forschungsverbund/ziele (Abfrage 25.09.2019).

Preckel, Franzis/Vock, Miriam (2013): Hochbegabung. Ein Lehrbuch zu Grundlagen Diagnostik und Fördermöglichkeiten. Hogrefe-Verlag.

Renzulli, Joseph S./Reis, Sally M. (Hrsg.) (2016): Reflections on gifted education. Critical works by Joseph S. Renzulli and colleagues. Waco: Prufrock Press.

Renzulli, Joseph S./Reis Renzulli, Sally (2010): the schoolwide enrichment model: a focus on student strengths and interests. In: Gifted Education International Vol. 26, S. 140–157.

Renzulli, J. S. (1990). A practical system for identifying gifted and talented students. *Early Child Development and Care*, *63*(1), 9–18.

Norma Martins, Anke Renger

Leistung macht Schule (LemaS) – Der Übergang von der Grundschule zur weiterführenden Schule im Bereich Sachunterricht / Naturwissenschaften

Zusammenfassung: Im Mittelpunkt des vorliegenden Beitrages steht die Vorstellung des Teilprojektes 3 des LemaS-Projektes. Gemeinsam mit zwölf Schulen soll ein Diagnostikinstrument zur Verbesserung des Übergangs von der Grund- zur weiterführenden Schule mit dem Schwerpunkt Sach- zum naturwissenschaftlichen Fachunterricht entwickelt werden. Dafür werden zum einen ein Übergangsportfolio erarbeitet und zum anderen Forschungstage an den Schulen initiiert.

Schlüsselbegriffe: Begabung, Übergang, Talentförderung, Schule, Sachunterricht, naturwissenschaftlicher Unterricht, Biologieunterricht, Diagnostik, Portfolio, Forschungstage

Der vorliegende Beitrag bezieht sich auf ein Teilprojekt des „Leistung macht Schule" Projektes (LemaS). Allgemeine Ansätze, Ziele des LemaS-Projektes sowie der Begabungsbegriff werden in Kapitel in diesem Band erläutert.

1 Einleitung

Im Rahmen des vom Bundesministerium für Bildung und Forschung geförderten Gesamtprojekt „Leistung macht Schule" (LemaS) nehmen deutschlandweit aus allen Bundesländern insgesamt 300 Schulen teil, die in einem Matchingprozess den 22 Teilprojekten zugeordnet wurden (LemaS, 2019b). Der vorliegende Beitrag bezieht sich auf das Teilprojekt 3: Entwicklung von Diagnose- und Förderkonzepten für eine adaptierte Gestaltung der Übergänge (Kita – Grundschule, Grundschule – Weiterführende Schule) von leistungsstarken und potenziell besonders leistungsfähigen Kindern im Regelunterricht der MINT-Fächer.

Grundsätzlich ist davon auszugehen, dass jede*r Schüler*in eine Begabung aufweist, weshalb alle Schüler*innen im Rahmen des Regelunterrichts zu fördern sind (Weigand, 2011). „Das Ziel besteht in einer Begabungs- und Begabtenförderung für alle Kinder und Jugendlichen, und dazu gehören auch die besonderen und hohen Begabungen" (Weigand, 2011, S. 34). Lag bisher der

Fokus der Forschung eher im Bereich der Schüler*innen mit besonderem Förderbedarf, sollen mit diesem Projekt nun leistungsstarke und potenziell besonders leistungsfähige Kinder im Fokus stehen, weil sie über lange Zeit keine eigene Beachtung und somit auch keine eigene Förderung erfahren haben (Weigand, 2011). Probleme können insbesondere beim Übergang zur weiterführenden Schule bei begabten Kindern gleichermaßen auftreten, beispielsweise durch störendes Verhalten im Unterricht aufgrund von Unterforderung. Spezielle Potentiale und Verhaltensweisen können oftmals nicht berücksichtigt werden, weil es einen mangelnden Austausch zwischen Lehrkräfte der Grund- und weiterführenden Schulen gibt. Zudem fehlen bisher oftmals Diagnose- und Fördermaterialien für den Übergang (Käpnick, 2014).

Die Bundesländer stimmen in dem Beschluss der Kultusministerkonferenz (KMK) der Auffassung überein, „dass es Aufgabe des Bildungswesens ist, allen Kindern und Jugendlichen einem ihrem intellektuellen Vermögen und ihrer individuellen Leistungsfähigkeit entsprechende bestmögliche Bildung zu vermitteln“ (Kultusministerkonferenz [KMK], 2009, S. 2). Auftrag sei es, jeden jungen Menschen gemäß der individuellen Begabung zu fördern. Der Gestaltung der Übergänge kommt dabei eine besondere Bedeutung zu (Kultusministerkonferenz [KMK], 2009). Die Notwendigkeit der Förderung von leistungsstarken und potentiell leistungsfähigen Schüler*innen zeigt sich zudem in dem verhältnismäßig geringen Anteil von Schüler*innen auf den oberen beiden Kompetenzstufen der PISA-Studien und Ländervergleiche im MINT-Bereich (Kultusministerkonferenz [KMK], 2015a).

In der KMK-Förderstrategie wird besonders empfohlen, Maßnahmen zur Diagnostik einzusetzen, um die Lernvoraussetzungen der Schüler*innen zu ermitteln (Kultusministerkonferenz [KMK], 2015a). Eine sinnvolle Möglichkeit ist die Erhebung eines Stärken- und Interessensprofils. Um ein ganzheitliches Bild von Schüler*innen zu erhalten wird u.a. der systematische Einsatz von Lernportfolios (siehe dazu auch Kap. 2.2 und 4.3.1) empfohlen (Kultusministerkonferenz [KMK], 2015a). Durch eine Individualisierung von Lernprozessen sollen die Schüler*innen ihre Potentiale optimal entfalten können (Kultusministerkonferenz [KMK], 2015a). Dafür müssen die Lehrkräfte eine anerkennende Haltung zu Begabungen der Schüler*innen entwickeln (LemaS, 2019b).

Dieser Beitrag wird allgemein und im speziellen auf das LemaS-Teilprojekt 3 eingehen und die Arbeit der von der Humboldt-Universität zu Berlin betreuten Gruppe vorstellen. Im folgenden Kapitel werden dafür zunächst einmal einige theoretische Grundlagen geschaffen.

2 Theoretische Grundlagen

Um sich im Nachfolgenden mit dem Thema Übergänge auseinander zu setzen, sollen in diesem Kapitel zunächst einige grundlegende Informationen zu den Themen Übergänge und den damit einhergehenden Portfolios gegeben werden.

2.1 Übergänge

Für die Entwicklung von Kindern und Jugendlichen ist der Übergang von einer Schulart in eine andere von zentraler Bedeutung (Kultusministerkonferenz [KMK], 2015b). Zum Übergang haben Griebel & Niesel ein Transitionsmodell entwickelt. Dabei steht nicht der institutionelle Übergang an sich im Vordergrund, sondern die „Bewältigung von Veränderungen beim Eintritt in und Übergang zwischen den Bildungseinrichtungen (Griebel & Niesel, 2017). Niesel/Griebel verstehen Transitionen als „[...] Lebensereignisse, die Bewältigung von Diskontinuitäten auf mehreren Ebenen erfordern, Prozesse beschleunigen, intensiviertes Lernen anregen und als bedeutsame biographische Erfahrungen von Wandel in der Identitätsentwicklung wahrgenommen werden" (Niesel & Griebel, 2014, zit. nach Griebel & Niesel, 2017). Das Transitionsmodell beschreibt die Transition als ko-konstruktive Prozesse aller beteiligten Akteure und misst ihnen Bedeutung auf verschiedenen Ebenen (individuell, interaktional, kontextuell) zu. Eltern und Kindern sind somit beteiligte Akteure, die den Übergang auf diesen Ebenen bewältigen müssen (Griebel & Niesel, 2017).

Lehrkräfte und pädagogische Fachkräfte haben dagegen vor allem die Aufgabe, die Kinder bei der Bewältigung der Übergangsherausforderungen zu begleiten, zu unterstützen und die hierfür notwendigen sozialen Netzwerke zu organisieren. Konsens besteht unter Bildungswissenschaftler*innen und Fachdidaktiker*innen weitestgehend darin, dass „vom einem erfolgreichen Übergang gesprochen [wird], wenn das Kind sich emotional, psychisch, physisch und intellektuell angemessen in der Schule präsentiert [...] und die Bildungsangebote für sich optimal nutzt" (Griebel & Niesel, 2005, o. S.). Dieser Ansatz ist allerdings eher unspezifisch im Hinblick auf die konkrete curriculare Gestaltung von Übergängen. Um kognitive und inhaltlichdidaktische Dimensionen, die insbesondere bezogen auf die Übergänge von leistungsstarken und potenziell besonders leistungsfähigen Kindern in verschiedenen Schulfächern eine nicht unwesentliche Rolle spielen, nicht zu vernachlässigen, wird aktuell neben dem Terminus der Transition auch jener der „Anschlussfähigkeit" diskutiert (z.B. bei Hempel, 2010). Dabei müssen auch fachspezifische Lernansprüche und intrapersonale Faktoren berücksichtigt werden.

Der Übergang weist sowohl positive als auch negative Aspekte auf. Griebel und Niesel (2017) beschreiben sowohl Belastungen und negative Auswirkungen als auch positive Auswirkungen auf das Selbstwertgefühl, die Kompetenzüberzeugungen sowie die psychische Gesundheit. Die subjektiv erlebten Übergänge bekommen eine biographische Bedeutung und spielen für das Selbstkonzept der Lernenden, eine zentrale Rolle (Tillmann, 2013). Nach Faust (2008) existieren drei Hauptfaktoren, weshalb die Übergänge als entscheidende Phasen gelten: Erstens werden in dieser Phase Bildungsentscheidungen getroffen, die einer Unsicherheit unterliegen. Dennoch haben diese langfristigen Auswirkungen, auch im Hinblick auf die Chancengerechtigkeit. Des Weiteren bringen sie Herausforderungen für die entsprechenden Familien mit sich, die bewältigt werden müssen. Zudem ist in dieser Phase eine Kooperation der angrenzenden Institutionen notwendig.

2.1.1 Übergang als Stresssituation

Nach dem transaktionalen Stressmodell von (Lazarus, 1995, zit. nach Griebel & Niesel, 2017) bedeutet Veränderung Stress, dessen Bewältigung von weiteren Faktoren abhängt: Hat die Veränderung ein größeres Ausmaß und ist sie von längerer Dauer? Ist die Veränderung von der/dem Einzelnen/m erwünscht und kann die/derjenige die Veränderung kontrollieren? Über welche Ressourcen verfügt die Person (Griebel & Niesel, 2017)? Die Bewertung und subjektive Wahrnehmung des Einzelnen ist somit ausschlaggebend bei der Bewältigung des Stresses (Knoppick et al., 2016). Es zeigte sich, dass Ereignisse umso stressreicher erlebt werden, umso unvorhersehbarer und unkontrollierbarer sie sind. Je eher einer Person bewusst ist, was auf sie zukommt, umso gelassener ist sie (van Ophuysen & Harazd, 2014). Das Individuum schätzt dann ein, wie gut es eine Situation bewältigen kann und leitet dementsprechend Bewältigungsprozesse ein. Dadurch kann es zu einer Neubewertung der Ereignisse kommen, wodurch eine Wechselwirkung zwischen den subjektiven Bewertungen und dem Einsatz von verschiedenen Bewältigungsstrategien kommt (Lazarus & Folkmann, 1984, zit. nach Kurtz et al., 2010). Letztlich sind bei vielen Schüler*innen gemischte Gefühle entweder in Form von einer indifferenten oder einer ambivalenten Haltung vorhanden (van Ophuysen & Harazd, 2014).

2.1.2 Übergang als Veränderung

Die meisten Schüler*innen sehen den Übergang eher als Herausforderung denn als Bedrohung (Kaiser & Lange, 2010). Dabei gibt es einerseits Aspekte wie neue Freundschaften oder eine neue Lernumgebung, auf die sich viele

Schüler*innen freuen. Andererseits kann die Umstellung auf neue Lehrkräfte, die Menge der Veränderungen allgemein und die veränderten Leistungsanforderungen als ebenso problematisch gesehen werden (Knoppick et al., 2016). Auch die sozialen Kontakte und Gruppenzusammensetzungen verändern sich (van Ophuysen, 2018). Diese Aspekte werden zu vier Dimensionen zusammengefasst Knoppick et al. (2016):

- Herausforderungen im Leistungsbereich
- Herausforderung im sozialen Bereich
- Bedrohung im Leistungsbereich
- Bedrohung im sozialen Bereich

Die Schulen können die Schüler*innen unterstützen, ein positives Selbstbild der eigenen Fähigkeiten zu entwickeln, welches sich dann positiv auf den Übergang auswirkt (van Ophuysen & Harazd, 2014). Knoppick et al. (2016) konnten zeigen, dass eine positive Antizipationen zu einem hohen Selbstwertgefühl, einer hohen Schulzufriedenheit sowie einer geringer Leistungsangst auf der neuen Schulen und somit einer guten Bewältigung des Übergangs beitragen. Deshalb ist es wichtig, Lehrkräfte zu sensibilisieren, welche subjektive Bedeutsamkeit der Übergang für die Kinder hat und dass es besonders wichtig ist, Kinder in ihrer Kompetenz zu bestärken (Knoppick et al., 2016).

Für einen gelungenen Übergang ist die Weitergabe von Informationen von einer Schule zu anderen wichtig. „Dazu ist es notwendig, dass die Lehrkräfte der abgebenden und der aufnehmenden Schulen mit der jeweils anderen Schulart bzw. Schulstufe zusammenarbeiten und sich gegenseitig über die Bildungs- und Erziehungsziele informieren" (Kultusministerkonferenz [KMK], 2015b, S. 7). Koop und Steenbuck (2011) weisen darauf hin, dass begabte Kinder und Jugendliche davon profitieren, wenn ihre inhaltlichen Kenntnisse, Lernentwicklungen, Interessen und methodische Kompetenzen auch nach dem Wechsel an die weiterführende Schule berücksichtigt werden. Nehmen die Kinder die Bewältigung eines Überganges positiv wahr, so entwickeln sie Transitionskompetenzen, die ihnen bei der Bewältigung kommender Übergänge helfen können (Koop & Steenbuck, 2011). Somit ergibt sich für die Schulen die Anforderung, die Übergänge zwischen den verschiedenen Institutionen so zu gestalten, dass die Kinder positive Erfahrungen sammeln und ihre Entwicklungspotentiale genutzt werden können (Koop & Steenbuck, 2011). Um Übergänge besser gestalten zu können, bietet sich unter anderem der Einsatz von Portfolios an, um die individuellen Stärken und Schwierigkeiten der Schüler*innen im Rahmen einer potentialorientierten pädagogische Diagnostik differenziert zu erfassen und adäquat zu kommunizieren (Fischer, 2018).

2.2 Portfolio

Eine Möglichkeit für den Informationsaustausch im Rahmen des Übergangs ist eine gründliche Bildungsdokumentation. Hierfür „haben sich Instrumente wie Portfolios, Bildung- und Lerngeschichten, Übergangsbücher sowie Verfahren einer lernprozessbegleitenden Diagnostik oder Entwicklungsprofile bewährt" (Koop & Steenbuck, 2011, S. 8).

In diesem Abschnitt soll geklärt werden, was ein Portfolio ist, wie die Rahmenbedingungen zur Umsetzung sein sollten, welche Ziele verfolgt werden. Anschließen wird das Talentportfolio als Instrument der Begabungsförderung gesondert vorgestellt.

2.2.1 Definition

Der Begriff Portfolio leitet sich nach Häcker (2008b) von dem italienischen Wort „portafoglio" ab, welches sich aus den Wörtern „portare" (tragen) und „foglio" (Blatt) zusammensetzt. Unter einem Portfolio wird zunächst eine gegliederte Sammlung von Lernergebnissen verstanden, welche Arbeiten und Produkte beinhaltet, die die Lernentwicklung dokumentieren und den Lernenden nicht mehr auf ein passives Objekt im Beurteilungsprozess reduzieren (Hesse & Latzko, 2017).

In den 1980er entwickelte sich in den USA eine Bewegung, die sich gegen die Dominanz der Multiple-Choice-Tests und der zu dieser Zeit vorherrschenden Testmanie entgegensetzte. Insbesondere deswegen, weil in der Industrie und aus der Geschäftswelt Klagen kamen, dass die Schüler*innen nicht mehr über die Fähigkeiten und Kompetenzen verfügen, die sie in der modernen Arbeitswelt benötigten (Häcker, 2008b). Im deutschsprachigen Raum erscheinen die ersten Publikationen zu Portfolios in den 1990er Jahren, jedoch erlangt das Thema erst ab den 2000er in Deutschland an Bedeutung. Allerdings gab es in der Vergangenheit schon einige reformpädagogische Ansätze, wie z.B. die Arbeitsmappen bei Fritz Karsen, die eine ähnliche Idee verfolgten (Häcker, 2008b).

In der Arbeit des Projektes soll das Portfolio speziell für den Übergang eingesetzt werden. Es „dient bei[m] Übergang des Lernenden zwischen zwei Institutionen dazu, Kompetenzen, Lernstärken und Lerninteressen des Kindes zu zeigen" (Fthenakis et al., 2009, S. 56).

2.2.2 Ziele

Nach Gläser-Zikuda (2010) wird durch den Einsatz von Portfolios der Anspruch verfolgt, die Lernenden an ihren Lernprozessen stärker zu beteiligen, z.B. bei der Planung, Gestaltung und Beurteilung, sowie eine Kommunikation darüber entstehen zu lassen. Somit würde eine Grundlage für das eigene Lernen gelegt werden. Neben der Dokumentation steht gleichfalls eine Reflexion der Lern- und Arbeitsergebnisse im Fokus. Diese erworbenen Fähigkeiten bilden eine Grundlage für das lebenslangen Lernen der Schüler*innen (Gläser-Zikuda, 2010).

Folgende didaktische Ziele stehen nach Volkwein (2010) im Mittelpunkt:

- Selbstständigkeit und Eigenverantwortlichkeit im Lernhandeln, z.B. Themenwahl und Organisation
- Personalisierung und Individualisierung, z.B. Berücksichtigung von Lernstilen
- Partizipation und Kooperation, z.B. Mitbestimmung in der Planung und Durchführung von Unterricht

Idealerweise erhalten die Schüler*innen vor dem Übergang ein Produkt, auf welches sie stolz sein können (Winter, 2008). Portfolios sind aber nicht nur produktorientiert, denn ein qualitativ gutes Produkt setzt auch einen qualitativ wertvollen Prozess voraus (Häcker, 2008a). Des Weiteren fokussiert sich die Portfolioarbeit – im Gegensatz zu vielen anderen Unterrichtskonzepten – nicht auf die Defizite der Schüler*innen, sondern auf deren Kompetenzen. Somit wird eine testorientierte Leistungsbestimmung durch eine selbstbestimmte Leistungsdarstellung ergänzt. Um ein gutes Portfolio zu erhalten sind Rückmeldungen von anderen Schüler*innen und/oder Lehrkräften notwendig, wodurch die Kooperation in der Schule gefördert wird (Häcker, 2008a). Durch die Portfolioarbeit wird zudem das Lernen zu lernen sowie sich verschiedene Lernmethoden anzueignen gefördert. Da Portfolios außerdem viele Informationen über das Lehr-Lern-Arrangement enthalten, können sie zu einer Verbesserung des Unterrichts genutzt werden (Häcker, 2008a).

2.2.3 Rahmenbedingungen

Zur Sicherung lernbiographischer Anschlüsse sind begleitende Dokumentationen wie Portfolios oder Lerntagebücher, die gleichermaßen zu Lerngesprächen genutzt werden, unerlässlich (Beutel, 2013). In der Zusammenarbeit mit den Lehrkräften sollten allerdings folgende Fragen geklärt werden (adaptiert von Hesse & Latzko, 2017):

- Was soll gesammelt werden (Zielsetzung des Portfolios)?
- Was ist ein günstiger Aufbau, eine günstige Struktur und in welcher Abfolge soll dies dokumentiert werden?

- Wer sammelt und wie?
- Wie soll es geordnet und aufbewahrt werden?

Die Inhalte des Portfolios sind keine zufällige Ansammlung, sondern originale Arbeitsergebnisse, die eine Bedeutung für die Schüler*innen darstellen (Pieler, 2010). Es werden Arbeiten ausgewählt, die die Lernentwicklung des Lernenden im jeweiligen Kompetenzbereich zeigen. Dazu ist es sinnvoll, den Schüler*innen regelmäßig Zeit zum Ordnen, Vervollständigen und Sortieren zu geben (Pieler, 2010). Zudem sollte es Zeitpunkte geben, in denen die Portfolios gewürdigt und besprochen werden können, beispielsweise mit Mitschüler*innen, Lehrkräften und/oder Eltern Winter (2008).

Wichtig ist es ein diagnostisches Instrument zu entwickeln, welches nicht nur am Ende der Grundschulzeit punktuell einen oder wenige Indikatoren misst. Es sollte zusätzlich die Lernbiographien der Schüler*innen kontinuierlich begleiten und dokumentieren, idealweiser auch über den Schul(stufen) wechsel hinaus (van Ophuysen & Harazd, 2014).

Vor allem in der Anfangsphase ist es wichtig, die Lernenden zu begleiten und zu beraten. Rückmeldung und Anerkennung sind besonders wichtig für den Aufwand, den sich die Lernenden mit den Portfolios machen (Winter, 2008). Zu beachten ist, dass es zu Schwierigkeiten und Ermüdung kommen kann, wenn der Unterricht, die Lerngestaltung und die anderen diagnostischen Instrumentarien nicht zur Portfolioarbeit passen und das Portfolio zusätzlich aufgesetzt wird, anstatt mit ihm integrativ zu arbeiten (Hesse & Latzko, 2017).

2.2.4 Talentportfolio

Eine Möglichkeit ein Übergangsportfolio zu implementieren ist, sich am Talentportfolio von Renzulli zu orientieren. Dieses ist als Teil seines Programms „Schoolwide Enrichment Model“ (SEM) mittlerweile an tausenden Schulen in den USA implementiert und verbreitet sich gleichermaßen international (Renzulli & Reis Renzulli, 2010). Die (Talent-)Portfolios haben dabei einen gleichen Stellenwert wie formale Tests. Im Zentrum des Talentportfolios stehen die Interessen, Stärken und Talente der Schüler*innen. Grundlage eines Talentportfolios ist die Annahme, dass alle Schüler*innen ihre jeweiligen Talente und Interessen sowie ihre Lerntypen kennen sollten (Renzulli, 1997). Durch die Arbeit mit den Talentportfolios sollen darüber hinaus auch Talente entdeckt werden, die durch die gängigen Tests vermutlich verborgen bleiben würden. Es kann so ein vollständigeres Bild der Schüler*innen entstehen (Renzulli, 1997).

Es wird davon ausgegangen, dass die Schüler*innen einen größeren Lernzuwachs haben, wenn sie sich mit den von ihnen zu mindestens teilweise gewählten Themen auseinandersetzen können. Hinzu kommt auch die Wahl, in welcher sozialen Konstellation sie arbeiten möchten, ob alleine, mit einer/m Partner*in oder in einer kleinen Gruppe. Diese Entscheidungen dürfen sie in anderen Lernsettings oft nicht alleine treffen, sondern werden von der Lehrkraft vorgegeben (Renzulli, 1997). Ebenso können unterschiedlichen Denk- und Ausdrucksstile zum Ausdruck kommen.

Darüber hinaus ist es wichtig, dass die Schüler*innen das Management ihres Portfolios Schritt für Schritt selbst übernehmen (Renzulli, 1997). Neben den grundsätzlichen Aufgaben (Informationen sammeln, Sortieren/Kategorisieren, Analysieren und Reflektieren) nennt Renzulli (1997) das Aushandeln von Lernangeboten mit den Lehrkräften sowie das Nutzen von Informationen für ihre eigene persönliche Entwicklung und in Gesprächen mit den Eltern. Diese Informationen werden systematisch in einer Mappe gesammelt und stellen somit die Talente und Interessen der Schüler*innen dar. Wie auch bei den anderen Portfolios muss Zeit für die Bearbeitung gefunden und idealerweise auch außerschulische Lernorte genutzt werden (Schelbert, 2008). Positiv auf die Motivation und das Selbstbild der Schüler*innen kann sich auswirken, dass sie eine Selbstwirksamkeit und Kontrolle über ihr Lernen erfahren (Eisenbart et al., 2010).

Des Weiteren stellt Renzulli in dem SEM-Programm dar, welche verschiedenen Typen des Enrichments in Schulen verwendet werden können.

Er folgt dabei vier Prinzipien (Renzulli & Reis Renzulli, 2010):

1. Jede*r Lernende ist einzigartig und hat somit unterschiedliche Fähigkeiten, Lernstile und Interessen.
2. Lernen ist umso effektiver, je mehr die/der Lernende Freude hat, an dem was sie/er lernt.
3. Lernen ist erfolgreicher, wenn reale und gegenwärtige Probleme und Fragestellungen berücksichtigt werden und diese eine persönliche Relevanz für die/den Lernenden haben.
4. Perspektivisch sollten wenig formale Instruktionen gegeben werden.

Sein großes Ziel ist letztlich „to replace dependent and passive learning with independence and engaged learning“ (Renzulli & Reis Renzulli, 2010, S. 149). Mittlerweile gibt es auch eine Möglichkeit das Talentportfolio im Bereich des digitalen Lernens mittels „Renzulli Learning“ einzusetzen (Renzulli & Reis Renzulli, 2010). Denkbar ist es zusätzlich in den Portfolios sogenannte „Ich kann"-Karten zu integrieren, die differenziert den Lernstandes des Kindes abbilden (genaueres zu den Karten siehe Pieler & Wenzel, 2013).

3 LemaS -Teilprojekt 3

Von den insgesamt im Gesamtprojekt „Leistung macht Schule" (LemaS) deutschlandweit 300 teilnehmenden Schulen nehmen 52 Schulen am Teilprojekt 3 (TP3) teil (LemaS, 2019a, 2019b). Bei der Zuordnung zu den Teilprojekten wurden die individuellen Wünsche und Schwerpunkte der Schulen berücksichtigt. Für die Auswahl der Schulen zur Teilnahme am LemaS-Projekt waren ausschließlich die Bundesländer verantwortlich.

Im Folgenden wird das Teilprojekt 3 des LemaS-Projektes vorgestellt. Dazu werden die Ziele des Teilprojektes dargestellt, eine Standortverortung vorgenommen und schließlich die Stichprobe dargestellt.

3.1 Ziele des Teilprojektes 3

„Das Teilprojekt 3 entwickelt mit den Lehrpersonen des Primar- und Sekundarbereichs in den MINT-Fächern spezifische Diagnose- und Förderkonzepte für eine adaptierte Gestaltung der Übergänge (Kita-Grundschule, Grundschule-Weiterführende Schule) von (potenziell) leistungsstarken Schülerinnen und Schülern" (LemaS, 2019a, o. S.). Dabei spielt „die Berücksichtigung der individuellen Lernpotenziale und -bedarfe, der inhaltlichen und organisatorischen Besonderheiten des jeweiligen Fachunterrichts und der entsprechenden lernförderlichen Einflussfaktoren" (LemaS, 2019a, o. S.) eine zentrale Rolle.

Ziel ist die Entwicklung von Diagnose- und Förderkonzepten, „die von Lehrpersonen in der täglichen Unterrichtspraxis effektiv genutzt und zugleich flexibel an den jeweiligen Kontext angepasst werden können" (LemaS, 2019a, o. S.). Die prozessbezogene Diagnostik soll dabei neben der fachlichen Kompetenz auch „auf fachbezogene Interessen, Fähigkeiten und Fertigkeiten gerichtet [sein] und [berücksichtigt] lernförderliche bzw. -hemmende intra- und interpersonale Einflussfaktoren" (LemaS, 2019a, o. S.).

Der Prozess des Teilprojektes 3 ist in Abbildung 1 dargestellt. Zunächst werden die Rahmenbedingungen an den Schulen erfasst und im Austausch mit den Schulen gemeinsame Konzepte entwickelt. Diese werden dann gemeinsam mit den Lehrkräften an den jeweiligen Schulen unter wissenschaftlicher Begleitung erprobt. Die Erprobung wird analysiert, evaluiert und die Konzepte dann optimiert. Im Anschluss daran werden die Konzepte verifiziert und dokumentiert. Schließlich kommt es zu einer Aufbereitung der Erfahrungen für die Dissemination (LemaS, 2019a).

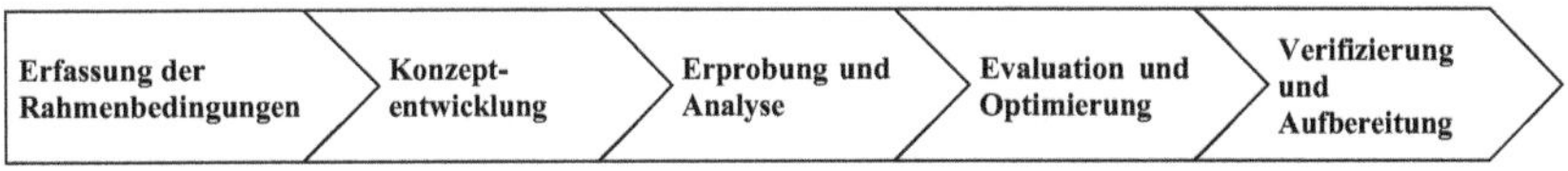

Abb. 1: Prozess des Teilprojektes 3 (eigene Darstellung nach LemaS (2019a))

Wichtig ist zu berücksichtigen, welche Ansätze von Kooperationen zwischen Grund- und weiterführenden Schulen bereits vorhanden sind und wie diese weitergeführt und ausgebaut werden können. Es sollten Kriterien vereinbart werden wie z.B. eine verbindliche Kooperation von abnehmenden und aufnehmenden Schulen, Abstimmung der Schulen über Kompetenzerwartungen und Konzepte, Aufbau einer Dokumentationsstruktur, Etablierung von Beratungsgesprächen für Eltern sowie einen gegenseitigen Informationsaustausch und Aufbau einer Feedbackkultur (Sartory et al., 2013). Dabei besteht die Herausforderung, dass die Grundschule nicht nur als Zulieferer von den weiterführenden Schulen, das erlernte Wissen nur auf Brauchbarkeit in der weiterführenden Schule gesehen wird (Sartory et al., 2013). Stattdessen sollten sie Bedeutung des Lernens dadurch stärker wahrnehmen. Zudem stellt sich die Frage, welche Unterstützungsmöglichkeiten die Lehrkräfte benötigen, um den Übergang als positive Lernerfahrung zu gestalten und welche Unterstützung die Kinder benötigen (Beutel, 2013).

3.2 Standortverortung

Das Teilprojekt 3 wird von drei universitären Standorten aus betreut: Westfälische Wilhelms-Universität Münster, Freie Universität Berlin (FU Berlin) und Humboldt-Universität zu Berlin (HU Berlin). Jeder Standort ist dabei für eine andere Kombination aus Art des Übergangs und Unterrichtsschwerpunkt verantwortlich. Die Zuordnung kann Tabelle 1 entnommen werden.

Tabelle 1: Übersicht über die universitäreren Standorte des Teilprojektes 3 (eigene Darstellung)

		Übergang	
		Kita → Grundschule	**Grundschule → weiterführende Schule**
Unterrichtsschwerpunkt	Mathematikunterricht	Westfälische Wilhelms-Universität Münster	
	Sachunterricht / naturwissenschaftlicher Fachunterricht	Freie Universität Berlin	Humboldt-Universität zu Berlin

3.3 Stichprobe

Innerhalb des Teilprojektes 3 wurden die 25 teilnehmenden Schulen mit Primarstufe und 27 weiterführende Schulen aus allen 16 Bundesländern entsprechend ihrer Wünsche auf die drei universitären Betreuungsstandorte aufgeteilt (LemaS, 2019a). Die Humboldt-Universität zu Berlin betreut davon zwölf Schulen aus acht Bundesländer.

4 Das Teilprojekt 3 an der Humboldt-Universität zu Berlin

An der Humboldt-Universität zu Berlin ist der Übergang von der Grundschule zur weiterführenden Schule mit dem Schwerpunkt vom Sachunterricht in den Biologie- bzw. naturwissenschaftlichen Fachunterricht verortet. Ziel ist es, gemeinsam mit den Lehrkräften des Primar- und Sekundarbereichs spezifische Diagnose- und Förderkonzepte für eine adaptierte Gestaltung der Übergänge von (potentiell) leistungsstarken Schüler*innen im regulären Sach- bzw. Biologie-/naturwissenschaftlichen Fachunterricht zu entwickeln. Das Diagnostizieren gehört zu den Kernaufgaben von Lehrkräften und setzt das Erlernen dieser Kompetenz in der Ausbildung voraus (Kultusministerkonferenz [KMK], 2004).

4.1 Der Übergang zwischen der Grund- und weiterführenden Schule

Gegen Ende der Grundschullaufbahn steht die Entscheidung über die weitere Schullaufbahn an. Der Übergang erfolgt entsprechend der im jeweiligen Bundesland verfügbaren Schultypen, der Grundschulempfehlung und deren Gewichtung mit dem Elternwillen (Kleine, 2010). Neben der Übergangsempfehlung und der Bildungsaspiration der Eltern spielt die Gestaltung des Übergangs der beteiligten Lehrkräfte eine wichtige Rolle (Rau-Patschke & Brüggerhoff, 2019).

4.1.1 Besonderheit Übergang Grundschule zur weiterführenden Schule

Eine Besonderheit an dem Übergang von der Grundschule zur weiterführenden Schule ist, dass am erfolgreichen Gelingen des Übergangs gleich mehrere Schulstufen und Schulformen beteiligt sind (van Ophuysen & Harazd, 2014). Aus fachdidaktischer Perspektive sollten vor allem Brüche in der Wissensgenese vermieden werden und möglichst ein kontinuierlicher Wissensaufbau erfolgen (Hempel, 2010). Wenn das in der Grundschule erworbene Wissen nicht mit dem in der weiterführenden Schule Erlernten in Verbindung gebracht werden kann, wird es getrennt voneinander abgespeichert. Es entstehen Brüche im Wissensaufbau, die das Lernen weniger effektiv machen und sich auf die Qualität des gespeicherten Wissens auswirken (Hempel, 2010). Im vorliegenden Forschungsvorhaben wird durch den Einsatz von Portfolios und Forschungstagen versucht, diese starken Brüche zu minimieren (siehe Kapitel 4.3).

4.1.2 Besonderheiten beim Übergang im Sachunterricht

Der Übergang von der Primar- zur Sekundarstufe wurde bisher – insbesondere in den einzelnen Fachdidaktiken – noch nicht ausreichend beforscht (Hempel, 2010; Rau-Patschke & Brüggerhoff, 2019). Vor allem der Sachunterricht nimmt bei der Betrachtung der Übergänge im Gegensatz zu vielen anderen Kernfächern derzeit noch eine untergeordnete Rolle ein (Rau-Patschke & Brüggerhoff, 2019). Insbesondere die Hauptfächer Deutsch, Mathematik und Englisch sowie der Übergang in diesen Fächern sind deutlich differenzierter untersucht (Rau-Patschke et al., 2018). Im Sachunterricht findet beim Übergang ein Wechsel von einem Fach in üblicherweise sieben unterschiedliche Fächer statt. Es verändern sich somit nicht nur die Räumlichkeiten, sondern auch das Denken wird von einer lebensweltlichen Betrachtung hin zum Denken in Fachstrukturen, damit verbunden der Wechsel vom Klassen- zur Fachlehrkraft sowie unterschiedliche Methoden, verändert. Zudem steigen an den meisten weiterführenden Schulen das Leistungsniveau und die Schüler*innen sind mit neuen Lehrkräften konfrontiert, die unter Umständen auch eigene Lehrstile sowie Fachkulturen mit sich bringen (Demuth & Kahlert, 2006, zit. nach Rau-Patschke et al., 2018; van Ophuysen, 2018). Im Bereich des Sachunterrichts sind die Lehrpläne der Bundesländer vergleichsweise homogen, während die Lehrpläne im Sekundarbereich durch die Unterteilung immer vielschichtiger werden (Möller, 2014).

4.1.3 Gestaltungsmöglichkeiten für einen gelungenen Übergang

In den Schulen werden bereits viele verschiedene Maßnahmen im Bereich des Übergangs umgesetzt wie z.B. ein Abschlussfest der Klassen, Stufenwechsel als Unterrichtsthema oder Informationsveranstaltungen (van Ophuysen, 2005). Maßnahmen, die stufenübergreifend oder sogar schulübergreifend stattfinden, werden zwar oftmals als hoch relevant eingeschätzt, insbesondere wenn diese es ermöglichen, Informationen auszutauschen, Brüche zu erkennen und Maßnahmen zu entwickeln, die den Schüler*innen helfen (van Ophuysen & Harazd, 2014). In der Realität finden sie aber oftmals aus Zeit- oder organisatorischen Gründen nicht statt (van Ophuysen & Harazd, 2014). Zugleich ist jedoch bekannt, dass gemeinsame Gestaltungsmaßnahmen der Grund- und weiterführenden Schulen sich durchaus lohnen: Die Schüler*innen zeigten signifikant weniger Besorgnis hinsichtlich des Übergangs als die Schüler*innen, die an keiner Gestaltungsmaßnahme teilnahmen (Harazd & van Ophuysen, 2006, zit. nach van Ophuysen & Harazd, 2011).

In der Regel ist es der Fall, dass jede Grundschule Verbindungen zu mehreren weiterführenden Schulen hat und umgekehrt die weiterführenden Schulen Schüler*innen aus unterschiedlichen Grundschulen aufnehmen. Koop und Steenbuck (2011) fassen als wesentliche Gelingensbedingungen sowohl den Informationsaustausch als auch die Kooperation zwischen den Institutionen zusammen. Dabei bedarf es fester Kommunikationsstrukturen zwischen den Beteiligten, insbesondere in Bezug auf die individuelle Lernentwicklung sowie Persönlichkeit des Kindes. Aber auch der methodische Umgang mit den Lerninhalten sowie soziale Kompetenzen sollen berücksichtigt werden. Gegenseitige individuelle Entwicklungsberichte von Schüler*innen können ein Instrument sein, um sich gegenseitig über pädagogische Konzepte und Organisationsformen zu informieren (Koop & Steenbuck, 2011).

4.2 Vorgehen

In der ersten Phase des Projektes erfolgte bereits eine Bestandsaufnahme in den Schulen. Dazu wurden bei den ersten Schulbesuchen erste Kennenlerngespräche mit einzelnen Vertreter*innen der Schulen geführt, um die einzelnen Ausgangssituationen sowie die bisherigen Erfahrungen in Bezug auf den Übergang der Schulen kennenzulernen und um zu erfahren, wie sie sich eine Verbesserung des Übergangs bzw. ein Diagnostiktool vorstellen würden. Diese Ideen wurden gesammelt. Die Schulen erhielten im Anschluss noch die Möglichkeit weitere Themen zu ergänzen. In der Folgezeit konnten die Schulen wählen, an welchen Themen sie schwerpunktmäßig arbeiten möchten. Letztlich haben sich für das Forschungsvorhaben zwei Schwerpunktthemen herausgebildet: die Erarbeitung eines Übergangsportfolios und die Entwicklung von Forschungstagen. Dabei konnten auch Wünsche und Bedarfe der Schulen geäußert werden. Parallel erfolgten Literaturanalysen.

Gemeinsam mit dem Schulen sollen nun gemeinsame Kriterien für die beiden parallel verfolgten Ansätze in einem Workshop auf der jährlichen LemaS-Tagung erarbeitet werden. Gegebenenfalls werden zur Ergänzung noch weitere leitfadengestützte Interviews mit den Lehrkräften durchgeführt. Die daraus resultierenden Konzepte werden von den Schulen unter wissenschaftlicher Begleitung mittels leitfadengestützter Interviews, Hospitationen, Beobachtungen, gemeinsamen Feedbacks sowie ggf. Videodokumentationen getestet. Die Erprobung wird dann analysiert und evaluiert sowie die Konzepte optimiert und verifiziert bevor schließlich die Dissemination erfolgt. Aus fachdidaktisch-wissenschaftlicher Sicht sind insbesondere die Dokumentation der Hürden bei der Implementation und die Weiterentwicklung von großem Interesse.

4.3 Vorgesehene Methodik

Durch die Arbeit mit Übergangsportfolios und Forschungstagen soll neben der Talenterkennung und -förderung auch der Aspekt der Anerkennung der Lehrkräfte gegenüber den Schüler*innen betrachtet werden. Dazu ist es wichtig zu beachten, sowohl der Gleichheit als auch den Differenzen zwischen den Schüler*innen anerkennend gegenüber zu stehen (Prengel, 2002). Die Schüler*innen müssen als eigenverantwortliche Subjekte anerkennt werden, die sich vor dem Hintergrund ihrer eigenen Lebensgeschichte und ihrer Lebenssituation verhalten (Schäffter, 2009). Die Kultusministerkonferenz betont, dass die Schüler*innen fühlen sollten, dass die Lehrkräfte „ein Herz" (Kultusministerkonferenz [KMK], 2000) für sie haben und ihnen Anerkennung sowie Interesse entgegen bringen sollen. Dementsprechend müssen die Lehrkräfte ihre Schüler*innen fördern, fordern und motivieren, ohne sie zu überfordern. Die Lehrkräfte der Grundschulen des Teilprojektes sollen Informationen über die Begabungen, Talente und Stärken der Schüler*innen erheben und dokumentieren, die den Lehrkräften aus der weiterführenden Schule dann zur Verfügung stehen.

Wie in Abschnitt 4.2 beschrieben, werden die inhaltlichen Schwerpunkte auf den Einsatz eines Übergangsportfolios sowie die Implementierung von Forschungstagen gelegt.

4.3.1 Übergangsportfolio

Die wesentlichen theoretischen Grundlagen für ein Übergangsportfolio sind in Kapitel 2.2 beschrieben. Die konkrete Ausgestaltung der Portfolios und in welchen konkreten Schritten die Umsetzung erfolgt, soll mit den Schulen im Rahmen eines Workshops auf der jährlichen LemaS-Tagung erarbeitet werden. Hierbei werden die verschiedenen Wünsche und Erwartungen, sowie die in Teilen bereits vorhandenen Praxiserfahrungen einzelner Schulen berücksichtigt.

Neben der „offline"-Variante gibt es grundsätzlich auch die Möglichkeit, digitale Portfolios zu erstellen. Dort wäre es leichter möglich auch z.B. Filme, Videos o.Ä. zu integrieren. Gleichermaßen ein Austausch der Portfolios über die eigene Klasse hinweg wäre denkbar. Aufgrund der aktuellen Situation an den Schulen – insbesondere keine ausreichende Computerausstattung sowie keine ausreichende Internetverbindung an den Grundschulen – wurde diese

Idee zunächst in den Hintergrund gestellt. Es lohnt sich aber dieser Idee nachzugehen, sobald die passende Infrastruktur an den Schulen vorhanden ist.

4.3.2 Forschungstage

Auf Wunsch der Schulen – insbesondere der weiterführenden Schulen – wird die Idee der Forschungstage umgesetzt. Ziel ist es, dass an den weiterführenden Schulen mit den Schüler*innen ein Angebot zu naturwissenschaftlichen Themen und Phänomenen erarbeitet wird, welches sie dann den Grundschüler*innen präsentieren und mit ihnen durchführen. Die potentiellen neuen Schüler*innen lernen somit nicht nur den Ort, sondern zugleich Schüler*innen sowie ggf. Lehrkräfte der potentiellen neuen Schule kennen. Durch diese Begegnung können Fremdheit und Ängste abgebaut werden (Lassek, 2013). Möglicherweise können Begabungen hierbei außerhalb eines klassischen Unterrichtsettings erkannt werden. Dies betrifft sowohl die potentiell neuen als auch die aktuellen Schüler*innen der weiterführenden Schule. Durch das Erklären, Aufbereiten und die Form des Peer-Teaching können die Schüler*innen der weiterführenden Schule ebenfalls neue Perspektiven erleben und die naturwissenschaftlichen Themen neu erlernen. Idealerweise wird bei den Schüler*innen das Interesse, die Neugier und der Forschungsdrang für naturwissenschaftliche Themen geweckt.

Denkbar wäre es zum Beispiel, Stationenbetriebe zum Erwerb naturwissenschaftlich-technischer Vorerfahrungen zu gestalten (Köster, 2006). Dabei können an unterschiedlichen Orten im Klassenraum einzelne Stationen mit ausgewählten Materialien zu verschiedenen Themen aufgebaut werden. Die einzelnen Themen werden mit den Schüler*innen der weiterführenden Schule besprochen. Die konkrete Ausgestaltung und verbindliche Kriterien werden noch im Projektverlauf mit den Schulen erarbeitet.

5 Diskussion und Ausblick

Das bundesweite Projekt „Leistung macht Schule“ (LemaS) beschäftigt sich mit der Förderung von (potenziell) leistungsstarken Schüler*innen. Insgesamt nehmen in 22 Teilprojekten 300 Schulen der verschiedenen Schultypen aus allen Bundesländern teil. Das Teilprojekt 3 mit dem Titel „Entwicklung von Diagnose- und Förderkonzepten für eine adaptierte Gestaltung der Übergänge (Kita-Grundschule, Grundschule-Weiterführende Schule) von leistungsstarken und potenziell besonders leistungsfähigen Kindern im Regelunterricht der MINT-Fächer“ beschäftigt sich mit dem Übergang von der Kita in die

Grundschule bzw. von der Grund- in die weiterführende Schule in Bezug auf die mathematischen und naturwissenschaftlichen Fächer sowie den Sachunterricht. Es wird von drei universitären Standorten betreut. Das Team an der Humboldt-Universität zu Berlin forscht und erarbeitet gemeinsam mit den Schulen den bisher kaum beachteten Übergang von der Grund- zur weiterführenden Schule mit Fokus auf den Übergang vom Sachunterricht zum naturwissenschaftlichen Fachunterricht.

Nach der Durchführung der Schulbesuche lässt sich sagen, dass die Entwicklung und Implementation von Portfolios und Forschungstagen gemeinsam mit den Schulen im Mittelpunkt der von der Humboldt-Universität zu Berlin betreuten Gruppe im Teilprojekt 3 liegt. Um diese Ansätze umzusetzen bedarf es einen Unterricht, der nicht nur Fakten vermittelt, sondern gleichfalls die naturwissenschaftliche Wissenschaft und Problemlösestrategien vermitteln möchte. Dies setzt einen Unterricht voraus, indem Kinder ihre Stärken entdecken und demnach gefördert werden können (Wottle, 2012).

Der nächste Schritt ist die konkrete Ausgestaltung und Umsetzung der Konzepte, welche dann begleitend analysiert, evaluiert sowie optimiert und verifiziert wird, bevor schließlich die Dissemination erfolgt. Neben den positiven Erkenntnissen sind aus fachdidaktisch- wissenschaftlicher Sicht insbesondere die Hürden bei der Implementation und die Weiterentwicklung von großem Interesse. So soll sichergestellt werden, dass die Konzepte möglichst gut in der Breite anwendbar sind.

Hinsichtlich der Erstellung von digitalen Portfolios lässt sich festhalten, dass diese auf Grund unzureichender infrastruktureller Voraussetzungen derzeit nicht wie gewünscht sinnvoll umsetzbar sind. Sobald die Voraussetzungen geschaffen wurden, sollte dem aber nachgegangen werden.

Literaturverzeichnis

Beutel, S.-I. (2013). Übergang in die Sekundarstufe I: Einleitung: Chancen wahren, den Wechsel miteinander gestalten Eltern beraten – von der Grundschule ins gegliederte Schulwesen. In G. Bellenberg & M. Forell (Hg.), *Bildungsübergänge gestalten: Ein Dialog zwischen Wissenschaft und Praxis* (S. 103–105). Waxmann.

Eisenbart, U., Schelbert, B. & Stokar-Bischofberger, E. (2010). *Stärken entdecken – erfassen – entwickeln: Das Talentportfolio in der Schule* (3. Aufl.). *Impulse zur Unterrichtsentwicklung.* Schulverlag Plus.

Faust, G. (2008). Übergänge gestalten – Übergänge bewältigen: Zum Übergang vom Kindergarten in die Grundschule, 225–240. https://www.uni-bamberg.de/fileadmin/uni/fakultaeten/ppp_lehrstuehle/grundschulpaedagogik/veroeffentlichungen/Uebergang_Kiga-GS_final.pdf

Fischer, C. (2018). Individuelle Förderung im Umgang mit Vielfalt: Herausforderungen für den Übergang von der Grundschule auf die weiterführende Schule. In R. Porsch (Hg.), *utb: Bd. 5044. Der Übergang von der Grundschule auf weiterführende Schulen: Grundlagen für die Lehrerausbildung, Fortbildung und Praxis* (S. 165–186). Waxmann.

Fthenakis, W. E., Daut, M., Eitel, A., Schmitt, A. & Wendell, A. (2009). *Portfolios im Elementarbereich. Natur-Wissen schaffen Portfolios im Elementarbereich: Bd. 6*. Bildungsverlag Eins.

Gläser-Zikuda, M. (Hg.). (2010). *Erziehungswissenschaft: Bd. 27. Lerntagebuch und Portfolio aus empirischer Sicht*. Empirische Pädagogik.

Griebel, W. & Niesel, R. (2005). *Die Bewältigung von Übergängen zwischen Familie und Bildungseinrichtungen als Co-Konstruktion aller Beteiligten*. https://kindergartenpaedagogik.de/fachartikel/gestaltung-von-uebergaengen/uebergang-von-der-familie-in-die-tagesbetreuung/1220

Griebel, W. & Niesel, R. (2017). *Übergänge verstehen und begleiten: Transitionen in der Bildungslaufbahn von Kindern* (4. Auflage). Cornelsen.

Häcker, T. (2008a). Ein Medium des Wandels in der Lernkultur. In T. Häcker & F. Winter (Hg.), *Das Handbuch Portfolioarbeit: Konzepte, Anregungen, Erfahrungen aus Schule und Lehrerbildung* (2. Aufl., S. 15–18). Kallmeyer.

Häcker, T. (2008b). Wurzeln der Portfolioarbeit: Woraus das Konzept erwachsen ist. In T. Häcker & F. Winter (Hg.), *Das Handbuch Portfolioarbeit: Konzepte, Anregungen, Erfahrungen aus Schule und Lehrerbildung* (2. Aufl., S. 27–32). Kallmeyer.

Hempel, M. (2010). Zur Anschlussfähigkeit der Sachfächer an den Sachunterricht- eine Erkundungsstudie. In H. Giest & D. Pech (Hg.), *Probleme und Perspektiven des Sachunterrichts: Bd. 20. Anschlussfähige Bildung im Sachunterricht* (S. 75–82). Klinkhardt.

Hesse, I. & Latzko, B. (2017). *Diagnostik für Lehrkräfte* (3. Aufl.). *Pädagogik: Bd. 3088*. Verlag Barbara Budrich. http://bvbr.bib-bvb.de:8991/F?func=service&doc_library=BVB01&local_base=BVB01&doc_number=029344484&sequence=000003&line_number=0002&func_code=DB_RECORDS&service_type=MEDIA

Kaiser, A. & Lange, J. (2010). Übergangsprobleme von der Grundschule in die Sekundarstufe I aus der Perspektive von Kindern. Eine empirische Fallstudie. In H. Giest & D. Pech (Hg.), *Probleme und Perspektiven des*

Sachunterrichts: Bd. 20. Anschlussfähige Bildung im Sachunterricht (S. 83–90). Klinkhardt.

Käpnick, F. (2014). *Mathematiklernen in der Grundschule. Mathematik Primarstufe und Sekundarstufe I + II*. Springer. http://dx.doi.org/10.1007/978-3-642-37962-8 https://doi.org/10.1007/978-3-642-37962-8

Kleine, L. (2010). Auswirkungen institutioneller Rahmenbedingungen auf das Bildungsstreben der Eltern und die Bedeutung der Lehrerempfehlung. *Journal for educational research online 2*, 72–93.

Knoppick, H., Becker, M., Neumann, M., Maaz, K. & Baumert, J. (2016). Das subjektive Erleben des Übergangs in die weiterführende Schule. Die Bedeutung der Antizipation für die Bewältigung dieses kritischen Lebensereignisses. *Zeitschrift für Entwicklungspsychologie und pädagogische Psychologie, 48*(3), 129–143.

Koop, C. & Steenbuck, O. (2011). Herausforderung Übergänge – Bildung für hochbegabte Kinder und Jugendliche gestalten. *Karg-Hefte. Beiträge zur Begabtenförderung und Begabtenforschung*(1), 6–11.

Köster, H. (2006). Freies Explorieren mit naturwissenschaftlich-technischen Phänomenen im Sachunterricht. In G. Lück & H. Köster (Hg.), *Sachunterricht konkret. Physik und Chemie im Sachunterricht*. Klinkhardt [u.a.]; Westermann.

Kultusministerkonferenz. (2000). *Aufgaben von Lehrerinnen und Lehrern heute – Fachleute für das Lernen – Beschluss der Kultusministerkonferenz vom 05.10.2000: Gemeinsame Erklärung des Präsidenten der Kultusministerkonferenz und der Vorsitzenden der Bildungs- und Lehrergewerkschaften sowie ihrer Spitzenorganisationen Deutscher Gewerkschaftsbund DGB und DBB – Beamtenbund und Tarifunion.*

Kultusministerkonferenz. (2004). *Standards für die Lehrerbildung: Bildungswissenschaften: Beschluss der Kultusministerkonferenz vom 16.12.2004 i.d.F. vom 16.05.2019.*

Kultusministerkonferenz. (2009). *Grundsatzposition der Länder zur begabungsgerechten Förderung – Beschluss der Kultusministerkonferenz vom 10.12.2009.*

Kultusministerkonferenz. (2015a). *Förderstrategie für leistungsstarke Schülerinnen und Schüler – Beschluss der Kultusministerkonferenz vom 11.06.2015.*

Kultusministerkonferenz. (2015b). *Übergang von der Grundschule in Schulen des Sekundarbereiches I und Förderung, Beobachtung und Orientierung in den Jahrgangsstufen 5 und 6 (sog. Orientierungsstufen): Informationsschrift des Sekretariats der Kultusministerkonferenz.*

Kurtz, T., Watermann, R., Klingbiel, F. & Szczesny, M. (2010). Das emotionale Erleben des bevorstehenden Grundschulübergangs und die Rolle der elterlichen Unterstüzung. In K. Maaz, J. Baumert, C. Gresch & N. McElvany (Hg.), *Bildung: Bd. 34. Der Übergang von der Grundschule in die weiterführende Schule: Leistungsgerechtigkeit und regionale, soziale und ethnisch-kulturelle Disparitäten* (S. 331–353). Bundesministerium für Bildung und Forschung (BMBF) Referat Bildungsforschung.

Lassek, M. (2013). Gestaltung des Übergangs von der Primarstufe in die Sekundarstufe. In G. Bellenberg & M. Forell (Hg.), *Bildungsübergänge gestalten: Ein Dialog zwischen Wissenschaft und Praxis* (S. 139–146). Waxmann.

LemaS. (2019a). *Teilprojekt 3: Entwicklung von Diagnose- und Förderkonzepten für eine adaptierte Gestaltung der Übergänge (Kita-Grundschule, Grundschule-Weiterführende Schule) von leistungsstarken und potenziell besonders leistungsfähigen Kindern im Regelunterricht der MINT-Fächer.* https://www.lemas-forschung.de/projekte/teilprojekt-3

LemaS. (2019b). *Vorgehen des Forschungsverbunds LemaS.* https://www.lemas-forschung.de/forschungsverbund/vorgehensweise

Möller, K. (2014). Vom naturwissenschaftlichen Sachunterricht zum Fachunterricht – Der Übergang von der Grundschule in die weiterführende Schule. *Zeitschrift für Didaktik der Naturwissenschaften, 20*(1), 33–43. https://doi.org/10.1007/s40573-014-0010-8

Pieler, M. (Hg.). (2010). *Bildungsregion Berlin-Brandenburg. Bausteine für eine Lernentwicklungsdokumentation (Portfolio).* Landesinstitut für Schule und Medien in Berlin-Brandenburg.

Pieler, M. & Wenzel, C. (2013). *Das beweist, dass ich was geschafft habe: Beispiele für die Organisation individueller Lernwege in der Schulanfangsphase. Unterrichtsentwicklung.* Landesinstitut für Schule und Medien Berlin-Brandenburg (LISUM).

Prengel, A. (2002). „Ohne Angst verschieden sein?" – Mehrperspektivische Anerkennung von Schulleistungen in einer Pädagogik der Vielfalt. In B. Hafeneger (Hg.), *Reihe Politik und Bildung: Bd. 27. Pädagogik der Anerkennung: Grundlagen, Konzepte, Praxisfelder* (S. 203–221). Wochenschau-Verlag.

Rau-Patschke, S. & Brüggerhoff, J. (2019). Fachspezifische und überfachliche Gestaltungsmaßnahmen für den Übergang vom Sachunterricht der Primarstufe zum Fachunterricht der Sekundarstufe. In C. Donie, F. Foerster & M. Obermayr (Hg.), *Jahrbuch Grundschulforschung: Band 23. Grundschulpädagogik zwischen Wissenschaft und Transfer* (S. 408–414). Springer VS.

Rau-Patschke, S., Gryl, I., Rumann, S., Bernhard, M., Ebers, M. & Fletscher, S. (2018, Juli). Methodische Herangehensweisen für die Erforschung des Übergangs vom Sachunterricht in den Fachunterricht der Sekundarstufe I. *GDSU-Journal*(8), 110–134.

Renzulli, J. S. (1997). The total talent portfolio: looking at the best in every student. *Gifted Education International, 12*, 58–63.

Renzulli, J. S. & Reis Renzulli, S. (2010). The schoolwide enrichment model: a focus on student strength and interests. *Gifted Education International, 26*, 140–157. https://doi.org/10.1177/026142941002600303

Sartory, K., Järvinen, H. & Bos, W. (2013). Der Übergang von der Grundschule zum gegliederten Schulwesen – Chancen wahren und stärken. In G. Bellenberg & M. Forell (Hg.), *Bildungsübergänge gestalten: Ein Dialog zwischen Wissenschaft und Praxis.* Waxmann.

Schäffter, O. (2009). Die Theorie der Anerkennung – ihre Bedeutung für pädagogische Professionaliät. In A. Mörchen (Hg.), *EB-Buch: Bd. 29. Lernort Gemeinde: Ein neues Format der Erwachsenenbildung* (S. 171–182). Dt. Bücherbund.

Schelbert, B. (2008). Das Talentportfolio – eine Schatztruhe der Stärken: Wie Interessen und Begabungen in einer Hauptschule gefördert werden können. In T. Häcker & F. Winter (Hg.), *Das Handbuch Portfolioarbeit: Konzepte, Anregungen, Erfahrungen aus Schule und Lehrerbildung* (2. Aufl., S. 125–135). Kallmeyer.

Tillmann, K. J. (2013). Die Bewältigung von Übergängen im Lebenslauf – eine biographische Perspektive. In G. Bellenberg & M. Forell (Hg.), *Bildungsübergänge gestalten: Ein Dialog zwischen Wissenschaft und Praxis* (S. 15–31). Waxmann.

van Ophuysen, S. (2005). Gestaltungsmaßnahmen zum Übergang von der Grundschule zur weiterführenden Schule. In H. G. Holtappels (Hg.), *Eine Veröffentlichung des Instituts für Schulentwicklungsforschung der Universität Dortmund. Schulentwicklung und Schulwirksamkeit: Systemsteuerung, Bildungschancen und Entwicklung der Schule ; 30 Jahre Institut für Schulentwicklungsforschung* (S. 141–152). Juventa-Verlag.

van Ophuysen, S. (2018). Der Übergang von der Grundschule auf die weiterführende Schule: Erleben und Entwicklung der Kinder. In R. Porsch (Hg.), *utb: Bd. 5044. Der Übergang von der Grundschule auf weiterführende Schulen: Grundlagen für die Lehrerausbildung, Fortbildung und Praxis* (S. 115–137). Waxmann.

van Ophuysen, S. & Harazd, B. (2011). *Der Übergang von der Grundschule zur weiterführenden Schule – Gestaltung, Beratung, Diagnostik: Publikation des Programmes SINUS an Grundschulen.* IPN Leibniz-Institut f. d. Pädagogik d. Naturwissenschaften an d. Universität Kiel.

van Ophuysen, S. & Harazd, B. (2014). Der Übergang von der Grundschule zur weiterführenden Schule aus der Perspektive der Schulqualität: ein

Übergangsmodell. In M. Pfeifer (Hg.), *Schulqualität und Schulentwicklung: Theorien, Analysen und Potenziale* (S. 73–92). Waxmann.

Volkwein, K. (2010). Der Portfoliounterricht – Konturen einer neuen Unterrichtsform. In C. Biermann & K. Volkwein (Hg.), *Publikationen aus dem Oberstufen-Kolleg des Landes Nordrhein-Westfalen. Portfolio-Perspektiven: Schule und Unterricht mit Portfolios gestalten* (S. 39–51). Beltz.

Weigand, G. (2011). Pädagogische Perspektiven auf Hochbegabung und Begabtenförderung. In O. Steenbuck (Hg.), *Pädagogik. Inklusive Begabtenförderung in der Grundschule: Konzepte und Praxisbeispiele zur Schulentwicklung* (S. 31–37). Beltz.

Winter, F. (2008). Etwas, worauf man stolz sein kann. In T. Häcker & F. Winter (Hg.), *Das Handbuch Portfolioarbeit: Konzepte, Anregungen, Erfahrungen aus Schule und Lehrerbildung* (2. Aufl., S. 19–23). Kallmeyer.

Wottle, I. (2012). Begabungsorientierte Frühförderung – Offene naturwissenschaftliche Experimentalaufgaben zur Förderung von Grundschulkindern. In C. Fischer, C. Fischer-Ontruo, F. Käpnick, F.-J. Mönks, H. Scheerer & C. Solzbacher (Hg.), *Begabungsforschung: Bd. 13. Individuelle Förderung multipler Begabungen: Fachbezogene Forder- und Förderkonzepte* (S. 283–295). Lit-Verlag.

www.ingramcontent.com/pod-product-compliance
Ingram Content Group UK Ltd.
Pitfield, Milton Keynes, MK11 3LW, UK
UKHW041824290926
8980IPUK00002B/45

9 783631 861691